인간행동과 사회환경

배성우 박순미 이경희 박병선 진혜민 정희정 강미화 김성령 공저

Human Behavior and Social Environment

양성원

머리말

한국사회복지교육협의회에서 발간하는 교과목 지침서와 사회복지사 1급 국가시험에서는 '인간행동과 사회환경' 교과목을 기초과목으로 규정하고 있다. 즉, 사회복지사가 전문가로서 지니고 있어야 할 다양한 지식 가운데 가장 기본적인 내용을 포함하고 있다는 의미이다. 그렇다면 우리가 '인간행동과 사회환경' 교과목을 통하여 숙지하여야 하는 기본적인 내용에는 어떠한 것들이 있는가? 이 질문에 대한 대답은 사람마다 다를 수밖에 없을 것이다. 본서를 집필한 저자들은 이 질문에 대한 답을 다음의 3가지로 분류하여 제시하고자 하였다. 첫 번째는 인간행동에 대한 설명을 시도하는 성격이론에 대한 이해이다. 성격이론은 인간의 다양한 행동을 이해할 수 있는 준거틀을 제시할 뿐만 아니라 클라이언트를 원조하는 데 필요한 구체적인 지침을 제공한다. 따라서 사회복지사는 성격이론에 관한 폭넓은 지식을 갖추어야 할 필요성이 있다. 두 번째는 인간의 생애주기에 대한 이해이다. 사회복지사는 직업의 특성상 전 연령대에 걸쳐 서비스를 제공하여야 한다. 따라서 사회복지사는 전 생애에 걸친 발달의 주기별 특징과 발달과업에 대한 이해가 있어야만 효과적인 서비스를 제공할 수 있다. 세 번째는 인간을 둘러싸고 있는 사회환경에 대한 이해이다. 인간은 사회를 떠나서는 존재할 수 없으며, 우리가 의식을 하든 하지 않든 간에 우리는 다양한 사회환경과 상호작용하면서 살아가고 있다. 따라서 사회복지사는 사회환경을 설명하는 다양한 이론에 대한 지식을 갖추어야 한다.

이상에서 설명한 세 가지 내용을 충실하게 담아 내고자 하는 의미에서, 본서의 구성도 총 3부로 나누어 각각의 내용을 고찰하였다.

제1부는 인간의 행동을 설명하고 예측하는 데 유용한 성격이론을 고찰하였다. 본서에서는 성격이론을 학자들이 주장하는 관점에 따라 정신역동이론, 행동주의 및 사회학습이론, 인지이론, 인본주의이론의 4가지 유형으로 구분하고 각각의 유형 내에서 관점을 공유하는 다양한 학자들의 이론을 소개하였다.

제2부는 태내기에서 노년기에 이르는 인간발달의 전 과정에 대하여 논의하였다. 본서에서는 각 발달단계에 따라 나타나는 변화와 발달과업을 신체적, 심리적, 사회적 발달로 구분하여 제시하였다.

제3부는 사회환경에 대한 이론을 고찰하였다. 사회복지학에서 중요하게 다루어지고 있는 체계이론과 생태학 이론에 대하여 고찰하고, 이를 바탕으로 생태체계관점과 생태체계이론이 지니는 의미와 중요성을 심도 있게 다루고자 노력하였다.

이 책은 성격이론과 발달이론, 그리고 사회환경에 대하여 가급적 쉽고 자세하게 설명하고자 노력하였다. 본서가 사회복지학을 전공하고자 하는 학생들이 사회복지사로서의 전문적 지식과 역량을 배양하는 데 조금이나마 도움이 되기를 바란다. 교재 집필을 위하여 나름대로 최선을 다했지만, 여전히 부족한 부분이 있으리라 생각한다. 모자라고 보완이 필요한 부분에 대하여 독자 여러분의 진솔한 의견을 기대한다.

마지막으로 이 책이 세상에 나오기까지 일일이 열거하기에는 지면이 모자랄 정도로 많은 사람의 도움이 있었다. 도움을 주신 모든 분에게 고개 숙여 감사드린다.

2024년 8월

저자 일동

차례

PART Ⅲ 사회환경

PART I

성격이론

성격이론의 이해

01
Chapter

1. 성격과 성격이론의 개념

성격이란 무엇이며 이를 어떻게 정의할 것인가? 이 질문에 답하기 위하여 수많은 학자가 무수히 많은 정의를 제시하였지만, 모두를 만족시키는 정의는 아직도 존재하지 않는다. 그만큼 성격이라는 용어는 이해하기가 쉽지 않은 개념이다.

성격심리학의 창시자 가운데 한 사람으로 일컬어지고 있는 고든 올포트(Gordon Allport)는 성격을 '개인의 행동, 사고 및 감정의 특징적인 패턴을 만들어 내는 정신물리적 체계(psychophysical systems)의 역동적인 조직(dynamic organization)'으로 정의하였다. 올포트가 제시한 정의는 성격이라는 용어가 지닌 특징을 다양한 측면에서 언급하고 있다. 이를 구체적으로 살펴보면, 먼저 올포트가 제시한 개념은 성격을 단순한 조각조각의 합으로 보는 것이 아니라 조직화(organization)된 인격체로 인식하고 있다. 둘째, 성격을 가만히 머물러 있는 성질의 것이 아닌 과정(process)으로 인식하고 있다.

셋째, 성격을 개인의 신체와 결부된 심리적 개념으로 이해하고 있다. 넷째, 성격은 개인이 세상과 어떻게 교통할 것인지를 결정하는 원인으로 작용한다고 본다. 다섯째, 성격은 반복적이고 일관성 있는 특정한 패턴을 지니고 있다고 본다. 여섯째, 성격은 행동, 사고, 감정 등을 통하여 다양한 형태로 표현된다고 본다(Carver & Scheier, 2004).

이상에서 성격의 개념과 성격이라는 용어가 지닌 특징에 대하여 간단하게 살펴보았다. 그렇다면 우리는 왜 성격이론을 공부하여야 하는가? 옐레와 지글러(Hjelle & Ziegler, 1981)는 성격이론이 수행하는 기능을 기술(descriptive)과 예측(prediction)으로 구분하였다. 기술적 기능이란 과거부터 현재까지의 인간행동을 체계적으로 조직화하여 이해하기 쉽게 제시하는 것이다. 성격이론의 예측적 기능은 아직 일어나지 않은 사건과 그 사건의 결과를 사전에 예측할 수 있도록 하는 것이다. 이처럼 성격이론은 다양한 인간의 행동을 이해할 수 있는 준거틀을 제시할 뿐만 아니라 클라이언트를 원조하는 데 필요한 구체적인 지침을 제공한다. 따라서 사회복지사는 성격이론에 관한 폭넓은 지식을 갖추어야 할 필요성이 있다.

앞서 성격을 규정하는 무수히 많은 정의가 존재함을 언급하였다. 마찬가지로 인간의 성격을 설명하고자 시도하는 이론 또한 무수히 많다. 성격이론은 다루고 있는 주제 자체가 추상적이고 그 내용 또한 매우 광범위하여 학자들마다 주장하는 바가 다를 수밖에 없다. 따라서 한두 가지 이론으로 인간행동의 복잡성과 다양성을 충분히 이해하는 것은 불가능하며, 가급적 다양한 이론을 접하면서 인간행동에 대한 이해의 폭을 넓히는 것이 필요하다.

본서에서는 성격이론을 학자들이 주장하는 관점에 따라 크게 4가지 유형으로 구분하고 각각의 유형 내에서 관점을 공유하는 다양한 학자들의 이론을 소개하고자 한다.

1) 정신역동이론

정신역동이론은 프로이트가 창시한 정신분석학(psychoanalysis)과 더불어 이에 영향을 받아 탄생한 관련 이론들을 총칭하는 용어이다. 정신역동이론은 인간의 내면에는 서로 영향을 미치는 내적 기제들이 존재하며 이들 사이에는 갈등이 존재함을 가정한다.

정신역동이론은 크게 2가지 형태로 세분화할 수 있는데, 첫 번째는 인간의 내면에 존재하는 정신적 구조들 사이의 갈등을 강조하는 이론이다. 두 번째는 인간의 내면과 외부(사회) 사이의 갈등을 강조하는 이론이다. 이 책에서는 정신내적 기제들 사이의 갈등을 강조한 이론으로 프로이트(Freud)의 정신분석학과 융(Jung)의 분석심리학(analytical psychology)을 살펴보고자 한다. 그리고 심리사회적 갈등을 강조한 대표적인 이론으로 에릭슨(Erikson)의 자아심리학(ego psychology)과 아들러(Alder)의 개인심리학(individual psychology)을 살펴볼 예정이다.

2) 행동주의 및 사회학습이론

행동주의이론은 정신역동이론이 강조하였던 인간의 내적기제는 관찰이 불가능하므로 연구의 대상이 될 수 없다고 주장한다. 행동주의이론에서는 인간의 행동을 학습(learning)의 결과로 본다. 인간은 환경과의 상호작용 과정에서 학습을 통해 새로운 행동을 습득하게 되며, 기존 행동을 유지하거나 수정하는 것도 학습으로 가능하다고 본다. 이러한 측면에서 행동주의이론은 학습이론(learning theory)으로 불리기도 한다. 그러나 인간이 어떠한 과정을 거쳐 새로운 행동을 학습하게 되는가에 대해서는 행동주의이론가들 사이에서도 서로 다른 견해가 존재한다. 이 책에서는 학습이 나타나는 메커니즘에 대하여 서로 다른 주장을 펼치는 3개의 이론을 소개하고자 한다. 먼저 유명한 파블로프(Pavlov)의 이론을 알아보고, 스키너(Skinner)의 조작적 조건화와 반두라(Bandura)의 사회학습이론을 살펴보도록 하겠다.

3) 인지이론

인지이론은 인간의 사고에 초점을 맞추는 이론이다. 인지이론에서는 인지발달이론과 인지치료이론으로 나누어서 살펴보고자 한다. 인지발달이론을 정립한 학자로 유명한 피아제(Piaget)는 아동의 인지는 질적으로 다른 단계를 거치면서 아동 스스로가 만들어 간다는 구성주의적 시각을 제시하였다. 이 책에서 다루고자 하는 인지치료이론은 인지매개가설에 근거하고 있다. 인간은 선행 사건이나 자극에 직접적으로 반응하는 것이 아니라, 선행 사건에 의미를 부여하고 자신이 부여한 의미의 내용에 따라서 긍정적 또는 부정적 반응을 보인다. 즉, 선행 사건 그 자체가 영향을 주기보다는 선행 사건에 대한 인지적 해석의 결과가 행동이나 정서적 반응에 영향을 준다는 것이다. 인지치료이론으로 엘리스(Ellis)와 벡(Beck)의 이론을 살펴보도록 하겠다.

4) 인본주의이론

인본주의이론은 제3세력의 심리학이라고 불리기도 하는데 정신분석이론(제1세력)과 행동주의이론(제2세력)이 지닌 한계점을 극복하고자 하는 일종의 운동 차원에서 등장하였다. 인본주의이론은 정신분석이론이 병리적인 측면만을 지나치게 강조하는 경향이 있음을 비판한다. 또한, 인본주의는 행동주의가 인간을 기계나 로봇처럼 인식하고 있다는 점을 비판한다.

인본주의는 인간의 긍정적인 측면을 상대적으로 부각하고자 하는 시각을 지니고 있으며, 인간을 본질적으로 선한 존재이며 자기완성을 추구하는 존재로 인식한다. 이 책에서는 매슬로(Maslow)의 욕구위계이론과 로저스(Rogers)의 인간중심상담이론을 살펴보도록 하겠다.

정신역동이론

02

Chapter

정신역동이론(psychodynamic theory)은 프로이트가 창시한 정신분석학(psychoanalysis)과 더불어 이에 영향을 받아 탄생한 관련 이론들을 총칭하는 용어이다. '정신역동'이란 인간의 내면세계에는 상충하는 정신내적 기제들이 존재하며, 이들은 역동적 균형을 이루기 위하여 끊임없이 영향을 주고받고 있음을 강조하는 용어이다. 일반적으로 정신역동이론은 정신내적 갈등이론과 심리사회적 갈등이론을 포괄하는 용어로서 인간의 성격형성과정에 영향을 미치는 기제들 사이에는 정신내적 또는 심리사회적 갈등이 존재함을 가정한다. 정신내적 갈등 이론은 인간의 내면에 존재하는 정신적 구조들 사이의 갈등을, 심리사회적 갈등 이론은 인간의 내면과 외부(사회) 사이의 갈등을 강조한다(Robbins, Chatterjee & Canda, 2006).

본 장에서는 정신내적 기제 사이의 갈등을 강조한 이론으로 프로이트의 정신분석학과 융의 분석심리학(analytical psychology)을 살펴보고자 한다. 정신분석학은 정신역동이론의 대표적 이론일 뿐만 아니라 인간의 내면에는 무의식이 존재함을 주장한 최초의 이론이므로 살펴볼 필요성이 있다. 다음으로 프로이트가 주장한 무의식을 확대·발전시키는 데 공헌한 융의 분석심리학을 살펴본다.

한편, 상대적으로 심리사회적 갈등을 강조한 대표적인 이론으로는 에릭슨의 자아심리학(ego psychology)과 아들러의 개인심리학(individual psychology)을 들 수 있다. 두 이론 모두 인간의 성격 형성에 있어서 사회적 영향력을 강조하였다는 측면에서 공통점이 있다. 그러나 자아심리학은 프로이트의 정신분석이론을 새로운 관점에서 재해석하였다는 측면에서 그 의의가 있으며, 개인심리학은 프로이트의 이론에 바탕을 두고 있으나 이론의 전개 양상과 주안점이 프로이트의 이론과는 상당한 차이가 있어서 따로 살펴볼 필요성이 있다.

1. 프로이트의 정신분석학(psychoanalysis)

I 프로이트(Sigmund Freud)의 생애(1856-1939)

프로이트는 1856년 모라비아(현재의 체코)의 프라이베르크에서 유대인 부모 사이에서 태어났다. 프로이트가 태어났을 때, 그의 아버지는 40살이었고 어머니는 20살이었다. 프로이트의 아버지는 엄격하고 권위주의적인 인물이었다. 프로이트는 자신의 어린 시절이 아버지에 대한 증오, 적개심, 분노로 가득 차 있었으며, 2살 때 이미 자신은 아버지보다 우월하다고 느꼈다고 회고하였다.

프로이트의 어머니는 날씬하고 매력적인 여성이었으며, 사랑과 보호로 프로이트를 양육하였다. 프로이트는 어린 시절 자신의 어머니에게 욕정과 성적흥분을 느꼈다고 회고하고 있는데, 이는 훗날 오이디푸스 콤플렉스(Oedipus complex) 이론으로 발전하게 된다. 이처럼 프로이트의 이론은 그의 유아기 시절 경험을 반영하고 있어서 자서전적인 경향이 있다.

고등학교를 졸업한 프로이트는 당시 유대인이 선택할 수 있는 몇 안 되는 직업군 중의 하나였던 의학을 공부하기 위하여 빈 대학 의학부에 진학하였으며, 브뤼케(Brücke) 교수의 지도를 받으면서 해부학과 생리학에 심취하였다. 졸업 후, 파리로 건너간 프로이트는 당시 최면술의 개척자로 알려진 신경과 전문의 샤르코(Charcot) 박사와 연구를 진행하면서 신경증의 원인이 성적(sexual)인 내용과 관련이 있다는 생각을 굳히게 된다. 이듬해인 1886년, 프로이트는 개인 병원을 개원하고 신경증 환자들을 치료하는 동시에 정신 노이로제에 관한 많은 자료를 수집하고 논문을 발표하였다. 1897년 프로이트는 지난 10여 년에 걸쳐 자신이 개발한 아이디어를 검증하기 위하여 자신을 대상으로 정신분석 작업을 3~4년 동안 실시하였다. 이 기간을 거치면서 프로이트의 이론은 많은 발전과 진전을 보이게 되는데, 1900년 『꿈의 해석(Interpretation of dreams)』, 1901년 『일상생활의 정신병리학(Psychopathology of everyday life』, 1905년 『성욕에 관한 세 편의 에세이(Three essays on the theory of sexuality)』 등을 이 시기에 출판하였다. 1909년 미국 메사추세츠주 클라크 대학교(Clark University)의 초청으로 정신분석이론에 대한 강연을 하면서 프로이트는 세계적인 명성을 얻게 된다.

프로이트는 1923년부터 1939년 사망할 때까지 16년 동안 33번에 걸친 구강암 수술을 받았지만, 마지막 순간까지 연구와 저술에 전념하였다(Schultz & Schultz, 2009, p. 48-53; Wallace, 1993, p. 28-34 참조).

Ⅱ 인간관 및 기본관점

1 무의식의 존재

현대인들에게 있어서 '무의식'이라는 단어는 이미 일상적인 용어로 굳어져 있어서 단어가 주는 느낌이 진부하게 느껴지기도 한다. 그러나 프로이트가 활동하던 시대로 되돌아 간다면, 상황은 전혀 달라진다. 당시 유럽은 인간의 이성과 합리적 사고를 중시하는 경향, 즉 '인간은 이성에 근거하여 판단하고 행동하는 합리적인 존재'라는 사고가 지배적이었다. 이러한 사고는 자연과학의 발달과 더불어 많은 사람에게 '인간의 이성으로 자연현상을 설명하고 사회를 질서정연하게 유지하는 것이 가능할 것'이라는 확신을 갖게 하였다. 그러나 프로이트가 주장한 무의식의 존재는 기존의 사고체계를 여지없이 무너뜨렸다. 프로이트는 인간의 정신세계에는 인식하고 들여다볼 수 있는 의식의 영역뿐만 아니라 겉으로 드러나지도 않고 스스로 인식하기도 어려운 무의식이라는 영역이 존재한다고 주장하였다. 프로이트는 여기에서 그치지 않고, 인간의 행동은 합리적이고 이성적인 측면을 지닌 의식영역보다는 비이성적이고 비합리적인 측면을 지닌 무의식영역의 지배를 더 많이 받는다고 주장하였다. 즉, 인간의 욕구 가운데 일부는 충족되지 못한 채 억압되어 무의식을 형성하며, 이러한 무의식에 저장된 원시적이고 동물적인 갈등이 인간의 행동과 사고를 지배한다는 것이다. 이러한 프로이트의 주장은 당대의 많은 사람이 생각하고 있었던 것처럼 인간의 행동이 이성적이거나 윤리적이지 않음을 주장하는 것이어서 기존의 사고체계에 커다란 충격을 가져다주었다.

2 비합리적 · 비이성적 존재로서의 인간

프로이트는 인간을 이성과 합리성에 바탕을 두고 있는 의식보다는 원시적이고 충동적인 무의식으로부터 훨씬 더 많은 영향을 받는 수동적인 존재로 보았다. 특히, 인간이 지닌 무의식적인 충동 가운데 성적 충동과 공격성을 강조하였는데, 이는 사회로부터 학습된 것이 아니라 인간이 태어날 때부터 지닌 내재적 본성이라고 주장하였다(Pervin, Cervone & John, 2005). 개인은 자신이 지닌 성적 충동과 공격성을 외부로 분출하기를 원하지만, 사회는 개인이 이러한 충동을 직접적으로 표현하는 것을 허용하지 않는다. 따라서 개인은 사회적 압력과 제재를 받지 않는 동시에 자신이 지닌 성적 충동과 공격성을 외부로 표현할 수 있는 수단을 마련하여야 한다. 프로이트는 인간이 생산해 낸 대부분의 문화적 산물은 성적 충동과 공격성이 간접적으로 표현된 것으로 간주하고 있다(Pervin, Cervone & John, 2005).

3 정신결정론

프로이트는 인간의 행동에는 매우 분명한 인과관계가 성립한다고 보았으며, 여기에 인간의 자유의지가 개입할 여지는 없다고 주장하였다(Suzuki, 2002). 개인이 성장하면서 초기 아동기에 경험한 중요한 사건들(특히, 트라우마와 같은 부정적인 사건)은 미래의 행동에 대한 원인으로 작용하여 개인에게 지속적으로 영향을 미친다는 것이다. 즉, 프로이트는 개인이 현재 나타내는 특정 행동은 우연히 나타나거나 자발적 행동인 것처럼 보이지만 실제로는 개인이 과거에 경험한 특정 사건과 연관되어 있다고 주장한다. 예를 들어, 많은 대중 앞에서의 강연 일정을 잊어버리는 경우, 이는 우연히 일어난 것이 아니라 자신이 원하지 않거나 두려움 또는 고통스러움과 관련된 과거의 기억을 떠올리고 싶지 않은 무의식적인 동기가 행동으로 나타난 것이라고 보는 것이다. 따라서 정신분석적 상담의 목적은 종종 무의식영역에 억눌려져 있는 병리적 행동의 원인을 찾아내어 개인이 인식할 수 있도록 원조하는 과정이 된다.

Ⅲ 주요 개념

1 마음(mind)의 수준

① 의식(conscious): 의식은 개인이 현재 인식할 수 있는 경험이나 감각 등을 의미한다. 프로이트는 정신생활(사고, 지각, 감정, 기억 등)의 극히 일부분만이 의식

의 범위 안에 있다고 주장하였다(Hjelle & Ziegler, 1981). 의식 수준에 저장된 내용들은 시간이 지나면서 전의식 또는 무의식 영역으로 밀려나게 된다.

② **전의식(pre-conscious)**: 전의식은 지금 당장은 인식할 수 없지만 조금만 노력하면 쉽게 의식 수준으로 떠올릴 수 있는 기억이나 경험 등을 말한다. 주민등록번호, 과거 자신이 살았던 동네 이름, 지난주에 입었던 옷 등을 기억하는 것은 전의식의 예로 들 수 있는데, 당장은 생각이 나지 않을 수도 있지만 쉽게 기억해 낼 수 있는 내용들로 구성되어 있다.

③ **무의식(unconscious)**: 무의식은 개인이 인식할 수 없고, 직접적으로 확인할 수도 없는 기억이나 경험들이 저장된 곳으로 인간 정신세계의 대부분을 차지하고 있다. 그러나 가장 깊은 곳에 감추어져 있어서 개인이 자각하기 어렵다. 무의식에 저장된 내용들이 잘 드러나지 않고 스스로 인식하기도 어려운 까닭은 개인이 이를 인식하게 되면 큰 고통과 불안을 느끼기 때문이다(Ryckman, 2004). 따라서 개인이 경험한 강렬한 분노, 공포, 수치심이나 굴욕감 등은 의식영역으로부터 억압되어 무의식 영역에 저장되게 된다. 프로이트는 의식이나 전의식에 저장된 내용들도 인간행동에 영향을 미치는 것은 사실이지만, 무의식이 미치는 영향에 비할 바는 아니라고 보았다(Carver & Scheier, 2004). 즉, 무의식에 저장된 강렬한 생각, 지각, 기억, 경험 등이 대부분의 인간행동과 사고를 지배한다고 주장하였다.

2 본능(instinct)

무의식 영역에 뿌리를 두고 있으면서 인간행동에 영향을 미치는 또 다른 심리적 기제로 본능(instinct)을 들 수 있다. 본능의 사전적 의미는 사람이나 동물이 태어난 뒤에 경험이나 학습에 의해 습득한 것이 아니라 세상에 태어나면서부터 이미 갖추고 있는 행동양식이나 능력을 말한다. 누가 가르쳐 주지 않아도 갓 태어난 아이가 어머니의 젖을 빨고, 병아리가 달걀 껍데기를 깨뜨리고 나오는 것과 같은 행동이 곧 본능이다. 프로이트는 본능이 심리적으로 표상화된 결과를 소망(wish), 육체적으로 표상화된 결과를 욕구(need)로 정의하고 있다(Hall, Lindzey & Campbell, 1997). 예를 들어, 배가 고픈 상태는 생리학적으로는 유기체의 영양 결핍상태를 의미하지만, 심리적으로는 음식에 대한 소망으로 묘사할 수 있다. 프로이트는 인간이 어떠한 구체적 행동을 하게 되는 것은 본능이 특정 행동을 하도록 강제하기 때문이라고 주장하였으며, 따라서 본능을 모든 행위의 궁극적 원인으로 인식하였다(Freud, 1940).

프로이트는 다양한 본능 가운데 특히 2가지를 중요시하였는데, 그 첫 번째가 삶의 본능(life instinct; eros)이고 두 번째가 죽음의 본능(death instinct; thanatos)이다.

1) 삶의 본능(life instinct; Eros)

삶의 본능은 개인이 생존과 종족을 보존하기 위해 행하는 다양한 행위들을 의미하는데, 이러한 삶의 본능은 현실세계에서 갈증 해소, 음식 섭취, 성행위 등으로 표현된다. 생존을 위하여 배고픔과 목마름을 해결하고자 하고, 종족을 유지하고 번성시키고자 성행위를 추구하는 것은 인간이 삶의 본능을 지니고 있기 때문이다. 프로이트는 삶의 본능 가운데 성과 관련된 인간의 갈등과 소망 등을 중요시하여 이를 특별히 리비도(libido; 라틴어로 'wish' 또는 'desire'의 의미를 지님)로 명명하였다. 프로이트는 초기에는 인간이 추구하는 성적 충동, 성적 쾌락 등을 포함하는 성적인 에너지를 구체적으로 지칭하는 용어로 리비도를 사용하였으나, 후기에 가서는 삶의 본능을 충족시키는 것과 관련된 모든 에너지를 총칭하는 용어로 사용하였다(Ryckman, 2004).

2) 죽음의 본능(death instinct; Thanatos)

프로이트는 모든 생명체는 죽음을 지향한다고 주장하였다. 인간은 궁극적으로 삶을 유지하기 위하여 몸부림칠 필요가 없는 상태, 즉 죽음을 갈구한다는 것이다. 죽음의 본능은 개인에게 스스로 생을 마감하도록 유도하지만, 삶의 본능은 죽음의 본능을 가능한 연기시키는 역할을 수행한다(Ryckman, 2004). 삶의 본능이 죽음의 본능이 활동하는 것을 가로막는다고 하더라도, 죽음의 본능은 여전히 개인에게 죽음의 본능과 관련된 욕구를 충족시킬 것을 요구하게 된다. 이때, 개인이 지닌 죽음의 본능이 외부로 발현되어 나타나는 현상이 바로 타인에 대한 공격성이다. 프로이트는 개인이 자신(자해, 자살 등) 또는 타인(폭력, 살인 등)에게 행하는 파괴적, 공격적 성향은 개인이 지닌 죽음의 본능이 외부로 발현된 것으로 이해하고 있다.

결국, 프로이트가 제시한 삶의 본능은 인간이 지닌 성적인 충동을, 죽음의 본능은 개인이 지닌 타인에 대한 공격성을 강조하는 개념으로 이해할 수 있다. 이러한 측면에서 프로이트의 인간관은 다분히 비관적이며 부정적이다(Ryckman, 2004).

3 성격의 구조

정신분석학에서는 성격의 구조가 id(원초아), ego(자아), superego(초자아)의 세 가지 체계로 나누어져 있다고 본다. 이들은 서로 다른 역할과 기능을 하고 있기 때문에, 때로는 협조하고 때로는 갈등을 경험하기도 한다. 이러한 성격의 세 부분은 각기 독특한 기능과 속성을 지니고 있지만, 이들이 상호작용하며 성격체계의 전체를 구성하게 된다.

1) 원초아(id)

id는 라틴어 'it'에서 유래된 말이다. 원초아(id)는 인간성격의 근원적인 요소이며 인간이 태어났을 때 지니는 유일한 성격체계이다. 프로이트는 인간의 모든 정신에너지는 원초아로부터 비롯된다고 가정하였으며, 본능적인 욕구인 성욕과 공격성이 자리 잡고 있는 곳으로 보았다.

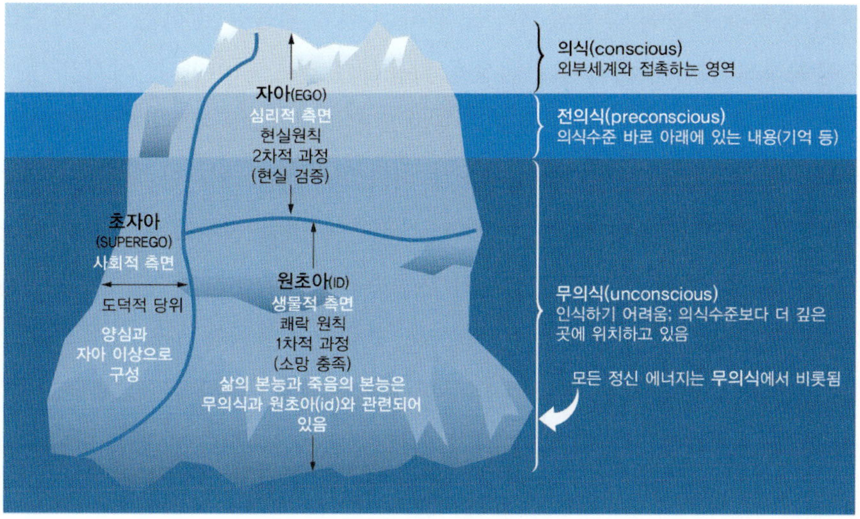

[그림 2-1] **프로이트의 성격구조**

출처: 권석만(2021), p. 65

원초아는 2가지 법칙에 따라 작동하는데, 첫 번째는 쾌락 원칙이다. 쾌락 원칙은 고통이나 처벌을 최소화하는 동시에 쾌락을 최대화하려는 원칙을 말한다(Hall, Lindzey & Campbell, 1997). 원초아는 현실세계에 대한 인식이 전혀 없으며 논리적이지도 윤리적이지도 않다. 원초아는 고통이나 긴장이 발생하면 이를 최소화하기 위하여 즉각적인 쾌락을 추구하는데, 이러한 과정에서 현실을 고려하거나 도덕적인 잣대를 활용하지도 않는다. 허기가 져서 지쳐 가는 사람이 있다면, 원초아는 허기의 고통을 피하고 포만감의 쾌락을 추구하기 위하여 개인에게 즉시 음식을 섭취하도록 요구할 것이다. 이 과정에서 원초아는 당사자가 처한 현실(예를 들어, 회의 중이거나 버스에 승차하고 있어서 당장 음식을 먹을 수 없는 상황에 처해 있음)이나 도덕적 기준(대가의 지불 또는 타인의 음식 강탈)에 대한 고민을 하지 않는다. 오로지 욕구를 즉시 충족시켜 줄 것을 개인에게 요구할 뿐이다.

원초아가 작동하는 두 번째 법칙은 일차적 과정(primary process)이다. 일차적 과정은 욕구의 충족과 본능적 충동의 발산을 꾀하는 심적 활동을 말하는 것으로 원초아가 욕구를 충족하기 위하여 환각이나 심상을 활용하는 것을 의미한다. 허기가 져서 지쳐가는 사람의 경우, 계속되는 요구에도 불구하고 음식 섭취가 이루어지지 않는다면, 원초아는 햄버거나 자장면을 섭취하는 장면을 떠올리게 된다. 이러한 과정을 프로이트는 소원충족(wish fulfillment)이라 명명하였다. 그러나 이러한 일차적 과정을 통해 긴장을 일시적으로 해소할 수는 있지만 실질적인 욕구충족은 불가능하다. 따라서 개인은 유아기를 거치면서 자신의 욕구충족을 일시적으로 보류하여야 함을 깨달아야 하며, 자신이 지닌 욕구 및 소망과 분리된 별도의 외부세계가 존재하고 있음을 배워야 한다(Hjelle & Ziegler, 1981). 이러한 기능을 수행하기 위하여 원초아에서 분화되어 발달하게 되는 것이 바로 자아(ego)이다.

2) 자아(ego)

자아(ego)는 라틴어 'I'에서 유래되었는데, 조직적, 합리적, 현실지향적인 체계로서 성격의 집행자 역할을 한다. 자아는 원초아의 욕구나 충동을 현실적으로 가능한 방법으로 충족시킬 방법을 모색하고 계획하며, 원초아와 초자아 사이를 중재하는 조정자 역할을 한다.

자아는 현실원칙(reality principle)과 이차적 과정(secondary process)을 활용하여 일상생활에서 나타나는 문제들을 해결해 나간다. 현실원칙(reality principle)은 원초아의 욕구나 충동을 충족시킬 수 있는 현실적인 방법을 모색하고 계획하는 자아의 기능을 말한다. 이 과정에서 자아는 욕구 충족을 위해서 사회적으로 적절한 방법이나 적합한 대상이 발견될 때까지 자신의 욕구충족과 긴장해소를 유보하기도 한다. 여기서 유보한다는 것은 자아가 원초아의 욕구충족을 영원히 포기한다는 의미는 아니다. 다만, 원초아가 지닌 욕구를 충족시키는 과정에서 현실에 부합할 수 있도록 욕구충족을 일시적으로 연기하거나 방향을 조정하는 것을 의미한다(Hall, Lindzey & Campbell, 1997). 프로이트는 원초아와 자아의 관계를 길들여지지 않은 야생마(원초아)를 타고 있는 기수(자아)에 비유하였다. 기수(자아)가 고삐를 적절히 죄면서 말(원초아)을 조종하지 않으면, 말은 이리저리 날뛰다 기수를 내팽개치고 멀리 도망가 버리고 말 것이다.

자아는 또한 2차적 과정(secondary process)을 활용하여 문제해결을 위한 계획을 수립하고, 실행에 옮기며, 그 효과성을 검증한다. 원초아가 활용하는 일차적 과정은 환각이나 심상을 활용하는 수준에 머무르고 있지만, 자아가 활용하는 이차적 과정은 학습, 지각, 기억, 판단 등의 인지적 · 지적 기능을 활용하여 실제 행동으로 문제해결을 꾀한다.

3) 초자아(superego)

초자아(superego)는 라틴어 'above the I'에서 유래되었다. 초자아는 자아로부터 분화되어 발달하는데(Wallace, 1993) 사회의 전통적 가치와 이상으로 구성되어 있으며 현실적인 것보다는 이상적인 것, 쾌락보다는 완전성을 추구하는 속성을 지니고 있다. 초자아는 부모와의 상호작용에서 비롯되는 갈등 해결 과정에서 나타나며, 부모가 제공하는 칭찬과 처벌로 점차 발달되어 간다.

초자아는 자아이상(ego ideal)과 양심(conscience)이라는 두 개의 하위체계로 구성된다. 자아이상은 부모나 사회로부터 용인되거나 보상이 주어지는 행동들을 내면화한 것으로 이상적인 자아상의 원천이 된다. 한편, 양심은 잘못된 행위에 대해서 처벌받거나 비난받은 경험에서 비롯되는데, 자아를 꾸짖고 죄책감을 불러일으키게 하는 역할을 한다. 따라서 초자아는 인간행동의 도덕적 규제를 담당하는 곳이라고 할 수 있다.

4 자아방어기제

1) 갈등(conflict)과 불안(anxiety)

프로이트는 기본적으로 인간을 끊임없이 갈등하는 존재로 파악하였는데, 성격의 세 가지 구성요소인 원초아, 자아, 초자아는 필연적으로 갈등상황에 처할 수밖에 없다고 보았기 때문이다. 원초아는 욕구가 나타나면 즉각적인 충족을 요구하는 한편, 초자아는 욕구 충족이 비도덕적인 방법으로 진행되는 경우 죄의식을 불러일으켜 원초아의 무분별한 충동을 저지한다. 이러한 상호작용에서 갈등은 불가피하다. 자아 또한 원초아와 초자아의 상충하는 요구를 현실 세계에서 조정하고 해결하려고 노력하는 과정에서 갈등을 경험한다.

원초아, 자아, 초자아 사이의 갈등이 첨예하게 대립할 때, 사람들은 불안(anxiety)을 경험하게 된다. 프로이트는 자아(ego)가 현실 세계에 적응하고 원초아와 초자아의 요구를 중재하는 과정에서 과도한 갈등이나 위험을 느낄 때 불안이 발생한다고 주장한다. 불안은 현실 세계를 살아가면서 경험하게 되는 사건(사랑하는 사람의 죽음, 정리해고 등)으로 인하여 발생할 수도 있고(현실적 불안), 성욕과 공격성을 포함한 본능적 충동이 통제 불능 상태로 자아를 압도할 때도 발생할 수 있으며(신경적 불안), 마지막으로 초자아가 금지하는 행동을 생각하거나 행동으로 옮기려고 할 때 발생하는 양심의 가책이나 처벌에 대한 두려움 때문에 발생할 수도 있다(도덕적 불안).

2) 방어기제의 개념과 특징

자아가 과도한 갈등이나 위험을 느끼게 되어 불안이 고조되면, 유기체는 불안과 함께 나타나는 긴장과 고통을 해소하고자 노력하게 된다. 그러나 유기체가 불안에 현실적인 방법으로 효과적으로 대처할 수 없을 때, 자아가 활용하게 되는 심리적 대처방식을 방어기제(defense mechanism)라고 한다. 방어기제는 개인이 합리적·현실적인 방법으로 불안에 대처하지 못할 때, 현실을 부정하거나 왜곡하면서 불안에 대처하거나 제거하려는 심리적 기제를 의미한다.

방어기제는 다음과 같은 특징을 가지고 있다(Hjelle & Ziegler, 1986; Hall, Lindzey & Campbell, 1997; Engler, 1999).

첫째, 성격을 구성하는 3가지 요소 가운데 자아(ego)가 활용하는 심리적 기제이다.

둘째, 방어기제의 궁극적 목적은 불안이나 내적 갈등을 낮추거나 해소하는 데 있다.

셋째, 방어기제의 내용은 대부분이 현실을 부정하거나 왜곡하여 불안을 수용할 수 있는 형태로 전환하거나 덜 위협적인 상태로 만드는 것과 관련이 있다.

넷째, 대부분이 무의식적인 과정으로 진행되기 때문에 스스로 인지하기 어려운 경우가 많다.

다섯째, 한 번에 한 가지의 방어기제를 활용하는 경우도 있으나, 몇 가지를 동시에 사용하기도 한다.

여섯째, 방어기제는 이중적 속성을 지니고 있다. 방어기제가 현실을 왜곡하거나 부정하는 내용을 포함하고 있다고 하여 반드시 부적응적인 것만은 아니다. 자아가 본연의 기능을 충실히 수행하기 위해서는 방어기제를 활용하는 것이 일정 부분 필요하기도 하다. 그러나 방어기제의 활용이 현실을 지나치게 왜곡하게 되면, 개인의 성장을 방해하기 때문에 부적응적인 현상을 가져올 수 있다.

3) 방어기제의 종류

주요 방어기제의 종류는 다음과 같다(Engler, 1999; 김동배, 권중돈, 2001 참조).

(1) 억압(repression)

억압은 고통스러운 경험, 수용할 수 없는 사고나 충동, 인정할 수 없는 기억을 의식 세계에서 추방하여 무의식의 세계로 내려 보내는 기제를 말한다. 가장 원시적이지만 사람들이 가장 많이 활용하는 방어기제로 알려져 있다. 불안을 증폭시키는 갈등이나 과거의 외상적 사건(traumatic event)을 기억하는 것은 고통이 수반되기 때문에 이를 억압하여 무의식의 세계로 추방하는 것이다. 하지만, 억압된 감정이 의식 세계로 부상하려고 하면, 사람들은 심리적 저항을 경험하게 된다. 억압의 전형적인 예는 기억상실이며, 하기 싫고 귀찮은 과제를 하지 않고 '깜빡 잊었다'고 말하는 경우가 여기에 해당한다.

(2) 부정(denial)

부정이란 현실(reality)이나 사실(fact)을 인정하지 않는 것을 말한다. 마약이나 알코올중독에 빠진 사람들은 중독이 자신의 건강을 해치고 있음을 인정하지 않으려고 한다. 다른 사람들에게는 부정적인 영향을 미치고 있겠지만, 중독의 폐해가 정작 자신에게는 절대 나타나지 않을 것이라고 굳게 믿고 있는 경우가 많다. 이때, 활용되는 방어기제가 바로 부정(denial)이다.

(3) 반동형성(reaction formation)

반동형성은 자신이 지닌 감정과 충동을 정반대되는 태도나 행동으로 표현하는 것을 말한다. 친구에게 적대적인 감정을 지닌 사람이 자신이 지닌 감정과는 반대로 과도하게 상대방에게 우정을 표현하는 경우를 예로 들 수 있다. 반동형성은 우리나라 속담의 '미운 놈에게 떡 하나 더 준다'에도 잘 반영되어 있다. 불안을 야기하는 욕망과 정반대되는 태도나 행동을 함으로써, 자신의 욕망을 인식했을 때 야기될 불안에 직면할 필요가 없어지게 되는 것이다.

(4) 퇴행(regression)

퇴행이란 불안한 상황에 대처하기 위하여 이전의 발달단계나 행동양식으로 후퇴하는 것을 말한다. 학령기에 접어들어 등교를 앞둔 아동이 갑자기 야뇨증 증상을 보이는 경우를 그 예로 들 수 있다. 이때, 아동은 등교에 대한 불안과 책임을 회피하고 다른 사람들이 자신의 욕구를 충족시켜 주기를 원하기 때문에 퇴행행동을 보이게 되는 것이다.

(5) 합리화(rationalization)

합리화는 수용하기 어렵거나 용납할 수 없는 동기에서 비롯된 자신의 특정행동이나 사고에 대하여 논리적이고 윤리적인 추론을 통하여 정당성을 부여하고자 하는 경우를 말한다. 전형적인 합리화의 예로는 이솝 우화의 '여우와 신포도' 이야기를 들 수 있다. 높이 달린 포도를 따 먹지 못하게 되자, 여우는 '아마 저 포도는 시어서 맛이 없을 거야' 라고 스스로를 달래면서 돌아선다. 문제는 여전히 해결되지 않은 상태로 존재하지만, 잘못된 추론을 활용해 자존심을 보존하려고 노력하는 것이다.

(6) 동일시(identification)

동일시는 프로이트가 남근기에 다다른 아이가 동성의 부모가 하는 행동을 닮아 가고자 하는 행동을 설명하기 위하여 제안한 개념이지만, 방어기제의 한 유형으로 분류되기도 한다. 동일시는 아버지를 무서워하는 아들이 그 아버지를 닮아 가거나, 자신이 열등하다고 느끼는 사람이 성공적인 사람의 행동을 따라 함으로써 자신이 가치 있다고 생각하는 경우를 예로 들 수 있다.

(7) 전치(displacement)

전치(displacement)는 어떤 대상에게 지니고 있던 감정을 다른 대상에게 그대로 표현하는 것을 말한다. 예로, 엄마에게 꾸지람을 들은 아이가 동생을 때리거나 장난감을 부수는 행동을 들 수 있다. 우리나라 속담의 '종로에서 뺨 맞고 한강에서 눈 흘기기'가 전치에 해당한다.

(8) 승화(sublimation)

승화는 성욕과 공격성 또는 용납되지 않는 다른 충동을 사회적으로 허용되며 때로는 칭찬까지도 받을 수 있는 다른 경로로 전환하여 표출하는 것으로 가장 건전하고 바람직한 방어기제이다. 예로, 공격적 충동은 체육 활동으로 전환될 수 있고, 성적 충동은 예술 활동으로 표현될 수 있다.

글상자 **인간행동 - 본능과 방어기제의 상호작용**

인간이 지닌 본능(instinct)은 방어기제와 상호작용을 하면서 인간의 행동에 영향을 미치게 된다. 이를 전치(displacement)와 승화(sublimation)의 방어기제를 통하여 살펴보도록 하자.

직장 상사에게 매우 적대적인 감정을 지닌 회사원은 자신의 감정을 직장 상사에게 그대로 표현하게 되면 본인에게 불이익이 주어질 것임을 감지하게 된다. 그러나 죽음의 본능(공격성)은 자신이 지닌 적대감을 외부로 분출하도록 요구하게 된다. 회사원은 집으로 돌아와 애꿎은 자신의 반려견을 걷어차며 화풀이를 한다. 이때, 회사원은 자신이 지닌 죽음의 본능(공격성)을 충족시키기 위하여 전치의 방어기제를 활용하여 대상을 바꾼 것이다.

승화(sublimation) 또한 삶의 본능(성적 욕구)과 죽음의 본능(공격성)이 방어기제와 상호작용하여 나타나는 인간의 행동으로 설명할 수 있다. 강한 공격적 성향을 지닌 사람은 매우 뛰어난 사업가로 변신하여 자신의 우월성을 증명하고 타인에 대한 지배욕을 충족시킬 수 있다. 마찬가지로 시인이나 화가들은 예술 활동을 통하여 자신들의 성적 욕구를 충족시킬 수도 있다. 이처럼 예술과 음악작품, 뛰어난 스포츠 활동, 창조력, 비판적 사고 등을 포함한 인간의 다양한 활동은 성적 또는 공격적 본능이 전치와 승화 등의 방어기제와 상호작용하여 나타난 결과로 이해할 수 있다. 특히, 프로이트는 승화를 매우 중요시하였는데, 탐욕과 자신의 욕구 충족에 급급한 인간들이 승화라는 방어기제를 활용하면서 이타성과 협력을 표현할 수 있게 되었으며, 인류가 동물적 본성을 초월하여 사회를 형성할 수 있었다고 주장하고 있다(Carver & Scheier, 2004, p. 207-208 요약).

5 심리성적 발달단계

1) 발달단계의 특징

프로이트는 아이가 태어나면 자신의 성격형성에 결정적인 영향을 주는 연속적인 단계를 거치게 된다고 가정한다. 이를 구체적으로 심리성적(psychosexual) 발달단계라고 하는데, 프로이트가 제시한 발달단계는 다음과 같은 특징을 지니고 있다.

첫째, 프로이트의 발달단계를 심리성적 발달단계라고 부르는 이유는 성적 에너지인 리비도(libido)를 중요시하였기 때문이다. 아이가 태어나서 성장하는 과정에서 리비도는 각 시기마다 신체의 특정 부위(입, 항문, 성기 등)에 집중되는 경향을 보이게 되며, 이러한 리비도의 충족 정도가 개인의 성격형성에 영향을 미친다고 보았다. 여기서 성적 에너지는 직접적인 성적 충동의 충족만을 의미하는 것은 아니며, 심리적 · 신체적 쾌락을 가져다주는 일련의 행위(어머니의 젖 빨기, 배설의 쾌감 등)를 포함한다(Engler, 1999; Hall, Lindzey & Campbell, 1997).

둘째, 프로이트는 생후 첫 5~6년 동안에 인간 성격의 대부분이 결정된다고 주장하는데(Carver & Scheier, 2004), 이를 성격의 조기 결정론이라고 한다. 프로이트가 발달단계를 5단계로 나누어 설명하고 있기는 하지만, 인간의 성격은 리비도가 신체의 특정 부위에 집중되는 초기 3단계에 거의 결정되며, 이때 개인이 선택한 삶의 방식이 개인이 지니는 성격의 토대가 된다고 보았다.

셋째, 프로이트의 갈등론적 입장은 심리성적 발달단계에도 반영되어 있다. 리비도가 특정 신체 부위에 집중되면, 유아는 이와 관련된 본능적 충동이나 쾌락을 추구한다. 그러나 부모는 유아가 지닌 충동이나 쾌락을 항상 충족시켜 주지는 않으며, 상황에 따라서는 제재를 가하기도 한다. 예를 들어, 구강기의 아이는 모유를 수유하면서 신체적 쾌락을 추구하려고 한다. 그러나 엄마는 아이가 모유를 원할 때마다 항상 젖을 주지는 않는다. 이 과정에서 유아는 필연적으로 갈등을 경험하게 되며, 자신의 욕구와 충동을 만족시키고자 노력하는 동시에 사회로부터 주어지는 제재를 적절하게 수용하는 방식을 배워야 한다. 따라서 성격은 각 발달단계를 거치면서 개인이 경험하게 되는 갈등과 좌절에 대처하고 해결하는 과정에서 형성되는 결과물인 것이다(Cloninger, 1996).

넷째, 발달단계에서는 고착(fixation) 현상이 나타날 수 있음을 강조하고 있다. 고착이란 특정 발달단계에 머물러 있게 되어 다음 단계로 나아가지 못하는 상태를 말한다. 유아가 특정 발달단계에서 경험하게 되는 갈등을 원만하게 해결하지 못하게 되면, 지나치게 많은 리비도를 소진하게 되어 다음 단계로의 진행을 방해받게 된다. 고착은 유아가 특정 단계에서 주어지는 쾌락을 지나치게 탐닉하는 경우에도 나타날 수 있으며, 유아의 욕구가 지나치게 결핍되었을 때도 나타날 수 있다.

다섯째, 프로이트의 발달단계는 보편성을 특징으로 하고 있다. 모든 인간은 생물학적으로 예정된 5단계를 반드시 거치게 되어 있으며, 발달단계의 순서도 바뀌지 않는다고 주장하였다(Engler, 1999; Hjelle & Ziegler, 1981). 이러한 특징은 인종과 문화를 초월해서 나타나게 되며, 모든 인간은 각 발달단계에서 경험하게 되는 갈등에 노출될 수밖에 없으며 이를 원만하게 해결하여야 정상적인 발달을 이루어 낼 수 있다고 본다.

2) 심리성적 발달단계(Fiest & Fiest, 2006, p. 38–46; Schultz & Schultz, 2009, p. 65–70 참조)

(1) 구강기(출생에서 약 1.5세)

이 시기의 유아는 입을 통하여 삶을 유지하기 위한 영양분을 섭취할 뿐만 아니라 빨기, 깨물기, 삼키기 등의 행위를 통해 성적인 쾌감을 느끼게 된다.

구강기의 첫 번째 단계는 구강 수용적(oral receptive) 단계이다. 이 시기에는 자신의 욕구가 큰 어려움 없이 충족되기 때문에 쾌락을 제공하는 대상에 대한 양가감정이 없는 시기이다. 그러나 엄마는 시간이 지나면서 수유활동을 점점 규칙화하고, 수유 사이의 간격을 늘려 가고, 결국에는 이유(젖떼기)를 실행한다. 이 과정에서 아이는 긴장과 좌절을 경험하게 되며, 사랑의 대상인 엄마에게 양가감정을 느끼게 된다. 아이는 막 싹트기 시작하는 자아(ego)의 기능을 통하여 외부환경과 불안으로부터 자신을 보호하고자 노력하게 된다.

구강기의 두 번째 단계는 구강 가학적(oral sadistic) 단계이다. 이 시기의 특징은 치아를 통하여 외부환경으로부터 자신을 보호하고자 노력한다는 점이다. 아이는 깨물기, 입 다물기, 미소, 울음 등을 통하여 타인에게 반응하게 된다. 이 시기에 최초로 나타나는 자기애적 경험이 바로 손가락 빨기이다. 손가락 빨기는 영양분을 보충하기 위한 행동이 아니라 자신의 성적 욕구를 충족시키고 불안에 대처하기 위한 행동이라는 점에서 자기애적 경험이다.

(2) 항문기(1.5세에서 3세)

항문기는 리비도가 항문 부위로 옮겨지는 시기이며, 아이는 배설물을 보유하거나 배설하면서 쾌감을 얻는다. 항문기 또한, 전기와 후기로 나누어진다. 항문기 전기의 아동은 사물을 부수거나 무엇인가를 자신의 몸으로부터 분리시키는 경험을 하면서 만족감을 느끼게 된다. 이 시기에는 성적인 충동보다는 파괴적인 성향을 지닌 가학적 충동이 더 강한 시기이며, 부모의 배변훈련에 대하여 공격적인 행동을 보이기도 한다.

항문기 후기에 이르게 되면, 아동은 자신의 성적 쾌감의 결과물인 자신의 배설물에 흥미를 느끼고 가지고 놀려고 한다. 심지어 자신의 배설물을 매우 가치 있는 상품으로 여기고 부모에게 건네주려고 하기도 한다. 이때, 부모가 아이의 행동을 수용하고 칭찬하게 되면, 아이는 포용적이고 도량이 넓은 성인으로 성장할 수 있다. 그러나 이때 부모가 아이의 행동을 거부하고 처벌적인 태도를 보이는 경우, 아이는 고통이 수반되더라도 배변을 참게 된다. 이런 경험을 한 아이가 성인이 되는 경우, 항문애적 성격(anal character)의 소유자가 된다. 항문애적 성격의 소유자는 물건을 구입하여 소유하는 데 집착하고, 과도하게 깔끔하고 질서정연하게 정돈하는 데 쾌감을 느끼게 된다.

(3) 남근기(3세에서 5세)

리비도가 성기로 옮겨 가는 시기로 아동의 성격발달에 중요한 심리적 변화가 일어나는 시기이다. 성에 대한 관심이 더욱 강해지며, 자신의 성기를 자세히 관찰하며 자위행위를 하기도 한다. 남아의 경우에는 오이디푸스 콤플렉스(Oedipus complex)를, 여아의 경우에는 엘렉트라 콤플렉스(Electra complex)를 경험하면서 성격이 발달하게 된다.

① 오이디푸스 콤플렉스(Oedipus complex)

오이디푸스 콤플렉스라는 명칭은 고대 그리스의 신화 오이디푸스(Oedipus) 이야기에서 유래한다. 젊은 오이디푸스왕은 자신이 누구인지도 모른 채 살아가다가, 자신의 친아버지를 죽이고 친어머니와 결혼하게 된다. 오랜 시간이 흘러 진실을 알게 된 친어머니는 스스로 목숨을 끊고, 오이디푸스는 자신의 두 눈을 찔러 실명시킨 뒤 방랑길에 오른다.

이 시기의 남아는 어머니를 사랑의 대상으로 여기고, 환상이나 실제 행동을 통해 어머니를 향해 자신의 성적인 열망을 표현한다. 그러나 아버지가 자신에게는 허용되지 않은 특별한 관계를 어머니와 유지하고 있는 것을 알게 되면서 아버지에게 질투심과 적개심을 가지게 된다. 아이는 아버지를 물리치고 어머니를 차지하고 싶은 근친상간적 욕망과 함께 자기 생각이 들키게 되면 아버지로부터 앙갚음을 당할지도 모른다는 공포를 동시에 느끼게 된다. 이때, 아이의 공포는 '거세불안(castration anxiety)'의 형태로 나타난다. 거세불안의 공포를 강하게 느낀 남아는 어머니에 대한 성적인 열망을 억압하면서 오이디푸스 콤플렉스를 해결하게 된다. 오이디푸스 콤플렉스를 해결하는 과정에서 아이는 동일시(identification)를 활용하게 된다. 아이는 아버지로부터는 거세불안의 공포를 없애고 어머니로부터는 지속적인 사랑을 받기 위하여, 아버지가 지니고 있는 버릇, 행동, 태도 등을 그대로 따라 하게 된다.

② 엘렉트라 콤플렉스(Electra complex)

엘렉트라 콤플렉스라는 명칭 또한 고대 그리스의 신화 이야기에서 유래한다. 트로이 전쟁의 총지휘관 아가멤논 왕은 10년 만에 고향으로 개선하는데, 아내인 왕비와 그녀의 정부에게 살해된다. 살인현장을 목격한 아가멤논의 딸 엘렉트라는 몇 년이 흐른 후에 자신의 동생과 함께 어머니와 새아버지를 죽여 친아버지의 원수를 갚는다.

남아와 마찬가지로 여아도 사랑, 음식, 안전을 제공해 주는 어머니에 대하여 사랑과 애착을 먼저 가지기 시작한다. 그러나 남근기에 접어든 여아는 아버지가 자신에게는 없는 남근을 지니고 있음을 발견하게 되면서 어머니 대신 아버지를 사랑의 대상으로 삼게 된다. 여아는 남근을 소유하지 않고 자신을 태어나게 한 어머니에 대하여 적개심을 가지는 한편, 남근선망(penis envy)을 가지며 아버지와의 근친상간적 욕망을 가지게 된다. 프로이트는 여아가 지니는 엘렉트라 콤플렉스는 완전히 해결되지는 않기 때문에 여성의 초자아(superego)는 남성만큼 잘 발달하지 못한다고 주장하였다. 여아는 시간이 지나면서 어머니를 동일시하면서 아버지에 대한 자신의 사랑을 억압하게 된다. 그러나 프로이트는 여아들이 어떠한 과정을 거치면서 엘렉트라 콤플렉스를 해결하는지 구체적으로 밝히지는 않았다(Schultz & Schultz, 2009).

(4) 잠복기(6세부터 11세까지)

구강기, 항문기, 남근기를 거치면서 아동은 성인과 거의 유사한 성격구조를 갖추게 된다. 성격을 구성하는 3요소(id, ego, superego)는 약 5세까지 거의 모두 형성되며 요소 간의 관계도 확고해진다.

잠복기는 엄밀한 의미에서 심리성적 발달단계에 속하지 않는다(Schultz & Schultz, 2009). 이 기간 동안 성적 충동은 활동을 중단하게 되며, 승화된 형태로 학교 활동, 취미생활, 운동 등의 활동으로 나타난다. 이 시기에는 동성의 또래와 강한 사회적 유대를 확립하게 된다.

(5) 생식기(12세 이후)

사춘기가 시작되면서 무의식에 억압되었던 성적 특성이 의식 세계로 이동하면서 정신에너지의 재분배가 이루어진다. 이 시기에는 갈등이 나타난다고 하더라도 이전 시기만큼 강렬하지는 않다. 이 시기의 청소년들은 성적인 표현과 관련된 사회의 금기나 사회적 제재에 순응하는 방법을 배워야 한다. 그러나 그렇지 못하더라도 청소년들이 승화의 방어기제를 활용할 수 있기 때문에 갈등은 최소화된다.

프로이트의 발달이론은 후기 아동기와 청소년기에 큰 관심을 두고 있지 않다. 프로이트는 약 5세까지의 경험을 강조하였으며, 성인이 느끼고 사고하고 행동하는 것의 대부분은 이미 이 시기에 결정된다고 보았다.

글상자 **성격의 형성과 발달 - 쾌락추구와 사회적 제재 사이의 협상**

프로이트는 성격발달을 본능적 충동의 충족을 원하는 유아와 이에 제재를 가하는 사회(특히 부모) 사이에서 나타나는 일련의 갈등을 극복하는 과정으로 설명하고 있다. 첫 번째 단계인 구강기의 아동은 배가 고프면 즉시 엄마의 수유를 원한다. 그러나 엄마는 아이가 원할 때마다 젖을 주지는 않으며 시간이 지나면서 엄마는 아예 이유(젖떼기)를 결심한다. 이 상황에서 유아는 갈등과 좌절을 경험한다. 두 번째 단계로 가게 되면, 유아는 자신이 원하는 대로 배설물을 보유하거나 배출하면서 쾌감을 느끼고자 시도한다. 그러나 유아의 이러한 의지와 행동은 이 시기에 부모가 시도하는 배변훈련에 의해 방해를 받으며 갈등상황을 연출한다. 세 번째 단계에 이르게 되면, 아이는 자위행위에 관심을 두게 되지만 부모의 처벌이 기다리고 있다. 유아가 가지는 오이디푸스/엘렉트라 콤플렉스는 또 다른 갈등상황과 맞닥뜨리게 된다. 근친상간에 대한 욕구 자체가 사회의 금기사항이므로 아이들은 갈등을 느끼지 않을 수 없다.

이처럼 성격의 형성과 발달은 자아가 사회화되어 가는 과정에서 경험하게 되는 갈등과 좌절에 대처하는 새로운 협상전략을 만들어 가는 과정이라고 할 수 있다. 만약 이러한 사회화 과정이 지나치게 엄격하거나 급박하게 진행되면, 성격발달에 부정적인 영향을 미치게 된다. 어린아이가 감당해 내기 어려운 심각한 충격(트라우마 등)은 고착을 불러온다(Cloninger, 1996, p. 49-50 요약).

Ⅳ 프로이트 이론의 평가

1 이론의 공헌

프로이트의 이론은 심리학뿐만 아니라 교육학, 사회학, 철학 등 사회 전 분야에 지대한 영향을 미쳤음을 부인하기는 어렵다. 프로이트 이론의 공헌을 요약하면 다음과 같다.

1) 무의식의 발견

프로이트의 업적 가운데 가장 중요한 공헌은 '무의식'의 발견이라고 하더라도 과언이 아닐 것이다. 인간이 지니고 있는 욕구들 가운데 일부는 충족되지 못한 채 억압되어 무의식을 형성하며, 이러한 무의식에 저장된 내용들이 대부분의 인간행동과 사고를 지배한다는 주장은 기존의 사고체계에 커다란 충격을 가져다주었을 뿐 아니라 인간행동 연구에 대한 새로운 전기를 마련하였다.

2) 영 · 유아기의 강조

프로이트가 활동하던 당시 대부분의 이론은 성격발달에 있어서 아동기의 중요성에 대하여 큰 관심을 두지 않았다. 프로이트는 영 · 유아기의 경험이 성인기 성격형성의 결정적인 요인임을 주장하여 유아의 교육과 양육, 부모 교육 등에 대한 새로운 통찰을 제공하였다.

3) 방어기제의 제시

방어기제를 통하여 사람들이 지닌 소망을 충족시키는 방식이나 불쾌한 경험을 감소시키는 방식을 체계적으로 설명하고자 시도하였다.

4) 현대적 상담기법의 개발

인간의 성격발달과 인간행동을 설명하고자 시도한 최초의 체계적인 이론으로 평가할 수 있으며, 정신분석(psychoanalysis)이라고 불리는 현대적 의미에서의 상담치료 기법을 개발하여 보급하였다는 점에서도 그 의미가 크다.

2 이론의 한계

프로이트의 이론은 그 지대한 영향력에도 불구하고 많은 논란의 중심에 서 있었다. 이를 정리하면 다음과 같다.

1) 비관적인 인간관

프로이트의 인간관이 매우 비관적이라는 점을 들 수 있다. 프로이트가 주장한 정신결정론(인간의 자유의지 부정), 무의식에 자리하고 있는 성적 충동과 공격성의 강조(인간의 이성적 · 윤리적 측면 부정), 성격의 조기결정론(성인기의 성격 발달 부정) 등은 프로이트의 인간관이 매우 부정적이고 비관적임을 엿볼 수 있다.

2) 사회적 요인의 간과

성격발달에 있어서 생물학적 요인만을 강조하며 사회적 · 상황적 영향력을 간과하고 있다(Wallace, 1993). 아동의 성격발달에 있어서 가족(특히, 부모)의 중요성에 대해서는 언급하고 있으나 보다 더 거시적인 사회적 체계(학교, 지역사회 등)의 영향력에 대해서는 언급하지 않고 있다.

3) 여성비하적 시각

여성이 남근선망을 지니고 있으며 초자아의 발달이 남성보다 부족하다는 것은 남성 지배적 사회에서 동등한 권리가 부여되지 않은 탓이지 여성의 문제가 아니라는 여권주의자들로부터 강한 반론을 받았다.

4) 과학성에 대한 비판

정신병리를 가진 성인들의 기억이나 환상 혹은 꿈의 분석을 바탕으로 보편적인 아동발달 이론을 정립하였다는 점에서 이는 단지 개인적 견해일 뿐 과학적 이론이 될 수 없다는 비판이 있다. 그러나 과학성에 대한 비판은 일정 부분 주의가 요구된다. 왜냐하면 과학성의 부족은 단지 프로이트 이론에 국한되는 것이 아니라 앞으로 다루게 될 대부분의 성격이론이 지니고 있는 한계이기도 하기 때문이다.

2. 융의 분석심리학(analytical psychology)

I 융(Carl Gustav Jung)의 생애(1875-1961)

1875년 스위스 바젤에서 출생했다. 융의 할아버지는 당시 유명한 의사였으며, 아버지를 포함한 2명의 삼촌과 8명의 외삼촌이 모두 목사였다. 융은 아버지를 약하고 권위 없는 인물로 기억하고 있으며, 어머니는 정서적으로 불안하였으며 신경질적인 인물로 기억하고 있다. 융은 자서전에서 어머니를 뚱뚱하고 매력이 없는 여성으로 표현하고 있는데, 융이 프로이트가 제시한 오이디푸스 콤플렉스를 부정하는 이유를 이해할 수 있는 대목이기도 하다. 어린 시절의 융은 내성적이어서 친구들과 거의 교류를 하지 않고 혼자 지내는 경우가 많았다.

바젤 대학에서 정신의학 전공으로 학부를 졸업한 후, 1900년 취리히 소재의 정신병원에서 '정신분열증'이라는 용어를 창시한 블로일러(Bleuler) 교수의 지도 아래 인턴 생활을 하였다. 그 이후, 정신과 전문의로 나름의 명성을 구축하고 있었던 융은 블로일러 교수의 소개로 1907년 프로이트와 처음 만나 무려 13시간에 걸친 진지한 대화를 나눈다. 1909년 융은 프로이트와 함께 미국 클라크 대학교(Clark University)를 같이 방문하였으며, 1911년에는 국제정신분석학회의 초대 회장으로 선출되었다. 프로이트는 융을 자신의 양아들로 여겼으며 자신의 뒤를 이을 정신분석학계의 황태자로 부르곤 하였다. 그러나 융은 개인적으로는 프로이트가 자신을 동료로 생각하기보다는 부자 관계로 인식하는 부분을 수용하기 어려워하였으며, 학문적으로는 프로이트가 제시한 리비도, 무의식의 역할, 성적인 충동 등의 개념에 동의할 수 없었다. 결국 융은 1914년 국제정신분석학회 회장직을 사퇴하고 프로이트와 결별하게 된다. 프로이트와의 결별은 융 자신에게도 충격적인 경험이 아닐 수 없었다. 과거 프로이트가 한 것처럼, 융 또한 자기분석에 착수하게 된다. 이 과정을 거치면서 분석심리학(analytical psychology)이라 불리는 자신의 독특한 이론을 수립하게 된다.

융의 연구는 20권으로 구성된 전집으로 출판되었으며, 융은 하버드 대학교, 옥스퍼드 대학교, 제네바 대학교를 포함한 8개 대학으로부터 명예박사학위를 수여받았다. 1948년 융 연구소가 취리히에 최초로 설립되었으며, 1955년 국제분석심리학회가 설립되었다(Fiest & Fiest, 2006, p. 64-71; Schultz & Schultz, 1994, p. 100-103 참조).

Ⅱ 인간관 및 기본관점

1 인과론과 목적론

인과론은 과거의 사건이나 경험이 현재에 영향을 미친다고 보는 시각을 말하며, 목적론은 인간은 미래지향적이며 인간의 행동에는 목적이 있다고 보는 시각이다. 프로이트의 이론은 인과론적인 입장을 취하고 있다. 현재 우리가 지니고 있는 성격은 과거의 산물이며, 유아기에 어떠한 경험을 하였는가가 현재 자신이 지닌 성격에 매우 큰 영향을 미치고 있다고 보고 있기 때문이다. 한편, 융은 인간의 행동이 과거와 미래로부터 동시에 영향을 받기 때문에 인과론과 목적론을 동시에 고려하여야 한다는 입장을 취하고 있다. 융은 유아기의 경험이 성격 발달에 영향을 미치는 것은 사실이지만, 결정적인 역할을 한다고 보지는 않았다. 인간의 성격발달은 유아기보다는 중년기의 경험, 과거보다는 미래에 대한 희망과 기대로부터 더 많은 영향을 받는다고 보았으며, 인간은 자신을 향상시키고 확대하고자 노력하며 성장과 개발에 동기를 부여한다고 주장하였다.

2 리비도(libido)에 대한 새로운 해석

융은 프로이트가 제시한 리비도의 개념이 지나치게 협소하다고 비판하면서 리비도의 개념을 대폭 확장시켰다. 융에 의하면, 리비도는 일반적인 삶의 에너지를 총칭하는 용어로서 프로이트가 주장한 성적인 측면은 리비도의 일부분에 지나지 않는다고 보았다. 융은 리비도를 성적 측면과 아울러 관심, 주의력, 노력 등을 포괄하는 정신적 에너지로 파악하였다.

정신에너지는 크게 등가(principle of equivalence), 균형(principle of entropy), 대립(principle of opposite)의 원리를 통해 에너지를 재분배한다.

① 등가의 원리

열역학 법칙인 에너지 보존의 원리가 정신에너지에도 적용된다는 것이 등가의 원리이다. 성격의 한 부분에서 사용된 에너지가 약해지면, 리비도가 없어지거나 사라지는 것이 아니라 다른 부분으로 전환되어 에너지의 재분배가 계속 이루어진다는 것이다. 또한, 등가의 원리는 개인이 지닌 정신에너지의 양도 변하지 않음을 가정하고 있다. 예를 들어, 특정 개인이 의식적 활동에 상당한 정신에너지를 사용하고 있다면, 무의식적 활동에 사용할 수 있는 양은 그만큼 줄어든다는 것을 의미한다.

② 균형의 원리

균형의 원리는 에너지가 평형상태를 이루고자 하는 원리를 말한다. 뜨거운 물체와 차가운 물체가 서로 만나게 되면, 같은 온도가 될 때까지 뜨거운 물체에 있는 열에너지가 차가운 물체로 이동한다. 마찬가지로 인간의 정신에너지도 강한 쪽에서 약한 쪽으로 배분되어 균형을 맞춘다는 원리이다. 균형의 원리는 한쪽으로 치우친 성격의 발달은 갈등, 긴장, 부담을 초래하며, 에너지가 평형상태에 가까워질수록 성숙한 성격의 발달이 가능함을 강조하고 있다(Ryckman, 2004).

③ 대립의 원리

대립의 원리는 사랑과 증오, 기쁨과 슬픔, 행복과 불행 등과 같이 정신에너지 사이에 서로 대립하는 힘 또는 양극성이 존재한다는 것이다. 서로 대립하는 힘들은 갈등을 일으키게 되는데 이러한 갈등은 인간행동의 주된 동인이 되며 정신에너지의 근원이 된다(Schultz & Schultz, 2009).

대립의 원리는 융의 이론 전반에 걸쳐 지속적으로 등장하는 개념이다. 융은 앞서 설명한 인과론과 목적론과 더불어 앞으로 소개할 의식과 무의식, 남성성과 여성성, 내향성과 외향성 등의 개념을 통하여 건강한 성격의 형성과 발달은 양극성이 모두 발현되는 가운데 균형과 조화가 이루어질 때 가능하다고 보았다.

글상자

성격구조에 대한 프로이트와 융의 입장

이 장에서 살펴본 융의 이론에서는 프로이트가 주장하였던 원초아(id)와 초자아(super ego)의 개념이 등장하지 않고 있다. 성격을 바라보는 융의 입장이 프로이트와 달랐음을 의미하는데, 여기에 함축된 의미를 살펴보면 다음과 같다(Suzuki, 2002).

첫째, 프로이트는 원초아(id)를 인간성격의 근원적인 요소로 보았으며, 인간의 모든 정신에너지가 원초아로부터 비롯된다고 믿었다. 반면, 융은 인간의 정신에너지는 의식과 무의식 사이의 갈등에서 생성된다고 가정하고 있으며 원초아의 존재를 인정하지 않았다.

둘째, 프로이트와 융은 문화가 담당하는 역할에 대한 해석을 달리하고 있다. 프로이트는 아이의 초자아는 부모 및 사회와 상호작용을 하는 과정을 통해 형성된다고 보고 있다. 즉, 갓 태어난 아이는 문화에 대한 생득적 · 선천적 개념을 지니고 있지 않다는 입장을 취하고 있다. 반면, 융은 갓 태어난 아이라 하더라도 문화적 소인을 이미 지니고 있다고 본다. 아이의 집단무의식에 이미 과거 인류의 경험이 내재되어 있다고 보았기 때문이다.

Ⅲ 주요 개념

1 정신(psyche)

Psyche는 라틴어로 '정신(spirit)' 또는 '영혼(soul)'을 의미한다. 융은 인간의 마음 또는 성격을 설명하기 위하여 성격(personality)이라는 용어 대신에 정신(psyche)이라는 용어를 사용하였다. Psyche는 인간의 인격을 구성하는 사고, 감정, 감각, 소망 등을 포함한 인간의 모든 심리적·정신적 영역을 포괄적으로 지칭하는 용어이다(Cloninger, 1996). 또한, 융은 'mind'와 'mental'보다는 'psyche'와 'psychic'을 선호하였는데, 이는 전자가 주로 인간의 의식적 정신과정을 설명하는 용어인 반면, 후자는 의식적 과정과 무의식적 과정을 모두 포함하기 때문이다(Engler, 1999).

융에 의하면, 인간의 정신(psyche)은 자아(ego), 개인무의식(personal unconscious), 집단무의식(collective unconscious)이라는 3개의 하위체계로 구성되어 있다. 각각의 하위체계는 상호 영향을 미치면서 조화를 이루고자 하는데, 이를 살펴보면 다음과 같다.

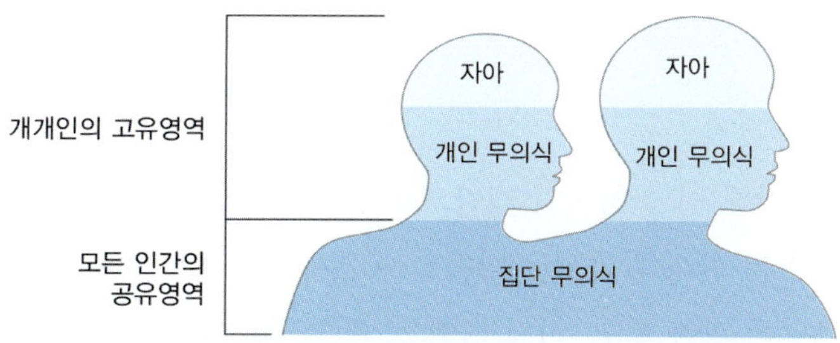

구조	특성
자아	의식적인 영역. 일상적인 활동을 수행함
개인 무의식	개인이 인식할 수 있는 기억, 생각과 느낌; 억압된 모든 기억, 소망, 충동 등을 포함함
집단 무의식	모든 사람들이 공유하며 가장 접근하기 어려운 영역. 인류의 보편적인 경험을 포함함

[그림 2-2] **정신(psyche)의 구성 요소**

1) 자아(ego)

자아(ego)는 인간의 의식(conscious)적 마음이며, 개인이 의식하고 있는 지각, 기억, 사고, 감정 등으로 구성되어 있다. 자아(ego)는 개인이 안정감을 가지고 생활할 수 있도록 하는 역할을 하고 있으나 진정한 성격의 전체는 아니다(Engler, 1999).

2) 개인무의식(personal unconscious)

자아(ego)와 인접해 있는 또 다른 영역은 개인무의식(personal unconscious)이다. 융이 제시한 개인무의식의 개념은 프로이트가 제시한 전의식과 무의식 영역과 유사한 것으로 이해할 수 있는데(Maddi, 1996), 한때는 의식 영역에 속해 있었으나 현재는 억압되거나 잊어진 경험들 혹은 바로 의식하거나 인식하기에는 사소하거나 뚜렷하지 않은 경험들이 저장되는 장소이다. 개인무의식은 개인이 억압하거나 기억으로부터 잊혀진 삶의 역사가 저장되어 있으므로 개인마다 그 내용이 다르고 독특하다. 개인무의식의 내용은 의식화가 가능하기는 하지만 일부는 매우 복잡하고 힘든 과정을 필요로 한다(Engler, 1999).

(1) 콤플렉스(complex)

콤플렉스는 융이 고안해 낸 독창적인 개념으로 개인무의식을 구성하고 있는 내용들을 의미한다. 콤플렉스는 현대에 와서는 열등감과 유사한 용어로 사용되고 있으나, 융은 특정 사건이나 개념에 관한 사고, 감정 기억 등이 조직화되어 집합체를 이루고 있는 것을 지칭하는 의미로 사용하였다(Engler, 1999). 콤플렉스는 철 성분을 지닌 물체들을 끌어당기는 자석과 같이 관련이 있는 사건이나 대상에 대하여 유사한 반응을 불러일으킨다. 예를 들어, 키가 매우 작은 남자아이가 자신의 작은 키에 대하여 상당히 많이 고민하면서 어른이 된 경우를 가정해 보자. 이 남성은 성인이 되어 비록 성공적인 삶을 영위하고 있더라도 작은 키와 관련하여 열등감 · 비통함 · 성취 · 의지 등의 다양한 생각이나 감정들을 지니게 된다. 이러한 생각이나 감정이 개인을 괴롭히고 있다면, 융은 그 개인이 작은 키에 대하여 콤플렉스를 지니고 있는 것으로 보았다.

사람들은 자신의 콤플렉스를 완전히 인지하거나 부분적으로만 인지할 수도 있으며, 무의식 영역에 존재하기 때문에 전혀 인지하지 못할 수도 있다(Engler, 1999). 또한, 콤플렉스는 일반적으로 부정적인 영향을 미치지만, 반대의 경우도 가능하다. 완벽주의 또는 성취 콤플렉스를 지닌 회사원이 자신의 콤플렉스를 극복하기 위하여 열심히 노력하여 과거에는 지니지 않았던 능력이나 기술을 획득할 수도 있기 때문이다(Schultz & Schultz, 2009).

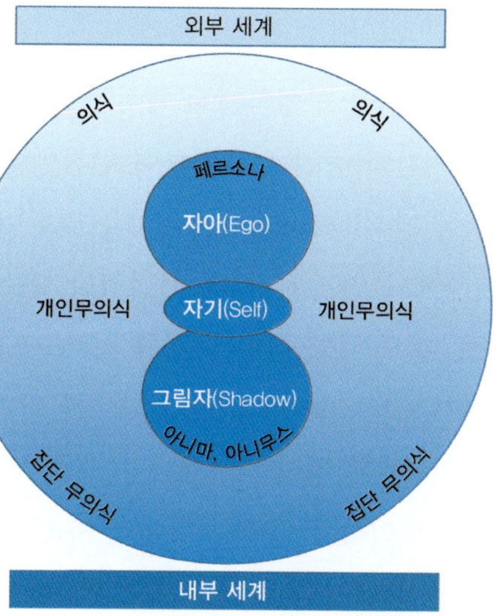

[그림 2-3] **융 이론의 주요 개념과 정신의 구조**

출처: Ryckman(2004), p. 81

3) 집단무의식(collective unconscious)

집단무의식은 융이 제시한 개념 가운데 가장 독창적이고 신비스러우면서도 논란이 많은 개념이다. 집단무의식은 인간 출현 이전의 조상과 태초의 인류가 공통적으로 경험하였던 정서, 감정, 생각, 기억 등이 자손 대대로 전승되어 현재 우리의 무의식에 이미지 또는 심상의 형태로 자리 잡고 있는 요소들을 의미한다. 개인 무의식이 개인의 특수한 생활 체험과 관련이 있고 개인의 성격적 특성과 관련이 있는 독특한 내용들로 구성되어 있다면, 집단무의식은 개인적인 특성과 관계없이 태어날 때부터 이미 지니고 있는 무의식으로서(이부영, 1998) 가장 깊은 곳에 자리 잡고 있다. 융은 자아와 개인무의식보다 집단무의식을 더 중요시하였는데, 무의식을 구성하는 주요 내용은 인간의 개인적인 경험보다는 먼 과거부터 존재해 왔던 공통적 경험에서 비롯된다고 보았기 때문이다(Feist & Feist, 2006).

(1) 원형

원형(archtypes)은 집단무의식을 구성하는 구체적인 내용들로서 심상 또는 이미지의 형태로 존재한다. 원형은 시간과 공간을 초월하여 인간이 특정 상황이나 사회적 현상에 반응하는 보편적인 행동 방식(behavior pattern)을 말하며, 과거부터 현재까지 무수히 반복되어 왔으며, 미래에도 반복되게 될 선험적인 요소들이다(이부영, 1998).

모든 인간은 기쁨, 슬픔, 분노 등과 같은 감정을 지니고 있다. 이러한 감정을 표현하는 방법은 개인마다 다르겠지만, 언어와 문화가 다르다 하더라도 우리는 이러한 감정을 공유할 수 있다. 융은 이러한 감정이 나타났다가 그냥 사라지는 것이 아니라 대대손손 전승되어 사람들의 집단무의식에 원형의 형태로 자리 잡고 있다고 보았다. 사전에 배우지도 경험하지도 않았지만, 갓 태어난 아기를 보고 애정과 사랑을 느끼고 이를 표현하는 엄마의 감정은 집단적으로 전승되어 온 '엄마의 사랑'이라는 원형에서 비롯되는 것일지도 모른다(Engler, 1999).

사람들은 수천 년에 걸쳐 매일 동쪽에서 떠서 서쪽으로 지는 찬란한 태양을 보면서 살아왔다. 세대를 거치면서도 변하지 않는 태양의 강력한 힘을 지속적이고 반복적으로 경험한 인류는 마침내 태양을 강력하고 지배적인 천체로 신격화하고 숭배하는 집단무의식 형태의 원형을 탄생시켰다(Hall, Lindzey & Campbell, 1997). 인류가 보편적으로 경험한 집단무의식은 비단 태양뿐만은 아니다. 태양에 대한 보편적인 경험과 마찬가지로 사람들은 지진, 홍수, 태풍, 천둥과 번개 등 다양한 사물과 현상을 대상으로 무수히 많은 집단무의식을 만들었다. 따라서 인간이 지닌 원형의 종류는 집단무의식의 종류만큼 다양하다(Hall, Lindzey & Campbell, 1997). 융은 실제로 영웅, 신, 악마, 부모, 대모, 현자, 사기꾼 등을 포함한 매우 다양한 원형에 대하여 언급하고 있다. 본서에서는 그중 가장 많이 언급되는 원형들을 간단하게 소개하고자 한다.

① 페르소나(persona)

페르소나는 원래 고대 그리스에서 연극배우가 쓰는 가면을 의미하는 용어로서, 개인이 사회적 요구에 반응하여 외부 세계에 내비치는 자신의 사회적 이미지를 말한다. 페르소나는 사회가 개인에게 요청한 사회적 역할이기도 하며 동시에 개인이 사회와 타인에게 자신을 돋보이게 하기 위해 자아(ego)가 활용하는 가면이기도 하다. 즉, 사람들은 타인에게 뚜렷한 인상을 주기 위한 목적과 자신의 바람직하지 않은 부분을 숨기는 목적으로 페르소나를 활용한다. 융은 심리적으로 건강한 사람은 사회적 요구에 대응하면서도 자신의 본모습을 균형감 있게 드러내는 것이 중요하다고 보았다. 지나치게 자기 모습을 있는 그대로 드러낼 때는 사회가 개인에게 요구하는 역할을 과소평가할 여지가 있으며, 반대로 사회에서 자신에게 요구하는 역할에만 치중할 때는 개인의 개성은 말살되고 타인의 꼭두각시로 전락할 여지가 있기 때문이다.

② 그림자(shadow)

그림자는 인간 본성의 어두운 측면을 의미하는 것으로 인간의 정신 가운데 야만적이고, 사악하고, 비적응적이며 열등한 부분을 의미한다. 소설 '지킬박사와 하이드'에서 하이드가 지닌 성격적 측면을 그림자(shadow)로 이해할 수 있다.

그림자에 존재하는 감정이나 정서는 개인이 속한 사회에서 부도덕하고 사악하다고 규정된 것들이기 때문에 이러한 야만적인 충동은 억누르고 극복할 필요가 있다. 그러나 그림자는 동시에 생명력, 자발성, 창조성의 근원이기도 하다. 그림자가 지닌 동물적 충동은 통제의 대상이지만, 그림자가 지나치게 억압되면 개인의 삶이 따분하고 생명력이 없어지기 때문에 외부로 적절하게 표현되어야 삶에 창조력과 활력을 불어넣을 수 있다(Schultz & Schultz, 2009).

③ 아니마와 아니무스(Anima & Animus)

아니마는 남성이 지닌 여성성을 의미하며, 아니무스는 여성이 지닌 남성성을 의미한다. 남성은 여성성의 특징이라 할 수 있는 직관력, 다정함, 감성, 사교성 등을 개인의 성격에 발현하여야 하며, 반대로 여성은 남성성의 특징이라 할 수 있는 독립심, 진취성, 경쟁심, 모험심 등을 발현하여야 조화로운 성격발달을 완성할 수 있다.

한편, 아니마와 아니무스는 이성과의 관계에 있어서 개인이 이성을 이해하고 상호작용하는 방식에 영향을 미치기도 한다. 남성이 지닌 아니마에는 어머니, 딸, 남매, 애인 등의 다양한 여성들과의 상호작용의 경험들이 반영되어 축적된 것이다. 따라서 아니마에는 여성에 대한 다양하고 복잡한 감정과 정서(사랑, 안락, 충성, 위험, 유혹, 도전 등)가 투영되어 있다(Hergenhahn & Olson, 2007). 마찬가지로 아니무스에도 남성에 대한 다양하고 복잡한 감정과 정서가 투영되어 있다. 개인은 자신의 집단무의식에 존재하는 이성에 대한 감정과 현실 세계에 존재하는 이성에 대한 감정을 구분하고 분리하는 작업이 필요하다(Ryckman, 2004).

④ 자기(Self)

자기(Self)는 원형 중의 원형이라고 불릴 만큼 중요한 역할을 하는 원형이다. 자기 원형은 성격 전체의 통일, 통합, 조화를 관장하는 것으로 인간의 정신(psyche)에 존재하는 성격의 모든 구성요소를 통합하여 균형과 조화를 이루도록 조정하는 역할을 한다(Schultz & Schultz, 2009). 자기 원형은 성격을 구성하는 다른 요소들을 서로 연결하는 동시에 통일성, 평형성, 안정성을 제공한다(Hall, Lindzey & Campbell, 1997). 따라서 심리적으로 건강한 사람이 되기 위해서는 자아(ego)보다는 자기(self)가 주도적인 역할을 하여야 한다(Fiest & Fiest, 2006). 자기 원형은 중년기 이후에 나타나는데, 인간의 정신을 구성하는 다른 요소들이 모두 발현된 이후에야 제 역할을 할 수 있기 때문이다

(Schultz & Schultz, 2009).

중년의 가장이 회사에서는 성실한 샐러리맨이 되고, 노래방에서는 마이크를 놓지 않는 아마추어 가수가 되며, 자연재해를 보도하는 뉴스를 접하고 안타까움을 느끼는 시민이 되는 것은 자기라는 원형이 성격을 구성하는 요소들이 각자 제 역할을 적절하게 하도록 조정하기 때문으로 이해할 수 있다.

2 삶의 목표로서의 자기실현(self-realization)

성격발달의 원동력은 무엇인가? 이 질문에 대하여 융은 자기실현(self-realization)이라는 용어로 답하고 있다. 자기실현(self-realization)은 인간의 정신(psyche)을 구성하고 있는 모든 요소가 최대한 완전하게 분화되는 동시에 이들 요소가 조화로운 조합과 균형을 이루는 상태를 의미한다(Hall, Lindzey & Campbell, 1997). 융은 자기실현과 유사한 개념으로 개성화(individuation)라는 용어를 활용하였는데, 자기 원형을 개발하고 자신의 능력을 최대한 발휘하여 타인과 구분되는 독특하고 뚜렷한 정체감을 지닌 자신이 되는 것을 의미한다(Schultz & Schultz, 2009). 즉, 자기실현 또는 개성화 과정은 온전(wholeness)하고 진정한 자신(self-hood)이 되어 가는 과정이다. 이를 위해서는 의식과 무의식, 자아와 그림자, 페르소나와 아니마 · 아니무스 등의 양극적 요소들을 통합하여 전체성과 조화를 이루는 정신작용이 필요하다. 의식과 무의식이 분리되지 않고, 하나로 통합되어 소통할 때 인간은 비로소 완전한 모습으로 조화로운 삶을 살게 된다.

3 발달단계

융은 발달단계를 강조하지는 않았지만 크게 유아기, 청년기, 중년기, 노년기의 4단계로 나누어 개괄적으로 언급하고 있다. 융은 유아기를 포함한 인생의 전반기보다는 중년기부터 시작되는 인생의 후반기를 상대적으로 더 강조하고 있어서 프로이트의 이론과는 대조적이다. 융이 제시한 발달단계를 간략하게 살펴보면 다음과 같다(Schultz & Schultz, 2009).

1) 유아기

유아기를 거치면서 자아(ego)가 발달하기 시작한다. 그러나 이 시기의 자아는 정체감이 형성되지 않았기 때문에 매우 원시적인 수준에 머무르고 있으며 아동의 성격은 자신보다는 부모의 성격을 반영하고 있는 경우가 대부분이다. 아동이 자신과 타인을 구별할 수 있을 때 비로소 아동의 자아는 의미 있는 발전을 경험하게 된다. 즉, 아동이 '나(자신)'라고 말할 수 있을 때, 자신의 자아가 형성되기 시작한다.

2) 청소년기 및 청년기

청소년기가 되면서 정신(psyche)체계가 확립되고 구체적인 요소들이 자리 잡기 시작한다. 융은 이 시기를 정신적 탄생(psychic birth)의 시기라고 하였으며, 외부 세계에 대한 적응이라는 어려움과 난관에 봉착하게 된다. 이 시기에는 학업의 완성, 취직, 결혼과 가정 꾸리기 등의 준비를 진행하면서, 안정적이고 성공적인 삶의 초석을 다지기 위하여 노력한다. 따라서 이 시기에는 자기 내면보다는 외부 세계에 관심이 많으며, 무의식보다는 의식영역이 지배적인 활동을 하는 시기이다.

3) 중년기

융은 사람들이 성격의 변화를 가장 많이 경험하는 시기를 중년기(35세~40세)로 보았으며, 인생에서 가장 중요한 시기로 보았다. 인생의 전반기를 거치면서 사람들은 교육, 직업, 가정 등과 같은 객관적인 현실세계에 집중하는 경향을 보인다. 그러나 인생의 후반기에 접어들면, 인생의 전반기에 소홀했던 자신의 주관적인 내면세계를 돌아보아야 한다. 외향성보다는 내향성을 지향하여야 하며, 의식영역보다는 무의식영역에 관심을 지녀야 하는 시기이다. 또한, 우리의 관심이 육체적, 물질적인 것에서부터 영적이고 철학적인 것으로 옮겨 가야 하는 시기이다. 이러한 과정을 거치면서 개인은 자기실현(self realization)을 위한 노력을 시작하여야 한다. 이 시기에 의식과 무의식을 잘 통합하여 심리적으로 건강한 상태에 다다르면, 개성화(individuation)를 완성할 수 있다(Schultz & Schultz, 2009).

4) 노년기(Hergenhahn & Olson, 2007)

노년기에 접어든 사람들은 죽음에 대한 불안을 경험하게 된다. 그러나 이 시기에 접어든 사람들의 삶의 목표는 죽음을 받아들이는 것이라고 융은 역설하였다. 죽음의 의미를 재발견하고 인식함으로써 개인은 새로운 목표를 정할 수 있으며 삶의 의미를 찾을 수 있다고 주장하였다.

4 심리 유형(psychological type)

융은 태도(attitude)와 기능(function)을 기준으로 하여 인간의 심리 유형을 8가지로 나누어 설명하였다.

1) 태도(attitude)

태도는 외향성과 내향성으로 구분되는데 인간이 지닌 정신(psyche)에너지가 지향하는 방향과 관련이 있다. 외향성(extraversion)은 정신에너지가 외부세계를 지향하고 있어서 타인 및 외부세계와 소통하는 것을 선호하는 유형을 말한다. 반대로 내향성(introversion)은 정신에너지가 본인 내면의 사고와 감정 등과 소통하는 것을 선호하는 유형이다. 외향적 유형을 지닌 사람들은 개방적, 사교적, 적극적인 반면에 내향적 유형의 사람들은 소극적이고 수줍음이 많다. 여기서 주의하여야 할 것이 있는데, 융이 제시한 외향성과 내향성은 단지 개인이 지닌 성향을 의미하는 것일 뿐이며 사교성이 높고 낮음을 의미하는 것은 아니라는 것이다(Hall, Lindzey & Campbell, 1997).

모든 인간은 외향성과 내향성을 동시에 지니고 있지만, 성격형성 과정에서 한 가지 유형이 상대적으로 더 우세해진다. 상대적으로 우세해진 유형은 개인의 행동과 의식영역을 관장하게 되고 상대적으로 열세해진 유형은 개인무의식의 일부에 자리하게 된다(Schultz & Schultz, 2009). 그러나 열세한 유형이 전혀 영향력이 없는 것은 아니다. 내향성이 우세한 사람이라 할지라도 어떤 특수한 상황에서는 외향적인 행동특성을 보일 수도 있다.

2) 기능(functions)

기능은 사고(thinking), 감정(feeling), 감각(sensing), 직관(intuition)의 네 가지 유형으로 구분되는데, 외부 세계 또는 자신의 주관적인 내면세계를 인지하고 이해하는 방식과 관련이 있다. 이를 간단하게 설명하면 다음과 같다(Schultz & Schultz, 2009).

(1) 사고(thinking)와 감정(feeling)

융은 사고와 감정 기능을 합리적 기능으로 분류하였다. 합리적 기능은 자신의 경험에 대하여 판단하고 평가하는 것을 선호하는 유형이다. 사고와 감정은 서로 정반대의 위치에 있으나 자신의 경험을 조직화하고 분류하는 것을 선호한다는 측면에서는 유사하다.

사고유형을 선호하는 사람은 자신이 경험한 것들이 사실인지 거짓인지를 판단하는 것을 선호하는 반면, 감정유형을 선호하는 사람은 자신이 경험한 것을 좋음/나쁨, 유쾌/불유쾌, 흥미로움/따분함 등으로 표현하는 것을 선호한다.

(2) 감각(sensing)과 직관(intuition)

감각과 직관은 융이 비합리적 기능으로 분류한 유형이다. 비합리적 기능은 자기 경험을 해석하는 과정에서 논리적 사고를 활용하지 않는 특징이 있기 때문에, 자신의 경험을 받아들이지만 평가는 하지 않는다. 현대적 의미에서 '비합리적'이라는 용어는 부정적인 의미가 내포되어 있다. 그러나 융이 사용한 의미는 단순히 '논리적 사고를 활용하지 않는 해석'을 의미하는 것임을 유념할 필요가 있다(Ryckman, 2004).

감각유형을 선호하는 사람은 마치 카메라가 대상을 촬영하듯이 감각적으로 외부 경험을 받아들인다. 직관유형은 외부 자극 그 자체보다는 직관이나 예감을 더 선호한다. 어두운 방 안에 누군가가 있음을 직감하는 경우, 이는 감각적 경험이라기보다는 직관이나 예감에 더 가깝다.

앞서 언급한 내향성과 외향성과 마찬가지로, 한 가지 기능만이 우세해져 의식영역에 자리 잡으며 나머지는 무의식 영역에 머무르게 된다. 한 가지 기능만이 우세해지므로 합리적 기능과 비합리적 기능이 동시에 우세해질 수 없으며, 합리적/비합리적 기능 내에서도 한 가지 기능만이 우세해진다. 즉, 개인은 사고(thinking)와 감정(feeling)이 동시에 우세하거나 감각(sensing)과 직관(intution)이 동시에 우세할 수 없다.

아래 표에 각 유형을 선호하는 사람들의 특징을 간략하게 제시하였다(Engler, 1999).

〈표 2-1〉 **융의 성격유형**

외향적 유형	내향적 유형
사고형: 정해진 규칙을 따르는 경향, 감정을 억누름, 사고가 객관적이지만 독단적인 경향	**사고형:** 프라이버시에 대한 욕구가 강함, 이론적이며 지적이지만 비현실적인 경향, 감정을 억누름, 대인관계에 어려움이 있을 수 있음
감정형: 사교적임, 타인과의 조화를 추구함, 전통과 권위를 존중, 감성적인 경향, 생각을 억누름	**감정형:** 과묵하고 생각이 깊고 예민함, 생각을 억누름, 이해하기 어렵고 무관심하게 비칠 수 있음
감각형: 즐거움을 추구하고 새로운 경험을 즐김, 현실지향적임, 직관을 억누름	**감각형:** 수동적이고 조용하나 예술적 감각이 있음, 감각적 경험을 객관적으로 수용함, 직관을 억누름
직관형: 창조적이며 새로운 아이디어에 매력을 느낌, 사실보다는 직관과 예감에 기반하여 의사결정, 감각을 억누름	**직관형:** 몽상가적임, 독특한 아이디어를 제시함, 타인이 이해하기 어려움, 감각을 억누름(융은 자신이 여기에 속한다고 함)

3) MBTI

MBTI(Myers-Briggs Type Indicator)는 마이어스(Myers)와 브릭스(Briggs)가 융의 심리 유형론을 토대로 고안한 성격 유형 검사 도구이다. MBTI는 융이 제시한 8가지 유형에 판단(judging)과 인식(perceiving)유형을 추가하여 4가지 분류 기준에 따라 심리유형을 16가지로 분류하였다. 정신적 에너지의 방향성을 나타내는 외향-내향(E-I) 지표, 정보 수집을 포함한 인식의 기능을 나타내는 감각-직관(S-N) 지표, 수집한 정보를 토대로 합리적으로 판단하고 결정 내리는 사고-감정(T-F) 지표, 인식 기능과 판단 기능이 실생활에서 적용되어 나타난 생활양식을 보여 주는 판단-인식(J-P) 지표이다. MBTI는 자기보고식 검사도구로 시행이 쉽고 간편하여 현재까지도 학교나 직장, 군대 등에서 광범위하게 사용되고 있다(최정윤, 2002).

Ⅳ 이론의 공헌과 한계

1 이론의 공헌 및 장점

1) 개념의 창조

융은 성격이론과 관련된 다양한 개념을 최초로 창시하였다는 점에서 그 공헌을 인정받고 있다. 융은 인간행동에 있어서 미래의 중요성을 역설한 이론가일 뿐만 아니라 자기실현(self-realization)을 최초로 언급한 학자이다. 융이 역설한 자기실현은 매슬로와 로저스 등의 인본주의 학자들의 탄생에 영향을 주었다. 또한, 인생의 후반기를 강조한 융의 발달이론은 매슬로의 동기이론에서도 그 영향력을 찾아볼 수 있다. 현재까지도 광범위하게 사용되고 있는 MBTI(Myers-Briggs Type Indicator)도 융의 심리 유형론을 바탕으로 고안된 성격 유형 검사 도구이다.

2) 무의식 영역의 확장

융은 집단무의식이라는 개념을 통하여 성격이론의 영역, 특히 무의식 영역을 대폭 확장시켰다. 또한, 비록 융이 제시한 개념들이 어렵고 모호하다는 한계가 있기는 하지만, 융의 이론은 성격이론 전체를 통틀어 가장 심오하고 포괄적인 이론이다. 한편, 프로이트가 유아기의 경험과 성적 충동을 강조한 것과는 달리, 인간행동의 주요 동기를 진정한 자신(self-hood)의 완성에 두고 있다는 측면에서 융의 이론은 전반적으로 긍정적이다.

2 이론의 한계 및 단점

1) 비합리적인 개념에 대한 신뢰

융의 이론은 당시 많은 사람이 비합리적인 것으로 간주하였던 신비주의, 영성, 종교 등의 개념에 대하여 지나치게 긍정적으로 바라보는 시각을 지니고 있다는 평가를 받았다(Hergenhahn & Olson, 2007). 이러한 비판에 대하여 융은 자신이 집단무의식에 대한 자료를 수집하는 과정에서 관심을 가졌을 뿐이며, 이러한 개념들에 대한 믿음은 아니라고 해명하였다.

2) 개념의 비일관성과 모호성

융의 이론은 고대신화, 역사, 철학 등을 아우르는 다양한 영역의 개념들을 인용 또는 차용하여 자신의 이론을 설명하고자 시도하였다. 그러나 융의 이론은 개념이 이해하기 어렵고, 모호하며, 지나치게 신비주의적이라는 비판을 받는다. 또한, 융이 제시한 자기실현(self-realization)의 개념은 엘리트주의를 표방하고 있다는 비판도 있다. 자기실현을 위해서는 자신과 자기 삶을 돌아보는 과정이 필요한데, 이는 당시로서는 고등교육을 받고 지적이며 시간적으로 여유가 있는 사람들만이 누릴 수 있는 혜택이었다(Hergenhahn & Olson, 2007).

3. 아들러의 개인심리학(individual psychology)

I 아들러(Alfred Adler)의 생애(1870~1937)

아들러는 1870년 오스트리아 빈에서 둘째 아들로 태어났다. 아들러는 병약하여 잦은 잔병치레로 유년기를 보내야 했다. 구루병(비타민 D 결핍증)에 시달렸으며, 폐렴에 걸려 죽을 고비를 넘기기도 하였다. 한편, 아들러의 형은 매우 건강하고 능력이 출중하였는데, 자신과 비교가 되는 형을 보면서 아들러는 열등감을 느꼈다고 한다. 학교에 입학한 아들러는 성적이 나쁜 매우 평범한 학생이었으며, 특히 수학 성적이 좋지 않았다. 학교 선생님은 아들러의 부모님에게 아들러가 다른 일은 할 수 없을 것 같으니, 구두수선공을 직업으로 선택하는 것이 좋겠다는 조언을 한 적도 있다고 한다. 그러나 아들러는 이 모든 것을 극복하고 매우 훌륭한 성적으로 졸업하였다.

1895년 빈 대학에서 의학을 전공하고 정신과 전문의로 일하던 중, 아들러는 프로이트의 『꿈의 해석』을 읽고 프로이트의 주장을 옹호하는 논문을 게재하였다. 이를 계기로 프로이트는 1902년 자신을 중심으로 운영되고 있었던 수요 토론 모임인 《빈 정신분석학회》에 아들러를 초대하게 된다. 이때부터 아들러는 본격적으로 프로이트와 인연을 맺게 되었으며, 1910년에는 《빈 정신분석학회》 회장을 역임하게 된다. 그러나 프로이트와 아들러가 인간을 바라보는 시각은 애초부터 달랐기 때문에 두 사람의 관계는 오래 지속될 수 없었다. 결국 아들러는 1911년 학회를 탈퇴하였으며 1912년 《개인 심리학회》를 창설하고 1914년부터 학회 명의로 논문집을 발간하기 시작하였다. 1차 세계대전 이후, 빈과 유럽 전역에 걸쳐 약 50개의 아동전문상담소를 설립 · 운영하였으며, 1927년 미국 컬럼비아 대학교의 초빙교수를 역임하였다. 1932년에는 미국의 롱아일랜드 의과대학 교수직에 임명되었다. 1935년 미국으로 이민을 간 아들러는 각국을 누비며 강연 여행을 계속하던 중, 1937년 스코틀랜드 애버딘에서 심장마비로 갑자기 세상을 떠났다.

아들러는 사망할때 까지 300편이 넘는 논문과 책을 집필하였다(Hergenhahn & Olson, 2007, p. 96-98; Cloninger, 1996, p. 102-103 참조).

Ⅱ 인간관 및 기본관점

1 인간의 전체성과 통일성

아들러는 자신의 이론을 '개인심리학(individual psychology)'이라 명명하였는데, 자신의 이론이 지닌 총체적 관점을 강조하기 위하여 '개인'이라는 단어를 활용하였다. 영어 'individual'은 라틴어 'individuus'에서 유래하였는데 'indivisible(분리할 수 없는)'이라는 뜻을 담고 있다. 즉, 개인심리학은 개인을 더 이상 분리할 수 없는 하나의 전체로서 이해하여야 함을 강조하고 있다. 프로이트가 개인을 구성하고 있는 하부구조(즉, 원초아, 자아, 초자아)를 분석의 대상으로 삼고 있다면, 아들러는 분석의 최소 단위가 개인 그 자체이며 개인을 부분으로 나누거나 분해하여 이해하는 것은 의미가 없다고 보았다.

또한, 프로이트는 원초아, 자아, 초자아가 서로 다른 목적을 지니고 있어서 서로 갈등하는 존재로 이해하고 있지만, 아들러는 개인은 하나의 통일된 개체로서 생각, 감정, 행동, 기억, 생리적 상태 등이 같은 방향을 지향하고 있다고 보았다(Ambrús, 2011).

따라서 아들러는 개인의 행동과 감정을 서로 분리하여 이해하기보다는 총체적으로 이해하여야 함을 강조하고 있다(Hjelle & Ziegler, 1981).

2 인간의 주관성

개인심리학에서 '개인(individual)'이라는 단어는 성격형성 과정의 주관성과 독특성을 강조하는 의미도 내포하고 있다. 아들러는 성격 발달이 독특하고 창조적인 과정임을 강조하며, 개인이 자신의 삶에 대한 주관적인 해석에 따라 성격이 형성된다고 주장하였다(Stein & Edwards, 1998). 개인은 자신에게 주어진 유전적 · 환경적 영향력에 수동적으로 반응하는 희생양이 아니라, 주어진 현실을 능동적으로 해석하고, 개인이 바라보는 주관적 현실에 근거하여 자신과 타인 그리고 삶에 대한 태도를 만들어 가는 주관적 존재로 인식하고 있다(Ambrús, 2011).

3 완전(perfection)과 완성(completion)의 지향

아들러는 인간의 성격은 과거보다 미래에 더 많은 영향을 받는다고 보았다. 인간은 성장과 확장을 지향하며 자신이 스스로에게 부여한 삶의 목표를 완수하고자 노력하는 미래지향적 존재이며, 이 과정에서 개인은 보다 완전한 자신, 보다 완성된 자신, 보다 일치된 자신을 만들고자 끊임없이 노력한다고 보았다.

4 창조적이고 자기주도적인 인간

아들러는 성격형성에 있어서 유전과 환경의 영향력을 인정하지만, 유전과 환경만으로는 개인이 지닌 독특한 성격을 설명하기에는 충분하지 않다고 보았다. 성격의 다양성과 독특성을 이해하기 위해서는 인간이 지닌 창조력(creative power)을 추가하여야만 비로소 개인이 지닌 성격의 주관성을 이해하는 것이 가능하다고 보았다. 개인이 자신의 삶을 스스로 자유롭게 설계할 수 있는 이유는 인간이 창조적인 존재이기 때문이라고 주장하였으며 이러한 창조력이 자기주도적인 삶의 원동력이 된다고 보았다. 많은 후대의 학자들이 아들러를 인본주의 심리학의 선구자로 보는 이유는 아들러가 인간의 창조력과 자유를 강조하였기 때문이다(Hjelle & Ziegler, 1981).

5 사회적 존재로서의 인간

개인심리학은 모든 인간의 행동이 사회적 맥락에서 비롯된다고 보기 때문에 인간 본성의 본질을 이해하기 위해서는 사회적 관계에 대한 이해가 반드시 필요하다고 주장하였다. 인간은 선천적으로 사회와 타인의 안녕에 이바지하고자 하는 협조적 자세를 지니고 있음을 강조하였으며, 개인과 사회의 갈등은 부자연스러운 것으로 개인과 사회의 상호 협력과 조화를 필수적인 것으로 보았다.

글상자

개인적 경험과 시대적 사조의 영향력

성격이론가들이 제시한 개념들을 살펴보면, 이론의 내용에 개인적 경험과 당대에 영향력을 발휘하고 있었던 시대적 사조가 반영되어 있음을 어렵지 않게 발견할 수 있다. 이를 아들러의 이론을 중심으로 살펴보자.

먼저, 아들러의 성장과정을 살펴보면 이론의 형성과정에서 개인적 경험이 미치는 영향력을 잘 살펴볼 수 있다. 아들러는 아주 어릴 적부터 구루병을 앓아서 4살이 될 때까지 잘 걸을 수가 없었다. 이때 아들러는 매우 건강하고 활달한 형을 지켜보면서 항상 부러움과 열등감을 느꼈다. 5살이 되었을 무렵, 아들러는 폐렴을 심하게 앓았다. 아들러의 폐렴을 진찰했던 의사는 더 이상 가망이 없으니 아들러를 간호하는 데 시간을 허비하지 말라고 가족에게 조언했고, 그런 의사의 말을 들으면서 아들러는 극심한 공포를 느꼈다고 한다. 어렵사리 죽을 고비를 넘긴 아들러는 이때부터 죽음이라는 위험에 대적하기 위하여 나중에 의사가 되어야겠다고 결심하였다. 의대에 진학한 아들러는 '의사는 환자를 하나의 전체로 인식하여야 하며 신체기관과 질병을 분리하여 이해해서는 안 된다'는 당시 내과의사의 강의를 감명 깊게 들었다고 회고하고 있다. 이처럼 아들러가 경험한 일련의 개인적 사건들은 자신의 이론을 개발하는 데 중요한 모티브를 제공하게 되었다.

한편, 아들러의 이론에는 당대에 영향력을 발휘하던 사조가 반영되어 있음을 알 수 있다. 아들러가 활동할 무렵, 철학자였던 한스 바이힝거(Hans Vaihinger)는 『as if의 철학』이라는 책을 저술하였다. 바이힝거는 자신의 저서에서 개인들은 자신이 경험한 과거보다는 미래에 대한 기대에 더 많은 영향을 받는다고 주장하였다. 또한, 사람들은 현실에서는 전혀 근거가 없음에도 불구하고 자신들이 가지는 어떠한 구체적인 생각이 '마치 사실인 것처럼' 가정하고 삶을 살아간다고 주장하였다. 즉, 개인들은 사실 그 자체보다는 자신들이 사실이라고 믿는 것에 의해 동기부여가 된다는 것이다. 바이힝거의 주장에 깊은 감명을 받았던 아들러는 바이힝거가 주장한 개념을 적극적으로 수용하여 이를 가상적 목적론으로 발전시켰다.

Ⅲ 주요 개념

1 목적론(finalism)

아들러는 목적론적 입장을 취하고 있는데, 개인을 이해하기 위해서는 개인이 자신의 행동에 부여한 목적이 무엇인가를 이해하여야 한다고 보았다. 아들러는 목적론적 입장을 주장하는 과정에서 '가상적 목적(fictional finalism)'이라는 독특한 개념을 주장하였는데, 사람들은 현실에서 근거를 찾기가 어려움에도 불구하고 어떤 생각들이 마치 사실인 것처럼(as if) 생각하고 행동한다고 보았다. 즉, 개인이 설정한 목적은 스스로 만들어 낸 허구라는 것이다. 여기서 '허구'라는 개념은 개인의 목적설정이 잘못되었음을 의미하는 것이 아니라, 과학적인 검증이 불가능하기 때문에 개인이 설정한 목적의 참과 거짓을 구분하기 어려움을 의미한다(Engler, 1999). 예를 들어, 신과 천국이 존재한다는 믿음은 이를 증명할 수 있는 과학적인 방법이 존재하지 않기 때문에, 개인이 만들어 낸 허구로 이해할 수 있다(Hjelle & Ziegler, 1981). 또 다른 예로, 입사 시험을 준비하고 있는 대학생을 상상해 보자. 이 학생은 본인이 열심히 준비하면 시험에 합격할 수 있으리라 생각하면서 열심히 시험 준비에 매진할 것이다. 그러나 이 또한 가상적 목적이며 스스로 가공해 낸 허구로 이해할 수 있다. 왜냐하면 합격 여부는 미래의 사건이며, 열심히 준비하더라도 불합격할 가능성이 여전히 존재하기 때문이다. 여기서 중요한 것은 천국의 존재 또는 시험합격이라는 객관적 실체가 아니라 개인이 주관적으로 부여한 상상의 목표이다. 천국이 존재한다는 신념을 지닌 사람은 도덕적인 삶을 살아가고자 노력할 것이며, 입사 시험을 준비하는 학생은 합격할 수 있다는 신념 아래 목표를 향하여 매진하게 될 것이다. 따라서, 가상적 목적은 그 자체가 지닌 현실성의 여부가 중요한 것이 아니라 개인이 삶을 살아가는 데 지침(guideline)을 제공한다는 측면에서 그 의의가 있다.

2 삶의 2가지 보편적 목적

아들러는 모든 인간의 사고와 행동은 필연적으로 개인이 추구하는 목적과 관련이 있다고 보았다. 이 중, 모든 사람이 보편적으로 추구하는 목적을 두 가지로 제시하였는데, 개인적 차원에서는 우월을 향한 노력(strive for superiority)을 중요시하였으며, 사회적 차원에서는 사회적 관심(social interest)의 발현을 중요시하였다(Fiest & Fiest, 2006, p. 70; Singer, 1984, p. 58-59).

1) 우월을 향한 노력(strive for superiority)

(1) 열등감과 보상(compensation)

프로이트가 인간행동의 동기를 본능적 충동에서 찾았다고 본다면, 아들러는 인간행동이 열등감에 의해서 동기화된다고 보았다(Suzuki, 2002). 갓 태어난 신생아는 자신의 기본적인 욕구의 충족과 생존을 타인에게 의존해야 한다. 또한, 유아는 가족과의 상호작용에서 자신보다 더 강하고 유능한 구성원들이 있음을 인지하게 된다. 이러한 경험을 통하여 개인은 아주 어릴 적부터 열등감 또는 무력감을 경험하게 된다. 그러나 아들러는 열등감을 개인이 지닌 약점이나 부정적인 현상으로 간주하지 않았으며, 모든 인간이 어릴 적부터 자연스럽게 경험하게 되는 지극히 보편적이고 일반적인 감정으로 인식하였다(Schultz & Schultz, 2009, p. 132). 아들러는 열등감이 존재하지 않는다면 개인의 성장이나 발전이 불가능하다고 보았으며, 열등감이야말로 인간의 행동에 동기를 부여하는 원동력이라고 주장하였다.

개인이 느끼는 열등감이 실제이든 상상이든, 개인은 자신이 가진 열등감을 극복하고자 노력하게 되는데(Maddi, 1996, p. 124), 이를 보상(compensation)이라고 한다. 아들러에 의하면, 모든 개인은 삶의 전 과정을 통하여 자신이 지닌 열등감을 극복하고, 보다 높은 단계로 나아가고자 하는 욕구를 지닌 존재이다.

(2) 우월을 향한 노력(strive for superiority)

열등감을 느끼는 개인은 그 감정을 지닌 채 현실에 안주하며 살아갈 수도 있을 것이다. 그렇지만 대부분의 인간은 자신의 열등감을 극복하고자 노력한다. 그 이유는 무엇인가? 아들러는 이 질문에 대하여 '우월을 향한 노력'이라는 개념으로 답하고 있다. 개인이 열등감을 극복하고 보상하고자 노력하는 이유는 모든 인간이 우월을 향한 노력을 추구하는 근본적인 동기를 지니고 있기 때문이라고 보았다. 즉, 인간은 위대한 향상의 동기(great upward drive)를 지니고 있어서 삶의 문제에 대처함에 있어서 마이너스(-)에서 플러스(+)로, 아래에서 위로, 미완성에서 완성으로, 무능력에서 능력으로 나아가고자 하는 동기를 지니고 있다고 보았다(Hjelle & Ziegler, 1981).

우월(superiority)의 개념에는 완전(perfection), 완성(completion), 일체성(wholeness) 등의 의미가 내포되어 있는데, 아들러는 모든 인간은 보다 완전한 자신, 보다 완성된 자신, 보다 일치된 자신을 만들고자 노력하는 존재라고 보았다. 아들러가 제시한 우월의 개념은 타인과 비교하여 더 나은 자신을 만들어 가고자 하는 노력, 교만하거나 타인에 군림하려는 태도, 자신의 능력이나 업적을 뽐내려고 하는 자세 등을 의미하는 것이 아니라, 순수하게 자기 자신을 완성시키고자 하는 동기를 의미한다(Schultz & Schultz, 2009). 이러한 우월을 향한 노력은 모든 인간이 선천적으로 타고나는 것이지만, 우월을 추구하는 구체적 방식은 개인마다 다르게 나타난다(Hall, Lindzey & Campbell, 1997).

아들러가 제시한 우월을 향한 노력은 프로이트의 이론과 대조적인 측면을 지닌다. 첫째, 열등감을 보상하고 더 나은 자신을 추구하는 과정은 개인적인 차원에서 상당한 노력과 열정이 필요하므로 긴장이 수반되는 것은 불가피하다(Maddi, 1996, p. 126). 이는 프로이트의 이론이 긴장의 해소 또는 안정상태로 되돌아가려는 심리적 역동을 강조하는 측면과 대조적이다. 둘째, 우월을 향한 노력은 미래지향적인 개념이므로 유아기의 경험과 같은 과거를 중요시하는 프로이트의 이론과 대조를 이룬다. 아들러는 과거의 사건이 미래의 행동에 영향을 미칠 수는 있지만 인과적 관계가 존재한다고 보지는 않으며, 인간의 행동이 과거 사건에 의해 결정되기보다는 미래의 목적을 지향하고 있음을 강조하였다(Suzuki, 2002).

(3) 열등감 콤플렉스 및 우월감 콤플렉스

아들러는 모든 개인을 열등감을 느끼는 동시에 열등감을 보상하기 위하여 우월을 향한 노력을 기울이는 존재로 인식하고 있다. 이때, 어떠한 이유에서든지 지극히 보편적인 열등감을 극복하지 못하게 되면, 자신이 지닌 열등감은 점점 강화되고 결국에는 열등감 콤플렉스를 경험하게 된다(Hjelle & Ziegler, 1981).

아들러는 열등감 콤플렉스를 경험하기 쉬운 상황을 다음의 3가지로 구분하여 설명하고 있다(Hjelle & Ziegler, 1981). 첫 번째는 자신의 신체기관에 대하여 느끼는 열등감이다. 신체적 장애나 만성질환에 시달리는 아동들의 경우, 다른 아동들과의 경쟁에서 과도한 열등감을 느끼게 될 가능성이 있으며 이는 곧 열등감 콤플렉스로 발전할 수 있다. 두 번째는 응석받이로 자란 아동들도 열등감 콤플렉스를 경험할 수 있다. 응석받이로 자란 아동은 성장하더라도 자신감이 결여되어 있기 때문에 삶의 문제를 스스로 해결할 수 없다는 회의감이 열등감 콤플렉스로 발전할 수 있다. 세 번째는 방임 또는 유기를 경험하는 아동을 들 수 있다. 이 경우, 아동은 타인으로부터 관심을 받거나 존중감을 경험하지 못하기 때문에 열등감 콤플렉스를 경험할 수 있다.

이와는 반대로, 자신의 열등감을 과도하게 보상하고자 노력하는 경우, 개인은 우월감 콤플렉스를 경험할 수도 있다. 우월감 콤플렉스를 경험하는 사람은 자신의 신체적, 지적, 사회적 능력을 과장하는 경향을 보이게 된다. 우월감 콤플렉스를 지닌 개인은 자신에 대한 자랑, 교만, 자기중심주의, 냉소주의 등의 성향을 보이게 되는데, 그 이면에는 여전히 열등감이 자리하고 있다(Hjelle & Ziegler, 1981). 즉, 우월감 콤플렉스는 열등감 콤플렉스의 또 다른 표현에 지나지 않는다.

2) 사회적 관심(social interest)

개인들이 삶을 살아가면서 추구하는 두 번째 보편적인 목적은 사회적 관심의 발현이다. 사회적 관심은 타인과 조화로운 삶, 친밀감 있는 삶을 영위하며 더 나아가서 완전한 사회를 만들고자 하는 선천적인 욕구를 의미한다(Hergenhahn & Olson, 2007). 아들러는 개인이 열등감을 극복하고 우월을 향한 노력을 기울이는 과정은 사회적 관심을 발현하는 방향으로 진행되어야 함을 강조하였다. 즉, 모든 개인은 우월을 향한 노력을 추구하는 과정에서 타인의 안녕에 이바지하고자 하는 협조적 자세와 노력을 견지하여야 하며, 이러한 노력이 결여된 상태에서의 우월의 추구는 소기의 목적을 달성할 수 없다고 주장하였다(Ryckman, 2004). 아들러는 개인이 병리적 현상을 경험하는 이유가 개인이 추구하는 우월을 향한 노력의 내용이나 태도에 타인에 대한 배려와 사회에 대한 공헌이 결여되어 있기 때문이라고 주장하였다. 따라서 개인이 지닌 사회적 관심의 정도는 개인의 심리적 성숙도를 가늠하는 척도라 할 수 있다(Feist & Feist, 2006).

사회적 관심은 모든 개인이 선천적으로 타고나는 잠재력이지만, 이를 사회적으로 발현하는 데에는 적절한 지도와 훈련이 필요하다. 이러한 측면에서 부모가 유아기의 자녀에게 제공하는 양육은 매우 중요한 의미를 지닌다. 어머니는 유아와의 상호작용 과정에서 배려와 보살핌을 통하여 깊고 진실한 사랑의 감정을 유아에게 전달하여야 한다. 아버지 또한 배우자와 타인들에 대한 배려심을 발휘하여야 한다. 이러한 양육과정을 통하여 유아는 자신이 선천적으로 지니고 있는 사회적 관심을 배양하고 이를 타인 및 사회로 확장시킬 수 있다(Feist & Feist, 2006).

3 창조적 자기(creative self)

'창조적 자기'는 아들러가 개발한 개념 가운데 가장 독창적인 개념으로 알려져 있다. 아들러는 개인의 성격 발달에 있어서 유전과 환경의 영향력을 인정하고 있다. 그러나 유전과 환경만으로는 개인들이 지닌 독특한 성격을 모두 설명하기에는 불충분하다고 보았으며, 창조적 자기의 개념을 추가하여야만 비로소 인간의 성격을 완전히 설명할 수 있다고 보았다.

여기서 잠시 유전을 벽돌, 환경을 시멘트, 성격을 집으로 가정해 보자. 사람들에게 같은 수의 벽돌(유전)과 같은 양의 시멘트(환경)를 제공한다고 하더라도 개인들이 완성한 집(성격)의 모양과 형태(건축양식)는 모두 다르게 나타날 것이다. 여기서 창조적 자기는 자신이 스스로 선택한 건축양식(완성하고자 하는 집의 모양과 형태)에 비유할 수 있을 것이다. 즉, 창조적 자기는 인간의 성격이 유전과 환경의 영향으로 수동적으로 형성되는 것이 아니라 자신에게 적합한 생활양식을 스스로 만들어 나가는 자유의지를 지니고 있음을 강조한 개념이다(Schultz & Schultz, 2009). 아들러는 인간의 성격은 유전과 환경의 산물 그 이상이며, 개인은 환경에 의해 영향을 받기도 하지만 스스로 환경에 영향을 미쳐 환경이 자신에게 적절하게 반응하도록 유도하는 창조적 존재로 이해하였다(Hjelle & Ziegler, 1981). 이러한 측면에서 아들러의 개인심리학은 소유(possession)의 심리학(유전적 자질과 사회적 환경으로부터 부여받은 능력)을 강조하기보다는 활용(use)의 심리학(자신의 능력과 잠재력을 어떻게 활용할 것인가?)을 강조하고 있다고 볼 수 있다(Ambrús, 2011).

4 생활양식

생활양식은 개인 성격상의 특성, 행동, 습관 등의 독특한 양식이 어우러져 나타나는 것으로서, 개인이 삶의 목표를 완수하기 위하여 스스로 선택한 삶의 노선을 의미한다. 생활양식은 아동이 4~5세경에 이르게 될 때 이미 형성되며, 그 이후에는 잘 바뀌지 않는 특징을 지닌다. 물론, 개인은 지속적으로 자신의 독특한 생활양식을 표현하는 새로운 방식을 추구하지만, 이는 여전히 4~5세경에 완성된 생활양식의 기본적 구조를 정교화하거나 확대하는 것에 불과하다고 보았다(Hjelle & Ziegler, 1981).

인간은 살아가면서 사회적 관계, 직업, 사랑과 결혼이라는 3가지 삶의 문제를 해결하여야 하는데, 생활양식은 이러한 3가지의 삶의 문제에 대처하는 방식을 결정한다(Hall & Lindzey, 1957, p. 133). 모든 개인이 지닌 삶의 최종 목표는 동일하지만(즉, 우월을 향한 노력과 사회적 관심의 발현), 생활양식은 개인에 따라 다양하게 표현될 수 있다. 개인이 나타내는 생활양식은 크게 4가지 형태로 나타날 수 있는데, 이를 살펴보면 다음과 같다(Hjelle & Ziegler, 1981).

아들러는 생활양식을 분류하기 위하여 두 가지 차원을 고려하였는데, 첫 번째 차원은 '사회적 관심'이며 나머지 차원은 '활동 수준'이다. '사회적 관심'에 대해서는 이미 언급하였기 때문에 설명을 생략하고자 하며, '활동 수준'은 삶의 문제를 해결하기 위하여 개인이 동원하는 에너지의 수준을 의미한다. 아들러가 제시한 생활양식의 첫 번째 유형은 지배형(ruling type)이다. 이러한 유형의 개인은 공격적이고 활동적으로 삶의 문제에 대처하지만, 그 과정에서 타인을 배려하지 않는다. 외부세계에 대하여 지배적인 행동양식을 나타내며 삶의 문제를 공격적이며 반사회적인 방식으로 해결하고자 시도한다. 두 번째 유형은 기생형(leaning type)이다. 이러한 유형의 개인은 자신의 욕구나 삶의 문제를 해결하는 데 있어서 타인에게 의지하는 행동양식을 보인다. 이 유형의 개인들은 타인들로부터 최대한 많은 것을 얻어 내는 데 관심이 있으나 활동 수준 자체가 높은 편은 아니다. 세 번째는 회피형(avoiding type)이다. 회피형은 사회적 관심도 결여되어 있으며, 삶의 문제를 해결하려는 노력도 없는 유형이다. 성공에 대한 열망보다는 실패에 대한 두려움에 사로잡혀 있어서 삶의 과제로부터 도피하고자 하는 경향을 나타낸다. 네 번째는 사회적으로 유용한 형(socially useful type)이다. 아들러가 가장 바람직한 유형으로 제시하였으며, 사회적 관심과 활동 수준의 두 가지 차원 모두가 높은 수준을 유지하는 특징을 지닌다. 이러한 유형의 개인은 삶의 3가지 문제를 해결하기 위해서 개인적 차원의 용기도 필요하지만, 타인들과의 협력이 필요함을 인식하고 자신뿐만 아니라 타인의 안녕에도 공헌하고자 하는 자세를 지닌다.

〈표 2-2〉 **생활양식의 유형**

		사회적 관심	
		높음	낮음
활동수준	높음	사회적으로 유용한 형 (socially useful type)	지배형(ruling type)
	낮음	– (사회적 관심이 높은 경우, 활동수준이 낮을 수 없음)	기생형(leaning type)
	매우 낮음		회피형(avoiding type)

이상에서 살펴본 생활양식의 4가지 유형은 다음과 같은 특징을 지니고 있다. 첫째, 가장 바람직한 유형인 '사회적으로 유용한 형(socially useful type)'을 제외한 나머지 3가지 유형은 '사회적 관심'이 결여되어 있다는 측면에서 공통점이 있으며 단지 '활동수준' 차원에서 정도의 차이가 나타난다고 보았다. 즉, 사회적 관심이 결여된 생활양식은 어떠한 유형도 바람직한 생활양식으로 분류하지 않고 있음을 알 수 있다. 이는 아들러가 그만큼 사회적 관심을 중요한 개념으로 강조하고 있음을 알 수 있는 대목이다. 둘째, 아들러가 제시한 생활양식의 유형에는 사회적 관심은 높으나 활동수준이 낮은 유형을 제시하지 않고 있다. 이는 사회적 관심이 높은 사람은 타인의 안녕을 위하여 무엇인가를 하고자 노력하기 때문에 활동 수준이 낮을 수가 없다고 이해하고 있기 때

문이다. 셋째, 아들러는 비록 자신이 4가지 유형의 생활양식을 제시하였지만, 개인의 독특한 생활양식은 매우 다양하기 때문에 그 어떤 개인도 앞서 제시한 4가지 유형만으로는 설명할 수 없음을 강조하였다. 즉, 앞서 제시한 생활양식의 유형은 아들러의 이론을 이해하는 일종의 개략적인 지침으로 활용하여야 할 것이다.

5 가족형상과 출생순위

아들러는 가족형상(즉, 형제자매의 수, 나이, 성별 등)과 출생순위가 개인의 성격 형성에 중대한 영향을 미친다고 주장한 최초의 학자이다. 가족형상과 출생순위에 따라 부모의 양육태도와 생활환경이 달라지기 때문에, 자녀들의 세계관, 삶의 목표, 생활양식 등에 영향을 미치게 된다. 예를 들어, 3살 터울의 형이 있는 아이는 가정 내에서 부모와 형제로부터 막내 취급을 받으면서 성장하지만, 10살 터울의 형이 있는 늦둥이 아이는 부모와 형제로부터 독자 취급을 받으면서 성장할 가능성이 높다.

아이의 출생순위 또한 성격형성에 영향을 미치는 데 이를 살펴보면 다음과 같다(Hergenhahn & Olson, 2007).

1) 첫째 아이

첫째는 태어나면서 부모로부터 모든 관심과 사랑을 독차지하는 존재이다. 그러나 둘째가 태어나는 순간, 부모의 사랑을 나눠 가져야 하면서 박탈감과 열등감을 느끼게 된다. 이 열등감이 적절히 해결되지 않으면 성인이 되어서 신경증, 알코올 중독, 범죄자 등으로 성장할 가능성이 있다. 하지만 권력을 찾기 위해 끊임없이 노력하고 연약한 동생을 보호하는 역할을 하다 보면 리더십이 강해질 수도 있다.

2) 둘째 아이

둘째는 처음부터 이미 부모의 사랑을 나눠 가질 수밖에 없는 운명을 가지고 태어난다. 따라서 사랑을 얻기 위해 굉장히 경쟁적이다. 첫째와 다른 능력을 개발하거나 첫째가 실패한 영역에 도전해서 인정받으려는 성향이 강하다. 특히, 둘째가 동생이 생겨서 중간 아이가 되어 버리는 경우에는 위아래의 경쟁상대 때문에 압박감을 느낀다. 따라잡히지 않으려고 애쓰면서도 앞서가기 위해 노력해야 하는 존재이기 때문에 자신의 능력에 대한 확신을 잘 가지지 못해 무기력감에 빠지게 되거나 의존하는 성향을 보이게 될 수 있다. 하지만 중간 역할을 잘하다 보니 갈등을 잘 조정하고 평화주의자가 되는 경우도 많다.

3) 막내 아이

집안에서 가장 어린아이는 가족의 사랑과 관심을 듬뿍 받고 자란다. 부모뿐만 아니라 형제자매로부터 과잉보호를 받고 자라다 보니 의존적이며 자기중심적이고 무책임한 아이로 자랄 수 있다. 때로는 가족 내에서 가장 어리다는 이유로 무시당하기도 해서 무기력감이나 열등감을 느끼기도 하지만 가족들이 기대를 많이 가지지 않기 때문에 오히려 자유로움 속에서 자신의 길을 추구하고 자신만의 영역에서 탁월한 성취를 나타내기도 한다.

4) 외동아이

외동아이는 어른들에게 둘러싸인 환경에서 자란다. 경쟁할 또래가 없다 보니 기준이 어른들이 된다. 부모의 기대치가 높아질 경우 경쟁이 안 된다고 생각해 낙담할 수 있지만 어른들이 유능함을 발휘할 수 없는 분야에서 성공하기도 한다. 외동아이는 또래와 협동하거나 나눠 쓰는 경험을 해 본 적이 없기 때문에 자기중심적 행동이 나타나기 쉽다. 그리고 항상 관심을 독차지하던 버릇 때문에 다른 사람들의 관심이 모두 자신에게 쏠리길 바라고 이런 욕구가 좌절되면 과민반응을 보일 수 있다.

Ⅳ 이론의 공헌과 한계

1 이론의 공헌 및 장점

1) 후학에 끼친 영향

본 교재에서 다루는 모든 학자를 다 아울러서 살펴보더라도 아들러의 이론만큼 후대 학자들에게 많은 영향을 끼친 이론을 찾아보기는 힘들다. 아들러가 강조한 인간의 주관성과 총체적 관점에서 인간을 이해하려는 노력은 이후 등장하게 되는 인본주의 심리학의 이론적 토대가 되었다. 또한, 무의식보다 자아의 의식적이고 합리적인 과정을 강조하고 있는 자아심리학의 등장도 아들러의 이론에 영향을 받았다(Schultz & Schultz, 2009). 인지행동 치료가인 엘리스는 아들러를 최초의 인본주의 심리학자로 규정하고 있으며, 매슬로는 '해가 갈수록 아들러가 점점 옳다'라는 말로 아들러의 이론을 높이 평가하였다.

2) 사회적(환경적) 영향력의 강조

프로이트와 융의 이론에 비하여, 아들러의 이론은 사회적 변인들이 성격형성에 미치는 영향력을 강조하고 있다. 사회적 관심은 성격형성에 있어서 타인과의 관계를 중요시하는 개념으로 이해할 수 있으며, 가족형상 또한 성격형성 과정에서 사회적 환경(양육태도와 생활환경)이 미치는 영향력으로 이해할 수 있다. 아들러가 강조하였던 사회적 영향력은 현재의 시각에서는 지극히 당연하고 평범하게 느껴질 수도 있지만, 프로이트와 융이 활동하던 당시로 거슬러 올라가면 상당히 파격적인 내용이었다.

2 이론의 한계 및 단점

1) 이론의 단순성과 개념의 모호함

아들러는 자신의 이론을 보다 단순하게 만드는 데 40년이 걸렸다고 회고한 바 있지만, 프로이트를 포함한 당대의 학자들로부터 무의식 영역을 무시하고 있어서 지나치게 단순하고 상식적인 수준에 머무르고 있다는 비판을 받았다(Schultz & Schultz, 2009). 또한, 아들러가 제시한 개념들은 추상적이고 모호한 측면이 있다. 예를 들어, 창조적 자기의 개념은 인간의 내면에 유전과 환경을 넘어서는 무엇인가가 존재하고 있음을 강조한다. 인간이 단순히 유전과 환경의 지배를 받는 것이 아니라 자신의 내면에 있는 어떠한 힘을 활용하여 스스로 선택하며 자신의 삶을 꾸려 나간다는 주장은 타당성이 있다. 그러나 창조적인 힘이 구체적으로 무엇이며, 어떻게 생성되며, 무엇으로 확인할 수 있는가? 아들러의 이론은 이러한 질문에 대하여 구체적인 답을 제시하지 않고 있다.

2) 이론의 비일관성

아들러의 이론은 과거보다는 미래(가상적 목표)를 중요시하고 있으며, 자신의 삶을 스스로 설계하는 인간의 자유의지(창조적 자기)를 강조하고 있다고 볼 수 있다. 그럼에도 불구하고 삶의 목표를 실현하는 방식인 생활양식은 이미 5세경에 결정된다는 입장을 취하고 있다. 아들러의 이론이 전반적으로는 미래를 지향하고 있음에도 불구하고 생활양식은 유아기의 경험을 강조하고 있어서 상충하는 측면이 있다(Schultz & Schultz, 2009).

4. 에릭슨의 자아심리학(ego psychology)

I 에릭슨(Erik Homburger Erikson)의 생애(1902~1994)

1902년 독일 프랑크푸르트 암마인에서 출생하였다. 덴마크 국적의 유태인이었던 어머니는 첫 결혼식을 치른 후, 몇 시간이 지나지 않아 남편이 도망가 버리는 경험을 한다. 이후, 에릭슨의 어머니는 또 다른 남자의 아이를 임신하는데, 이 아이가 바로 에릭슨이다. 에릭슨의 어머니는 아버지가 누구인지 끝내 말하지 않았고, 사생아의 탄생을 염려한 에릭슨의 조부모는 어머니를 독일로 보내게 된다. 독일에서 에릭슨을 출산한 어머니는 에릭슨을 돌보던 소아전문의 시어도어 홈버거(Thedore Homburger)와 재혼하였다. 에릭슨은 상당 기간 자신의 아버지가 친아버지가 아님을 몰랐으며, 자신의 성씨와 심리적 정체감에 대한 확신이 없이 성장하였다고 회고하였다. 에릭슨의 정체감 위기는 학교에서도 계속되었다. 독일계의 반 친구들은 에릭슨의 부모가 모두 유대계임을 들어 에릭슨을 배척하였다. 한편, 유대계의 반 친구들은 에릭슨이 키가 크고 금발이 특징인 북유럽계의 외모를 지녔다는 이유로 그를 배척하였다. 이후, 그는 대학에 진학하지 않고 유럽을 여행하면서 방랑과 방황을 하며 청년기를 보낸다. 에릭슨은 30대 중반까지 Homburger를 자신의 성씨로 사용하였으나, 37세 되는 해에 미국으로 이민을 하면서 자신의 이름을 Erik Homburger Erikson으로 바꾼다.

1927년 25세가 된 에릭슨은 프로이트의 환자와 지인들의 자녀들을 돌보는 목적으로 설립된 빈에 있는 조그만 학교에서 아이들을 가르치게 된다. 이 학교에서 에릭슨은 본격적으로 정신분석학을 접하게 된다. 이때 에릭슨은 프로이트의 막내딸인 안나 프로이트로부터 3년에 걸쳐 정신분석을 받았으며, 아동 발달에 관심을 가지게 되었다. 1929년, 에릭슨은 캐나다 출신의 예술가이자 무용수였던 아내와 사랑에 빠진다. 그러나 아내가 임신하자 아내를 평생 책임지는 것이 두려울 뿐만 아니라 어머니와 양아버지가 유대계가 아닌 며느리를 인정하지 않을 것이라는 생각에 그녀와의 결혼을 거부한다. 이때, 에릭슨은 동료들로부터 자신이 아내와 결혼하지 않으면, 자신을 사생아로 만든 친아버지의 행동을 그대로 반복하게 되는 것이라는 조언을 듣고 크게 깨달아 마침내 아내와 결혼하게 된다.

1933년 미국에 이민한 에릭슨은 보스턴에 정착하여 아동치료를 전문적으로 실시하는 정신분석 상담 클리닉을 운영하였다. 1936년 예일 대학교 의대에서 강의를 시작하였으며, 이후 인디언 부족의 자녀양육 행동에 관한 연구를 진행하였다. 1939~1950년 캘리포니아 대학교에서 연구원과 교수로 재직하였으며, 1960~1970년 하버드 대학교 교수로 재직하였다(Schultz & Schultz, 2009, p. 208-211 참조).

Ⅱ 인간관 및 기본관점

1 자아(ego)의 역할과 기능에 대한 새로운 해석

에릭슨은 자신은 프로이트의 이론에 반대하는 입장이 아니라는 견해를 평생 고수하였다. 그러나 에릭슨의 이론은 여러 측면에서 프로이트의 이론과 차이가 있었는데 특히, 자아(ego)의 기능 및 역할에 대하여 프로이트와 대조적인 관점을 제시하였다. 후대의 많은 학자가 에릭슨의 이론을 자아 심리학(ego psychology)으로 분류하고 있는 이유이기도 하다.

프로이트의 이론은 인간행동의 토대를 주로 원초아(id)의 기능과 역할을 중심으로 설명하고자 시도하였기 때문에 원초아 심리학(id psychology)으로 불리기도 한다(Maddi, 1996). 이에 비하여 에릭슨의 이론은 원초아(id)보다는 자아(ego)의 역할과 기능을 중요시하였기 때문에 자아심리학(ego psychology)으로 불린다.

에릭슨은 프로이트가 주장한 성격의 3가지 구성요소, 즉 원초아, 자아, 초자아의 개념을 수용하였으며, 자아(ego)가 원초아와 초자아 사이에서 갈등을 조정하는 역할을 수행하고 있는 것도 인정하였다. 그러나 자아는 불안을 회피하고 원초아의 욕구를 충족시키고자 하는 다분히 수동적인 역할에만 머무르는 것이 아니라 문제에 대하여 효율적으로 대처하고자 하는 긍정적 · 능동적인 측면을 동시에 지니고 있다고 주장하였다. 자아는 원초아의 요구가 없더라도 독자적으로 스트레스에 대처하고, 갈등을 해결하고, 삶의 요구에 스스로 적응하는 적응적 · 창조적 능력을 지니고 있다고 보았다(Engler, 1999, p. 145). 자아(ego)가 지닌 자율적 · 능동적 · 창조적 기능을 강조하고 있다는 측면에서 에릭슨은 프로이트에 비하여 인간을 보다 긍정적으로 바라보고 있다(Maddi, 1996, p. 59).

글상자

자아(ego)의 기능과 역할 - 하트만의 시각

오스트리아 출신의 정신분석학자인 하인즈 하트만(Heinz Hartmann, 1894~1970)은 자아심리학 이론의 창시자로 알려져 있는데, 프로이트가 제시한 자아(ego)의 기능과 역할을 더욱 세분화하여 제시한 학자로 유명하다. 먼저 하트만의 이론을 도식화하여 제시하면 다음과 같다.

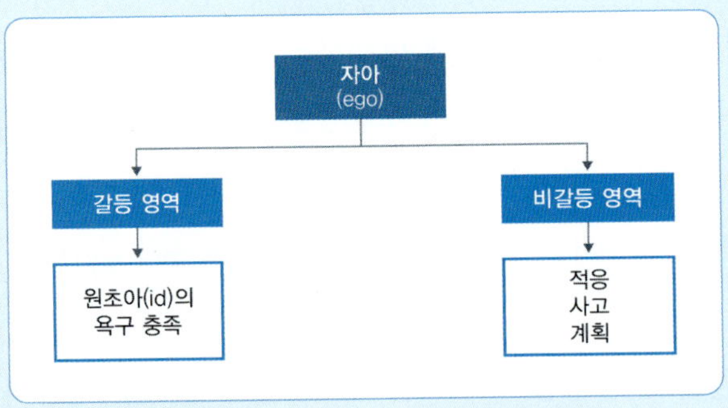

위 그림에 제시된 바와 같이, 하트만은 자아(ego)가 2가지 기능을 동시에 수행하고 있다고 주장하였다. 먼저 갈등 영역의 자아가 수행하는 역할은 프로이트가 제시한 개념과 크게 다르지 않다. 즉, 갈등 영역의 자아는 원초아(id)와 초자아, 원초아와 외부 세계 사이의 갈등을 줄이고, 원초아의 욕구를 충족시키는 역할을 한다고 보았다. 한편, 하트만은 프로이트가 제시하지 않았던 비갈등 영역의 자아가 수행하는 역할을 추가로 제시하였다. 비갈등 영역의 자아는 원초아의 요구가 없더라도 개인이 세상에 잘 적응하며 살아갈 수 있도록 다양한 역할을 자발적으로 수행하는 기능을 지니고 있다고 보았다(Carver & Scheier, 2004, p. 255-256 요약).

이상에서 설명한 비갈등 영역의 자아가 수행하는 기능과 역할을 예를 들어 설명하면 다음과 같다. 평소에 버스를 타고 출근하는 회사원 박 씨는 교통사고로 인하여 출근길 도로 사정이 좋지 않음을 알게 되었다. 회사에 지각하지 않을 방도를 고민한 끝에 박 씨는 가까운 지하철역까지는 택시를 이용하고 역에서는 지하철을 이용하여 출근하기로 계획을 변경하였다. 이 사례에서 박 씨가 한 일련의 행동은 원초아(id)의 요구에 수동적으로 반응한 행동이라기보다는 문제해결을 위하여 스스로 수행한 능동적, 자발적 행동이라 할 수 있다. 또한, 버스를 포기하고 택시와 지하철을 이용한 것은 문제해결을 위해 새로운 방식을 고안하였다는 측면에서 창조적 행동이라 할 수 있다. 하트만은 인간행동의 최종목표는 환경에 대한 적응에 있다고 보았으며, 위 사례에서처럼 갈등 영역보다 비갈등 영역의 자아가 세상에 적응하기 위해 수행하는 자발적, 능동적, 창조적 역할을 더 중요시하였다. 본 장에서 다루는 에릭슨의 이론을 자아심리학이라 칭하는 이유는 에릭슨이 하트만의 이론에 동의하고 이를 수용하고 있기 때문이다.

2 사회 · 문화적 영향력의 강조

에릭슨의 이론은 인간의 성격발달에 있어서 사회적 영향력을 매우 중요시하였기 때문에 심리사회이론(psychosocial theory)으로 불리기도 한다. 프로이트가 주장한 심리성적 발달단계가 유아에 대한 부모의 영향력을 주로 강조하였다면, 에릭슨은 자아와 성격의 발달은 부모뿐만 아니라 사회 제도, 가치 체계, 역사, 문화 등을 포함한 다양한 사회적 영향력과도 밀접한 관계가 있다고 보았다. 특히, 에릭슨은 문화가 성격발달에 미치는 영향력을 파악하고자 다양한 임상적 관찰과 연구를 실시하였는데, 이 과정에서 에릭슨은 사회적 · 문화적 다양성이 자아의 발달에 지대한 영향을 미친다는 확신을 가지게 되었다(Wallace, 1993).

프로이트와 에릭슨은 성격 형성에 있어서 사회적 영향력을 바라보는 시각도 대조적이다. 프로이트에 의하면, 인간은 자신의 본능(성적 충동과 공격성)을 따르고자 시도하기 때문에 이 과정에서 사회로부터 주어지는 제재나 압력은 불가피한 조치라고 본다. 따라서 개인과 사회 사이에서 발생하는 갈등은 필연적이라고 본다. 그러나 에릭슨은 개인과 사회의 호혜적 관계를 강조하는 입장을 취한다. 사회는 문화의 전승 등을 포함하는 상징적 행위를 통해 개인의 생물학적 · 심리적 욕구를 충족할 수 있도록 지원하여야 한다고 보았다. 한편, 개인은 주변 사람과 사회 제도 등과 관계를 맺고 적응할 수 있는 역량을 키워 나가야 한다고 보았다(Hergenhahn & Olson, 2007). 에릭슨은 이러한 호혜적 상호작용을 통하여 개인과 사회가 서로 풍요로워질 수 있다고 보았다.

3 인간본성에 대한 낙관론적인 견해

프로이트는 인간이 자신의 본능을 추구하는 데 충실한 존재이므로 사회적 제재나 압력이 없다면 문명사회의 존재는 불가능하다는 입장을 취한다. 그러나 에릭슨은 개인이 살아가면서 접하게 되는 심리사회적 위기를 극복하는 인간의 능력에 관심을 두고, 각 발달단계를 거치면서 자아(ego)가 획득하는 긍정적인 심리적 특질(ego qualities)을 강조하였다. 개인이 경험하는 모든 개인적 · 사회적 위기는 도전의 과정이며, 이러한 도전은 개인의 성장과 세상사의 섭렵에 긍정적인 역할을 한다고 본다(Hjelle & Ziegler, 1981).

Ⅲ 주요 개념

1 점성원칙(epigenetic principle)

점성원칙이란 성장하는 모든 것은 기초안(ground plan)을 갖고 있으며, 기초안에 의거하여 부분이 발생하고, 각 부분은 특별히 우세해지는 시기가 있으며, 이 모든 부분이 발생하여 하나의 기능하는 전체를 이루게 됨을 의미한다(Erikson, 1959, p. 52). 점성원칙에는 다양한 의미가 내포되어 있는데, 이를 요약하면 다음과 같다.

첫째, 점성원칙은 인간의 발달에 있어서 유전적 · 생물학적 영향력을 강조하는 개념이다. 'epi'는 접두어로서 'upon'의 의미를 지니고 있다. 따라서 epigenetic은 인간이 출생하여 죽음에 이르게 될 때까지 유전적 · 생물학적으로 예정된 8개의 발달단계를 순차적으로 거치게 된다는 것을 의미한다. 또한, 모든 인간은 일정한 발달단계(즉, 유아기, 학령기, 청소년기, 청년기, 중년기, 노년기)를 거치면서 발달하며, 발달단계의 순서 또한 바뀌지 않는다고 주장하였다(Hergenhahn & Olson, 2007).

둘째, 각 발달단계에는 최적의 시기와 특정의 발달과업이 존재한다. 에릭슨은 각 발달단계를 거치면서 성취하여야 발달과업을 긍정적 적응방식과 부정적 적응방식의 서로 대립하는 개념으로 제시하였다. 예를 들면, 갓 태어난 아이는 "신뢰감 vs. 불신감"이라는 발달과업을 경험하면서 세상에 적응하고 살아가는 방식을 배워야 한다. 두 번째 단계에 접어든 유아는 "자율성 vs. 수치심 및 의심"이라는 발달과업을 경험하며 세상과 소통하는 방식을 배워야 한다. 이처럼 에릭슨은 각각의 발달과정에서 개인이 성취하여야 할 특정의 발달과업이 존재한다고 보았다. 또한, 발달과업의 성취에는 최적의 시기가 존재한다고 본다. 예를 들어, 두 번째 단계에 접어든 유아에게는 "자율성 vs. 수치심 및 의심"이 가장 중요한 발달과업이 된다. "자율성 vs. 수치심 및 의심"의 발달과업은 이전 단계뿐만 아니라 이후에 전개되는 단계들에서도 지속적으로 나타나지만, 두 번째 단계에서 특히 두드러지게 나타나는 발달과업이며 가장 우세한 영향력을 발휘하게 된다(Erikson, 1966).

셋째, 점성원칙은 생물학적 · 유전적 영향력뿐만 아니라 사회적 영향력을 동시에 고려하고 있는 개념이다. 발달과정에서 개인은 사회적 · 환경적 영향력에 노출될 수밖에 없으며, 개인이 처한 독특한 사회적 · 환경적 상황은 예정된 8단계의 발달이 구체적으로 실현되는 과정에 영향을 미친다고 본다(Schultz & Schultz, 2009). 따라서 에릭슨은 성격 발달을 생물학적 요인과 사회적 요인 간의 상호작용의 산물로 이해하고 있다.

넷째, 발달단계는 문화적 보편성을 지닌다. 에릭슨은 각기 다른 문화의 가치 체계에 따라 개인이 경험하는 구체적인 발달단계의 전개 양상은 다를 수 있음을 인정하고 있다. 그럼에도 불구하고 8단계에 걸친 발달은 모든 문화권에 적용할 수 있다고 보았다. 에릭슨은 도구와 기술의 습득, 바람직한 성인으로서의 정체감 형성, 친밀한 유대관계의 형성, 다음 세대의 돌봄, 임종의 수용 등의 과업은 모든 문화권에서 보편적으로 나타나는 현상으로 이해하였다(Crain, 2005).

2 심리 · 사회적 위기(psychosocial crisis)

에릭슨은 각각의 발달단계에서 극복하여야 할 심리 · 사회적 '위기' 또는 '갈등'이 존재한다고 보았다. 이때, '위기'의 개념은 위험이나 중대한 고비를 의미하는 것이 아니라, 피해 갈 수 없으므로 매우 중요한 결정을 내려야 하는 인생의 전환점을 의미한다(Wallace, 1993, p. 164). '갈등' 또한 현대적 의미에서의 타인과의 대립 또는 내적 긴장을 의미하는 것은 아니다. 개인은 각각의 발달단계를 거치면서 특정의 심리적 특질(psychological quality)을 획득하여야 하는데, 여기에는 성공과 실패, 발전과 퇴보가 공존하게 된다. 갈등은 이러한 상황에서 심리적 특질을 획득하고자 개인이 기울이는 힘겨운 노력(struggle)을 의미한다(Carver & Scheier, 2004).

각각의 발달단계에는 성공과 실패가 공존하고 있으므로, 위기의 극복이 긍정적으로 진행될 수도 있고 부정적으로 진행될 수도 있다. 위기를 성공적으로 해결하게 되면, 자아(ego)의 기능이 강화되게 되며 자아는 더 높은 적응력을 발휘하게 된다. 반대로 위기를 부정적으로 해결하게 되면, 자아의 기능은 약화되고 이는 결국 자아의 적응을 방해하게 된다. 마찬가지로, 특정 발달단계를 긍정적으로 해결하는 경우, 다음 단계의 위기를 긍정적으로 해결할 가능성이 커진다. 반대로, 특정 단계의 위기를 부정적으로 해결하는 경우, 다음 단계의 위기를 성공적으로 해결하는 것이 완전히 불가능한 것은 아니지만, 그 가능성은 줄어든다(Hergenhahn & Olson, 2007).

각 단계에서 나타나는 위기는 해당 시기에 가장 우세한 영향력을 발휘하지만, 그 영향력이 특정 시기에만 국한되는 것은 아니다. 예를 들어, '정체감 형성 vs. 정체감 혼미'는 청소년기에 가장 우세한 영향력을 발휘한다. 그러나 정체감 형성은 이전 단계들을 거치면서 이미 발달이 시작되며, 청소년기에 형성된 자아 정체감은 이후 나타나는 발달단계를 통하여 지속적으로 발달한다(Hall, Lindzey & Campbell, 1997).

3 발달의 전개 양상

에릭슨은 인간이 전 생애에 걸쳐 발달이 진행됨을 주장한 학자이다. 구체적으로 인간은 태어나서 죽음에 이르기까지 8개로 구분되는 발달단계를 거치면서 성장과 발달이 진행된다고 주장하였다.

1) 긍정적 경험과 부정적 경험의 비율

에릭슨은 각각의 발달단계에서 직면하게 되는 위기를 성공적으로 극복하고 정상적인 발달을 도모하기 위해서는 긍정적 경험과 부정적 경험 모두가 필요하다고 역설하였다. 예를 들어, 영아기의 아이는 신뢰감과 불신감을 형성하며 자신의 무력감과 의존성에 대처하려고 노력하게 된다. 이 과정에서 영아는 적응적이고 바람직한 대처방식인 신뢰감을 주로 형성하며 위기에 대처하여야 한다. 그러나 동시에 영아는 자신을 보호하는 차원에서 어느 정도의 불신감도 경험하여야 한다. 만약, 이 시기의 영아가 신뢰감만 경험하고 불신감을 전혀 경험하지 못한다면, 삶을 살아가면서 타인의 기만이나 속임수에 취약할 수밖에 없을 것이다(Schultz & Schultz, 2009). 따라서 자아가 성공적으로 위기를 해결하고 정상적인 발달을 이루어 내기 위해서는 주로 긍정적이고 적응적인 경험을 많이 하는 것이 바람직하지만 적어도 일정 부분 부정적인 경험도 동시에 필요하다.

2) 정상적 발달과 심리적 특질(psychological quality)

각 단계에서의 위기를 성공적으로 극복하게 되면, 자아의 적응력은 높아지게 되며 그 결과로 자아는 강점 또는 심리적 특질을 획득하게 된다. 에릭슨은 이를 자아특질(ego quality), 자아강점(ego strength), 미덕(virtue) 등의 다양한 용어로 표현하였다(Erikson, 1964). 〈표 2-3〉에서 제시된 바와 같이, 개인이 각 발달단계를 성공적으로 이루어 내게 되면 자아는 희망, 의지, 목적, 유능감, 성실, 사랑, 배려, 지혜 등의 심리적 특질을 획득하게 된다. 주목하여야 할 것은 이러한 심리적 특질은 원초아(id) 또는 초자아(super ego)가 아니라 자아(ego)가 획득하는 것이라는 점이다. 에릭슨은 자아(ego)에게 다양하면서도 긍정적인 기능들을 부여하고 있는데, 에릭슨의 이론이 자아심리학이라고 불리는 이유를 이 대목에서도 엿볼 수 있다.

발달단계는 상호의존적인 특성이 있기 때문에, 특정 단계에서 획득한 심리적 특질은 그 이후 발달단계에서도 지속적으로 나타나 개인의 행동과 성격 발달에 영향을 미친다. 그러나 특정 단계에서 획득한 심리적 특질이 영구히 지속되는 것은 아니다. 예를 들어, 네 번째 발달단계에 도달한 어린이가 위기를 잘 극복하여 유능감이라는 심리적 특질을 획득하였다 하더라도, 이후의 단계에서의 부정적인 경험으로 인하여 다시 열등감을 느끼게 될 수도 있다. 이전 단계의 위기를 재경험하게 되는 경우, 재차 이를 성공적으로 극복하기 위한 노력을 기울여야 한다. 위기를 성공적으로 극복하는 경우에는 심리적 특질을 다시 획득할 수 있지만, 실패하는 경우에는 이미 획득한 심리적 특질이라 하더라도 약화될 수 있다(Ryckman, 2004). 그 반대의 경우도 마찬가지이다. 개인이 특정단계에서 획득하여야 할 심리적 특질을 획득하지 못하였다고 하더라도 여전히 기회는 존재한다고 본다. 이후에 전개되는 발달단계를 거치는 동안 긍정적인 경험을 통하여 이전 발달단계에서 획득하지 못한 심리적 특질을 확보하는 것 또한 불가능하지 않다고 보기 때문이다. 즉, 위기의 극복은 완전히 완성되는 것도 아니지만 그렇다고 영원히 돌이킬 수 없는 것도 아니다(Wallace, 1993).

3) 비정상적 발달

한편, 에릭슨은 비정상적인 발달을 두 가지 유형으로 나누어 설명하고 있다. 첫 번째 유형은 '부적응(maladaptive)'이다. 자아가 발달과정에서 지나치게 긍정적인 경험만을 주로 하면서 부정적인 경험을 거의 하지 못할 때 나타나는 현상을 말한다. 두 번째 유형은 '병리(malignance)'이다. 부적응과는 반대로 지나치게 부정적인 경험만을 주로 하게 되고 긍정적인 경험을 거의 하지 못할 때 나타나는 현상이다. 부적응 현상은 신경증을 유발할 수 있으며, 병리현상은 정신병을 유발할 수 있다(Schultz & Schultz, 2009). 지금까지 설명한 에릭슨의 발달단계와 정상적 발달 및 비정상적 발달과 관련된 개념들을 표로 정리하여 제시하면 아래와 같다.

〈표 2-3〉 **에릭슨의 심리사회적 발달단계**

단계 (연령)	심리사회적 위기	유의미한 관계	심리사회적 미덕	부적응 (Maladaptation)	병리 (Malignancy)
유아기 (출생~1.5세)	신뢰감/불신감	어머니	희망(hope), 신념(faith)	감각 부적응 (sensory distortion)	고립 (withdrawal)
초기아동기 (1.5~4세)	자율성/수치심	부모	의지(will), 결연 (determination)	충동 (impulsivity)	강박 (compulsion)
학령전기 (4~6세)	주도성/죄의식	가족	목적(purpose), 용기(courage)	무자비함 (ruthlessness)	억제(inhibition)
학령기 (6~12세)	근면성/열등감	이웃, 학교	유능감 (competence)	편협한 기교 (narrow virtuosity)	무력감(inertia)
청소년기 (사춘기~18세)	정체감/역할 혼란	동료, 역할모델	충실(fidelity), 충성(loyalty)	광신 (fanaticism)	거부 (repudiation)
성인초기 (18~30세)	친밀감/고립감	배우자, 친구	사랑(love)	난잡함 (promiscuity)	배척 (exclusivity)
성인기 (25~59세)	생산성/침체성	가족, 직장동료	배려(care)	과도한 확장 (overextension)	거부(rejectivity)
노년기 (60세 이상)	통합성/절망감	인류	지혜(wisdom)	억측(presumption)	절망(despair)

4 구체적 발달단계

에릭슨의 발달단계는 전 생애를 통한 성장과 발달을 주장하였다는 점이 가장 큰 특징이라 할 수 있다. 1~5단계는 프로이트의 발달단계와 거의 동일하지만, 나머지 3단계에 걸친 성인기의 발달과정에는 자신의 독특한 발달단계를 추가하였다. 에릭슨은 발달이 예정된 순서대로 진행됨을 주장하였지만, 각각의 발달단계가 시작되고 종료되는 시점은 개인마다 차이가 있다고 보았다(Carver & Scheier, 2004). 구체적인 발달단계에 제시된 연령대는 모든 사람에게 반드시 적용되는 것은 아니며 각 단계에 대한 이해를 돕기 위한 임의적 구분이다. 구체적인 발달단계와 주요 특징은 다음과 같다(Boeree, 2006 참조).

1) 유아기(출생부터 1.5세, 기본적 신뢰감 대 불신감: 희망)

첫 번째 단계의 유아는 불신감에 대한 감각을 지닌 가운데 신뢰감을 개발하여야 한다. 갓 태어난 아이에게 어머니가 친근감, 일관성, 지속성을 가지고 양육을 제공하게 되면, 유아는 세상이 안전한 곳이라는 느낌을 갖게 되며 타인에 대하여 신뢰감과 애정을 형성할 수 있게 된다. 반면, 어머니가 적절한 양육을 제공하지 않거나 아이를 거부하고 아이의 기본적인 욕구에 등을 돌리게 되면, 유아는 불신감을 형성하게 되며 주위 사람에 대하여 불안을 느끼게 되고 의심하게 된다.

유아가 이 시기에 신뢰감과 불신감을 적절한 비율로 경험하며 위기를 극복하게 되면, '희망(hope)'이라는 심리적 특질을 획득하게 된다. 첫 번째 단계에서 위기를 성공적으로 극복하게 되면, 유아는 자신의 욕구를 충족시키기 위해서는 일정 시간의 기다림이 필요하다는 사실을 인지하고 기다림에 대하여 지나친 좌절이나 혼란을 느끼지 않게 된다. 신뢰감을 형성한 유아는 지금 당장은 아니더라도 언젠가는 긍정적인 결과가 나타날 것이라는 희망을 지니게 된다. 이러한 역량은 개인이 삶을 살아가면서 사랑, 직업 등을 포함한 다양한 삶의 영역에서 개인이 경험하게 되는 실망이나 좌절을 헤쳐 나가는 데 중요한 역할을 한다. 반면, 부모가 아이의 양육에 있어서 지나치게 보호적인 경우, 유아는 오히려 '감각 부적응(sensory distortion)' 현상을 경험할 수 있다. 감각 부적응에 빠지면 타인을 지나치게 신뢰하여 속기 쉬우며, 과도한 낙천주의자로 전락할 가능성이 있다고 보았다. 이보다 더 부정적인 경우는, 신뢰감보다는 불신감을 지나치게 많이 경험하는 경우이다. 이 경우에는 '고립(withdrawal)'이라는 병리 현상이 나타나며, 차후 우울, 피해망상, 정신병 등을 경험할 가능성이 커진다.

2) 초기 아동기(1.5세에서 3~4세, 자율성 대 수치심 및 의심: 의지력)

두 번째 단계에 이른 아동의 발달과업은 수치심과 의심의 경험을 최소화하면서 자율성을 획득하는 것이다. 부모(또는 기타 양육자)가 이제 막 걸음마 단계에 다다른 아동에게 주위 환경을 탐색하도록 허용하게 되면, 아동은 자율성 또는 독립심을 개발하게 된다. 이 시기의 아동을 양육하는 부모는 적절한 균형이 필요한데, 아동을 지나치게 몰아세우거나 의욕을 꺾어서는 안 된다. 부모가 확고하면서도 관대함을 지닌 양육방식을 고수하면서 아동이 외부환경을 적극적으로 탐색하고 시험할 수 있도록 돌봄을 제공하게 되면, 아동은 자제력과 자존감을 동시에 개발하게 된다.

한편, 이 시기의 아동은 수치심과 의심을 경험할 수도 있다. 부모가 아동의 노력이나 독립심을 지나치게 꾸짖게 되면, 아동은 스스로 무엇인가를 해서는 안 된다는 생각에 사로잡혀 쉽게 포기하게 된다. 또한, 부모가 아동에게 허용치를 넘어서는 수준의 과도한 자유를 부여하거나 아동이 스스로 하여야 할 일까지도 옆에서 도와주게 된다면, 아동은 스스로에 대하여 훌륭하다고 느끼지 못하게 된다. 그러나 이 시기의 아동들이 수치심과 의심을 경험하게 되는 것은 불가피할 뿐만 아니라 일정 부분 필요하기도 하다. 수치심과 의심의 경험이 없으면, 아동은 '충동(impulsivity)'이라는 부적응적인 태도를 나타내게 되는데, 행동이 지나칠 정도의 아집으로 가득 차 있어서 자기 능력을 전혀 고려하지 않고 무모한 도전을 감행하는 성향을 보이게 된다. 반대로, 과도하게 수치심과 의심을 많이 경험하게 되면, '강박(compulsion)'이라는 병리 현상을 경험하게 된다.

강박적인 사람은 자신이 하는 모든 일들에 자신의 명운이 걸려 있다고 생각하기 때문에 모든 일들이 완벽하게 진행되어야 한다고 느낀다. 이 과정에서 아동은 항상 자기 능력을 의심하고 수치심을 느끼게 되는 대가를 치르게 된다.

아동이 자율성 vs. 수치심 및 의심의 발달과업을 긍정적으로 경험하면서 위기를 극복하게 되면, '의지력(will)' 또는 '결연함(determination)'의 심리적 특질을 획득하게 된다. 이 시기에 나타나는 "나는 할 수 있다"라는 의지력을 유지하게 되면, 성인기의 삶은 더욱더 풍요로워진다.

3) 학령전기(3~4세에서 5~6세, 주도성 대 죄의식: 목적)

세 번째 단계에 도달한 아동은 죄의식을 지나치게 많이 경험하지 않으며 주도성을 개발하여야 한다. 주도성은 책임감과 목적의식을 지닌 채, 세상의 도전에 긍정적으로 대응하고자 하는 노력이다. 이 과정에서 부모는 아동의 공상, 호기심, 상상력을 지지하고 수용하며 아동이 자기 생각을 실행에 옮기도록 격려하여 주도성을 개발할 수 있도록 도와주어야 한다.

이 시기의 아동은 오이디푸스적 소망으로 인하여 양가감정을 느끼게 된다. 이 시기의 아동이 이성 부모에 대하여 개발하게 되는 주도성은 차후에 남성적 · 여성적인 행동을 습득하기 위해서는 필요불가결한 것이다. 그러나 아동은 근친상간에 대한 욕망을 품게 되므로 인해 나타나는 죄의식을 피하고자 일시적으로 이성 부모에 대한 주도성을 억압하게 된다. 부모는 이 시기의 아동이 성적 욕구를 수용가능한 행위로 전환할 수 있도록 도와주는 등 다양한 성 역할을 배울 수 있도록 배려하여야 한다. 그러나 이 과정이 너무 엄하거나 갑작스럽게 진행되면, 아동은 자신의 감정에 대하여 죄의식을 느끼게 된다.

주도성과 죄의식 사이의 조화로운 경험은 개인으로 하여금 '목적(purpose)'이라는 심리적 특질을 획득하게 한다. 반면, 주도성을 지나치게 많이 경험하는 동시에 죄의식에 대한 경험이 지나치게 적으면, 아동은 '무자비함(ruthlessness)'이라는 부적응을 경험한다. 무자비한 사람은 학교, 사랑, 정치, 직업적 문제에서 자신의 주도성만을 고집하게 되어, 자신의 목적을 이루기 위해서라면 상대방의 권리를 침해하는 것은 상관이 없다고 생각한다. 반사회적 행동은 무자비함이 사회적으로 가장 심각하게 나타난 형태라고 볼 수 있다. '억제(inhibition)'는 이 시기에 경험하게 되는 병리현상이다. 억제를 경험하는 사람은 모험을 하지 않는 이상 잃을 게 없다는 생각으로 그 무엇도 시도하지 않으려고 하게 되는데, 그 저변에는 죄의식을 느끼지 않으려는 의도가 깔려 있다.

4) 학령기(6~12세, 근면성 대 열등감: 유능감)

이 시기의 발달과업은 열등감을 과도하게 느끼지 않으며 근면성을 개발하는 것이다. 이 시기에 도달한 어린이는 상상의 나래를 펴는 것을 자제하고 사회로부터 요구되는 교육과 사회기술의 습득에 전념하게 된다. 이 시기는 아동에게 영향을 미치는 사회적 범위가 확대된다. 부모와 가족뿐만 아니라 교사, 또래, 지역사회 구성원 등이 중요한 사회적 관계로 등장하게 되며, 이들 모두가 아동의 성장에 이바지하게 된다. 부모는 용기를 북돋아 주어야 하며, 교사는 어린이들을 보살펴야 하고, 친구들은 수용해 주어야 한다. 어린이는 계획을 구상하는 것만이 즐거운 것이 아니라 실천에 옮기는 것 또한 즐거운 것임을 배워야 하며, 학교, 놀이터, 수업, 사회적 관계 등에서 성공의 감정을 학습하여야 한다. 엄격한 선생님, 자신을 수용해 주지 않는 친구 등으로 인하여 성공의 경험을 많이 하지 못한 아동은 열등감에 빠지게 된다.

이 단계의 아동은 근면성과 열등감을 적절하게 경험하는 것이 바람직하다. 즉, 근면성을 주로 경험하면서 약간의 열등감을 경험하게 되면 아동은 합리적 겸손을 갖추게 된다. 이때 아동은 '유능감(competence)'이라는 미덕을 획득하게 된다. 그러나 지나친 성실성은 '편협한 기교(narrow virtuosity)'라고 불리는 부적응을 초래한다. 우리는 주위에서 운동, 음악, 연기 등 다양한 분야에서 특출한 능력을 발휘하는 소위 어린 영재들을 접하게 된다. 이들이 지닌 성실성에 대해서는 찬사를 보내야 하는 것이 마땅하다. 그러나 혹여 이들이 부모나 교사에게 떠밀려 인생 전반에 관한 관심의 개발보다는 특정 분야에 대한 전문성을 개발하기만을 강요받은 것은 아닌지 되짚어 보아야 할 필요가 있다. 이들의 삶이 공허한 삶의 연속일 수도 있기 때문이다.

이 시기에 더 흔하게 나타날 수 있는 것은 '무력감(inertia)'이라는 병리 현상으로, 아들러가 언급한 바 있는 '열등감 콤플렉스' 때문에 고통받는 경우를 포함한다. 예를 들어, 체육 시간만 되면 창피함을 느낀 아동은 성인이 되더라도 스포츠와는 아예 담을 쌓는 경우를 보게 된다. 마찬가지로 대인관계에서 열등감을 느끼는 아동은 대중이 모여 있는 장소에는 절대로 가지 않는 경우도 보게 된다. 결국 무기력하게 되는 것이다.

5) 청소년기(사춘기에서 18~20세, 자아정체감 대 역할 혼란: 충실)

청소년기의 발달과업은 역할 혼란을 방지하면서 자아정체감을 확보하는 것이다. 에릭슨은 청소년기에 대한 관심이 가장 많았으며, 청소년기를 바탕으로 다른 단계에 대한 이론적 토대를 마련하였다.

자아정체감은 자신이 누군가를 알고 사회에서 자신이 차지하는 위치를 이해하는 것이다. 이 시기의 청소년은 자신의 기본적 욕구, 재능과 자질, 자신에게 주어진 기회 등을 고려하여 통합적이고 지속가능성이 있는 자아정체감을 구축하여야 한다. 부모는 가정에서 관용, 이해, 지도를 통하여 청소년이 통합된 정체감을 확립할 수 있도록 지원하여야 한다.

이 단계를 성공적으로 밟게 되면, '충실(fidelity)'이라는 미덕을 획득하게 된다. 충실은 충성을 의미하며, 비록 사회가 불완전하고 일관성이 없더라도 그 사회가 요구하는 기준에 따라 자신의 삶을 살아가는 능력을 의미한다. 이는 맹목적인 충성을 의미하는 것도 아니며 사회의 불완전성을 그대로 수용하는 것을 의미하지도 않는다. 자신이 속한 사회에 대한 애정이 있다면, 개인은 그 사회가 가능한 바람직한 곳이 되기를 원할 것이다. 이때, 충실은 자신이 나름대로 공헌할 수 있는 공간을 제공하는 사회에 대한 충실을 의미한다.

그러나 이 시기의 청소년이 사회가 자신에게 부여한 역할에만 지나치게 몰입하여 다른 역할에 대한 관용성이 부족하게 되면 '광신(fanaticism)'이라는 부적응을 경험하게 된다. 이 시기가 이상주의가 강하고 사물을 흑백논리로 이해하려는 경향이 강한 시기이지만, 광신자는 주위 사람들에게 자신의 신념과 생활방식을 강요하는 성향을 지닌다.

정체감이 부족한 것은 더 심각한 현상이며, '거부(repudiation)'라는 병리 현상을 초래하게 된다. 일부 청소년들은 사이비 종교, 군국주의 단체, 또는 주류사회의 정당한 요구를 수용하지 못하는 단체 등과 같은 특정 집단과 자신을 동일시하는 경향을 보인다. 이러한 청소년들은 파괴적 행동을 일삼거나 마약이나 알코올 중독, 정신병적 환상에 빠져들 수도 있다.

6) 성인 초기(18~30세, 친밀감 대 고립감: 사랑)

성인 초기는 사춘기가 종료되는 시기이다. 이 시기의 발달과업은 사회적 고립에서 벗어나 친밀감을 확보하는 것이다. 친밀감은 연인으로서, 친구로서, 또는 사회활동의 참여자로서 타인에게 가까이 다가가는 능력을 말한다. 이 시기는 본격적으로 직업을 선택하고 이성과의 교제를 시작하며, 궁극적으로는 결혼과 함께 가정을 꾸리게 되는 시기이다.

개인이 이 시기를 잘 극복하게 되면 '사랑(love)'의 미덕을 획득하게 된다. 에릭슨이 제시한 사랑의 개념은 상호 헌신을 통하여 차이와 적대감을 극복할 수 있는 능력을 말한다. 또한, 건강한 부부의 사랑뿐만 아니라 친구들과의 우정, 이웃 주민과 동료 및 동포에 대한 애정을 포함하는 개념이다.

이 시기에 나타나는 부적응은 '난잡함(promiscuity)'이다. 이는 지나치게 자유롭고 쉽게 타인과 친밀해지는 경향을 의미하는데, 연인과의 관계뿐만 아니라 친구, 이웃 주민, 전체 지역사회와의 관계에서도 나타날 수 있다. 이 시기에 나타나는 병리적 현상은 '배척(exclusion)'이다. 사랑, 우정, 지역사회로부터 자신을 고립시키고 자신의 외로움을 보상하기 위하여 증오심을 키우는 경향을 말한다.

7) 성인기(25~59세, 생산성 대 침체성: 배려)

일곱 번째 발달단계는 성인기에 해당하는데, 이 시기의 발달과업은 생산성과 침체성 사이의 조화로운 균형을 개발하는 것이다. 생산성은 사랑을 미래로 확장한 개념으로 자녀 세대와 손자녀 세대에 대한 관심을 의미한다. 이 시기에 다다른 사람 대부분이 자녀를 낳고 기르면서 생산성을 익히게 된다. 그러나 에릭슨은 단순히 자녀를 낳고 양육하는 것만으로는 생산성을 확보할 수 없으며, 미래세대를 위하여 현재 사회를 보다 이상적인 곳으로 만들고자 하는 의도와 노력이 있어야 한다고 주장하였다. 따라서 교육, 저술, 창작, 예술과 과학, 사회 운동 등을 포함하는 미래세대의 안녕에 공헌하는 모든 행위를 생산성의 개념으로 볼 수 있다.

침체성은 타인에 대한 관심이 결여된 채, 자신에게만 전념하는 것이며 생산적인 사회구성원의 역할을 중단한 사람들에게 나타난다. 에릭슨은 이 시기의 부적응 현상을 '과도한 확장(overextension)'으로 제시하였다. 지나치게 많은 단체에 가입하거나 과도하게 많은 수업을 듣는 사람들은 생산성이 높은 것처럼 보이지만, 실질적으로 자신과 관계를 맺는 그 누구에게도 시간을 할애하지 못한다. 따라서 과도한 확장을 경험하는 사람은 실질적으로 타인에게 공헌하지 못한다. '거부(rejectivity)'는 이 시기에 나타날 수 있는 병리 현상이다. 지나치게 많은 침체성을 경험하고 단지 일부의 생산성만을 경험하게 되면, 개인은 더 이상 사회에 참여하거나 공헌하지 못하게 된다. 그러나 이 시기가 성공적이면 개인은 평생 지속되는 '배려(caring)'의 미덕을 획득하게 된다.

8) 노년기(60세 이후, 자아통합 대 절망: 지혜)

마지막 단계는 자녀가 모두 떠나고 퇴직의 시기가 시작되는 60세 전후에 시작된다. 이 시기의 발달과업은 자아통합을 이루어 내는 것이다.

신체적 노화가 시작되어 관절염, 당뇨, 심장병, 각종 암뿐만 아니라 심지어 과거에는 걱정조차도 하지 않았던 감기에 대해서도 걱정해야 하는 시기이다. 이러한 질병과 함께 죽음에 대한 염려도 닥쳐온다. 친구나 배우자와 같이 가까운 사람들의 임종을 지켜 보면서, 언젠가는 자신도 임종을 맞이하여야 한다는 사실을 직시하며, 낙담을 경험하게 된다. 일부 노인들은 낙담에 대한 반응으로 과거에 집착하는 경향을 보인다. 어떤 이들은 자신의 실패를 후회하거나 잘못된 결정을 반추하기도 하지만, 이제는 이를 돌이킬 수 있는 시간이나 열정이 부족하다는 사실에 안타까워하게 된다.

자아통합은 자신의 인생을 받아들이는 것을 의미한다. 즉, 자기 삶의 마지막을 받아들이는 것을 의미한다. 자신의 삶을 돌아보고 인생을 수용할 수 있다면, 죽음을 겁낼 필요는 없다. 모든 사람은 실수를 저지르며, 어떤 경우에는 그 실수가 심각한 경우도 있다. 그러나 개인이 이러한 실수를 하지 않았더라면 지금 자신의 모습도 없으며 자신의 인생이 지금처럼 풍요로워지지 않았을 것임을 이해하여야 한다.

이 시기에 나타날 수 있는 부적응 현상은 '억측(presumption)'이다. 억측은 노년기의 어려움을 실제로 맞닥뜨리지 않으면서 자아통합을 이루었다고 느끼는 것이다. 병리적 현상으로는 '절망(despair)'이 있다. 두려움 없이 죽음을 맞이하는 개인들은 '지혜(wisdom)'의 미덕을 획득한다.

Ⅳ 에릭슨 이론의 평가

1 이론의 공헌

에릭슨은 프로이트의 이론을 계승 발전시키면서 전 생애의 발달과정을 살펴보고자 시도한 학자이다. 에릭슨 이론이 공헌한 바는 다음과 같다.

1) 전 생애적 발달의 강조

에릭슨 이론의 가장 중요한 공헌은 인간이 전 생애를 통하여 성장 및 발달한다고 주장한 점이다. 프로이트의 이론이 지나치게 유아기의 경험을 강조하였다면, 에릭슨은 8개의 발달단계 모두가 중요하다고 보았다. 이는 유아기뿐만 아니라 유아기 이후의 발달도 성격 형성에 중요함을 강조하였다는 측면에서 그 의의가 있다.

2) 자아(ego)의 재조명

자아의 기능을 확대하였을 뿐만 아니라 자아가 지닌 긍정적인 기능을 부각하고자 노력하였다는 점을 들 수 있다. 프로이트와 달리 에릭슨은 자아가 원초아의 요구를 충족시키고자 하는 수동적인 측면만 존재하는 것이 아니라 세상에 적응하고자 노력하는 능동적 · 창조적 기능을 동시에 지니고 있음을 강조하여 자아의 긍정적 기능을 확대하는 데 공헌하였다. 8단계의 발달을 거치면서 자아가 확보하는 다양한 심리적 특질은 에릭슨이 자아의 긍정적인 기능을 강조하기 위하여 도입한 개념으로 이해할 수 있다.

3) 성격에 영향을 미치는 사회적 영향력 강조

에릭슨의 이론은 후대 학자들에 의하여 사회심리이론으로 분류될 만큼 사회적 영향력을 강조하고 있다. 프로이트의 이론은 사회적 영향력으로 부모(양육자)만을 주로 언급하고 있는 것과는 대조적으로, 에릭슨은 부모뿐만 아니라 친구, 교사, 이웃 등을 포함하는 다양한 체계와의 상호작용을 강조하고 있다. 그뿐만 아니라 에릭슨은 인간의 성격 형성에 영향을 미치는 사회적 영향력에 사회 제도, 가치 체계, 역사, 문화 등도 함께 고려하여 이해하고자 시도하였다(Wallace, 1993).

4) 긍정적 · 낙관적 인간관

에릭슨의 이론은 상대적으로 인간을 긍정적 · 낙관적으로 바라보고 있다. 에릭슨의 낙관론적 입장은 자신이 제시한 자아의 다양한 긍정적 기능에서 살펴볼 수 있다. 또한,

발달의 과정을 완전한 성공도, 돌이킬 수 없는 실패의 개념으로도 설정하지 않고 있다. 이는 성격 발달에 개선의 여지를 두고 있다는 점에서 낙관적이라 할 수 있다.

2 이론의 한계

1) 지나친 낙관론

에릭슨의 인간발달에 대한 낙관론은 일부 학자들에 의하여 지나치게 낙관적이라는 비판을 받는다. 예를 들어, 발달의 마지막 단계에서 사람들은 자아통합이라는 발달단계를 거치게 된다. 그러나 어떤 경우에는 비록 성공적으로 위기를 극복하여 '지혜'의 미덕을 확보한 사람들도 고통, 상실, 우울에 빠져 있는 것을 발견하게 된다는 점을 들면서 이론의 과도한 낙관적 견해를 비판한다(Schultz & Schultz, 2009).

2) 현상유지의 강조

에릭슨의 이론은 개인과 사회의 호혜적 관계를 강조하면서 사회가 승인하는 규범이나 제도에 적응하고 순응하고자 개인이 노력하여야 함을 강조하고 있다. 이러한 관점에 대하여 일부 학자들은 에릭슨의 이론이 사회적 구조와 문화에 대한 개인의 순응만을 강조하는 일방적인 관점을 지니고 있다고 비판한다. 만약 특정 사회에 천박하고 위험하고 부조리하기까지 한 문화가 존재한다면, 개인이 이를 수용하고 적응하고자 노력하는 것보다는 이에 저항하는 것이 더 바람직할 것이다(Hergenhahn & Olson, 2007).

행동주의이론

03 Chapter

인간행동에 대한 과학적이고 객관적인 탐구를 강조하면서 1920년대부터 등장하기 시작한 행동주의이론(behavioral theory)은 현재까지도 매우 영향력 있는 지위를 유지하고 있다. 행동주의이론의 특징은 인간의 행동이 정신 내적 요인보다는 외적 요인인 환경(environment)의 영향력에 의해 결정된다는 입장을 취한다는 점이다. 행동주의적 입장에서 볼 때, 인간의 행동이 환경적 영향을 받는다는 것은 두 가지 중요한 의미를 지닌다. 첫째, 환경이 인간행동에 영향을 미친다면, 정교한 실험을 통하여 환경적 요인에 조작과 통제를 가함으로써 이들 변인이 인간 행동에 구체적으로 어떠한 영향을 미치는지 파악하는 것이 가능하다는 의미가 된다. 따라서 행동주의는 정교하게 설계된 과학적 실험의 결과를 바탕으로 인간의 본성을 이해하고자 시도한다(Pervin, Cervone & John, 2005). 둘째, 인간의 행동은 개인의 내적 요인이 아닌 환경적 영향을 받고 있으므로, 실험과 관찰이 가능한 외부로 드러난 행동을 연구의 대상으로 하여야 하며, 정신역동이론에서 강조하고 있는 의식, 무의식, 욕구, 충동 등 관찰이 불가능한 것을 연구의 주제로 삼는 것은 의미가 없다고 본다. 그렇다고 해서 행동주의이론이 인간이 지닌 사고와 감정조차도 부정하는 것은 아니다. 다만, 인간의 사고와 감정 또한 환경적 영향에 의해 나타난 결과로 해석하여야 한다는 것이다(Pervin, Cervone & John, 2005).

행동주의이론의 또 다른 특징은 인간의 행동을 학습(learning)의 결과로 본다는 점이다. 인간은 환경과의 상호작용 과정에서 학습을 통해 새로운 행동을 습득하게 되며, 기존 행동의 유지 및 수정 또한 학습으로 가능하다고 본다. 이러한 측면에서 행동주의이론은 학습이론(learning theory)으로 불리기도 한다. 비록 행동주의이론가들이 인간의 행동이 학습의 결과라는 부분에는 동의하지만, 인간이 어떠한 과정을 거쳐 새로운 행동을 학습하게 되는가에 대해서는 행동주의이론가들 사이에서도 이견이 존재한다. 본 장에서는 학습이 나타나게 되는 메커니즘에 대하여 서로 다른 견해를 보이는 3개의 이론을 소개하고자 한다. 먼저 파블로프의 이론은 이전에 주어진 자극에 의해 새로운 행동의 학습이 나타난다고 본다. 반면, 스키너는 행동에 관한 결과로 주어지는 보상이나 처벌에 의해 인간행동이 지속되거나 약화된다고 보는 입장을 취한다. 마지막으로 반두라는 타인의 행동을 관찰하고 모방함으로써 학습이 진행되며, 학습의 진행 과정에서 특히 개인의 인지적 요인을 강조하는 입장을 취하고 있다.

1. 파블로프의 고전적 조건화(classical conditioning)

I 파블로프(Ivan Petrovich Pavlov)의 생애(1849~1936)

1849년 러시아 랴잔에서 가난한 목사의 아들로 출생하였다. 21세가 될 때까지 자신도 목사가 되고자 했으나, 과학에 더 관심이 있다는 것을 깨닫고 1883년 상트페테르부르크 대학교 의학 아카데미에서 의사 자격을 취득하였다. 1890년 임페리얼 의학 아카데미의 생리학 교수가 되어 1924년 사임할 때까지 생리학 연구에 전념하였다. 1904년에는 소화계통에 관한 연구로 노벨상을 받았다.

50세의 파블로프가 유명한 조건반사 연구를 시작한 것은 상을 타기 바로 직전이었다. 파블로프는 실험 도중 개에게 음식물을 주지 않았는데도, 개는 음식이 가까이 오거나 사람의 발소리만 들었을 때도 침을 흘리는 현상을 발견하였다. 파블로프는 한동안 새로운 발견에 관해 연구를 진행할 것인지, 아니면 이전연구를 지속할 것인지 결정하지 못했다. 오랜 고민 끝에 파블로프는 마침내 조건형성에 관한 연구를 시작했다. 그러나 파블로프는 자신이 심리학자가 아니라 생리학자로서 연구하는 것이라 믿었으며, 그의 조교들이 심리학 용어(예를 들어, 개의 감정이나 지식)를 사용하면 벌금을 물도록 했다(Crain, 2004, p. 215-216 참조).

Ⅱ 주요 개념

1 고전적 조건화(classical conditioning)의 절차와 원리

조건화(conditioning)는 조건형성이라고도 하는데, 자극이나 보상을 통하여 원하는 행동이나 반응을 자주 그리고 예측 가능하게 발생하도록 유도하는 과정을 말한다. 파블로프는 자신의 유명한 '파블로프의 개' 실험을 통하여 고전적 조건화의 기본 절차와 원리를 소개하였는데 이를 단계적으로 살펴보면 다음과 같다.

1) 조건화 이전 단계

① 개에게 음식을 줄 때, 종소리를 같이 들려주고 음식을 준다. 음식이 주어졌으므로 개는 침을 흘리게 된다.

② 여기서 개에게 제공된 음식은 무조건자극(unconditioned stimulus: UCS)이다. 무

조건 자극은 유기체로 하여금 사전 학습이나 훈련이 없더라도 자연적이며 자동적인 반응을 유발하는 자극을 말한다.

③ 음식을 보고 개는 침을 흘리게 된다. 여기서 개가 침을 흘리는 반응은 무조건반응(unconditioned response: UCR)이다. 무조건 반응은 무조건 자극이 주어졌을 때, 유기체로부터 자연적으로 나타나는 반사적 행동을 말한다.

④ 이 단계에서 개는 단순히 음식에 반응하는 것이지 종소리에 반응하는 것은 아니다. 따라서 종소리는 개로 하여금 어떠한 반응도 이끌어 내지 못하는 중성(중립) 자극(neutral stimulus, NS)이다.

2) 조건화 진행 단계

① 개에게 음식을 줄 때마다(UCS), 반복적으로 종소리를 같이 들려준다(NS).

② 이처럼 무조건자극과 중성자극을 연합하여 제공하는 과정을 고전적 조건화 과정이라고 한다.

③ 개는 두 자극(무조건 자극과 중성자극)사이의 관련성을 학습하게 된다. 즉, 종소리가 나면 음식이 제공된다는 것을 학습하게 되는 것이다.

3) 조건화 성립 이후 단계

① 조건화가 이루어진 이후에는 중성 자극인 종소리(NS)만 들려주어도 개는 침을 흘리게 된다.

② 여기서 조건화된 이후의 종소리는 조건자극(conditioned stimulus: CS)이 된다. 조건자극은 본래는 자극의 기능이 없었으나 훈련이나 학습을 통하여 후천적으로 특정 반응을 불러일으키는 자극을 의미한다.

③ 조건화된 이후에 개가 침을 흘리는 행동은 조건반응(conditioned response: CR)이 된다. 조건반응(CR)이란 조건자극에 의하여 유발되는 새로운 반응으로 학습 또

는 습득된 반응을 의미한다.

④ 조건화 이전과 이후에 나타나는 개의 외현적 행동은 동일하지만, 그 내용은 질적으로 다르다. 조건화 이전에 개가 음식을 보고 침을 흘리는 반응은 무조건 반응(즉, 자연적으로 나타나는 반사적 행동)이었으나, 조건화 이후에 종소리에 반응하여 개가 침을 흘리는 것은 조건반응(즉, 후천적으로 학습 또는 습득된 반응)이기 때문이다.

이처럼 고전적 조건화의 기본 절차는 무조건자극과 조건자극의 연합과 반복으로 이루어진다. 음식(무조건 자극)은 실험 대상인 개로 하여금 침(무조건 반응)을 분비시키지만, 중성자극인 종소리는 개의 침 분비에 영향을 주지 않는다. 하지만 음식(무조건 자극)과 종소리(중성 자극)를 연합해서 반복적으로 제시하면 중성 자극이었던 종소리는 조건자극으로 바뀌게 되고, 결국 개는 종소리라는 조건자극에 반응하여 침을 흘리는 조건반응을 획득하게 된다. 이러한 일련의 절차와 단계를 거쳐 고전적 조건 형성이 이루어진다.

2 자극의 일반화, 변별, 소거

파블로프의 실험에서 종소리만 계속 들려주고 음식을 제공하지 않으면 어떻게 될까? 개가 침을 흘리는 조건반응의 형성은 종소리가 아닌 다른 자극으로도 가능할 것인가? 새롭게 학습한 행동은 얼마나 지속되는가? 이러한 질문들은 행동주의 학자들에게 있어서 공통적인 관심사가 아닐 수 없었다. 자극의 일반화, 변별, 소거 등의 개념은 이상의 질문들에 대한 연구결과로 등장하게 되었다.

1) 자극 일반화(stimulus generalization)

자극 일반화는 조건반응을 형성시킨 원래의 조건자극과 유사한 자극이 주어지더라도 조건화된 반응이 나타나는 현상을 말한다. 파블로프는 종소리에 조건화된 개가 버저 소리나 메트로놈 소리가 들려도 침을 흘리는 것을 관찰하고 이를 자극 일반화 현상으로 보고하였다. 새로이 제공되는 자극이 조건반응을 형성시켰던 원 자극과의 유사성이 높을수록 자극의 일반화 정도는 높아진다.

2) 변별(discrimination)

자극 일반화와는 반대로, 변별은 둘 이상의 서로 다른 자극 사이의 차이를 구분하는 것을 말한다. 예를 들어, 종소리에 반응하였던 개가 북소리에는 반응을 보이지 않았다면, 개는 자극을 변별하였다고 할 수 있다. 변별은 새롭게 주어진 자극과 원 자극과의 유사성이 적을수록 높아진다. 따라서 변별과 자극 일반화는 서로 상대적이며 보완적인 관계에 있다. 변별이 잘 된다는 것은 원 자극과의 유사성이 떨어진다는 것을 의미하며, 일반화가 잘 된다는 것은 원 자극과의 유사성이 높음을 의미한다.

나라마다 신호등은 다 있지만 그 형태나 모양, 크기 등은 모두 다르다. 그러나 사람들은 외국에 처음 가더라도 신호등을 보고 바로 인지할 수 있다. 이는 자극을 일반화할 수 있는 능력을 가지고 있기 때문이다. 또한, 빨간색 신호등이 켜지면 사람들은 횡단보도를 건너지 않는다. 빨간색과 푸른색을 구분할 수 있기 때문이다. 즉, 자극과 자극을 변별할 수 있기 때문이다. 이처럼 인간은 자극 일반화와 변별을 적극적으로 활용하여야만 외부세계에 보다 잘 적응할 수 있다.

3) 소거(extinction)

소거는 학습된 반응이 점점 감소해서 결국 없어지는 현상을 말한다. 파블로프의 실험에서 종소리에 반응하는 조건자극이 한번 형성되었다고 해서 영원히 지속되는 것은 아니다. 무조건자극인 음식을 제공하지 않은 채, 종소리만 울리게 되면 개가 침을 흘리던 조건반응은 점진적으로 줄어들게 되고 결국에는 멈추게 되는데, 이를 소거라고 한다.

Ⅲ 파블로프 이론의 평가

1 이론의 공헌

1) 학습에 있어서 환경적 변인의 영향력 입증

행동주의이론의 특징은 인간의 행동이 환경적 요인에 의해 영향을 받는다고 보는 것이다. 파블로프의 실험은 이를 최초로 증명하였다. 환경적 요인(외부 자극)에 조작을 가함으로써, 개는 중성자극이었던 종소리에 반응하여 침을 흘리는 새로운 행동을 학습하였다. 이는 환경을 조작, 통제, 조절함으로써 학습을 진행시킬 수 있음을 의미한다.

2) 학습에 있어서 강화(reinforcement)의 중요성 입증

파블로프의 실험은 학습에 있어서 강화(reinforcement)의 중요성을 입증하였다. 실험에서 개는 자신에게 주어지는 보상이 없었다면, 종소리에 침을 흘리는 새로운 행동을 학습하지 않았을 것이다. 즉, 개는 음식이라는 보상이 있었기 때문에 새로운 행동을 학습할 수 있었다. 파블로프는 새로운 행동을 조건화하기 위해서는 반드시 강화가 수반되어야 가능하다고 보았으며. 이를 학습의 가장 근본적인 법칙으로 제시하였다 (Schultz & Schultz, 2009).

2 이론의 한계

1) 제한적인 적용가능성

파블로프의 이론은 두 가지 측면에서 한계를 지니고 있다. 첫째, 파블로프의 이론은 인간에게 새로운 행동을 학습시키기 위해서는 무조건자극과 중성자극을 학습이 나타날 때까지 지속적으로 제공해야 한다는 것을 전제하고 있다. 둘째, 파블로프의 이론은 인간이 새로운 행동을 학습하는 방식을 주어지는 자극에 대한 수동적인 반응의 결과로 인식하고 있다. 즉, 학습이 나타나기 위해서는 무조건자극과 중성자극이 먼저 연합하여 제공되어야 하며, 이때 자극에 대한 수동적인 반응의 결과로 학습이 나타난다고 본다. 따라서 고전적 조건화는 무조건자극과 중성자극이 주어지지 않아도 나타날 수 있는 학습의 메커니즘을 간과하고 있으며, 능동적으로 나타나는 학습행동을 설명하는 데에는 한계가 있다.

2. 스키너의 조작적 조건화(operant conditioning)

I 스키너(Burrhus Frederic Skinner)의 생애(1904~1990)

미국 펜실베이니아주의 작은 마을 서스퀴해나에서 출생하였다. 어린 시절 스키너는 기계에 관심이 많아서 마차, 시소, 회전목마, 새총, 모형 비행기 등을 직접 만들었으며, 동물에도 관심이 많아서 거북이, 뱀, 두꺼비, 다람쥐 등을 애완용으로 사육하였다고 한다. 뉴욕주의 해밀턴 대학교에서 영문학을 전공한 스키너는 소설가가 되기로 결심하고 시와 소설의 습작에 몰두하였으나 실패로 끝난다. 22세의 청년이 하고 싶었던 유일

한 희망이 사라진 스키너는 이 시기에 정체감 위기를 경험하였다고 회고하고 있다. 이후, 성과 없이 지내다가 당시 행동주의 심리학자로 명성이 높았던 파블로프와 왓슨(Watson)의 글에 매료되면서 1928년 하버드 대학교 심리학과에 입학하게 된다. 1931년 박사학위를 취득하고 1936년까지 하버드 대학교에서 박사 후 연구원으로 재직하였다. 1936~1945년 미네소타 대학교에 재직하였으며, 이 시기에 자신의 첫 저서인 『유기체의 행동(behavior of organisms)』(1938)을 발간하였다. 1945~1948년 인디애나 대학교에 재직하는 동안, 행동주의의 원리에 기초한 이상적 사회를 묘사한 소설인 『월든 2(walden II)』(1948)를 발간하게 된다. 이 소설의 발간으로 스키너는 지난 20여 년 동안 못다 이루었던 소설가로서의 꿈을 이루게 된다. 1948년부터 하버드 대학교 교수로 재직하면서 『자유와 존엄을 넘어서(Beyond freedom and dignity)』(1971), 『행동주의자가 되다(The shaping of a behaviorist)』(1979), 『결과의 문제(A matter of consequences)』(1983) 등을 출간하였다.

1968년 미국 국립과학협회로부터 공로상을 받았으며, 1971년과 1990년에 미국심리학회로부터 각각 골드메달과 평생공로상을 받았다. 스키너는 1990년 백혈병으로 사망하였다(Fiest & Fiest, 2006, p. 434-437; Hall, Lindzey & Campbell, 1997, p. 375-376 참조).

Ⅱ 인간관 및 기본관점

스키너는 행동주의이론가로서, 인간 행동의 환경결정론, 학습의 중요성 등을 강조하는 입장을 취한다. 그 외에 스키너 이론이 지닌 특징을 간단하게 살펴보면 다음과 같다.

1 성격을 구성하는 내적 체계의 부정

앞에서 살펴본 정신역동 이론가들은 성격을 구성하는 다양한 체계들을 활용하여 인간의 성격을 설명하고자 시도하였다. 예를 들면, 프로이트는 원초아, 자아, 초자아를 활용하였고 융은 개인 무의식과 집단 무의식을 활용하였다. 그러나 스키너는 이러한 접근법에 반대하는 입장을 취하는데 그 이유는 다음과 같다(Pervin, Cervone & John, 2005). 첫째, 스키너는 인간의 행동을 외부 상황에 대한 적응의 결과로 인식하였다. 이는 외부 상황(외부 환경)이 변하게 되면 이에 적응하기 위하여 인간의 행동도 변하게 됨을 의미한다. 따라서 스키너는 프로이트 학파가 중요시한 성격의 내적 체계를 활용하여 인간 행동을 설명하는 것은 의미가 없다고 보았다. 둘째, 스키너는 다른 행동주의 이론가들과 마찬가지로 관찰이 가능한 변수들을 활용한 과학적 연구를 강조하였다. 스키너는 정신역동이론에서 가정하고 있는 성격의 구성 체계들은 대부분 관찰이 불가능하므로 과학으로서 심리학의 영역에 포함될 수 없다고 보았다.

2 자유의지의 부정

스키너는 인간의 행동을 자유의지의 산물로 보지 않았다. 인간 행동은 모두 환경적 영향력의 산물이기 때문에, 스키너는 내적 요인보다는 외적 요인을 관찰함으로써 인간 행동의 보편적인 원리나 법칙을 파악할 수 있다고 생각하였다. 이러한 측면에서 인간의 자유의지는 스키너의 이론에서 설 자리가 없다. 또한, 스키너는 인간 행동의 보편적인 원리나 법칙 파악에 관심을 두었으므로 개인차를 연구주제로 삼지 않았다. 만약 사람들 사이에 개인차가 나타난다면, 이는 개인들에게 영향을 미친 환경이 서로 달랐기 때문으로 해석한다.

한편, 스키너가 인간 행동의 보편적 원리와 법칙을 발견하기 위하여 연구의 대상으로 삼은 것은 사람이 아니라 동물이었다. 그는 인간이 동물과 같이 자연법칙의 지배를 받고 있으므로, 실험적 통제가 용이하고 행동의 기제가 단순한 동물들을 연구하여 그 결과를 바탕으로 인간 행동을 설명하는 것이 가능하다고 보았다.

글상자

인간에게 자유의지는 존재하는가?

스키너는 정신역동이론에서 강조한 개념(자아, 기질, 내적동기, 본능 등)은 관찰이 불가능하기 때문에 연구의 주제가 될 수 없다고 보았다. 스키너는 인간의 자유의지(free will)에 대해서도 부정적인 입장을 견지하였다. 사람들은 스스로가 자유의지가 있다고 믿고 있지만 이는 환상일 뿐이라고 주장하였다. 예를 들어, 빨간색 스포츠카를 타고 고속도로를 질주하던 사람이 전방에 경찰차가 있는 것을 발견하고는 속도를 줄인다. 동승한 친구가 왜 속도를 줄이는지 물었을 때, 운전자는 '내가 원했기 때문에' 또는 '나의 자유의지로 속도를 줄이기로 결정했다'고 대답할 수도 있다. 그러나 스키너는 운전자가 속도를 줄인 것은 자신의 자유의지가 아니라 외부환경이 운전자로 하여금 그런 행동을 하도록 하는 원인으로 작용하였다고 해석한다. 즉, 경찰차의 존재가 속도를 줄이는 원인이라는 것이다. 동승한 친구가 또 다른 질문을 한다. '많은 색깔 중에 왜 하필 빨간색 자동차를 구입했지?' 이때, 운전자는 당연히 '빨간색이 좋으니까'라고 대답할 것이다. 스키너는 운전자가 빨간색 자동차를 구매한 것 역시 자유의지가 아니라 환경적 영향력 때문이라고 본다. 운전자가 경찰차를 보고 속도를 줄이는 비교적 간단한 행동과는 달리, 빨간색 자동차를 구매하는 과정에서 외부 환경이 미치는 영향은 매우 복잡하고 장기적이다. 수많은 사전경험(이전에 경험한 강화와 처벌)이 운전자가 빨간색 자동차를 구입하는 데 영향을 주었을 것이다. 그러나 운전자가 이러한 사전경험들이 자신에게 어떤 영향을 주었는지 평가하는 것은 불가능하며 심지어 기억조차 하지 못한다. 결국 운전자는 환경이 지닌 다면적인 영향력을 간과하고 자신이 빨간색 자동차를 구매한 이유를 자신의 자유의지에서 찾는다.

스키너는 사람들이 자신의 행동이 외부환경에 영향을 받고 통제된다는 것을 인정하기 어렵기 때문에 상대적으로 자유의지에 집착한다고 보았다. 스키너는 인간 행동이 항상 환경에 의해 통제된다는 주장을 굽히지 않았으며, 개인과 사회가 지닌 문제를 해결하기 위해서는 행동주의적 기법을 보다 체계적이고 과학적으로 적용하여야 한다고 역설하였다(Pervin, Cervone & John, 2005, p. 373 요약).

Ⅲ 주요 개념

1 조작적 조건화(Operant Conditioning)

스키너는 파블로프가 제시한 고전적 조건화 이론에 원칙적으로 동의한다. 그러나 파블로프의 고전적 조건형성은 인간이 행동을 학습하는 과정의 단지 일부만을 설명할 뿐이며, 고전적 조건형성보다는 조작적 조건형성을 통하여 인간 행동을 더 잘 설명할 수 있다고 역설하였다.

1) 반응적 행동(respondent behavior)과 조작적 행동(operant behavior)

스키너는 인간의 행동을 크게 반응적 행동(respondent behavior)과 조작적 행동(operant behavior)으로 구분하였다. 먼저 반응적 행동은 환경적 자극에 의하여 촉발(elicited)되는 행동을 말한다. 반응적 행동은 훈련이나 조건화 과정을 거치지 않아도 나타나며, 자동적이고 비자발적인 특징을 지닌다. 대표적인 반응적 행동으로는 무릎반사나 재채기 등의 반사적 행동을 들 수 있다. 파블로프의 실험에서 개가 종소리에 반응하여 침을 흘리는 행동도 반응적 행동으로 볼 수 있는데, 개는 단순히 침을 흘릴 뿐이며 종소리나 주어지는 음식에 어떠한 영향력도 행사할 수 없다. 따라서 반응적 행동은 수동적이며 환경에 영향을 미칠 수도 없다.

이와는 반대로 조작적 행동(operant behavior)은 유기체가 자발적으로 방출(emitted)하는 행동을 의미한다. 스키너는 지렛대를 밟으면 먹이가 나올 수 있도록 고안된 상자(Skinner box)에 일정 시간 동안 먹이를 주지 않은 쥐를 넣은 후에 쥐의 행동을 관찰하면서 조작적 행동을 설명하였다. 상자 안의 쥐는 상자 내부를 탐색하고자 이곳저곳을 돌아다니며 냄새를 맡거나 뒤적거리는 행동을 하였다. 이때 쥐가 보여 준 행동은 외부로부터 주어진 특정한 자극에 의하여 촉발(elicited)된 행동이 아니다. 쥐가 환경을 탐색하기 위해 취한 자연스럽고 자발적인 행동으로 볼 수 있다. 스키너는 이처럼 유기체가 자발적이고 능동적으로 표출하는 행동을 방출(emitted) 행동 또는 조작적 행동(operant behavior)이라고 명명하였다. 시간이 지나면서 쥐는 우연히 지렛대를 누르게 되고, 지렛대를 누르면 먹이가 나온다는 것을 학습하게 된 쥐는 지렛대를 누르는 행동의 빈도를 높이게 된다. 여기서 쥐가 우연히 지렛대를 누르는 행동 또한 자발적인 행동이기 때문에 환경적 자극에 의하여 촉발(elicited)된 행동(즉, 반응적 행동)이 아니라 방출된 행동(즉, 조작적 행동)이다. 지렛대를 누르면 먹이가 나온다는 점에서 조작적 행동은 환경에 영향을 미친다(Schultz & Schultz, 2009).

2) 조작적 조건화(Operant conditioning)의 개념

스키너의 실험에서 먹이(결과)는 쥐가 지렛대를 누르는 반응(행동)을 강화시켰다. 즉, 지렛대를 누르는 반응(행동)은 먹이(결과)에 의해 강화를 받았기 때문에 반복되는 것이다. 만약, 지렛대를 누르면 먹이가 나오는 대신에 전기 자극(결과)이 주어지도록 장치된 상자가 있다면, 쥐는 반대로 지렛대를 누르는 반응(행동)의 빈도를 줄이게 될 것이다. 즉, 어떠한 행동에 대하여 긍정적인 결과가 주어지면 향후 그 행위의 빈도는 높아지게 되고, 반대로 특정 행동에 대하여 부정적인 결과가 주어지면 향후 그 행동의 빈도는 낮아지게 된다. 이처럼 특정한 행동과 이를 수반하는 결과의 다양한 연합에 의하여 나타나게 되는 학습 과정을 조작적 조건화라고 한다.

고전적 조건화가 행동의 선행조건에 관심을 두고 있다면, 조작적 조건화는 인간 행동의 형성과 유지가 결과와 관련이 있다고 보는 데 그 특징이 있다(Skinner, 1972). 스키너는 반응적 행동보다 조작적 행동이 더 중요하며 인간이나 동물은 새로운 행동을 학습하는 과정에서 고전적 조건화보다 조작적 조건화를 더 많이 활용한다고 주장하였다.

2 조작적 조건화의 학습 원리

조작적 조건화 이론은 행동이 나타난 이후에 어떠한 결과를 제공하는가에 따라 특정 행동의 빈도를 높이거나 낮출 수 있다고 본다. 이는 강화(reinforcement)와 처벌(punishment)이라는 두 가지 원리에 의해 가능해진다.

1) 강화(reinforcement)

강화는 특정 행동의 강도나 빈도를 높이는 것과 관련이 있다. 강화는 다시 정적 강화(positive reinforcement)와 부적 강화(negative reinforcement)로 구분된다. 정적 강화는 행위자의 행동에 따른 보상으로 긍정적인 강화물이 주어지는 것을 말한다. 받아쓰기에서 만점을 받은 아들에게 어머니가 칭찬을 하거나 용돈을 강화물로 제공하는 경우이다. 자신의 행동에 대하여 칭찬이나 용돈(긍정적 강화물)이 주어졌기 때문에 아들은 향후 보상받은 행동의 빈도를 높이려 할 것이다.

한편, 부적 강화는 행위자가 불쾌하거나 부정적으로 느끼는 자극을 제거하거나 철회함으로써, 궁극적으로 바람직한 행동의 빈도를 높이게 되는 결과를 가져오는 것을 말한다. 안전벨트를 착용하지 않으면 경고음이 울리는 자동차를 예로 들어보자. 경고음은 운전자에게 불유쾌한 자극으로 작용하기 때문에 부적 강화물의 역할을 한다. 운전자는 경고음이 울리지 않도록(부정적인 자극의 제거)하기 위하여 안전벨트를 착용(바람직한 행동)하게 된다. 또 다른 예를 하나 더 들어보자. 학기 초에 교수님이 수강생들을 대상으로 한 학기 동안 개근을 하면 리포트 과제를 면제해 주겠다고 약속한 경우, 수강생들은 불유쾌한 자극(리포트 작성)을 제거하고자 바람직한 행동(출석)의 빈도를 높이게 될 것이다. 여기에서 교수님이 제시한 리포트 과제는 부적 강화물의 역할을 하게 된다.

2) 처벌(punishment)

처벌은 특정 행동의 강도나 빈도를 낮추거나 감소시키는 것과 관련이 있다. 강화와 마찬가지로 처벌도 정적 처벌(positive punishment)과 부적 처벌(negative punishment)로 나누어진다. 정적 처벌은 행위자에게 부정적이거나 불쾌한 자극을 제시하는 것을 말한다. 교통신호를 위반한 운전자에게는 벌점과 벌금을 부여한다. 벌점과 벌금이라는 부정적인 자극을 경험한 운전자는 향후 신호를 위반하는 행동(바람직하지 않거나 부정적인 행동)의 빈도를 낮추게 될 것이다.

부적 처벌은 행위자가 긍정적이거나 바람직하다고 여기는 자극을 제거하거나 철회하는 것을 말한다. 아버지가 주말에 방 청소를 하지 않은 딸의 핸드폰을 압수하는 경우를 예로 들 수 있다. 긍정적인 자극(핸드폰)이 제거되었기 때문에 향후 딸은 자신의 방을 지저분하게 내버려 두는 행동을 자제하게 될 것이다.

3) 강화와 처벌의 관계

강화는 정적(행위자에게 무엇인가가 주어짐)이든 부적(행위자로부터 무엇인가가 제거되거나 철회됨)이든 간에, 특정 행동(바람직하거나 긍정적인 행동)의 빈도나 강도를 높인다는 측면에서 공통점이 있다. 마찬가지로 처벌 또한 정적이든 부적이든 간에 특정 행동(바람직하지 않거나 부정적인 행동)의 빈도나 강도를 낮춘다는 측면에서 공통점이 있다. 이를 도표로 나타내면 다음과 같다.

〈표 3-1〉 강화와 처벌

		방법	
		자극의 제시(+)	자극의 제거(−)
목표	특정 행동의 증가(+)	정적 강화	부적 강화
	특정 행동의 감소(−)	정적 처벌	부적 처벌

4) 일차적/이차적 강화물

스키너는 강화물을 일차적 강화물과 이차적 강화물로 구분하여 설명하였다. 일차적 강화물은 무조건적인 자극으로 굳이 학습하지 않더라도 그 자체가 강화물의 역할을 하는 것들을 말한다. 음식, 물, 육체적 안락함 등을 그 예로 들 수 있다. 그렇다면 돈은 인간의 욕구를 직접적으로 충족시킬 수 없는데도 불구하고 어떻게 강화물이 될 수 있는가? 스키너는 돈이 조건화된 강화물이기 때문에 가능하다고 보았다. 즉, 돈은 그 자체로는 사람들의 욕구를 충족시킬 수 없으나 일차적 강화물과 연합하여 강화물의 역할을 하게 되는 환경적 자극이 된다. 돈과 같이 다양한 일차적 강화물과 교환할 수 있는 자극들을 이차적 강화물 또는 조건화된 강화물이라고 한다. 중요한 이차적 강화물로는 돈, 관심, 인정, 애정, 타인의 순종 등을 들 수 있다(Feist & Feist, 2006).

3 강화계획(schedule of reinforcement)

강화를 제공하는 시기와 빈도는 새로운 행동을 학습하는 정도와 속도에 영향을 미치는데, 스키너는 강화계획을 연속적 강화와 간헐적 강화로 구분하여 설명하였다.

1) 연속적 강화

연속적 강화는 원하는 반응이 나타날 때마다 강화를 제공하는 것을 말한다. 연속적 강화를 제공하게 되면 학습이 빨리 진행되기는 하지만 반응속도는 매우 느리다. 또한, 강화를 중단하게 되면 소거 현상이 매우 빠르게 나타난다.

2) 간헐적 강화

간헐적 강화는 일정한 규칙을 정하여 강화를 제공하는 빈도나 시간을 조절하여 강화를 제공하는 방식을 의미한다. 간헐적 강화는 소거 현상에 대한 저항이 강하고 학습된 행동을 보다 지속적으로 유지하는 데 유리하다. 간헐적 강화계획은 강화를 제공하는 주기에 따라 고정강화와 변동강화로 나누어지며, 강화를 제공하는 방식에 따라 간격(시간) 강화와 비율(횟수) 강화로 구분된다.

① **고정 간격 계획**: 반응의 횟수와는 상관없이 일정한 시간이 지난 다음에야 강화를 제공하는 방식이다. 일정한 간격을 5분이라고 했을 때, 강화를 제공한 이후, 5분이 지나야만 다시 강화를 제공한다. 5분이 지나기 전까지는 아무리 많은 반응이 나타나더라도 강화를 제공하지 않는다. 강화를 제공한 후 일정 시간 동안 반응의 멈춤이 있으나, 일정 시간이 지나면 다시 강화를 기대하고 급격하게 행동의 빈도가 증가하게 된다. 그 예로, 일당, 월급 등을 들 수 있다.

② **변동 간격 계획**: 평균적으로는 고정 간격 계획과 같이 일정한 시간 간격이 지나면 강화를 제공하지만 강화를 제공하는 시간 간격이 유동적인 계획을 말한다. 평균적으로는 5분이 지나면 강화를 제공하지만, 강화를 제공하는 시간 간격이 2분, 8분, 15분, 25분 후 등 무작위로 설계된 계획이 여기에 속한다. 그 예로, 불시에 치르는 쪽지 시험을 들 수 있다.

③ **고정 비율 계획**: 시간과 관계없이 일정한 횟수의 반응이 나타나야지만 강화를 제공하는 방식이다. 5회의 반응을 기준으로 잡았다면 1시간, 하루, 일주일 등과 같은 시간과는 상관없이 5회의 행동반응이 나타나야 강화를 제공한다. 행위자 입장에서는 짧은 시간에 많은 반응을 하는 것이 유리하므로 높은 반응률이 나타난다. 그 예로, 쿠폰 5장을 모아 오면 무료 커피를 제공하는 커피가게와 영업직 사원에게 제품을 5개 판매할 때마다 보너스를 제공하는 경우를 들 수 있다.

④ **변동 비율 계획**: 평균적으로는 고정 비율 계획과 같이 일정한 횟수의 반응을 하면 강화를 제공하지만, 반응 횟수에 대한 강화를 무작위로 제공하는 방식이다. 즉, 평균적으로는 5회의 반응이 나타나면 강화를 제공하는 것은 고정 비율 계획과 같지만, 어떤 경우에는 3회의 반응에 보상하고, 어떤 경우에는 10회의 반응에

보상하고, 어떤 경우에는 20회의 반응을 보인 후에야 보상을 제공하도록 반응 횟수를 무작위화하는 것이다. 예로, 야구장에서 어린이들에게 사인볼을 무료로 나눠 주는 경우, 관중석에 있는 아이는 첫 번째로 손을 들었을 때 공을 받을 수도 있고, 여러 번 손을 들고 난 후에야 공을 받을 수도 있으며, 아무리 손을 들어도 아예 공을 받지 못할 수도 있다. 따라서 어린이 입장에서는 언제 자신에게 야구공이 주어질지 모르기 때문에 손을 드는 행동을 지속하게 된다. 변동 비율 강화는 강화가 주어지는 평균 횟수만 제시되어 있을 뿐이기 때문에 예측이 불가능하다. 강화를 받을 확률을 10%로 가정하였을 때, 특정 행동을 10번, 20번을 하더라도 강화를 받지 못할 수도 있지만, 운이 따른다면 2번, 3번, 4번 연속으로 강화를 받을 수도 있다. 많은 사람이 도박장에서 쉽게 자리를 박차고 나오지 못하는 이유가 여기에 있다.

4 행동 조성(shaping)

우리는 TV나 동영상을 통하여 돌고래가 물속에서 나와 관중들에게 머리를 흔들며 인사하는 장면을 목격한다. 이러한 돌고래의 행동은 두 가지 측면에서 평범한 행동으로 볼 수 없다. 첫 번째는 돌고래가 관중들에게 머리를 흔들며 인사하는 행동이 애초에 존재할 리 만무하다는 점이다. 둘째, 돌고래가 인사하는 행동은 매우 복잡하고 고차원적인 행동이라는 점이다. 그렇다면, 이처럼 평범하지 않은 돌고래의 행동을 어떻게 설명할 수 있을 것인가? 스키너는 이를 행동 조성(shaping) 또는 연속 근사법(successive approximation)이라는 개념으로 설명하고 있다. 행동 조성은 목표로 하는 최종적인 행동을 낮은 단계부터 높은 단계로 세분화하여 설정하고, 각 단계마다 조작적 조건형성을 실시하는 것을 말한다. 돌고래에게 머리를 흔들며 관중들에게 인사하는 행동을 학습시키기 위해서, 목표 행동을 세분화하여 여러 수준의 하위 목표 행동을 설정하여 강화를 제공한다. 예를 들면, 조련사는 돌고래가 물 밖으로 고개를 내밀면 강화(먹이)

를 제공한다. 다음 단계에는 고개를 내밀고 조련사의 손을 터치하는 행동을 보이면 강화를 제공한다. 그다음에는 조련사의 손을 터치한 후 고개를 흔드는 행동을 보일 때, 강화를 제공한다. 이처럼 최종목표로 설정한 행동의 근사치를 설정하고 반복적이고 지속적으로 강화를 제공하게 되면 마침내 목표 행동에 다다를 수 있게 된다.

스키너는 유아가 언어를 습득하는 과정도 행동 조성의 결과로 설명하고 있다(Schultz & Schultz, 2009). 아기가 태어나서 아무 의미가 없는 어떤 소리를 내면, 부모는 웃음, 미소, 대화 등으로 화답한다. 시간이 지나면서 아이가 단어나 낱말과 비슷한 소리를 내면 부모는 더 강도 높은 강화를 제공한다. 이러한 과정이 지속되면서, 부모의 강화는 한층 더 제한적으로 제공되는데, 아이의 발음이나 낱말의 사용이 정확할 때만 강화를 제공한다. 스키너는 이처럼 아이가 언어를 습득하는 복잡한 행동을 각 단계에서 주어지는 차별적인 강화를 통하여 조성(shape)되는 것으로 이해하였다.

5 미신적 행동(superstitious behavior)

대학입시 수능일 고사장 정문에는 찹쌀떡이나 엿이 즐비하게 붙어 있다. 관련 통계에 의하면, 수능을 앞둔 수험생의 절반 가까이가 수능과 관련된 미신을 믿고 실제로 따라 해 본 경험이 있다고 한다. 스키너는 이러한 행동을 어떻게 설명할까? 스키너는 이를 미신적 행동(superstitious behavior)이라 불렀으며, 이 또한 강화의 결과로 설명할 수 있다고 주장하였다. 미신적 행동은 특정 행동과 강화물 사이에 유기적인 인과관계가 없더라도 우연히 강화를 받아 특정 행동을 지속하게 되는 것을 말한다. 스키너는 미신적 행동을 증명하기 위해, 굶주린 비둘기를 스키너 상자에 넣고 고정 간격 계획을 활용하여 15초마다 비둘기가 보이는 반응과 상관없이 먹이를 주었다. 즉, 비둘기가 가만히 있거나, 고개를 들거나, 날갯짓하는 등 특정 반응과 상관없이 15초 간격으로 먹이를 주었다. 이때 비둘기는 비록 우연이지만 먹이가 나오는 순간에 취했던 행동을 되풀이하는 반응을 보였다.

인간사회에도 미신적 행동은 존재하는데, 개인의 경험에만 국한되지는 않으며 여러 세대를 거쳐 형성되어 다수가 공유하는 경우도 있다. 우리나라의 경우, 시험 기간에는 머리를 감지 않는다거나 미역국을 먹지 않는 등의 미신적 행동을 보이는 경향이 있다. 스키너는 이러한 미신적 행동 또한 우연히 이루어진 강화의 결과로 해석하고 있다.

6 조작적 조건화와 자극 일반화, 변별, 소거

파블로프뿐만 아니라 스키너도 자극 일반화, 변별, 소거 등을 인간 행동의 중요한 메커니즘으로 다루고 있다.

1) 자극 일반화(stimulus generalization)

파블로프가 언급하였던 자극 일반화는 스키너의 조작적 조건화에도 유사하게 적용된다. 즉, 특정 자극을 통하여 강화된 행동은 그와 유사한 자극이나 상황에서 동일하게 나타날 가능성이 커진다. 아이가 부모로부터 칭찬을 들었던 행동이 있다면, 밖에 나가서도 같은 행동을 되풀이할 가능성이 높다. 자극 일반화를 학습하는 것은 매우 중요한데, 각기 다른 외부 환경에 적응하기 위하여 일일이 학습을 되풀이하지 않아도 되기 때문이다. 만약 인간이 자극을 일반화할 수 있는 능력이 없다면, 미묘한 차이로 가득 찬 외부 환경에 적응하기 위해서 학습과 재학습을 되풀이하는 데 수많은 시간을 허비해야 할 것이다.

2) 변별(discrimination)

수업 시간에 활발하게 질문을 해서 선생님에게 칭찬을 들은 아이는 집에 돌아와서 늦게 퇴근한 아빠에게도 질문 보따리를 풀어놓는다. 그러나 아이가 예상하던 강화(칭찬)는 주어지지 않는다. 이러한 일련의 경험을 통하여 아이는 같은 행동이라 하더라도 특정 자극이나 상황에서만 보상이 주어지며 상황이나 자극의 주체가 달라지면 강화물이 제공되지 않음을 학습하게 된다. 즉, 변별능력을 학습하게 된다.

한편, 조작적 조건화 이론에서는 변별과 더불어 변별자극(discriminative stimulus)을 중요한 개념으로 다룬다. 변별자극은 특정 행동을 실행에 옮길지 결정짓는 단서나 신호로 작용하는 자극을 말한다. 전구에 불이 들어오면 먹이가 나오고 불이 들어오지 않으면 페달을 누르더라도 먹이가 나오지 않도록 장치된 상자에 들어 있는 쥐에게는 전구의 불빛이 페달을 밟는 행동을 할 것인지를 결정짓는 신호가 된다. 즉, 불빛이라는 자극의 존재 여부(즉, 변별자극)가 특정 행동의 수행 여부를 결정짓는다. 변별자극의 학습은 인간에게도 영향을 미친다. 아동의 행동은 수업 시간이냐 쉬는 시간이냐에 따라 달라진다. 바로 아동이 지닌 변별자극(선생님의 존재 여부)에 대한 반응 정도가 다르기 때문이다. 변별자극에 대한 학습은 인간이 외부 환경(자극)에 대하여 행동의 방향을 결정하고 그 행동에 대한 결과를 예측할 수 있도록 한다는 측면에서 적응적 행동의 개발에 필수적인 요소이다(Cloninger, 1996).

3) 소거

고전적 조건화에서는 무조건적 자극의 중단이 소거의 원인이라면, 조작적 조건화에서는 강화의 중단이 소거의 원인이 된다. 스키너 이론에서 소거는 매우 중요한 치료적 기법으로 활용된다. 유치원에 다니는 철수는 쉬는 시간만 되면 친구 영희를 괴롭힌다. 영희가 당황하는 모습이 너무 재미있기 때문이다. 이때, 영희의 당황하는 모습이 철수에게는 강화물로 작용한다. 이를 관찰한 선생님은 영희에게 철수가 괴롭힐 때 아무런 반응을 내보이지 말고 무시하라고 조언한다. 시간이 지나면서 철수의 괴롭힘은 줄어들고 더 이상 괴롭히는 행동을 하지 않게 된다. 강화물로 작용하였던 영희의 당황하는 모습이 사라지자 괴롭히는 행동이 소거된 것이다. 이처럼 스키너는 바람직하지 않은 행동의 교정을 위해서는 처벌보다는 소거를 활용하는 것이 더 바람직하다고 보았다 (Hergenhahn & Olson, 2007).

Ⅳ 이론의 공헌과 한계

1 이론의 공헌 및 장점

1) 새로운 학습 방법의 제시

스키너가 주장한 조작적 조건화는 인간이 새로운 행동을 학습하는 과정에 있어서 고전적 조건화보다 훨씬 더 많이 활용하는 학습의 방식이다. 인간의 행동은 환경적 자극에 대한 반응으로 나타나는 비자발적이고 수동적인 행동들도 있지만, 환경적 자극과는 관계없이 자발적이고 능동적으로 나타나는 행동들이 훨씬 더 많다. 그러나 자발적이고 능동적인 행동이라 할지라도 어떤 것들은 매우 규칙적으로 자주 나타나지만, 어떤 행동은 단 한 번 나타났다가 완전히 없어지는 것도 있다. 그 이유는 스키너가 주장한 바와 같이, 행동을 수반하는 결과가 긍정적인가 부정적인가에 따라 달라지기 때문이다.

2) 실용적 가치

스키너가 제시한 조작적 조건화는 현대 사회에서도 빈번하게 사용되고 있을 만큼 그 활용도가 높다. 유치원에서 선생님이 아이들을 칭찬하기 위해 제공하는 막대사탕, 커피숍에서 고객관리를 위하여 제공하는 쿠폰, 교통경찰이 신호위반 운전자에게 부과하는 범칙금 등은 스키너가 제시한 강화와 처벌의 일상적인 활용 방법이다.

또한, 스키너의 이론은 전통적인 치료 방법으로는 해결하기 어려웠던 클라이언트들의 치료에 커다란 전기를 마련하였다. 스키너의 행동수정 치료는 만성 조현병, 자폐아, 지적장애, 알코올 중독 등을 앓고 있는 클라이언트들의 치료에 상당한 기여를 하였다 (Pervin, Cervone & John, 2005).

3) 객관적이고 과학적인 방법의 활용

행동주의이론은 실험, 통제를 통한 과학적이고 객관적인 행동의 관찰을 표방하고 있다. 따라서 변수의 정의와 측정, 행동의 관찰, 실험의 통제 등 연구의 전 과정에서 과학적인 방법론을 활용하고자 시도한다. 인과관계를 파악하기 위해 객관적 · 과학적 연구 방법을 적용하고자 시도하고 있다는 점에서 다른 성격 이론들과 구분된다.

2 이론의 한계 및 단점

1) 실험실과 동물을 활용한 이론의 개발

스키너의 이론은 동물을 사용하여 변수에 대한 엄격한 통제와 객관적인 관찰이 가능한 실험실에서 이론을 개발하였다. 그러나 실험실의 동물과 달리, 인간의 행동은 엄격하게 통제하는 것이 불가능하며 윤리적이지도 않다. 또한, 동물행동의 관찰 결과를 인간에게 그대로 적용하는 것이 과연 어느 정도까지 가능한가에 대해서도 많은 학자가 의문을 제기하고 있다. 이러한 비판은 이후 인본주의이론이 태동하는 계기가 되었다.

2) 환경 결정론

스키너의 이론은 특정 행동의 빈도가 높아지거나 낮아지는 이유에 대해서는 매우 자세하게 설명하고 있으나, 정작 행동의 주체인 인간에 대한 구체적인 언급이 없다. 따라서 스키너의 이론은 성격 형성의 과정을 설명하는 이론이라기보다는 행동의 결정

요인에 대한 하나의 견해에 지나지 않는다는 시각도 존재한다(Carver & Scheier, 2004). 스키너의 이론은 성격이라는 개념이 인간에게 지니는 주관적인 의미를 반영하지 않고 있으며, 인간을 강화와 처벌에 반응하는 수동적이고 기계적인 존재로 인식하고 있다. 그러나 환경의 영향력만으로 인간의 행동을 설명하기에는 무리가 있으며, 인간의 행동을 이해하기 위해서는 인간이 지닌 내적 구조(욕구, 감정, 충동, 동기, 사고 등)를 고려하지 않을 수 없다(이근홍, 2019).

3) 인간 행동에 대한 단순한 해석

스키너 이론은 동물을 대상으로 실험을 실시하기 위하여, 복잡한 행동보다는 단순하고 구체적인 행동을 연구의 대상으로 삼았다. 따라서 스키너 이론은 복잡하고 고차원적인 행동과 반응에 대해서는 일반화의 가능성이 제한적일 수밖에 없다. 이러한 이유에서 스키너의 이론은 인간의 행동을 지나치게 단순화하여 해석하고 있으며 그 내용도 피상적인 수준에 머무르고 있다는 비판이 있다.

3. 반두라의 사회학습론(social learning)

I 반두라(Albert Bandura)의 생애(1925~2021)

캐나다 앨버타주 북쪽의 조그만 시골 마을인 먼데어에서 폴란드인 아버지와 우크라이나인 어머니 사이에서 태어났다. 마을은 너무 작아서 반두라가 다니던 고등학교의 학생 수는 20명이었고 교사는 단 2명이었다고 한다. 고등학교를 졸업한 반두라는 아르바이트 차원에서 알래스카 고속도로 건설공사에 참여하였다. 같이 일하던 노동자들은

채무나 징병, 보호관찰을 피해 도망 온 사람들이 많았는데, 다양한 형태의 정신 병리적 증상과 행동을 지니고 있었다고 한다. 이들을 관찰하면서 심리학에 관심을 가지기는 하였으나 대학에 입학할 때까지 심리학을 전공할 의도는 없었다고 한다.

캐나다 브리티시 콜롬비아 대학교에 입학한 반두라는 의학과 공학을 전공하는 학생들과 카풀을 하였는데, 이 학생들은 아침 일찍 개설되는 강의를 수강하고 있었다고 한다. 어쩔 수 없이 아침 일찍 학교에 가게 된 반두라는 마침 그 시간대에 개설되는 심리학 수업을 수강하였다. 우연히 수강하게 된 심리학 수업에 매료된 반두라는 마침내 심리학을 전공하기로 결심한다. 학습이론에 강한 매력을 느낀 반두라는 학부를 졸업하고 미국의 아이오와 대학교에서 석사(1951년)와 박사(1952년)학위를 받았다. 1953년 스탠포드 대학교에 교수로 부임하였으며 2010년부터는 명예교수로 재직하였다. 그가 집필한 저서로는 『사회학습이론(Social learning theory)』(1977), 『생각과 행동의 사회적 기반(Social foundations of thought and action)』(1986), 『자기효능감: 통제의 행사(Self-efficacy: the exercise of control)』(1997) 등이 있다. 1974년 미국심리학회 회장을 거쳐, 1980년 미국 서부심리학회 회장을 역임하였다. 1999년에는 캐나다 심리학회 명예회장으로 추대되었다. 미국심리학회 우수과학공헌상(1980), 손다이크상(1999), 심리학상(2004) 등을 받았다(Fiest & Fiest, 2006, p. 469-470 참조).

Ⅱ 인간관 및 기본관점

학계에서 반두라의 이론을 분류하는 시각은 매우 다양하다. 앞서 살펴보았던 파블로프와 스키너의 이론과 마찬가지로, 반두라 또한 인간의 행동이 학습의 결과임에 동의

하는 입장을 취하기 때문에 그의 이론은 행동주의이론으로 분류되기도 한다. 그러나 또 한편에서는 반두라의 이론을 사회인지이론 또는 인지행동이론으로 분류하기도 하는데, 그 이유는 반두라의 이론이 기존의 행동주의이론과는 달리 인간이 지닌 내적 특성인 인지적 요인을 상당히 강조하였기 때문이다. 본서에서는 인간이 다양한 행동을 학습하는 메커니즘에 대한 새로운 시각을 제시하였다는 측면에서, 반두라의 이론을 행동주의이론으로 분류하여 제시하고자 한다. 그럼에도 불구하고 반두라의 이론을 바라보는 학계의 입장은 매우 다양하다는 점을 미리 밝히는 바이다.

1 관찰학습(observational learning): 학습의 새로운 메커니즘

파블로프와 스키너와 같은 전통적 행동주의이론가들이 주장하는 바와 같이, 반두라 또한 행동의 습득은 학습을 통해 이루어진다는 데에 동의한다. 그러나 반두라는 관찰학습(observational learning)의 개념을 소개하면서 기존의 행동주의이론을 비판적 차원에서 재조명하고자 시도하였다. 파블로프의 고전적 조건화와 스키너의 조작적 조건화는 어떠한 자극이나 결과가 행위자 본인에게 직접적으로 주어질 때만 학습이 가능하다고 본다. 그러나 반두라가 주장한 관찰학습은 타인의 행동을 관찰하고 이를 모방하는 과정, 즉 간접적인 경험을 통한 학습을 강조하였다는 점에서 전통적 행동주의이론과는 차이가 있다.

2 상호결정론(reciprocal determinism): 환경(environment)을 바라보는 새로운 시각

반두라의 이론은 환경을 바라보는 시각에서도 전통적 행동주의이론과는 다른 입장을 보인다. 전통적 행동주의이론가들이 주장하는 것처럼, 반두라 또한 인간이 환경적 영향력에 노출되어 있음을 인정하고 있다. 그러나 반두라는 인간은 자기조절의 기제를 활용하여 특정 환경에의 노출을 사전에 차단하고, 대안적인 환경을 선택하는 등 자신에게 주어진 물리적·사회적 환경을 스스로 조성하는 능력을 지니고 있다는(Bandura, 1986) 독특한 시각을 제시하였다. 인간을 환경으로부터 영향을 받기만 하는 수동적 존재로 이해하는 것이 아니라, 환경에 영향을 미치고 이를 통하여 새로운 행동을 창출해 낼 수 있는 능력을 지닌 능동적인 존재로 조명하고 있는 것이다. 반두라는 이를 상호결정론(reciprocal determinism)이라 명명하였는데, 보다 자세한 내용은 주요 개념 부분에서 다루고자 한다.

3 인지 능력(cognition)의 강조

반두라의 이론이 전통적 행동주의이론과 가장 차이가 두드러지는 부분은 인간의 인지적 능력을 강조한 부분이라 할 수 있다. 반두라는 인간 행동이 반드시 자신에게 주어지는 강화와 처벌과 같은 외적 요인에 의해서만 결정된다고 보지 않았다. 사람들은 인지 능력을 지니고 있기 때문에 과거의 경험을 바탕으로 어떤 행동은 가치가 있는 결과를 가져다줄 것이며, 다른 행동은 바람직하지 않은 결과를 초래할 것임을 예측하는 능력을 지니고 있다고 주장하였다(Hjelle & Ziegler, 1981). 따라서 반두라는 인간 행동이 외적 환경뿐만 아니라 내적 체계에 의해서도 영향을 받는다는 입장을 취한다.

Ⅲ 주요 개념

1 관찰학습(observational learning)

관찰학습(observational learning)은 사회학습(social learning)으로 불리기도 하는데, 타인의 행동이나 본보기(model)를 관찰하고 이를 모방(modeling)함으로써 전개되는 학습 과정을 의미한다. 반두라는 파블로프의 고전적 조건화, 스키너의 조작적 조건화 이론에 기본적으로는 동의하지만, 기존의 이론으로는 인간의 학습과정을 충분하게 설명할 수 없다고 보았다. 그는 인간이 새로운 행동을 학습하는 과정 대부분은 직접적인 경험(강화와 처벌)보다는 간접적인 경험, 즉 타인의 행동을 관찰하고 이를 모방하는 관찰학습을 통하여 이루어진다고 주장하였다. 반두라는 관찰학습을 훨씬 능률적인 형태의 학습 방법이라고 주장하였는데, 그 이유는 관찰학습이 개인에게 강화가 주어지지 않거나 처벌이 주어질지도 모르는 수많은 행동을 직접 수행하지 않도록 보호하는 역할을 하기 때문이다(Bandura, 2003).

관찰학습의 핵심은 모방(modeling)이라고 볼 수 있다(Feist & Feist, 2006). 모방을 통한 학습은 관찰한 행동에서 어떤 부분을 가감하고, 관찰한 내용을 어떻게 일반화할 것인가 등을 수반하는 인지적 과정이기 때문에 단순히 타인의 행동을 흉내 내거나 따라 하는(imitation) 차원을 넘어서는 것이다(Bandura, 1994).

1) 관찰학습에 영향을 미치는 요인

본보기 또는 모델(관찰의 대상)이 되는 타인으로부터 관찰한 행동을 학습할 것인가, 또는 학습하지 않을 것인가를 결정하는 데 영향을 미치는 요인들은 다음과 같다(Feist & Feist, 2006).

첫째, 모델의 특징이다. 지위가 높거나 유능하고 영향력이 있는 모델들의 행동을 학습할 가능성이 더 크다. 둘째, 관찰자의 특징도 영향을 미친다. 관찰자의 지위, 능력, 영향력, 자존감 등이 낮을수록 타인의 행동을 모방할 가능성이 높아진다. 성인보다는 어린이, 숙련자보다는 초심자가 타인의 행동을 모방할 가능성이 더 높다. 셋째, 모방한 행동의 결과 또한 영향을 미친다. 관찰자가 모방하고자 하는 행동에 가치를 많이 부여할수록 그 행동을 습득할 가능성이 높아진다. 또한, 모델의 행동에 어떠한 결과(강화 또는 처벌)가 주어지는지도 영향을 미친다.

2) 관찰학습의 과정

관찰학습은 주의집중(attention), 기억(retention), 운동재생(motor reproduction), 동기화(motivation)의 네 가지 과정을 통하여 이루어지는데, 이를 자세하게 살펴보면 다음과 같다(Feist & Feist, 2006).

(1) 주의집중(attention)

타인의 행동을 모방하기 위해서는 우선 모델에게 주의를 기울여야 한다. 관찰자는 자기 자신과 쉽게 어울리고 상호작용이 용이한 사람들에게 주의를 기울이는 경향이 있다. 또한, 영화배우나 스포츠 스타와 같이 관찰자가 매력적으로 느끼는 모델을 관찰할 가능성이 더 높다. 마지막으로 관찰행동의 내용도 영향을 미친다. 관찰자가 중요하거나 가치가 있다고 판단하는 행동에 보다 주의를 기울이게 된다.

(2) 기억(retention)

관찰한 내용을 기억하는 과정이다. 이 과정에서는 심상(image)이나 언어를 활용하여 경험을 저장한다. 즉, 자신이 경험한 것을 인지적 심상으로 기억할 수도 있으며 경험을 묘사하는 단어로 기억할 수 있다. 반두라는 심상보다는 언어를 활용한 기억이 더 효율적이라고 보았다.

(3) 운동재생(motor reproduction)

모델에 주의를 집중하여 관찰한 것을 기억한 이후, 행동으로 옮기는 단계를 말한다. 이 단계에서는 모방한 내용을 실제로 어떻게 행동으로 옮길 것인가를 결정하고 자신의 행동을 점검하고 행동으로 옮긴 내용을 평가하는 일련의 과정을 포함한다.

(4) 동기화(motivation)

반두라는 행동을 습득(acquisition)하는 것과 실제로 수행(performance)하는 것을 구분한다. 관찰학습을 통하여 아주 단순한 것부터 매우 복잡한 행동들을 습득하는 것은 가능하지만, 습득한 모든 행동을 실제로 수행, 즉 행동에 옮기지는 않는다. 반두라는 습득한 행동을 실제로 수행하기 위해서는 그 행동을 자신의 것으로 내면화시킬 수 있는 적절한 동기가 부여되어야만 가능하다고 보았다. 일반적으로 동기화에는 행동으로 인해 모델에게 주어지는 결과(강화 또는 처벌)나 자신에게 주어질 것으로 예상되는 결과(강화 또는 처벌)가 영향을 미친다. 타인의 행동을 자기 행동으로 수용하는 과정에서 적절한 동기를 부여하는 것은 실질적인 행동의 수행뿐만 아니라 관찰학습의 다른 과정에도 영향을 미친다. 무엇인가를 배우고자 하는 동기가 없다면, 사물에 주의를 집중(관찰학습의 1단계)하지 않기 때문에 기억할(관찰학습의 2단계) 내용도 존재하지 않는다. 또한, 행동으로 옮기고자(관찰학습의 3단계) 열심히 노력하지도 않게 된다. 따라서 동기화 과정은 관찰학습에 있어서 가장 중요한 단계가 된다(Engler, 1999).

2 상호결정론(reciprocal determinism)

스키너는 인간의 행동이 궁극적으로는 환경에 의해 결정된다는 주장을 펼쳤지만, 반두라는 인간의 행동은 사람(person), 행동(behavior), 환경(environment)이라는 세 가지 요소의 상호작용의 결과로 나타난다고 주장하였다. 여기서 사람(person)은 학력, 사회적 지위, 신장, 육체적 매력 등을 포함하는 다양한 개인적인 요인을 의미하는데, 반두라는 이 가운데 특히 기억, 사고, 예측, 판단, 계획 등의 인지적 요인을 강조하였다. 인간은 인지 능력을 활용하여 어떠한 외부사건에 관심을 가질 것인지, 어느 정도의 가치를 부여할 것이며, 이를 미래에 어떻게 활용할 것인가 등을 결정한다. 따라서 인간은 환경에 영향을 미치고 환경을 재구조화할 수도 있다고 보았다(Feist & Feist, 2006).

이처럼 반두라는 인간이 지닌 인지적 요소를 강조하였기 때문에, 그의 이론은 사회인지이론(social cognitive theory)이라 불리기도 한다.

환경(environment)은 사람이 행동하는 상황을 제공하고, 사람(person)은 인지와 지각 능력을 통하여 그 상황을 분석하여 어떤 행동을 선택할 것인지를 결정하고, 행동(behavior)은 상황분석과 관련된 정보를 제공하고 그 환경을 수정한다(Hergenhahn & Olson, 2007). 인간의 행동은 행동적, 인지적, 환경적 요인의 끊임없는 상호작용이므로 세 요소 중 어떤 것도 다른 요인과 분리하여 설명할 수는 없다.

상호결정론은 '내적 요인 vs. 외적 요인'과 같은 이분법을 지양하는 특징을 지니고 있다. 특정 사건이 상황에 따라서는 자극이 될 수도 있고, 반응이 될 수도 있으며, 동시에 환경적인 강화물이 될 수도 있다고 본다(Hjelle & Ziegler, 1981). 즉, 특정 상황에서 원인으로 작용한 요소가 다른 상황에서는 결과가 될 수 있으며 그 반대의 경우도 가능하다고 보는 것이다. 개인은 주어진 상황으로부터 영향을 받기도 하지만, 동시에 능동적으로 상황을 구성해 내고 그 상황에 영향을 미칠 수도 있다고 본다(Pervin, Cervone & John, 2005).

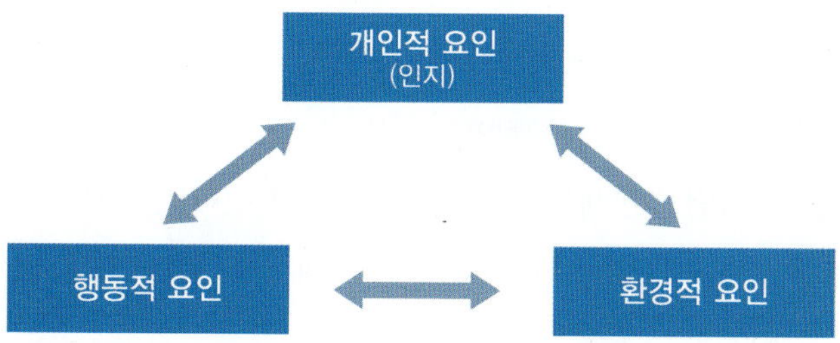

[그림 3-1] 반두라의 상호결정론

3 자기효능감(self-efficacy)

개인이 특정 상황에서 어떻게 행동할 것인가는 행동(behavior)과 환경(environment), 그리고 인지적 요인(person)의 상호작용에 따라 달라진다. 반두라는 특히 인지적 요인으로서 개인 스스로가 자신에게 지니고 있는 믿음을 중요시하였는데, 이를 자기효능감(self-efficacy)이라고 명명하였다. 자기효능감은 자신에게 주어진 과업을 얼마나 성공적으로 수행할 수 있을 것인가에 대하여 개인 스스로가 지닌 신념이나 기대의 정도를 말한다. 자기효능감은 개인의 존재가치보다는 자신의 능력에 관한 판단과 믿음이라는 점에서 자아존중감(self-esteem)과는 구별되며, 성공 또는 실패의 경험을 통해 강화되거나 약화될 수도 있다.

자기효능감이 지나치게 낮은 경우에는 자신이 어떠한 노력을 하더라도 변하는 게 없다고 믿기 때문에 주어진 과제에 대처할 엄두조차 내지 않는다. 따라서 낮은 자기효능감은 동기와 열정을 약화시키고 자신의 인지 능력을 해칠 뿐만 아니라 정신건강에도 부정적인 영향을 미친다(Schultz & Schultz, 2009). 반면, 자기효능감이 높은 사람은 주어진 사건이나 상황에 효과적으로 잘 대처할 것이라 믿기 때문에, 자신에게 닥친 장애물에 굴복하기보다는 도전으로 여기고 새로운 상황을 연출하고자 노력한다. 따라서 높은 자기효능감은 실패에 대한 두려움을 감소시키고 열정, 문제해결 능력, 분석 능력을 증진시킨다(Schultz & Schultz, 2009).

높은 자기효능감이 사람들에게 긍정적인 영향을 미친다면, 과연 자기효능감을 높이는 방법에는 어떠한 것들이 있는가? 반두라는 이에 대한 해답으로 다음의 4가지를 제시하였다(Bandura, 1977).

첫째, 가장 영향력이 큰 요인으로 성공경험(mastery experience)을 제시하고 있다. 자신에게 주어진 과업을 성공적으로 수행한 경험이 있는 사람들은 유능감과 숙달감을 가지게 되고 자신에게 다가올 과업에 대하여 보다 긍정적이고 진취적으로 대처하게 된다. 예를 들어, 중간고사에서 좋은 성적을 받은(성공 경험) 학생은 다가올 기말고사에서도 좋은 성적을 받을 수 있을 것으로 생각하고(높은 자기효능감) 기말고사 준비에 매진하게 된다. 따라서 자기효능감을 높이기 위해서는 자신이 충분히 이루어 낼 수 있는 작은 목표들을 설정하고 이를 성공적으로 수행해 내는 경험들을 축적할 필요가 있다.

둘째, 대리적 경험(vicarious experience)이다. 타인, 특히, 자신과 비슷한 수준에 있는 사람이 과제를 성공적으로 수행하는 것을 관찰하게 되면, 유능감을 높일 수 있다. 또한, 모델로부터 어려운 상황이나 난관에 효과적으로 대처하는 방법을 배울 수 있다는 측면에서도 대리적 경험은 중요하다.

셋째, 언어적 설득(verbal persuasion)이다. 주위에 있는 사람들로부터 '너는 네가 원하는 것을 이룰 수 있는 충분한 능력을 갖추고 있어!'라는 긍정적인 피드백을 받은 개인은 자기효능감이 높아질 수 있다. 언어적 설득은 부모, 친구, 배우자, 교사 등의 주위 사람들이 가장 흔하게 사용할 수 있는 훌륭한 자기효능감 증진 방법이다.

넷째, 생리적 · 정서적 환기(physiological & emotional arousal)이다. 특정 상황에 대하여 불안, 두려움, 긴장을 느끼게 되면 사람들은 그 상황에 잘 대처하기가 어려워진다. 반면, 특정 상황에서 침착하고 안정감을 느낀다면, 주어진 상황에 더 잘 대처할 수 있다. 따라서 자기효능감을 높이기 위해서는 자신의 감정과 신체적 반응을 확인하고, 정서적 안정과 신체적 건강을 유지할 수 있는 자신만의 방법을 마련하여 생리적 · 정서적 각성 상태를 낮추고자 하는 노력이 필요하다.

4 학습과 행동수행의 메커니즘에 대한 반두라의 견해

자신에게 직접적으로 강화와 처벌이 주어지지 않았음에도 불구하고 학습이 가능한 이유는 무엇인가? 직접적(즉, 조작적 조건화) 또는 간접적(즉, 관찰학습) 강화의 개념은 복잡하고 다양한 인간의 행동을 충분히 설명하고 있는가? 인간의 행동을 설명할 수 있는 다른 기제는 존재하지 않는 것인가? 반두라는 이러한 일련의 질문에 답하기 위하여 다양한 개념들을 소개하고 있다. 이를 살펴보면 다음과 같다.

1) 대리학습(vicarious learning)

자신에게 직접적으로 강화와 처벌이 주어지지 않았음에도 불구하고 학습이 가능한 이유는 무엇인가? 반두라는 이를 대리학습(vicarious learning)이라는 개념으로 설명하고 있다. 대리학습은 어떠한 특정 자극에 직접적으로 노출되지 않더라도 타인이 자극에 어떻게 반응하는지를 관찰함으로써 태도, 감정, 정서 등을 간접적으로 학습할 수 있음을 강조하는 개념이다. 파블로프와 스키너의 주장과는 달리, 반두라는 자신에게 주어지는 직접적인 강화와 처벌이 없더라도 타인의 행동을 관찰하는 간접적인 경험, 즉 대리학습을 통해서도 여전히 학습은 가능하다고 주장하였다.

예를 들어, 대리학습의 개념을 살펴보자. 파블로프가 주장한 고전적 조건화는 대리학습을 통해서도 학습이 가능하다. 바퀴벌레를 유독 싫어하는 부모님 밑에서 자란 아이가 성인이 된 이후에 자신 역시도 바퀴벌레를 무서워하는 경우, 이는 고전적 조건형성이 대리적 학습을 통해 진행된 것으로 이해할 수 있다. 스키너가 제시한 강화와 처벌을 통한 조작적 조건형성도 대리학습을 통하여 학습이 가능하다. 받아쓰기에 만점을 받아 선생님으로부터 칭찬받는 친구를 관찰한 아동은 자신도 만점을 받고자 열심히 노력하게 된다(대리적 강화). 수업 시간에 잡담을 하다가 선생님으로부터 '타임아웃'을 당한 친구를 관찰한 아동은 수업 시간에 잡담하지 않으려고 노력하게 된다(대리적 처벌). 이상의 예는 자신에게 직접적인 강화와 처벌이 주어지지 않았지만, 여전히 학습은 이루어질 수 있음을 보여 준다. 종합하면, 대리학습은 타인의 행동을 관찰하고, 관찰의 결과를 정보로 활용하여 자신의 차후 행동에 대한 지침으로 활용함으로써 나타나는 학습의 메커니즘으로 이해할 수 있다.

글상자

보보(Bobo) 인형 실험

보보 인형은 무게중심이 바닥에 있어서 아무리 넘어뜨려도 오뚝이처럼 다시 일어나도록 설계된 풍선 인형을 말한다. 반두라는 보보 인형 실험을 통하여 관찰학습과 대리학습을 설명하였는데, 이를 살펴보면 다음과 같다.

1965년에 실시된 이 실험은 3살에서 5살 사이의 유아 66명(남여 각 33명)을 세 집단으로 나누어 각각 다른 영상을 10분 동안 시청하도록 하였다. 첫 번째 집단에는 보보 인형을 공격하는 행동을 보인 성인 모델이 칭찬과 선물을 받는 영상을 보여 주었다. 두 번째 집단에는 성인 모델의 공격적 행동에 대하여 꾸지람과 체벌을 하는 영상을 보여 주었다. 세 번째 집단에는 성인 모델의 공격적 행동에 대하여 어떠한 처벌이나 보상도 하지 않는 영상을 보여 주었다. 그 이후, 실제 보보 인형이 있는 방으로 들어간 유아가 어떤 행동을 보이는지를 개별적으로 관찰하였다. 연구 결과, 성인 모델이 칭찬받는 결과를 시청한 아이들이 가장 공격적인 모습을 많이 보였으며, 성인 모델이 처벌받는 영상을 시청한 아이들이 가장 덜 공격적인 모습을 보였다. 한편, 보상이나 처벌이 주어지지 않는 영상을 시청한 아이들은 중간 정도의 공격적인 모습을 보였다.

이 실험을 통하여 반두라는 타인의 행동에 주어지는 결과를 관찰함으로써도 학습이 일어날 수 있음을 증명하였다. 즉, 자신이 직접 경험한 일이 아니라 하더라도 모델에게 주어지는 보상이나 처벌을 지켜보는 것을 통해서도 학습이 일어날 수 있음을 밝혔으며, 이러한 형태의 학습을 대리 학습(vicarious learning)이라 명명하였다.

2) 결과에 대한 예측(anticipated outcome)

반두라는 대리학습만으로는 인간의 고차원적인 행동을 충분히 설명할 수 없다고 보았다. 새로 자동차를 구매한 사람은 사고에 미리 대비하기 위하여 보험에 가입한다. 또한, 눈보라가 휘몰아치는 추운 겨울에 등산하는 사람은 어떤 옷을 입어야 할지 등산하기 전에 미리 결정한다. 즉, 인간 행동의 상당 부분은 자신에게 주어질 결과에 대하여 예측(anticipated outcome)할 수 있는 인지적 능력으로부터 영향을 받는다(Bandura, 1971). 반두라는 미래에 나타날 결과를 상징적으로 표상화하여 현재 행동에 반영할 수 있는 인간의 능력을 강조하였으며, 이는 기존의 전통적 행동주의이론으로는 설명할 수 없는 인간 행동을 설명하는 새로운 메커니즘이라 할 수 있다.

3) 자기 규제(self-regulation)

전통적 행동주의이론으론 설명할 수 없는 인간 행동의 또 다른 메커니즘으로 자기 규제(self-regulation)의 개념을 들 수 있다. 자기 규제(self-regulation)는 자신의 인지적 능력을 활용하여 자기 행동이나 업적을 어떻게 평가할 것인지에 대하여 스스로 정한 기대치 또는 기준을 의미한다. 사람들은 자기 규제 과정을 통하여 외부로부터 주어지는 직접적 또는 대리적 강화와 처벌이 없더라도 자신을 보상하거나 처벌하는 행동을 하게 된다.

자기 규제는 자기강화(self-reinforcement)와 자기처벌(self-punishment)의 형태로 나타나게 된다. 자기강화는 자신의 기대치를 충족하거나 초과하는 업적을 달성하였을 때, 자기 스스로에게 부여하는 보상을 말한다. 자기강화는 새 신발이나 새 가방의 구입 등과 같은 물질적인 강화로 나타날 수도 있으며, 자부심, 만족감 등의 정서적인 강화로 나타날 수도 있다. 한편, 사람들은 자신이 정한 기대치에 미치지 못하는 결과를 접했을 때, 자기 자신을 처벌하기도 한다. 자기처벌(self-punishment)은 수치심, 죄책감, 우울 등으로 표현될 수 있다.

이상에서 살펴본 바와 같이, 반두라의 이론은 전통적 행동주의이론과 맥락을 같이하는 부분도 있지만 견해를 달리하고 있는 측면들도 상당 부분 존재한다. 반두라의 이론이 사회인지이론 또는 인지행동이론으로 불리는 이유도 여기에 있다.

Ⅳ 이론의 공헌과 한계

1 이론의 공헌 및 장점

반두라는 상호결정론을 주장하여 환경을 바라보는 새로운 시각을 제공하였다. 그뿐만 아니라 관찰학습과 대리학습, 결과에 대한 예측, 자기 규제 등의 개념을 활용하여 전통적 행동주의 이론이 설명하지 못한 인간 행동의 다양한 측면을 설명하고자 시도하였다는 데 그 의의가 있다. 이 외에도 반두라의 이론은 다음과 같은 공헌을 하였다.

1) 과학적 방법을 통한 이론의 검증

스키너와 반두라의 공통점은 과학적이고 객관적인 행동의 관찰을 표방하였다는 것이다. 반두라가 제시한 개념들은 과학적인 방법을 통하여 검증되었다는 특징을 지니고 있다. 특히, 반두라는 사람을 대상으로 인간이 처한 다양한 상황과 맥락을 고려하여 연구를 진행하였기 때문에 일반화의 가능성이 상대적으로 높다는 장점이 있다. 또한, 반두라를 위시한 여러 학자가 제시한 인지행동치료 기법들은 다양한 문제를 지닌 클라이언트들에게 매우 효과가 있는 것으로 밝혀지고 있다.

2) 기계적 환경론에서의 탈피

반두라가 전통적 행동주의가 표방한 기계주의적 환경결정론에서 벗어나고자 시도한 노력은 여러 대목에서 확인할 수 있다. 결과에 대한 예측, 자기 규제 등은 인간이 소유한 인지적 능력, 즉 내적 요인의 중요성을 강조하는 개념으로 이해할 수 있다. 이와 더불어 자기효능감, 미래에 대한 예측, 자기강화 등은 인간이 동물이나 기계가 아니기 때문에 활용할 수 있는 기제들이다. 반두라는 인간을 단순히 외부의 자극에 반응하는 기계적 존재로만 보는 시각에서 벗어나고자 노력하였다.

2 이론의 한계 및 단점(Hergenhahn & Olson, 2007)

1) 개념들 사이의 낮은 연계성

반두라의 이론은 개념들 사이의 체계성과 통일성이 다른 이론에 비하여 상대적으로

낮다. 상당히 많은 연구가 진행되었음에도, 반두라가 제시한 관찰학습, 자기효능감, 자기 규제 등의 개념들이 서로 어떠한 관계가 있으며 성격 형성의 과정에서 이들 변수가 어떠한 역할을 하는지에 대한 자세한 설명이 부족하다.

2) 성격 형성에 영향을 미치는 주요 변수들에 대한 불충분한 고려

반두라의 이론은 성격 형성에 영향을 미치는 주요 변수들을 충분히 고려하지 않고 있다. 정신분석학자들은 반두라의 이론이 인간의 내적 요인을 중요하게 다루고 있음에도 불구하고 여전히 무의식적인 동기는 무시하고 있음을 비판한다. 또한, 반두라가 중요하게 다루고 있는 인지적 능력은 신체적 성숙과 매우 밀접한 관계가 있다. 서로 다른 신체적 성숙도를 지닌 어린아이와 성인의 인지능력에는 분명 차이가 있기 때문이다. 그러나 반두라의 이론에서는 신체적 발달과 성숙이 인간의 인지 능력에 미치는 영향에 대해서는 언급하지 않고 있다.

3) 관찰학습은 새로운 형태의 학습방법인가?

스키너 학파는 반두라가 제시한 관찰학습이 조작적 조건화와는 독립적인 새로운 형태의 학습 방법이라는 주장에 동의하지 않는다. 관찰학습의 과정은 비록 간접적인 경험이기는 하지만 여전히 스키너가 주장한 강화와 처벌의 개념을 활용하고 있다. 따라서 스키너 학파는 관찰학습을 학습의 새로운 방식이라기보다는 조작적 조건화의 특수한 형태에 지나지 않는다고 본다.

인지이론

04
Chapter

인지(cognition)는 지식을 획득하고 사고, 경험, 감각 등을 통하여 이해를 추구하는 정신적 활동 또는 정신적 과정을 의미한다. 여기에는 지식, 의식, 지능, 사고, 상상력, 창의력, 계획과 책략의 산출, 추리, 추론, 문제해결, 개념화, 유목화와 관계짓기, 상징화 등과 같은 고등정신과정에 속하는 모든 심리적 실체들이 포함된다고 할 수 있다 (Flavell, 1983; 최옥채 외 2006 재인용).

인지이론은 발달 이론과 치료 이론으로 세분화할 수 있다. 인지발달 이론은 인간의 지적인 능력뿐 아니라 인간의 사고, 태도, 동기 등의 비지적 능력의 발달 과정을 다룬다. 인지치료 이론은 클라이언트의 왜곡된 인지구조를 변화시켜 새로운 인지구조로 재구조화하여 문제해결을 돕는 것을 목표로 한다.

앞에서 배운 행동주의는 인간 행동의 근원이 환경적 자극으로부터 주어지는 학습에 있다고 주장하였다. 그러나 인지이론에서는 인간 행동이 인지(사고)의 결과라고 주장한다. 인지이론에서는 객관적 자극의 중요성보다는 개인이 자극을 주관적으로 재해석한 인지적 해석이 행동의 원인이라고 이해한다(강상경, 2011). 한편, 무의식에 초점을 두고 인간을 다분히 충동적 존재로 보는 정신역동이론과 달리 인지 이론에서는 인간의 의식에 초점을 두고 인간을 사고하는 합리적인 존재로 인식한다. 이 장에서는 대표적인 인지발달 이론으로 피아제의 이론을 살펴보고, 인지치료 이론으로는 벡과 엘리스 이론을 살펴보고자 한다.

1. 피아제의 인지발달(cognitive development)

I 피아제(Jean Piaget)의 생애(1896~1980)

1896년 스위스의 뉴샤텔(Neuchatel)에서 뉴샤텔대 중세 문학 교수로 재직 중이던 아버지와 저명한 프랑스 철강 주조업체 소유주 가문의 딸인 어머니 사이에서 장남으로 태어났다. 피아제는 지적으로 조숙한 어린 시절을 보냈다. 10살 때, 공원에서 관찰한 알비노(albino)라는 백변종 참새에 대한 설명을 담은 논문을 발표했으며, 15세에 지식에 대한 생물학적 설명을 자신의 연구 목표로 삼기로 결심하였다.

1915년 피아제는 18세의 나이로 뉴샤텔 대학에서 학사 학위를 받았고, 3년 후에 같은 대학에서 박사 학위를 받았다. 이 기간 동안 피아제는 뉴샤텔 주변의 여러 호수에서 연체동물의 발달을 연구하였는데, 21세까지 25편의 논문(대부분 연체동물 관련)을 발표했으며, 세계에서 몇 안 되는 연체동물 전문가 중 한 명으로 꼽혔다. 이 시기에 피아제는 주로 철학에 관심을 가졌는데, 철학적 접근은 실험을 통한 검증이 불가능하다는 한계를 지니고 있다고 생각하여 이후 심리학으로 전향하게 되었다. 1918년에는 취리히로 건너가 심리 클리닉에서 심리 실험에 몰두하였으며, 1919년에는 파리로 건너가 소르본 대학의 비네 연구소에서 아동용 지능검사 제작에 참여하면서 시험 문제 오답에

깔린 아동들의 추론 과정을 연구하는 데 열중하였다. 이 과정에서 피아제는 마침내 자신의 연구 분야를 찾게 되었는데, 실험을 통하여 아동의 지능 발달을 연구할 수 있다는 확신을 갖게 되었다. 1921년 제네바에 위치한 루소 연구소의 연구책임자로 부임한 피아제는 그 이후 60여 년에 걸쳐 아동의 정신발달이라는 연구 주제에 대한 탐구를 지속적으로 전개하였다.

피아제는 서른 살이 되었을 때 이미 심리학계에서 유명한 연구자가 되어 있었으며, 다작 작가이기도 했던 그는 제네바에 모인 동료들과 함께 많은 책과 수백 편의 저널 논문을 발표하였다. 피아제는 하버드대, 소르본대, 브뤼셀대, 브라질대, 컬럼비아대에서 명예 박사학위를 받았으며, 1969년에는 심리학에 대한 탁월한 공헌을 인정받아 유럽인 최초로 미국심리학회로부터 표창을 수여 받았다. 주요 저서로는 『아동의 언어와 사고(The language and thought of the child)』(1926), 『아동의 판단과 추론(Judgment and reasoning in the child)』(1928), 『아동의 세상 개념(The child's conception of the world)』(1929), 『아동의 물리적 인과성 개념(The child's conception of physical causality)』(1930), 『아동의 도덕 판단(The moral judgment of the child)』(1932) 등이 있다(Wadsworth, 1984, p. 2-5 참조).

Ⅱ 인간관 및 기본관점

1 구성주의(constructivism)적 시각

구성주의는 절대적 진리라는 것이 존재하지 않기 때문에 개인은 자신의 주관적인 경험과 사회적 상호작용을 통해 스스로 지식을 만들어 낸다고(구성) 보는 관점을 말한다. 피아제의 구성주의적 입장은 아동을 바라보는 시각에서 잘 드러나고 있다. 피아제는 아동을 자신의 경험에 근거하여 세계를 이해하고 이를 토대로 지식을 스스로 구성해 가는 능동적 존재로 인식하였다. 여기서 능동적이라는 의미는 아동의 사고가 성인의 가르침이나 환경적 영향을 받아서 형성되는 것이 아니라 바로 아동 자신이 자발적으로 구성해 낸 것(Crain, 2004)임을 의미한다. 또한, 아동은 외부 세계를 이해하고 학습하고자 하는 내재적인 동기(intrinsic motivation)를 지니고 있기 때문에(Flavell, 1996), 학습의 과정에서 강화 등을 포함한 외적 자극이나 보상이 필요하지 않다고 본다.

2 발달의 연속성과 비연속성

발달이 연속적인 과정인가 아니면 비연속적인 과정인가에 대한 논쟁은 여전히 진행형이다. 발달을 연속적인 과정으로 보는 입장은 나무의 성장을 그 예로 들 수 있다. 어린 나무는 시간이 지나면서 조금씩 성장하여 큰 나무가 된다. 한편, 비연속적인 발달의 예는 나비의 성장에서 찾아볼 수 있다. 나비는 애벌레와 번데기와 같은 질적으로 다른 단계를 거치며 성충으로 자란다.

피아제의 인지발달이론은 발달의 연속성을 강조하는 개념과 비연속성을 강조하는 개념이 동시에 포함되어 있다(Siegler, 2014). 피아제가 제시한 동화(assimilation)와 조절(accommodation), 그리고 평형화(equilibration)는 인지발달의 연속성을 강조하고 있는 개념이다. 동화와 조절, 평형화는 외부 사물을 내적으로 표상화하고 이해하기 위하여 아동이 활용하는 기제들을 말하는데, 아동은 이러한 기제들을 지속적이고 반복적으로 활용하여 가장 높은 수준의 발달단계에 도달한다.

한편, 피아제는 인지발달이 서로 구분되며 위계적인 4개의 발달단계를 거치면서 진행된다고 주장하였다. 피아제의 발달단계는 선형적인 변화보다는 계단식 변화를, 양적인 변화보다는 질적인 변화를 강조하고 있다는 측면에서 비연속적이다.

Ⅲ 주요 개념

1 도식(schema)

피아제는 인간의 육체에 위장이나 심장이 있는 것처럼 지능이 발달하기 위해서는 정신세계에도 특정한 구조가 있다고 가정하였으며, 이를 도식(schema)이라 명명하였다. 도식은 개인이 지능적으로 환경에 적응하고 외부의 정보를 조직화하기 위하여 활용하는 인지적 또는 정신적 구조를 의미한다. 피아제에 의하면, 아동은 자신이 가진 도식을 활용하여 자극을 식별하고 경험을 해석하며 외부의 정보를 범주화하고 조직화한다. 신생아는 매우 제한적인 도식만을 갖고 있지만 성장하면서 도식은 확충과 분화를 거듭하며 질적으로 성장한다.

1) 도식의 유형

도식은 크게 3가지로 구분되는데 이는 감각 운동 도식, 상징 도식, 그리고 조작 도식을 포함한다.

(1) 감각 운동 도식(sensorimotor schema)

감각 운동 도식은 생후 최초로 나타나는 도식으로, 이 도식을 활용하는 단계에서는 외부 사물이나 환경을 파악하는 데 자신의 감각과 운동 능력을 활용한다. 신생아의 경우, 사물을 파악하는 데 활용할 수 있는 도식은 '빨기'와 같은 반사운동에 국한된다. 그러나 시간이 지나면서 '바라보기', '잡기', '치기' 등의 감각 운동을 조직화하고 통합하여 세상과 사물에 대한 초보적인 개념을 획득한다.

동물은 평생에 걸쳐 감각 운동 도식에 의존하여 살아가지만, 인간은 영아기와 유아기를 거치는 과정에서 감각 운동 도식뿐만 아니라 보다 고차원적인 상징 도식과 조작 도식을 습득하여 복잡한 외부의 자극과 정보를 보다 체계적이고 논리적으로 이해할 수 있게 된다.

(2) 상징 도식(symbolic schema)

상징 도식은 심상이나 언어적 부호 등을 활용하여 외부의 경험을 형상화하고 이를 통해 사물을 파악하는 것을 말한다. 엄마를 따라 이웃집에 놀러 간 아이가 이웃집 형이 벽에다가 공을 차는 행동을 보고는 집에 돌아와서 이웃집 형의 행동을 그대로 따라 한다. 아이가 이웃집 형의 행동을 모방할 수 있는 것은 외부의 경험을 형상화하는 상징 도식을 활용할 수 있기 때문에 가능한 것이다.

(3) 조작 도식(operational schema)

조작 도식은 논리적 정신활동을 활용하여 사물을 파악하는 것을 말한다. 대표적인 조작 도식의 예로 사칙연산, 등호와 부등호 등을 통한 수학적, 계산적 활동을 들 수 있다. 조작 도식의 발달로 추상적, 가상적인 사건에 대해서도 논리적이고 체계적인 사고가 가능해진다.

2) 도식의 발달

피아제는 모든 형태의 도식은 조직(organization)과 적응(adaptation)이라는 두 가지의 상호보완적인 기제에 의하여 형성되고 발달한다고 보았다. 한편, 아동은 평형화(equilibration)의 기제를 활용하여 환경과 내적 체계 사이의 균형을 추구하게 된다.

(1) 조직(organization)

조직(organization)은 아동이 자신이 지닌 기존의 도식을 보다 논리적이고 정교하고 높은 단계의 도식으로 통합하고 발전시키는 과정을 말한다. 신생아는 물건을 잡거나 바라보는 것을 동시에 할 수 없다. 그러나 시간이 지나면서 아이의 도식은 보다 조직화되어 복잡한 두 가지 행동(물건을 잡고 바라보기)을 동시에 할 수 있게 된다. 이처럼 아동은 현재 지니고 있는 도식이 무엇이든 간에 보다 복잡하고 적응적인 구조로 끊임없이 조직화한다(Crain, 1993).

(2) 적응(adaptation)

개인이 도식을 조직화하는 이유는 외부 환경에의 적응(adaptation)을 촉진하기 위해서이다. 적응은 다음에서 설명하는 동화와 조절이라는 상호보완적인 활동을 통해 이루어진다.

① 동화(assimilation)

동화는 기존에 자신이 지니고 있던 도식을 변경하지 않은 채, 기존의 틀에 맞추어 외부 사물을 이해하고 해석하는 과정을 말한다. 치와와를 보고 '네 발로 걷는 조그만 동물은 강아지이다'라는 도식을 최초로 형성한 어린아이를 상상해 보자. 이 아이는 후에 시츄를 보고도 강아지로 해석하게 될 것이다. 즉, 동화작용이 나타난 것이다. 시간이 지나 작은 고양이를 처음 접한 아이는 고양이 또한 강아지로 해석할 것이다. 이 또한 동화작용의 결과이다.

② 조절(accommodation)

동화와는 달리, 조절(accommodation)은 외부로부터 주어진 사물이나 경험을 올바르게 해석하기 위해 기존의 도식을 수정하거나 변경하는 것을 말한다. 기존의 도식을 활용하여 작은 고양이를 강아지로 해석한 아이는 시간이 지나면서 고양이의 행동이나 울음소리가 치와와나 시츄와는 다르다는 것을 인지하게 된다. 기존의 도식과 외부 경험의 불일치를 지속적으로 경험하면서, 아이는 기존의 도식을 변경하여 강아지와는 다르게 고양이라는 새로운 범주를 도식화한다. 즉, 조절작용을 활용하여 기존의 도식을 수정하게 된다. 시간이 지나면서 아이는 조절작용을 통하여 치와와와 시츄가 종류가 다른 강아지인 것도 인지하게 된다.

③ 평형화(equilibration)

고양이를 강아지로 인식하고 도식화하는 경우, 내적 도식과 외부 사물과의 불일치를 경험하기 때문에 아이는 많은 혼란을 경험하게 된다. 이러한 혼란을 방지하기 위하여, 인간은 내적 사고과정과 외부 경험 간에 균형 잡히고 조화로운 관계를 형성하고자 노력하게 된다. 외부 경험과 내적 사고가 일치한 상태를 인지적 평형(cognitive equilibrium)이라 하며 인지적 평형에 도달하는 과정을 평형화(equilibration)라 한다(Crain, 1993).

피아제는 아동을 '쉽게 이해되지 않는 수많은 새로운 자극과 사건들을 이해하고자 도전하는 능동적이고 호기심으로 가득한 탐색자'로 이해하였다. 아동은 자신의 사고방식(기존 도식)과 주변 환경 사이에서 인지적 불균형이 나타나면 이 낯설고 혼란스러운 경험에 대처하기 위해 정신적인 조정과정을 거치며, 이러한 과정을 통해 인지적 평형을 다시 회복하게 된다.

3) 인지발달에 영향을 미치는 요인

(1) 신체적 성숙(maturation)

뇌의 발달뿐만 아니라 신체적인 성숙은 인지발달에 매우 중요한 영향을 미친다. 누워 있는 아이는 자신의 시야 밖에 있는 사물을 경험할 수 없다. 기어다닐 수 있어야 비로소 집안에 다양한 사물이 존재한다는 것을 인식하게 된다. 서서 걸을 수 있어야만 식탁 위에 있는 새로운 사물들을 접할 수 있다.

(2) 물리적 경험(Physical experience)

동화와 조절작용이 원활하게 진행되기 위해서는 새로운 환경과의 접촉이 필수적이다. 새로운 정보를 발견하고 사물을 표상화할 수 있는 능력은 주위의 사물들을 실제로 접하고 외부사건과 실질적으로 상호작용을 하는 과정에서 더욱 촉진된다.

(3) 사회적 상호작용(social interaction)

피아제는 인지발달의 촉진요인으로 사회적 상호작용을 가장 중요시하였다. 아이들은 사회적 상호작용을 통하여 타인의 사고와 감정을 인지하게 되며, 도덕적 규범을 개발하게 되고, 논리적 사고과정을 연습하게 된다. 대표적으로 학교를 통한 교육은 대인관계의 형성을 지원하고 추상적이고 가상적인 개념에 대한 습득을 촉진시킨다.

(4) 평형화

육체적 성숙, 물리적 경험, 사회적 상호작용은 평형화 과정을 통해 비로소 그 진가를 발휘한다. 외부 경험과 내적 도식 간에 조화를 이루고자 하는 기제가 작동하지 않는다면, 인지발달이 나타나기 어렵다. 아동은 평형화를 통하여 도식을 조직화하고 더 높은 단계의 평형화를 지속적으로 추구한다.

2 인지적 발달단계

1) 인지발달 단계의 개괄적 특징

피아제가 제시한 인지발달은 단계이론을 근간으로 하고 있다. 단계이론이 지니는 개괄적인 특징은 다음과 같다(Crain, Shafer & Galotti, 2017 참조).

첫째, 발달단계의 순서는 변하지 않는다. 모든 아동은 정확하게 같은 순서대로 발달단계를 거치며 성장한다고 본다.

둘째, 각 단계는 이전 단계의 발달과 성취를 바탕으로 진전되기 때문에, 어느 한 단계도 뛰어넘을 수 없다고 본다.

셋째, 인지발달의 단계는 양적인 발달이라기보다는 질적인 발달이다. 아동이 성인과 다른 사고를 하는 이유는 아동이 지닌 지식의 양이 부족한 것이라기보다는 사물을 파악하는 사고방식이 질적으로 다르기 때문이라고 본다.

넷째, 피아제는 자신의 이론이 사회의 가치나 신념의 발달단계를 설명하는 것이 아니라 전반적인 인지의 발달 과정을 다루는 것이므로, 발달의 단계는 모든 문화권에서 동일한 순서로 진행된다고 보았다.

다섯째, 단계별 발달연령에는 개인차가 존재한다고 본다. 발달 순서는 불변이지만 각 단계에서 그다음 단계로 이동하는 시기에는 사회적·환경적 영향 등으로 인하여 가속화될 수도 있고 지체될 수도 있다. 따라서 피아제가 제시한 단계별 표준 연령은 임의적 추정치이지 반드시 일치한다고 볼 수 없다.

2) 인지발달단계

피아제는 인지발달의 단계를 감각운동기(sensorimotor stage), 전조작기(preoperational stage), 구체적 조작기(concrete operational stage), 형식적 조작기(formal operational stage)의 네 단계로 나누었다. 각 단계별 특징은 다음과 같다(Shaffer, 2005, p. 286-317 참조)

(1) 감각운동기(sensorimotor stage, 출생~2세)

감각운동기는 영아가 주로 감각과 자신의 운동능력에 의존하여 도식을 형성하고 세상을 이해하는 단계이다. 초기에는 선천적인 반사운동에 의존하지만, 말기에는 감각운동 기술을 복합적으로 조합하여 활용하는 것이 가능해진다. 감각운동기는 6개의 하위 단계로 나누어진다.

① 반사활동 단계(reflex activity, 출생~1개월)

이 시기의 영아는 주로 반사 활동(빨기, 시선 맞추기, 잡기 등)을 통하여 주위의 환경에 적응한다. 예를 들어, 빨기 반사를 통해 어머니의 젖꼭지가 입에 닿을 때마다 반사적으로 빠는 행동을 한다. 이때 빨기 행동은 동화작용으로 이해할 수 있다. 물체의 크기에 따라서 잡는 방식을 변경하는 초보적인 단계의 조절작용도 나타난다.

② 1차 순환반응(primary circular reactions, 1~4개월)

'1차'는 영아의 관심이 자기 신체에 국한되어 있음을 의미하는 용어이며, '순환'은 행동의 반복을 의미한다. 이 시기의 영아는 우연히 시도한 행동으로부터 흥미를 얻어 그 행동을 반복하게 된다. 예를 들어, 우연히 손가락을 빨다가 흥미를 느껴 손가락 빨기를 반복하게 된다.

③ 2차 순환반응(secondary circular reactions, 4~8개월)

1차 순환반응과 2차 순환반응의 차이는 행동의 대상이 자기 신체를 벗어나 외부에 있는 사물이나 대상으로 옮겨 가는 것이다. 예를 들어, 영아가 우연히 딸랑이를 흔들었는데 소리가 나는 것을 발견하고 흥미를 느끼게 된다. 흥미를 느낀 영아는 그 행동을 반복하게 된다. 2차 순환반응의 성립은 자기 자신과 외부 사물을 구별하기 시작하였다는 것을 시사한다.

④ 2차 순환반응의 연합(coordination of secondary circular reactions, 8~12개월)

이 단계는 단순한 목표의 달성을 위해 2가지 이상의 행동을 연합하기 시작한다. 예를 들어, 베개 아래에 있는 딸랑이를 집어 들기 위해서는, 먼저 베개를 치우고 딸랑이를 집어야 한다. 즉, 치우기 도식과 잡기 도식을 연합하여 목적을 달성한다. 1차 및 2차 순환반응은 우연의 결과로 특정 행동을 반복하기 때문에 아동의 행동이 계획적 또는 의도적이라 볼 수는 없다. 이에 비하여, 2차 순환반응의 연합은 목표지향적 행동, 즉 진정한 문제해결 능력의 초기형태로 이해할 수 있다.

⑤ 3차 순환반응(tertiary circular reactions, 12~18개월)

이 시기의 영아는 외부 세계를 더욱 적극적으로 탐색하고 실험적 행동을 시작하게 된다. 이 시기에 도달하게 되면, 영아는 단순히 딸랑이를 흔드는 데 만족하지 않는다. 어떤 결과가 나타나는지를 탐색하기 위해, 딸랑이를 깨물거나 던지거나 밟아 보기도 한다. 즉, 행동의 변화가 대상에 미치는 영향을 시행착오적인 탐색 활동을 통해 학습하게 된다. 이러한 시행착오적 탐색 도식을 3차 순환반응이라 한다. 사물이 작동하는 방식에 대해 학습하고자 하는 아동의 능동적이고 호기심으로 가득 찬 탐색자 기질이 본격적으로 나타나기 시작하는 단계이다.

⑥ 정신적 표상기(mental representation, 18~24개월)

정신적 표상기는 감각운동 단계에서 상징적 사고로 전환되는 과도기다. 이 시기의 영아는 대상을 직접 다루지 않고도 내적으로 표상을 할 수 있으므로, 내면적으로 사고한 후에 행동하게 된다. 이 시기에 이른 영아는 지연 모방(deferred imitation)이 가능하여 다른 사람이 하는 행동을 유심히 보아 두었다가 시간이 지난 뒤에 그 행동을 다시 보지 않고도 그대로 흉내 낼 수 있게 된다. 즉, 내면의 표현과 기억을 조합하고 재구성하는 것이 가능해진다.

글상자

대상 영속성(object permanence)

대상 영속성은 외부 대상이나 물체가 직접적으로 시야에 지각되지 않아도 지속적으로 존재하고 있음을 인식하는 것을 말한다. 대상 영속성은 감각운동기의 영아가 성취해야 하는 중요한 과업으로, 아동이 세상을 이해하고 수용하는 데 매우 중요한 역할을 한다. 영아는 총 6단계에 걸쳐 대상 영속성을 획득하게 된다.

1) 1~2단계(0~4개월)

이 시기의 영아는 눈앞에 보이는 대상은 바라보지만, 그 대상이 시야에서 사라지면 더 이상 관심을 보이지 않으며 보는 것을 중단한다. 시간이 지나면서 영아는 대상이 시야에서 사라진 곳을 잠시 동안 응시하기도 하지만, 시야에서 사라진 대상을 찾으려는 노력을 하지 않는 시기이다. 따라서 이 시기의 영아는 대상 영속성 개념이 전혀 없다.

2) 3단계(4~8개월)

대상 영속성 개념이 형성되기 시작하는 시기이다. 영아는 대상의 전체가 아닌 부분이 보이더라도 사물을 인식할 수 있다. 예를 들어, 우유병의 젖꼭지 부분만이 보이고 나머지는 천으로 가려져 있더라도 영아는 대상을 인지할 수 있다. 그러나 우유병이 천으로 완전히 가려져 있는 경우에는 우유병의 존재를 인지하지 못한다.

3) 4단계(8~12개월)

이 시기에 이른 영아는 시야에서 사라진 대상을 찾을 수 있다. 즉, 대상이 완전히 가려져 있어 눈으로 확인할 수 없더라도 사물이 존재함을 인식할 수 있는 시기이다. 그러나 이 시기의 대상 영속성은 여전히 불완전하여, 영아가 지켜보고 있는 동안에 대상물을 처음 감춘 장소에서 다른 장소로 옮겨 놓아도 처음 감추었던 장소에서 대상물을 찾으려 한다.

4) 5단계(12~18개월)

4단계에서 나타났던 오류가 사라져, 물건이 숨겨지는 위치가 여러 장소로 변경되어도 마지막으로 물건을 본 장소에서 숨겨진 물체를 찾을 수 있다. 그러나 대상의 움직임을 눈으로 보지 않고 상상해야만 할 때는 어려움을 겪는다. 예를 들어, 구슬을 담은 컵을 수건 밑으로 넣은 후, 구슬은 수건 아래 두고 빈 컵만 보여 주면 영아는 구슬을 컵에서만 찾으려고 한다.

6) 6단계(18~24개월)

대상 영속성의 개념이 완전히 발달하여, 시야에 보이지 않는 사물에 대한 내적 표상이 가능한 시기이다. 즉, 영아는 시각적으로 움직임이 보이지 않더라도 대상이 독립적으로 존재한다는 사실을 이해하게 된다(Flavell, Miller & Miller, 2002 참조).

(2) 전조작기(pre-operational period, 2~7세)

전조작기는 전(pre)이라는 명칭에서 나타나듯이 조작 이전의 시기, 즉 논리적으로 사고할 수 있는 조작 도식을 아직 습득하지 못한 시기를 말한다. 전조작기는 다시 조작적 사고가 거의 나타나지 않는 전 개념적 사고단계(preconceptional stage)와 조작적 사고가 어느 정도 가능한 직관적 사고단계(intuitive stage)로 나눌 수 있다.

① 전 개념적 사고단계(preconceptional period, 2~4세)

전 개념적 사고단계에서는 눈에 보이지 않는 사물이나 행동에 대해 정신적 표상에 의한 사고를 할 수 있으며, 상징을 사용할 수 있게 된다. 하지만 이 단계의 유아는 사물에 대한 개념형성이 여전히 초보적인 수준에 머물러 있기 때문에 이 단계를 전

개념적 사고기라고 부른다.

이 시기의 유아는 사물에 대한 개념형성이 완전하지 않아, '모든 남자는 아빠', '모든 여자는 엄마', '보이는 모든 장난감은 내 것' 등과 같은 사고를 하는 시기이다.

피아제에 의하면, 이 시기에 주로 나타나는 특징적 사고체계의 유형은 상징적 사고, 자기중심적 사고, 물활론적 사고 등이다.

■ 상징적 사고(symbolic thought)의 발달

이 시기의 아동은 외부의 단서가 없어도 어떤 대상을 표상하는 것이 가능하다. 언어를 통하여 내적표상을 상징적으로 표현하는 것이 가능해진다. 특히, 놀이 활동에서 비언어적인 상징행동인 가상놀이를 많이 사용하는 시기이다. 나무막대기로 총 놀이를 하거나 모래로 밥을 짓는 소꿉놀이를 그 예로 들 수 있다. 나무막대나 모래를 활용한 놀이가 가능한 이유는 이 시기의 아동이 상징을 통해 대상의 속성을 재현할 수 있기 때문이다.

■ 자기중심적 사고(egocentric thought)

자기중심적 사고란 세상의 모든 사물을 자신의 입장에서만 보고 판단하며 다른 사람의 입장을 고려하지 못하는 것을 말한다. 이 시기의 아동은 타인의 생각이나 감정 또는 관점 등이 자신과 같다고 가정한다. 예를 들어, 2~3살배기 아동에게 태어난 지 2개월 된 동생이 왜 걷지 못하는지를 물으면 동생이 게을러서 걷지 못한다고 대답한다. 이러한 자기중심적 사고는 시각적 조망이나 의사소통에서도 나타난다. 전조작기 아동은 자신과 다른 위치에서 보이는 사물의 모습을 추론하지 못하며, 의사소통에서도 상대방의 이해 여부와 상관없이 자기 생각만을 전달하는 형태를 보이게 된다. 그러나 이러한 자기중심적 사고는 다른 사람의 관점을 수용하는 능력이 제한되어 있어서 나타나는 현상으로 이기주의와는 구별된다(Galotti, 2017).

■ 물활론적 사고(animistic thought)

물활론(animism)은 무생물에 대하여 생명체의 특징을 부여하고, 사람처럼 감정이나 의도를 지니고 있다고 믿는 것이다. 해와 달은 빛을 내기 때문에 살아 있다고 생각하거나 밥을 주지 않아 인형이 배고프겠다고 생각하는 것 등이 물활론의 예다.

4~6세의 유아들은 활동하는 모든 것이 살아 있다고 여긴다. 예를 들면, 태양은 빛을 발하기 때문에 살아 있으며, 산은 아무것도 하지 않기 때문에 죽은 것이라 여긴다. 6~8세의 유아는 움직이는 대상물만이 살아 있다고 생각한다. 예를 들면, 탁자와 꽃은 움직이지 않으므로 죽은 것이고, 자전거와 구름은 때때로 움직이므로 살아 있는 것으로 생각한다. 8세경이 지나야 비로소 스스로 움직이는 것에만 생명을 부여하며, 그 이후가 되어야 생명이 있는 것을 식물과 동물에 한정시킨다(이근홍, 2015; Crain, 1993).

② 직관적 사고 단계(intuitive thought period, 5~7세)

직관적 사고 단계의 특징은 물체와 사건에 관한 판단이 논리적이지 않고 사물의 외양적 속성, 즉 직관에 크게 의존하는 경향을 보인다. 이 시기에는 물리적 현상에 대해 자신의 경험을 근거로 그 원리를 추론하곤 하는데, 전체와 부분의 관계를 정확하게 파악할 수 없으며 과제에 대한 이해나 처리 방식이 그때그때의 직관에 좌우되기 쉽다(강상경, 2011).

이 시기 아동들의 가장 큰 특성은 사고의 중심화(centration) 경향이다. 중심화는 사물이 지닌 다양한 특성들은 무시한 채, 그 사물이 지니고 있는 두드러진 특성 중 한 가지에만 집중하여 대상의 성격을 판단하고자 하는 사고경향을 말한다. 아동의 중심화 경향은 보존개념, 유목화, 서열화 등에 잘 반영되어 나타난다.

■ 보존 개념(conservation)

보존 개념이란 대상의 외형에 변화가 있어도 그 속성이 바뀌지 않는다는 것을 이해하는 능력을 의미한다. 이 시기에는 부피, 길이, 면적, 무게 등에 대한 보존 개념을 아직 획득하지 못하는 시기이다. 피아제는 이 시기의 아동들이 질량 보존 개념을 어떻게 파악하고 있는지를 확인하기 위하여 다음과 같은 실험을 실시하였다. 먼저 크기와 모양이 같은 두 개의 비커에 같은 양의 물을 채운 후, 그 양이 같다는 것을 유아에게 확인시킨다. 다음 단계에서 한쪽 비커는 그대로 두고 나머지 비커의 물을 좁고 길쭉한 비커에 옮겨 붓는다. 그리고 유아에게 어느 비커의 물이 많은지를 물으면 좁고 길쭉한 비커 속의 물이 더 많다고 대답하는 경향을 보인다.

이 시기의 유아들은 부피, 무게, 수 등의 보존 개념에 대해서도 유사한 반응을 나타낸다. 예를 들어, 쿠키 3개와 4개를 갖고 있는 2명의 유아가 쿠키를 공평하게 나누는 방법은 3개의 쿠키를 갖고 있는 유아가 쿠키 한 개를 반으로 나누어 4개로 만드는 것으로 생각한다.

이 시기의 유아가 보존 개념을 확립하지 못하는 이유는 사물이 지니고 있는 가장 두드러진 특성 한 가지에만 집중하고 그 사물이 지닌 나머지 특성들은 무시하는 중심화 경향의 사고를 하기 때문이다. 또한, 이 시기의 또 다른 특성인 자기중심적 사고로 인하여 자신의 생각에 오류가 있을지도 모른다는 것을 이해하지 못하기 때문이다.

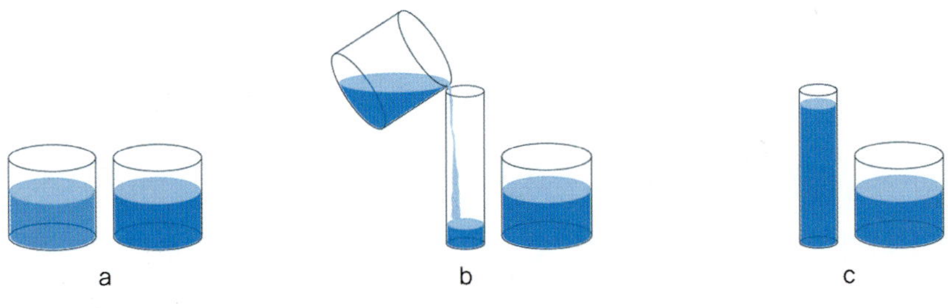

[그림 4-1] **보존 개념 실험**

■ 유목포함(class inclusion)

유목포함이란 상위 유목과 하위 유목 간의 위계적 관계, 즉 전체와 부분의 관계를 이해하는 능력을 말한다. 이 시기의 유아에게 붉은색 6송이와 노란색 4송이로 구성된 장미 한 다발을 보여 주고 장미가 많은지 붉은색 장미가 많은지 물으면, 붉은색 장미가 더 많다고 대답하는 경향을 보인다. 이는 유아가 붉은색과 노란색 장미는 꽃이라는 상위 유목에 포함된다는 사실을 이해하지 못하고 장미의 색깔에만 주의를 집중하는 경향을 나타내기 때문이다.

[그림 4-2] **유목포함 실험**

■ 서열화(seriation)

서열화란 여러 사물이나 현상들을 특정 속성에 따라 순서대로 배열할 수 있는 능력을 말한다. 전조작기 유아에게 서로 길이가 다른 여러 개의 막대를 제시한 뒤, 길이가 짧은 것부터 긴 순서대로 차례대로 나열하게 하면 3~4세 유아는 전혀 나열하지 못한다. 5~6세의 유아는 부분적으로는 순서대로 나열하나 전체를 하나의 서열로 통일하지는 못한다. 서열화는 후속 단계인 형식적 조작기에서 획득하게 되므로, 7세 이상의 아동은 순서대로 잘 나열하는 모습을 보인다.

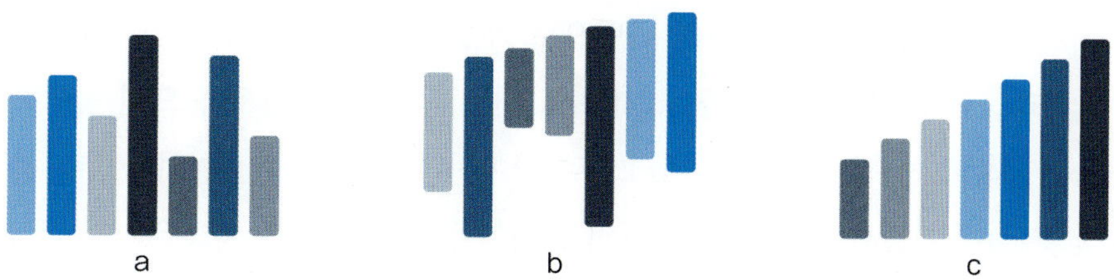

[그림 4-3] **서열화 실험**

(3) 구체적 조작기(concrete operational period, 7~12세)

전조작기 유아들이 지각적 현상을 기준으로 사물을 판단한다면, 이 시기의 아동은 논리적인 조작을 사용하여 사물을 판단한다. 조작(operation)은 논리적 · 과학적 · 체계적 사고를 의미하는데, 이 시기를 구체적 조작기라 부르는 이유는 조작적 사고가 대부분 관찰 가능한 현재의 구체적 사물이나 구체적 사건에 한정되어 있기 때문이다.

① 탈중심화(decentration)

이 시기에 도달한 아동들은 탈중심화 사고가 가능하게 된다. 즉, 겉으로 드러나 보이는 사물의 가장 두드러진 특성에만 집중하지 않고, 사물이 지닌 다양한 특성이나 측면을 동시에 고려하는 사고가 가능해지는 시기이다. 이와 더불어 구체적 조작기에 이른 아동들은 수, 길이, 무게, 부피, 면적 등에 관한 보존개념을 획득하게 된다. 이 시기의 아동들이 보존개념을 획득할 수 있는 것은 더하거나 빼지 않았을 경우에 양은 변하지 않는다는 동일성(identity), 변화의 과정을 역으로 진행하면 다시 본래 상태로 돌아갈 수 있음을 이해하는 가역성(reversibility), 높이는 면적으로, 면적은 높이로 보상될 수 있다는 보상성(compensation) 등 보존과 관련된 개념들을 이해할 수 있기 때문에 가능하다. 또한, 이 시기의 아동들은 대상물이 지니고 있는 공통된 하나의 속성에 따라 분류하고 배열하는 유목화 및 서열화의 개념도 획득하게 된다.

② 귀납적 사고

이 시기의 아동은 개별 사례들의 관찰을 통하여 일반적 원리를 추론해 내는 귀납적 사고는 가능하지만, 일반적 원리를 바탕으로 개별 사례를 유추하는 연역적 추론에는 여전히 어려움을 느낀다. 예를 들어, 지우개, 연필, 공책을 손에서 놓으면 바닥으로 떨어짐을 관찰하고, 물건을 놓으면 바닥으로 떨어진다는 일반적인 원리를 추론하는 것(귀납적 추론)이 가능하다. 그러나 구체적 조작기에 머물러 있는 아동은 지구의 중력으로 인하여 지우개, 연필, 공책 등은 바닥으로 떨어지게 된다는(연역적 추론) 사실을 이해하는 데 어려움을 느낀다.

(4) 형식적 조작기(formal operational period, 12세 이후)

형식적 조작기에 도달한 아동들은 성인과 같이 성숙한 인지적 조작을 할 수 있게 된다. 구체적 사물이나 사건에 의존하지 않더라도 가설을 설정하고 모든 가능성을 체계적으로 검증할 수 있다. 즉, 어떠한 문제에 직면했을 때, 가능한 모든 해결책을 논리적으로 궁리해서 바람직한 문제해결에 이르게 되는 조합적 사고(combinational thought)가 가능하다. 그뿐만 아니라 이 시기에는 문제해결을 하는 데 시간을 초월하여 과거, 현재, 미래를 모두 이용할 수 있는 추상적인 사고가 가능하여 효율적으로 지적인 과업을 성취할 수 있다. 예를 들어, 구체적 조작기의 아동이 덧셈을 하기 위해서는 수를 헤아릴 수 있는 구체적인 자료(사과, 바나나 등의 그림)가 제시되어야 한다. 그러나 형식적 조작기의 아동은 3X + 5 = 8과 같이 숫자로만 표현이 되어 있어도 상징체계를 이용하여 계산이 가능하다.

Ⅳ 이론의 공헌과 한계

1 이론의 공헌 및 장점

피아제가 발달심리학에 끼친 영향에 대하여 한 익명의 연구자는 '셰익스피어가 영문학에 끼친 영향과 아리스토텔레스가 철학에 끼친 영향과 다르지 않다'고 평가한 적이 있다. 피아제의 이론이 지닌 영향력이 얼마나 크고 중요한지를 짐작하게 하는 대목이라 할 수 있다. 피아제 이론의 공헌과 장점을 구체적으로 살펴보면 다음과 같다(Shaffer, 2005, p. 70 & p. 321 참조).

1) 아동인지발달 분야의 확립

피아제는 오늘날 인지발달이라고 부르는 분야를 확립하는 데 공헌하였다. 아동의 사고에 대한 관심을 통해 아동의 인지발달을 단순히 성인의 사고에 대한 연구로부터 알게 된 개념과 방법을 단순히 아동에게 적용하는 차원을 넘어 "발달적" 연구가 되도록 이끌었다. 즉, 피아제는 아동의 사고발달이 성인의 사고와는 다른 고유한 특징을 갖는 것으로 보았으며, 이를 발달적인 관점에서 체계적으로 이해하고자 시도하였다.

2) 아동의 능동성 강조

피아제는 아동이 발달과정에서 중요한 역할을 직접 수행하는 호기심이 많고 능동적인 탐색가임을 강조하였다. 아동이 자발적으로 세상을 탐구하고 능동적으로 지식을 구성한다는 피아제의 주장은 오늘날에는 당연한 것처럼 들리지만 피아제가 살았던 당시에 이런 시각은 혁신적이었고 당시 사람들의 생각과는 대조되는 것이었다.

3) 교육영역에의 영향

피아제의 이론은 아동을 대상으로 하는 교육에도 큰 영향을 주었다. 아동이 뚜렷하게 구분되는 인지적 발달단계를 거치며 발달한다는 것을 고려할 때, 아동에 대한 교육방식은 개인의 인지능력과 한계를 이해하고 각각의 단계에 맞도록 조정되어야 함을 시사한다. 또한, 아동의 능동적인 학습을 지원하기 위해서는 아동 스스로가 사물을 탐색하고 문제해결 활동에 참여할 수 있도록 지원하는 것이 중요하다. 즉, 아동 중심 및 체험 중심 학습의 중요성을 인식하도록 하는 데 기여하였다.

2 이론의 한계 및 단점

1) 청소년기 이후 발달의 간과

피아제의 인지발달이론에서는 청소년기까지의 인지발달만을 소개하고 있으나, 최근 대부분의 인지발달에서는 신체적 성숙이 이루어진 이후에도 지속적 성장과 발달이 일어난다고 가정하고 있다(김동배, 권중돈, 2001, p. 374).

2) 발달의 포괄적 이해 부족

피아제의 이론은 아동의 발달을 포괄적으로 이해하는 데 부족하다는 한계를 지니고 있다. 즉, 아동의 사고발달에 대해서는 구체적으로 다루고 있지만, 지적 발달, 정서 발달, 사회성 발달 등에 대해서는 거의 다루지 않고 있다는 것이다(이근홍, 2015, p. 285).

3) 자발적 과정에 대한 비판

피아제의 이론에서 인지과정은 자발적인 과정으로서, 아동은 성인의 직접적인 가르침이 없이도 그들 스스로 인지구조를 발달시킨다고 하였다. 그러나 많은 이론가는 훈련이나 연습의 효과를 무시한 것에 대해 비판하고 있다(Crain, 1993, p. 166; 이근홍, 2015, p. 285 재인용).

4) 불명확한 발달단계 연령

피아제의 이론에서 인지발달의 각 단계에 도달하는 연령은 고정적이지 않고 다소 유동적이라고 하였지만, 이것은 개인의 경험과 문화에 따라 피아제가 생각한 것 이상으로 매우 다를 수 있다는 것이다(이근홍, 2015, p. 285).

2. 엘리스의 합리적·정서적·행동치료 (rational emotive behavioral therapy)

I 엘리스(Albert Ellis)의 생애(1913~2007)

엘리스는 1913년 미국의 피츠버그에서 태어나서 뉴욕시에서 자랐다. 엘리스는 자신을 거의 '반고아'라고 표현하였는데, 아버지는 여행에 지나치게 몰두하여 자신과 동생들을 거의 돌보지 않았으며 어머니는 자녀를 키울 준비가 전혀 되지 않았던 사람이었기 때문이었다. 부모로부터 방치되다시피 했던 엘리스는 어린 시절 신장염과 만성 염증으로 인한 심한 두통으로 자주 병원에 입원해야 했으며, 이 때문에 활발하게 뛰어놀 수도 없었다. 빨리 백만장자가 되고 싶었던 엘리스는 뉴욕의 상업고등학교에 진학했지만, 졸업할 즈음 대공황이 닥치는 바람에 백만장자의 꿈은 수포가 되었다. 시립대학에 진학하여 영문학을 전공하면서 여섯 개의 소설을 썼지만, 출판으로 이어지지는 못하였다.

이러한 엘리스가 임상심리학에 관심을 가지게 된 것은 성(sex)과 관련이 깊다. 소설 쓰기에 실패한 엘리스는 이후에 난혼(promiscuity)에 대한 논픽션(nonfiction)을 쓰기 위해 연애와 관련된 소설과 실화 등을 즐겨 읽기 시작했다. 이 시기에 엘리스의 친구들은 연애와 관련된 문제를 엘리스와 상의하기 시작했고, 엘리스 자신도 사람들을 잘 도와주고 본인도 재미있어 한다는 것을 깨닫게 되었다. 엘리스는 대학원 진학을 결심하였으며, 뉴욕의 컬럼비아 대학에서 석사과정과 박사과정을 수행하였으며, 이후 2년에 걸쳐 정신분석가로부터 비공식적인 훈련을 받았다. 그 당시에는 심리학자에 대한 훈련이 인가되지 않을 때였다.

엘리스는 보다 '효율적인' 방식을 찾으려는 시도 차원에서 정신분석을 포기하고, 1955년에 합리적 사고를 강조하는 새로운 접근법인 합리적 치료(rational therapy) 기법을 소개하였다. 그 후, 합리적 치료기법이 정서를 무시한다는 비난이 일자, 합리적 · 정서적 치료(rational emotive therapy)로 접근법을 수정하였으며, 1991년에는 합리적 · 정서적 · 행동치료(rational emotive behavior therapy; REBT)로 이름을 바꾸었다. REBT는 최초의 인지 행동 치료기법이며, 엘리스는 자신이 그 창시자임을 자랑스럽게 생각하였다. 1960년대에 들어 그가 저술한 책과 치료법의 인기로 인해 그의 명성은 급상승하였으며, 이를 바탕으로 그는 뉴욕시에 합리적 정서 치료 연구소를 설립하기에 이르렀다. 그가 설립한 연구소는 엄청나게 성장하였으며, 연구소가 제안한 치료법은 전 세계적으로 널리 채택되었다.

엘리스는 당뇨병, 청각과 시각 이상 등 일련의 건강 문제를 가지고 있었음에도, 호주 출신의 심리학자인 부인의 도움을 받으면서 일을 멈추지 않았다. 2006년 92세에 이른 그가 지병으로 쓰러지기 전까지, 보통 하루에 16시간 이상 일하면서 집필, 강의, 연구에 몰입하였다.

(Wikipedia, https://en.wikipedia.org/wiki/Albert_Ellis; Engler, 1999 p. 420-422 참조)

Ⅱ 주요 개념

1 성격의 세 가지 측면

엘리스는 성격의 형성을 설명하는 세 가지 측면을 생리적 측면, 사회적 측면, 심리적 측면으로 구분하여 다음과 같이 설명하였다(Ellis, 2011, p. 205-207).

1) 생리적 측면

엘리스는 인간 성격의 생물학적 측면을 강조한다. 엘리스에 따르면, 인간은 자신의 사회적, 개인적 운명을 변화시킬 수 있는 성장 자원을 지니고 있다고 보았다. 그러나 인간은 이와 함께 비합리적으로 생각하고 스스로를 파국으로 몰고 가는 선천적 경향성도 동시에 가지고 있다고 보았다. 즉, 인간은 자신이 원하는 것을 얻지 못하면, (1) 자신, (2) 타인, (3) 세상을 강하게 비난하는 경향을 지니고 태어난다는 것이다.

2) 사회적 측면

인간은 타인에게 좋은 인상을 남기고 싶어 하고, 타인의 기대에 부응하고자 노력한다. 그리고 다른 사람들을 능가하려고 노력하는 데 시간을 바친다. 즉, 타인이 자신을 인정하고 승인한다고 느낄 때, 자기 자신을 '좋은' 또는 '가치 있는' 사람으로 여기게 된다. 그러나 타인이 자신을 어떻게 평가하고 있는가에 지나치게 신경을 쓰게 되면, 인간은 정서적 장애를 경험하게 된다. 정서적 장애를 경험하게 되면, 타인의 인정과 승인을 받고자 하는 욕망은 강박적으로 커지게 되고 이는 결국 불안과 우울로 발전하게 된다. 엘리스는 인간이 사회적 동물로 살아가기 위해서는 타인의 인정이 일정 부분 필요하다는 것을 인정하지만, 타인의 중요성을 지나치게 강조하는 것은 곧 자기 비하로 이어지게 된다고 보았다.

3) 심리적 측면

엘리스는 개인이 경험하는 정서적 화(emotional upsets)는 슬픔, 유감, 성가심, 좌절감 등의 감정과는 구별되어야 한다고 보았는데, 이러한 정서적 화는 비합리적인 신념(irrational belief)에서 기인한다고 보았다. 비합리적인 신념은 근거도 없는 독단적인 생각인데, 다음과 같은 형태를 띤다. "내가 지금 그것을 원하고 있으므로, 그것은 반드시 여기에 있어야 한다. 만약 그것이 불가능하다면, 이는 끔찍한 일이며 도저히 용납할 수 없다!" 이렇게 생각하다 보면, 개인은 불안하거나 우울하거나 흥분하게 되며, 이러한 악순환은 끊임없이 지속된다. 따라서 이러한 부정적인 과정을 차단하기 위해서는 개인으로 하여금 불안을 생성하게 만드는 신념 체계에 초점을 맞추도록 돕는 것이 필요하다.

2 비합리적인 신념(irrational belief)

비합리적 신념은 현실에서 충족되기 어려운 비현실적인 것으로서, '반드시 ~해야 한다(must, should)'라는 당위적이고 경직된 완벽주의적 명제의 형태로 이루어진다. 이러한 비합리적 신념은 크게 세 가지 범주로 나누어지는데, 자신, 타인, 세상에 대한 당위적 요구로 이루어져 있다(권석만, 2017, p. 263).

1) 자신에 대한 당위적 요구(self-demandingness)

자기 자신에게 현실적으로 충족되기 어려운 과도한 기대와 요구를 부과하는 것이다. 그 대표적인 예는, "나는 반드시 이 일을 탁월하게 수행해 내어야 한다.", "다른 사람들로부터 인정과 칭찬을 받아야 한다."는 믿음이다. 이러한 비합리적 신념으로 인해서 해야 할 일을 자꾸 미루거나 불만족스러워하고 불안과 우울을 경험하게 되며 자기 비난과 자기혐오에 빠지게 된다.

2) 타인에 대한 당위적 요구(other-demandingness)

이것은 개인이 타인에게 지니는 과도한 기대와 요구로서 타인이 그러한 기대에 따르도록 일방적으로 요구하는 것이다. 그 대표적인 예는 "사람들은 항상 나에게 친절하고 나를 공평하게 대해야 한다.", "진정한 친구라면 항상 내 편을 들어 줘야 한다.", "그렇지 않으면, 그들은 존중할 가치가 없는 나쁜 사람들이며 벌을 받아 마땅하다."와 같은 신념이다. 이러한 과도한 기대와 신념은 필연적으로 실망, 좌절, 배신과 같은 마음의 상처를 받게 할 뿐만 아니라 타인에 대한 분노, 적개심, 질투, 폭력을 초래하게 된다.

3) 세상에 대한 당위적 요구(world-demandingness)

우리가 살아가는 사회정치적 체제뿐만 아니라 자연 세계에 대한 비현실적인 과도한 기대를 의미한다. 예컨대, "우리 사회는 항상 공정하고 정의로워야 한다.", "우리가 사는 세상은 안전하고 편안하며 즐거운 곳이어야 한다.", "세상은 항상 반드시 내가 원하는 대로 돌아가야 하며 나의 노력에 즉각적인 보상을 주어야 한다."와 같은 신념을 뜻한다. 이러한 신념은 세상에 대한 막연한 분노와 공포, 비관적이고 소극적인 행동, 우울과 자기연민을 초래하게 된다.

당위적 요구는 건강하지 못한 감정과 행동을 유발하기 때문에 비합리적이라고 할 수 있다. 이러한 비합리적 신념은 우리 자신과 타인, 그리고 세상에 비현실적인 것을 과도하게 요구함으로써 우리의 삶을 고통스럽고 불행한 것으로 몰아가게 된다. 엘리스는 이러한 절대적이고 당위적인 신념이야말로 인간이 겪는 정서적 문제의 근원이라 보았다.

〈표 4-1〉 비합리적인 신념

비합리적인 신념	예시
1. 흑백논리의 사고	내가 중요한 업무를 제대로 처리하지 못한다면, 실패자이며 다른 사람으로부터 존중받을 수 없어!
2. 잘못된 결론으로의 비약	내가 형편 없이 실패하는 걸 지켜본 사람들은 나를 벌레처럼 취급할 거야!
3. 미래를 함부로 예언하기	내가 실패하는 걸 지켜보며 비웃은 사람들은 나를 영원히 경멸할 거야!
4. 부정적인 것에 초점 맞추기	나는 일이 잘못되는 걸 참을 수 없어. 내 주변에서 일어나는 일은 좋은 게 없어!

비합리적인 신념	예시
5. 긍정적인 측면의 무시	사람들이 나를 칭찬하는 것은 단순히 그 사람들이 친절해서 그럴 뿐이야! 그 사람들은 내가 과거에 저지른 바보 같은 행동들을 기억하지 못해서 그런 거야!
6. 전체로 싸잡아 평가하기	내 삶이 안락하기를 바라지만 실제로는 견딜 수 없을 만큼 좋지 않아! 이 상황은 앞으로도 변함이 없을 것이기 때문에 나는 행복해질 수 없어!
7. 의미 축소하기	내가 쌓은 업적은 행운의 결과이기 때문에 중요하지 않아! 하지만 내가 저지른 실수는 최악이기 때문에 용서할 수 없어!
8. 기분에 따라 함부로 추론하기	일 처리를 너무 엉망으로 하는 내가 멍청이처럼 느껴져! 이렇게 강한 느낌이 드는 걸 보면, 나는 아무런 소용이 없는 인간이 맞는 거야!
9. 낙인찍기와 과잉일반화	절대로 실패하지 말아야 일을 제대로 해내지 못했어! 나는 패배자이며 실패자야!
10. 개인화	생각한 것보다 훨씬 엉망으로 일을 처리하고 있는 나를 보면서 사람들이 웃고 있어! 사람들이 나만 비웃고 있는 게 확실해! 끔찍한 일이야!
11. 잘못된 근거로 주장하기	내가 일을 잘 처리하지 못하고 있음에도 불구하고 사람들이 나를 인정하고 칭찬하고 있어! 내가 실패자이고 얼마나 비열한 인간인지를 보여 줘야 해!
12. 완벽주의	이번 일은 꽤 잘 처리한 거 같아. 하지만 이 정도 일은 완벽하게 처리했어야 하는데 그렇게 하지 못했으니 나는 무능한 거야!

출처: Dryden, David & Ellis(2010), p. 235

3 ABC모델

인간의 감정과 행동을 설명하는 REBT 성격이론의 핵심이 바로 ABC모델이다. A는 생활환경에서 일어나는 촉발사건(activating events)을 의미하는데, 선행사건(antecedent events) 또는 역경(adversity)을 뜻하기도 한다. B(beliefs)는 사건의 의미를 해석하고 평가하는 데 사용하는 신념으로 합리적일 수도 있고 비합리적일 수도 있다. C(consequences)는 촉발사건에 대한 반응으로 개인이 나타내는 정서적 또는 행동적 결과를 의미한다. ABC모델의 핵심은 신념이라는 인지적 요인이 촉발사건과 결과적 반응을 매개한다는 것이다. '사람들은 사건 자체가 아니라 사건에 대한 생각에 의해서 고통받는다'는 스토아 철학자인 에픽테토스(Epictetus)의 주장을 구체화한 모델이라 할 수 있다(권석만, 2017, p.365).

이상에서 설명한 ABC모델을 그림으로 제시하면 다음과 같다(손광훈, 2008). 이 그림에서 핵심은 클라이언트를 정서적으로 곤란하게 하는 것(C)은 선행사건(A)이 아니고 클라이언트의 관념(B)이다. 이혼이라는 A(사건)가 우울증 C(정서)를 일으키는 것이 아니라, 배우자를 잃어버렸다는 패배감 B(신념)가 우울증 C(정서)를 일으키는 것이라고 보는 것이다.

D(논박)는 클라이언트가 지닌 비합리적 신념을 합리적인 신념으로 바꾸기 위해 제공되는 일련의 개입 과정을 말한다. 엘리스는 본질적으로 인간은 완벽하지 않으며 오류를 범할 수 있는 존재이기 때문에 목표를 추구하는 과정에서 자기 패배적인 사고나 행동에 빠지는 오류를 범할 수 있다고 본다. 엘리스는 개입 과정에서 클라이언트로 하여금 자신이 오류를 범할 수 있는 사람임을 수용할 수 있도록 돕는다. 이와 더불어 스스로 만들어 낸 완벽주의와 자기비하적 사고에 도전하도록 클라이언트를 격려한다(Dryden, David & Ellis, 2010).

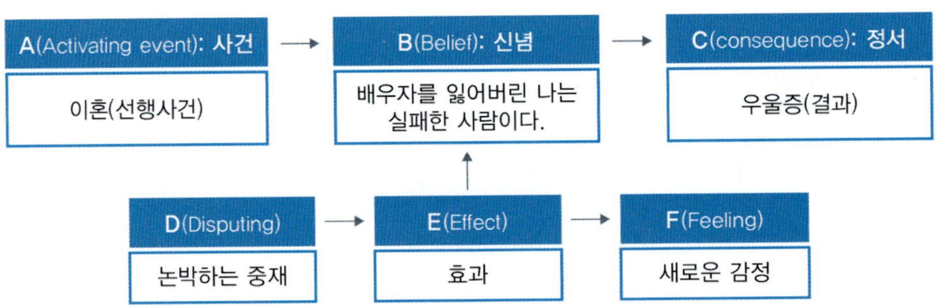

[그림 4-4] **엘리스의 ABCDE 모형**

출처: 손광훈(2008), p. 170

4 기법

엘리스의 이론을 REBT로 부르는 이유는 치료기법에 인지적 · 정서적 · 행동적 기법을 모두 포함하고 있기 때문이다. 주로 활용되고 있는 기법을 살펴보면 다음과 같다(Sharf, 2011, p. 346-349).

(1) 인지적 기법

① 논박(dispute)

클라이언트로 하여금 비합리적인 신념과 합리적인 신념을 구분하고, 강박적이고 당위적(should and must)인 사고를 인지하도록 지원하는 것이다. 논박은 3단계로 진행된다. 첫 번째 단계는 클라이언트가 지닌 비합리적인 신념을 감지하는 것이다. 두 번째 단계는 합리적인 신념과 비합리적인 신념을 구분할 수 있도록 돕는 단계이다. 마지막 단계는 클라이언트가 지닌 비합리적인 신념에 대하여 토론하는 것이다. "왜 직장에서 다른 사람들보다 모든 일을 반드시 더 잘해야 하나요?" "왜 사무실에서 일어나는 모든 일을 반드시 다 알아야 한다고 생각하나요?" 이러한 질문에 관한 토론을 통하여 클라이언트의 믿음을 합리적인 믿음으로 바꿀 수 있도록 돕는다.

② 대처 자기 진술문(coping self-statement)

클라이언트로 하여금 대처 진술문을 작성하도록 도와 합리적인 신념을 강화할 수 있다. 예를 들어, 대중 앞에서 말하는 것을 두려워하는 클라이언트에게 "나는 실수하지 않고 말하고 싶지만, 그렇게 하지 못하더라도 괜찮다.", "발표를 잘하지 못한다고 해서 죽는 사람은 없다." 등의 문장을 작성해서 반복적으로 되뇌도록 하는 것이다.

③ 심리 교육(psychoeducational methods)

클라이언트가 집에서 REBT의 원리를 설명한 자습서 형태의 책을 읽거나 상담 내용을 녹음한 오디오테이프를 청취하도록 권장하는 방법이다. 이를 통하여 클라이언트는 회기 중에 상담사가 한 말을 더 잘 기억할 수 있다.

④ 타인 가르치기

엘리스는 클라이언트가 자신의 친구와 동료에게 REBT의 원칙을 가르칠 것을 권장한다. 친구나 동료가 지닌 비합리적인 신념을 지적하고 이를 사용하지 않도록 설득하는 과정을 통해 클라이언트 자신이 지닌 비합리적인 신념을 교정하는 방법을 배울 수 있다.

(2) 정서적 기법

① 역할 연습(role play)

역할 연습은 클라이언트가 사전에 인식하지 못했던 감정에 대비할 수 있는 효과를 가져온다. 예를 들어, 남성에게 데이트를 신청하는 상황을 역할극으로 연기한 여성은 자신이 평소에는 몰랐던 강한 두려움의 감정을 사전에 인지할 수 있다. 이러한 상황에 대하여 반복적으로 역할극을 하게 되면, 클라이언트는 자신의 사회적 기술에 대해 더 잘 이해하게 되고 부적절한 감정을 바꿀 기회를 얻게 된다.

② 수치심 공격 연습(shame-attacking exercises)

이 연습의 목적은 다른 사람들이 자신을 못마땅해하더라도 부끄러워하지 않도록 돕는 것이다. 상점 점원에게 큰 소리로 말하기, 처음 만나는 사람에게 말 걸기, 교사에게 어리석은 질문하기 등을 예로 들 수 있다. 이러한 연습은 자신의 행동에 대한 미안함과 실망감, 자기 비하 및 부끄러움이 사라질 때까지 계속된다. 계속되는 연습을 통해 클라이언트는 자신의 행동이 타인의 인정을 받지 못하더라도 충분히 견딜 수 있다는 것을 깨닫게 된다(권석만, 2021).

③ 강제적 자기 진술(forceful self-statements)

강박적이고 당위적인 사고에 대항하기 위하여 강제적 자기 진술을 활용하는 것을 말한다. 시험에서 C 학점을 받는 것이 두렵고 끔찍하다고 느끼는 학생이 있다면, "나는 이번 시험에 A를 받고 싶어, 그러나 반드시 그럴 필요는 없어!"라는 강제적 자기 진술로 대체할 수 있도록 돕는 것이다.

(3) 행동적 기법

① 강화와 처벌

대표적인 행동적 기법으로 자기 강화와 자기 처벌을 들 수 있다. 지나치게 부끄러움을 많이 타는 클라이언트가 영업사원 3명과 긴 대화를 이어 갔다면, 클라이언트는 자신이 좋아하는 음식이나 옷을 구매하는 것으로 자신의 행동을 보상할 수 있다. 반대로 과제수행에 실패한 경우, 자신을 처벌할 수도 있다. 엘리스는 100달러 지폐 태우기를 자기 처벌의 예로 제시하였다.

② 기술 교육(skill training)

워크숍과 집단활동을 통해 중요한 사회적 기술을 가르치는 방법을 활용할 수 있다. 예를 들어, 자기주장 훈련 워크숍은 수줍음이 많고 다른 사람에게 자신의 욕구를 얘기하기 어려운 클라이언트에게 도움이 될 수 있다.

글상자

비합리적인 신념에서 벗어나기 위한 3가지 사고

엘리스는 비합리적인 신념에서 벗어나 세상을 긍정적으로 살아가기 위해서는 자신, 타인, 그리고 삶의 전반에 대하여 수용하는 자세를 가져야 한다고 주장하였다. 이에 대하여 자세하게 살펴보도록 하자.

엘리스가 첫 번째로 강조한 것은 무조건적 자기 수용(unconditional self acceptance: USA)이다. 엘리스는 자기 자신, 정신, 존재, 본질 등을 전반적으로 평가하는 것은 불가능하다고 보았으며, 단지 개인의 구체적 생각, 감정 및 행동만 평가하는 것이 가능하다고 보았다. 그럼에도 불구하고 엘리스는 자신을 있는 그대로 수용하여야 한다고 주장하였다. 무조건적 자기 수용은 자신에 대한 타인의 평가가 긍정적이든 부정적이든, 자신이 장점을 지니고 있든 단점을 지니고 있든 상관없이 자신을 있는 그대로 받아들이고 수용하는 것을 말한다. 자신이 바꾸고 싶어 하는 자신의 모습조차 수용하고 받아들일 때, 성장과 변화, 그리고 치유의 공간을 만들 수 있다.

두 번째는 무조건적 타인 수용(unconditional other acceptance: UOA)이다. 내가 실수하는 것처럼 타인도 실수할 수 있다. 무조건적 타인 수용은 타인을 수용하고 있는 그대로 받아들이는 것을 의미한다. 즉, 설령 타인이 "나쁜" 행동을 하더라도 그를 인간으로서 폄훼하거나 헐뜯지 않는 자세를 말한다. 이는 타인의 나쁜 행동을 받아들여야 한다는 것을 의미하는 것은 아니라 타인을 전체로 바라보며 우리 모두가 인간이라는 것을 이해하고 받아들이는 것이다.

세 번째는 무조건적 삶의 수용(unconditional life acceptance: ULA)이다. 인생은 좋은 것과 나쁜 것, 쉬운 것과 힘든 것이 공존하며, 롤러코스터와 같다는 것을 받아들이는 자세를 말한다. 삶은 우여곡절을 동반하며 때로는 자신이 원하는 대로 흘러가지 않는다. 무조건적 삶의 수용은 그것이 바로 인생임을 이해하고 수용하는 자세를 말한다. 인생의 도전을 받아들임으로써, 우리는 다음에 무엇이 오든 간에, 이에 직면할 준비를 하고 더 강하고 탄력성이 있는 사람으로 거듭날 수 있다.

Ellis(2003), p. 234~235 요약;
https://smartrecovery.org/unconditional-self-acceptance, 2024. 4. 17. 인출.

3. 벡의 인지치료(cognitive therapy)

I 벡(Aaron Beck)의 생애(1921~2021)

아론 벡은 1921년 미국 로드아일랜드주 프로비던스(providence)에서 출생하였다. 그는 미국으로 이주한 러시아계 유대인 이민자의 막내이자 셋째 아들이었다. 어렸을 때 벡은 부러진 팔이 감염되어 죽을 고비를 경험하였는데, 이로 인해 자신이 무능하고 어리석다고 생각하게 되었다. 벡은 어렸을 때부터 자신의 이러한 어려움과 공포를 인지적으로 해결하기 시작하였으며, 후에 벡은 자신의 이론과 치료기법을 개발하여 자신이 경험했던 것과 유사한 부정적 사고를 지닌 사람들이 이를 극복할 수 있도록 돕는 데 일조하였다.

벡은 1943년 브라운 대학을 우등으로 졸업했으며, 1946년 예일대 의과대학에서 의학박사 학위를 수여하였다. 1954년에 펜실베이니아 대학의 정신과 교수가 되었고, 교수부임 초기에 필라델피아 정신분석학회로부터 정신분석 훈련을 받기도 하였다. 정신분석 훈련을 받은 후, 벡은 정신분석학이 과학적 근거가 부족하다고 느끼게 되어 정신분석적 개념을 대체하기 위한 연구에 착수하였다. 우울을 경험하고 있는 사람들의 꿈을 분석하는 과정에서 이들의 꿈은 크게 패배, 박탈, 상실이라는 세 가지 공통된 주제를 지니고 있음을 발견하게 되었다. 벡은 "우울한 사람들은 실패를 추구하기보다는 오히려 성공이 도래했을 때 이를 인식할 수 없을 정도로 현실을 왜곡한다"는 것을 이해하게 되었고, 이를 바탕으로 우울증을 치료하는 방법으로 인지 치료(cognitive therapy; CT)를 개발하게 되었다.

벡은 1994년 필라델피아시 외곽에 인지행동치료 연구소를 설립하였으며, 연구소에서는 우울, 불안, 성격장애, 외상 후 스트레스 장애 등을 포함하는 다양한 주제에 대한 워크숍을 제공하고 있다. 600여 편의 논문, 25권의 책, 수많은 평가 도구를 개발한 벡은 예일대, 펜실베이니아대, 브라운대, 필라델피아 의대 등에서 명예 박사학위를 수여하였다. 벡은 2021년 100세를 일기로 필라델피아의 자택에서 잠든 채로 세상을 떠났다 (Engler, 1999, p. 429-430; Wikipedia, https://en.wikipedia.org/wiki/Aaron_Beck 참조).

Ⅱ 주요 개념

1 인지 모델(cognitive model)

백의 이론은 문헌에서 인지모델로 언급되기도 하는데, 사람의 감정을 결정하는 것은 주어진 상황 그 자체가 아니라 그 상황을 해석하는 개인의 사고(즉, 인지)에 있다는 것이다(Beck, 1964). 만약 특정 상황이 만들어 내는 결과가 같다면, 그 상황에 처한 사람들이 느끼는 감정도 비슷하거나 같아야 한다. 그러나 사실 이 문제는 그렇게 간단하지 않다. 불치병 진단을 받은 환자를 예로 들어 보자. 공포에 질려서 당황하는 사람이 있는가 하면, 아주 담담하게 그 사실을 받아들이는 사람도 있다. 비슷한 상황에 처해 있음에도 불구하고 왜 사람들의 반응은 다른가? 인지 모델에서는 그 이유를 주어진 사건에 대한 개인의 해석이 다르기 때문이라고 본다. 이를 그림으로 도식화하면 다음과 같다.

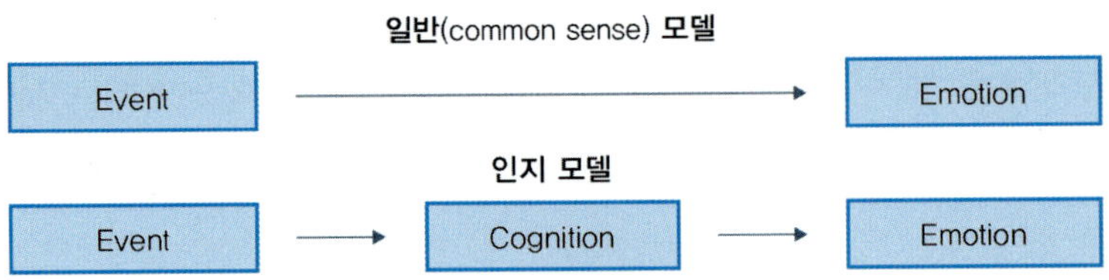

[그림 4-5] 인지 모델의 이해

출처: Kennerley & Westbrook(2017), p. 4

즉, 사람은 단순히 사건에 반응하여 감정을 느끼는 것이 아니라, 주어진 사건에 대하여 어떻게 생각하느냐(즉, 인지)에 따라 느끼는 감정이 달라진다는 것이다. 벡의 인지 모델은 인간의 사고 과정이 컴퓨터와 마찬가지로 정보의 입력(input), 처리(process), 인출(output)의 과정을 거친다고 본다. 부적응적인 개인은 이러한 일련의 정보를 처리하는 과정에서 논리적인 오류를 범하게 되는데, 이때 개인이 범하게 되는 정보처리 과정의 오류를 인지적 오류(cognitive error) 또는 인지적 왜곡(cognitive distortion)이라 불렀다. 벡이 제시한 인지적 오류의 유형은 〈표 4-2〉와 같다.

〈표 4-2〉 인지적 오류

인지적 오류	정의	예시
임의적 추론	충분한 증거가 없거나 정반대의 증거에도 불구하고 어떤 성급한 결론을 내리는 오류	첫 시험에서 C 학점을 받은 학생이, 과정을 통과할 수 없다고 성급하게 결론짓는 것
선택적 추상화	주된 내용은 무시하고, 일부 정보에만 주의를 기울여 전체의 의미를 해석하고 결론을 내리는 오류	자동차 사고에 민감한 사람이 아침 뉴스를 들으면서 교통사고와 관련된 보도만 집중해서 듣는다. 그리고는 운전이 위험한 활동이라는 자신의 믿음을 재확인하는 것
과도한 일반화	특수한 상황에서 벌어진 경험을 바탕으로 일반적인 결론을 내리고, 무관한 상황에도 그 결론을 적용시키는 오류	도시에서 강도 사건이 한 건 발생하였는데, 도시의 모든 주민이 강도를 당했다고 결론짓는 것
과장과 축소	어떠한 사건이나 의미의 중요성을 실제보다 지나치게 확대하거나 축소하는 오류	졸업 파티에 초대받지 못하면 인생은 끝장이라고 생각하는 것
개인화	자신과 무관한 사건을 자신과 관련된 것으로 잘못 해석하는 오류	아이의 잘못된 행동을 부모인 자신의 잘못으로 생각하는 것
이분법적 사고	상황을 극단적으로 분류하는 오류	자신의 업무능력을 완전한 성공이 아니면 완전한 실패로 인식하는 것

출처: Engler(1999), p. 433

2 인지 도식(schema)

인지 도식은 인지구조를 말하는데, 세상이 작동하는 방식에 대하여 개인이 지닌 근본적인 신념과 가정을 말한다(Engler, 1999). 동일한 사건에 대하여 개인마다 부여하는 의미와 해석이 다른 이유는 사람마다 지니고 있는 인지 도식이 다르기 때문이다. 인지 도식은 자기 영속화의 속성을 지닌다. 개인으로 하여금 인지 도식과 일치하는 정보에 선택적으로 주의를 기울이게 할 뿐만 아니라 생활사건의 의미를 도식과 일치하는 방향으로 해석하게 됨으로써 도식을 더욱 강화하면서 영속화하게 된다. 이러한 인지 도식의 자기 영속화 속성은 다양한 생활 경험에도 불구하고 성격이 쉽게 변하지 않은 채로 일관성 있게 지속되도록 하는 역할을 한다(권석만, 2017).

벡(1967)은 우울증을 앓고 있는 환자들을 대상으로 연구를 거듭한 결과, 사람들이 1) 자기 자신, 2) 타인(세상), 그리고 3) 다가올 미래에 대하여 부정적인 사고를 할 때, 우울을 경험하는 것을 발견하고 이를 인지의 3요소(cognitive triad)라 명명하였다. 즉, 인지 도식은 자신, 세계, 미래에 대하여 긍정적 또는 부정적으로 바라보는 개인의 독특하고 습관적인 방식으로 이해할 수 있는데, 이러한 인지 도식이 역기능적이거나 부정적일 경우에 문제가 나타난다고 보았다. 따라서 벡은 역기능적인 인지 도식을 바로잡는 것을 치료 과정의 핵심으로 보았다.

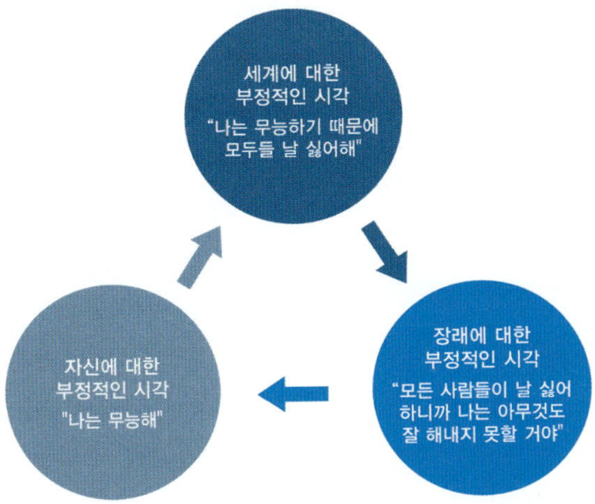

[그림 4-6] **인지의 3요소**

출처: Fenn & Byrne(2013), p. 580

3 인지의 세 가지 수준

벡은 인지(cognition)를 핵심 믿음(core belief), 중간 믿음(intermediate belief), 자동적 사고(automatic thought)의 세 가지 수준으로 세분화하여 언급하고 있다. 이를 살펴보면 다음과 같다(Kennerley et al., 2017).

1) 핵심 믿음(core belief)

핵심 믿음은 인지 도식(schema)의 깊은 곳에 자리 잡은 신념으로, 앞서 설명한 바 있는 인지의 3요소(자신, 타인, 미래에 대한 신념)가 기능하고 있는 영역이다. 유아기의 경험으로부터 형성되기 시작하는 핵심 믿음은 가장 근원적인 수준의 믿음으로 지나치게 절대적이고 일반화되어 있지만 당사자는 이를 잘 인식하지 못한다. 사람들은 이러한 믿음을 당연한 것으로 여기고 절대적인 진리로 받아들인다(최옥채 외, 2006). 사람들은 핵심 믿음을 모든 상황에 적용될 수 있는 근본적인 진실로 생각하기 때문에, 핵심 믿음의 내용은 시간이나 상황에 따라 크게 달라지지 않는다. 벡(2011)은 핵심 믿음을 구성하는 내용으로 '무력감(나는 이 일을 해낼 수 없어, 나는 실패자야)', '사랑받지 못함(사람들이 나를 싫어해, 나는 항상 혼자야!)', '무가치함(나는 소용이 없어, 나는 살아갈 가치가 없어)' 등의 3가지로 제시하였다.

2) 자동적 사고(automatic thought)

자동적 사고는 그 명칭에서 알 수 있듯이, 굳이 생각하거나 노력하지 않더라도 활성화되는 비자발적인 생각들이다. 예를 들어, 어떤 과제가 주어지면, 자신도 모르게 '나는 실패할 거야!'라는 사고를 하는 것이다. 핵심 믿음은 깊은 곳에 자리를 잡고 있어서 개인이 잘 인식하지 못하는 내용으로 구성되어 있지만, 자동적 사고는 개인이 쉽게 인식할 수 있다. 또한, 핵심 믿음과 달리, 자동적 사고는 시간이나 상황에 따라 그 내용이 구체적이고 다양하게 나타나는 특징을 지니고 있다.

3) 중간 믿음

자동적 사고와 핵심 믿음 사이에 존재하는 믿음이다. 중간 믿음은 조건문(만약 ~한다면, ~한다)이나 당위(반드시~하여야 한다)의 형태를 띠는데, 자신이 지닌 핵심 믿음을 극복하면서 살아갈 수 있도록 돕는 역할을 한다. 예를 들어, '사랑받지 못함(사람들이 나를 싫어해)'을 핵심 믿음으로 가지고 있는 사람은, '내가 인정받기 위해서는 항상 다른 사람들을 즐겁게 해 줘야만 해!'라는 중간 믿음을 개발하여 자신의 부정적인 핵심 믿음을 극복하고자 노력할 수 있을 것이다.

이상에서 설명한 세 가지 수준의 인지를 표로 제시하면 다음과 같다.

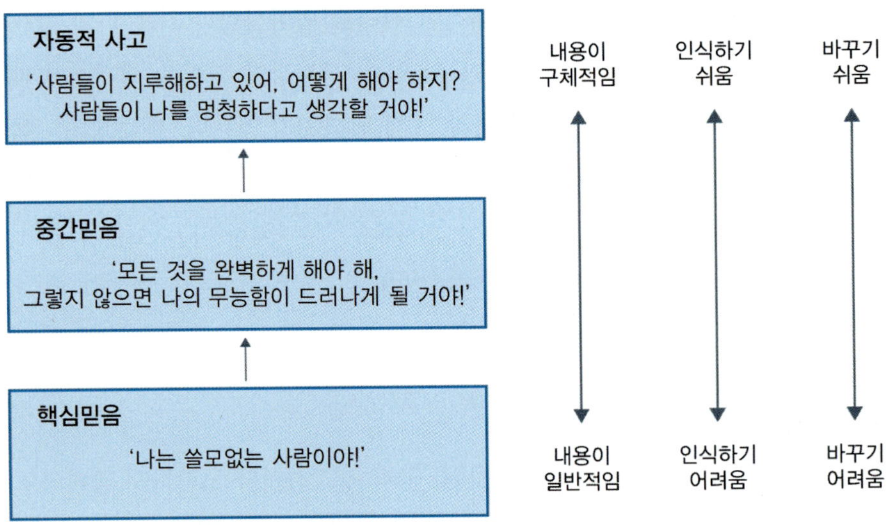

[그림 4-7] 인지의 세 가지 수준

출처: Kennerley et al.(2017), p. 12

4 인지도식의 발달 모형

벡은 개인의 신념은 유아기에 발달하기 시작하여 전 생애를 걸쳐 발달하는 것으로 이해한다. 아동은 유아기의 경험을 통하여 자신과 주위 세계에 대한 기본적인 신념을 만들어 내는데, 이러한 신념은 인지 도식에 자리 잡게 된다. 부모의 지지와 사랑을 경험한 아이는 '나는 사랑스럽다.' 또는 '나는 유능하다.'와 같은 믿음을 개발하게 되며, 이러한 긍정적 자세는 성인기로까지 이어진다. 이와는 대조적으로, 심리적 역기능을 가진 사람은 "나는 사랑스럽지 않다." 그리고 "나는 부적절하다."와 같은 믿음으로 이어지는 부정적인 경험을 하게 된다. 이러한 발달적인 경험은 중대한 사건이나 외상적 경험과 더불어 개인의 신념 체계에 부정적인 영향을 미친다. 예를 들어, 선생님에게 조롱당하는 부정적인 경험을 한 아이는, "내가 하는 일을 다른 사람들이 좋아하지 않으면, 나는 가치가 없다."와 같은 조건부 믿음을 개발하게 된다. 이러한 믿음(신념)은 개인에게 부정적인 인지 도식으로 자리 잡게 된다(Sharf, 2011).

벡에 따르면, 성격은 환경에 대한 적응 방략으로서 정보처리 방식과 밀접하게 연결되어 있다(권석만, 2017). 정보처리는 인지 도식에 자리 잡고 있는 신념 체계의 영향을 받게 되며, 개인이 상황을 어떻게 평가할 것인가를 결정한다. 일단 부정적인 인지 도식이 형성되면 이와 일치하는 정보에 선택적으로 주의를 기울이고 해석함으로써 부정적 인지 도식은 더욱 강화될 수 있다. 인지 도식은 다양한 자극 상황에서 개인으로 하여금 독특한 자동적 사고를 유발하게 하고 그 결과로 독특한 정서적 · 행동적 반응을 나타내게 만든다. 이를 그림으로 설명하면 다음과 같다.

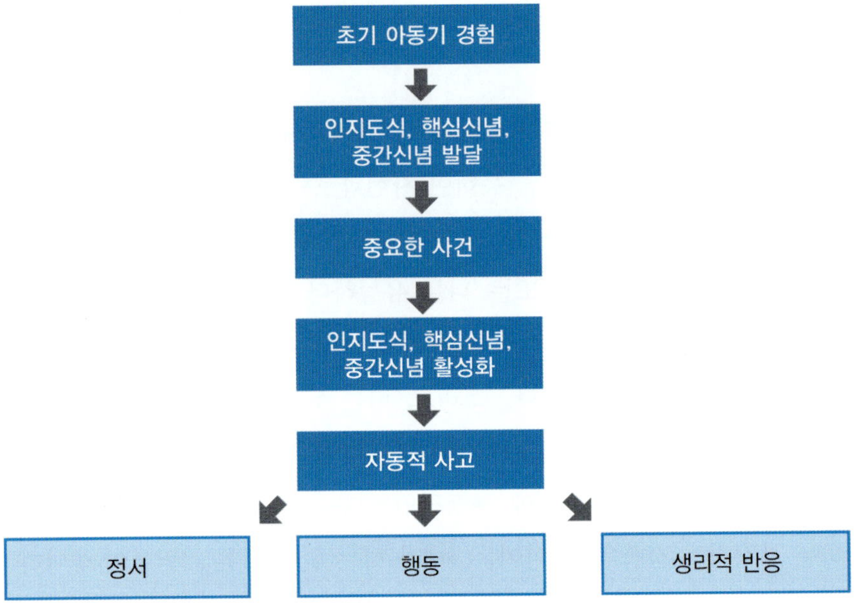

[그림 4-8] **인지적 발달모형**

출처: 권석만(2017), p. 376

5 치료의 기법

인지치료의 기본적인 원리는 정신병리를 유발하는 왜곡된 인지를 수정하여 재구성하는 것이다. 이러한 인지의 수정은 각 수준의 인지(자동적 사고, 중간 믿음, 핵심 믿음, 인지 도식)에 따라 순차적으로 이루어지는데, 비교적 자각하기 쉽고 수정하기도 쉬운 자동적 사고에서 시작하여 점진적으로 깊은 수준의 인지를 수정해 나간다(권석만, 2017). 깊은 수준의 신념을 수정할수록 재발을 막을 수 있으므로, 치료가 어느 정도 진행되면 자동적 사고의 기저를 이루고 있는 역기능적 인지 도식의 변화에 초점을 맞추게 된다. 벡은 인지 도식을 바로잡기 위하여 행동치료기법과 인지치료기법을 동시에 활용하였다. 이를 살펴보면 다음과 같다(DeRubeis et al., 2010, p. 282-288).

(1) 행동적 기법

① 자기 모니터링(self monitoring)

자기 모니터링은 클라이언트로 하여금 자신이 평소에 하는 활동과 그 활동과 관련된 감정을 기록하도록 하는 방법이다. 자기 모니터링은 기억에 의존하는 것보다 훨씬 더 객관적으로 클라이언트가 자기 시간을 사용하는 방식과 이와 관련된 감정을 알 수 있도록 해 주는 좋은 방법이다. 자기 모니터링을 통하여 상담가는 상담 과정에서 논의할 수 있는 특히 나쁘거나 좋은 사건이나 활동에 대한 정보를 얻을 수도 있다.

② 활동 계획표(scheduling activities)

활동 계획표를 사용하여 클라이언트가 TV 시청, 독서, 친구 만나기 등 매일 구체적인 활동 계획을 세워 생활하도록 돕는 방법이다. 이를 통해서 클라이언트는 자신의 일상을 스스로 구조화할 수 있다는 자신감을 얻게 된다.

(2) 정서적 기법

① 역기능적 사고 기록(daily record of dysfunctional thoughts)

역기능적 사고 기록은 구체적인 사건(상황)에 대하여 클라이언트가 느낀 부정적 감정 및 행동반응을 기록하도록 하고 이에 대처하기 위한 대안적인 사고나 행동에 대하여 생각해 보도록 돕는 기법이다. 이 과정을 통하여 클라이언트는 자신이 지닌 자동적 사고의 타당성을 점검하게 되고 대안적인 사고에 대하여 검토하게 된다.

② 소크라테스식 질문과 안내된 발견(Socratic questioning and guided discovery)

소크라테스식 대화는 상담가가 내담자의 인지적 변화를 촉진하기 위해서 일련의 질문을 통해 대화하는 방식을 의미한다. 소크라테스식 질문은 클라이언트가 지닌 부정적인 생각을 스스로 수정할 수 있도록 다음과 같은 세 가지 질문을 주로 활용한다. 1) 그 믿음에 대한 증거는 무엇인가요?, 2) 그 상황을 다르게 해석할 수는 없나요?, 3) 만약, 그 믿음이 사실이라면, 그것은 본인에게 어떤 의미가 있나요?

소크라테스식 질문은 안내된 발견(guided discovery)이라고 불리기도 하는데, 질문의 핵심은 상담가가 클라이언트에게 해결책을 제시하거나 사고를 논박하는 것이 아니라 일련의 신중한 질문을 통해서 클라이언트 스스로 해결책을 찾도록 안내하는 것이다.

Ⅲ 엘리스와 벡 이론의 비교

엘리스와 벡의 이론은 시간이 지나면서 인지행동치료(cognitive behavioral therapy)로 발전하였다. 인지행동치료의 출현에 대한 자세한 내용은 다음 글상자에 제시하였다.

글상자

인지행동치료(cognitive-behavioral therapy; CBT)의 출현

인지행동치료는 명칭에서도 알 수 있듯이, 그 이론적 기반을 행동주의이론과 인지 이론에 두고 있다.

1950년대와 1960년대에 접어들면서, 프로이트의 정신분석이론은 점차 그 인기를 잃고 있었으며, 이를 대신할 이론으로 행동주의가 세간의 이목을 끌게 되었다. 행동주의는 학습 이론에 기반하여 클라이언트가 새로운 행동을 학습할 수 있도록 지원하는 다양한 기법들을 개발하였다. 특히, 행동주의는 관찰과 측정이 가능한 변수들을 연구의 대상으로 하는 특징을 지니고 있었으며, 치료기법이 효과가 있음을 과학적인 방법을 통하여 적극적으로 증명하였다. 또한, 행동주의 치료는 과거의 정신분석에 비하여 치료 기간이 짧다는 장점도 지니고 있었다. 그러나 전통적 행동주의 심리학은 인간의 심적, 내적 과정에는 거의 관심을 기울이지 않아, 자극-반응이 어떠한 경로와 기제를 통해 일어나는지를 거의 규명하지 못하였다.

한편, 1960년대를 전후로 하여 심리학은 언어학과 컴퓨터과학의 영향을 받아 인지 혁명(cognitive revolution)이라 불리는 학문적 전환기를 맞이하게 되었다. 인지심리학은 행동주의 심리학과 달리 인간의 내적인 심리 과정을 중시하며, 인간의 심리 과정을 컴퓨터의 정보처리 과정에 비유하여 이해하고자 하였다. 이로 인해 인지심리학은 흔히 인간정보처리론(human information processing)이라고 불리기도 한다.

이후, 인지심리학과 행동주의 심리학을 접목하고자 하는 시도가 학계에 등장하였는데, 엘리스가 그 초석을 다졌으며, 벡은 이를 학계에 정착시키는 데 공헌하였다. 벡과 엘리스가 활용한 접근법은 공통적으로 행동주의이론과 인지이론을 접목한 것이어서 이를 인지행동치료로(cognitive-behavioral therapy; CBT) 부르게 되었다.

인지행동치료는 다음과 같은 공통적인 특징을 지니고 있다(강상경, 2011, p. 177-179).

첫째, 인지행동치료는 개입 기간을 4회기에서 20회기로 제한하여 단기적 치료의 제공을 선호한다. 이처럼 단기치료를 가능하게 하기 위해서 문제의 단순화, 치료의 구체화, 과제수행의 강조, 가능한 다룰 수 있는 문제에 초점을 맞추는 전략을 사용하기도 한다.

둘째, 인지행동치료는 상담자와 내담자가 상호협력적 관계를 유지하려고 노력한다. 치료의 과정은 일상생활에서도 일어나기 때문에 상담가는 내담자에게 상담과 상담 사이 기간에 수행할 과제를 제시하고 다음 회기에서 이를 토론하는 등의 상호협조체제를 유지하려고 노력한다.

셋째, 인지행동치료에서는 상담가의 역할이 적극적이고 지시적이다. 즉, 문제의 영역을 파악하는 과정에서도 상담가가 적극적으로 원조하고 문제해결에서도 내담자의 문제해결능력을 높이기 위해서 과업중심이나 문제중심적 개입방법을 사용하여 적극적으로 개입한다.

넷째, 인지행동치료는 다양한 접근방식을 활용한다. 인지 · 정서 · 행동의 어느 한 부분의 변화는 다른 부분의 변화를 수반하기 때문에, 문제해결 과정에서 인지뿐만 아니라 정서와 행동 등의 다양한 요소에 개입한다.

다섯째, 인지행동치료는 치료적 과제를 부여하는 특징이 있다. 상담과 상담 사이에 클라이언트가 가정이나 회사에서 수행할 수 있는 과제를 부여함으로써 클라이언트 스스로 문제를 해결할 수 있는 능력을 강화할 수 있도록 지원한다.

여섯째, 인지행동치료는 현재에 초점을 맞춘다. 과거의 경험보다 현재 사건에 초점을 맞추어서 현재 문제에 대한 해결책을 찾는 데 주력한다.

일곱째, 인지행동치료는 구조화된 모델이다. 전체적 치료 과정은 문제 탐색, 치료목표 설정, 구체적 사건과 상황 및 이와 결부된 신념과 생각의 방식 탐색, 문제해결 방법의 탐색 등의 순으로 구조화되어 있다.

이상에서 살펴본 엘리스의 합리적 정서적 행동치료(rational emotive behavior therapy: REBT)와 벡의 인지치료(cognitive therapy: CT)는 매우 유사한 점이 많지만, 관점이나 접근방법에서 다음과 같은 차이가 있다(Ellis, 2003, p. 237-238).

첫째, CT는 우울, 불안 등과 같은 특정 질병과 관련된 구체적인 역기능적 신념을 탐색하고 이를 교정하고자 시도한다. 반면에, REBT는 구체적인 질환과는 상관없이 클라이언트가 지닌 근본적인 비합리적 신념(즉, 자신, 타인, 세상에 대한 당위적 요구)의 수정을 치료 목표로 한다.

둘째, CT는 클라이언트가 지닌 핵심적인 역기능적 도식에 접근하기 이전에 자동적 사고를 먼저 교정하는 데 집중한다. 반면, REBT는 클라이언트의 자동적 사고를 비합리적인 신념에서 파생된 2차적인 결과물로 간주한다. 따라서, REBT는 자동적 사고의 교정보다는 핵심적인 비합리적 신념의 교정을 우선시한다.

셋째, CT는 클라이언트의 역기능적인 신념을 확인하고 논박하는 과정에서 구조화된 접근을 강조한다. 한편, REBT는 CT에 비하여 상대적으로 덜 구조화된 접근법을 활용하며 철학적 접근을 강조하는 경향이 있다.

넷째, 앞서 언급한 바와 같이, CT와 REBT는 상담가와 클라이언트 사이의 협력적 관계를 강조한다는 공통점이 있다. 그럼에도 불구하고 REBT는 CT에 비하여 교육적이고 지시적인 기법의 활용을 보다 강조한다.

Ⅳ 이론의 공헌과 한계

이상에서 살펴본 엘리스와 벡 이론의 공헌과 한계는 다음과 같다(강상경, 2011, p. 190-191).

1 이론의 공헌 및 장점

엘리스의 합리적 정서적 행동치료는 다음과 같은 공헌을 하였다. 첫째, 인지적 측면의 중요성을 인정하면서 더불어 행동적 측면이나 정서적 측면의 중요성을 강조하였다. 둘째, 치료방법에서 벡에서는 인지치료와 행동치료로만 대표되던 것에 더하여 정서적 영역에 초점을 둔 정서치료의 영역을 개척하였다. 셋째, 상담자의 역할을 중요시하면서도 효과적인 변화나 변화된 것을 지속적으로 유지하기 위해서 내담자의 자기조력적 치료의 필요성을 강조하였다. 넷째, 통합적이고 절충적인 개입을 강조하였다. 즉, 인지적, 정서적, 행동적 기법을 통합적으로 사용하였고 행동주의로부터 파생된 치료절차를 사용하는 것에 개방적이었다.

벡의 인지치료는 다음과 같은 공헌을 했다고 판단된다. 첫째, 벡은 불안, 공포, 우울치료의 선구자적 역할을 수행함으로써 이후의 우울 및 불안치료를 비롯한 다양한 방면에서 인지치료의 효과성을 입증하고 전파하였다. 둘째, 벡은 인지치료를 발달시키는 과정에서 사고라는 것이 인지적 재해석의 결과라는 점에 기반하여 불안, 우울 등 기존에는 과학적 측정이 불가능했던 개념들을 측정할 수 있는 척도들을 개발하여 심리학의 과학화에 기여하였다. 셋째, 향후 연구들에 의해서 벡의 인지치료가 우울치료에 효과가 크고 지속적이라는 것이 입증되었다. 넷째, 행동주의에서처럼 치료자가 교사나 지시자 역할을 하는 것이 아니라 치료자를 내담자와의 협력적 관계에 있는 사람으로 이해하였다.

2 이론의 한계 및 단점

벡의 인지치료는 다음과 같은 측면에서 비판받는다. 첫째, 긍정적 사고의 힘을 지나치게 강조하여 자칫 잘못하면 피상적이고 단순하게 느껴질 수 있다. 둘째, 지나치게 기법에 의존하고 증상 제거에 관해서만 치료하면서 문제의 근원을 충분히 탐색하지 않는다. 셋째, 과거의 중요성이나 정서의 중요성에 대해서 간과하고 있다.

엘리스의 합리적 정서적 행동치료는 다음과 같은 면에서 비판받는다. 첫째, 비합리적 신념을 합리적 신념으로 바꾸기 위해서는 논박이 필요한데 논박은 일정한 지적 수준을 가진 사람들에게만 적용할 수 있고 지적 수준이 낮은 지적 장애인이나 정신증적 증상이 있는 사람에게 적용하는 데 한계가 있다. 둘째, 비슷한 맥락에서 자발성이 없거나 치료에 동기부여가 되지 않은 내담자에게는 효과를 기대하기가 어렵고, 다양한 치료기법의 적용은 자칫 잘못하면 내담자로부터 저항을 가져올 수 있다. 셋째, 벡과 마찬가지로 과거의 중요성보다는 현실의 중요성을 지나치게 강조하고 있다. 넷째, 직접적이고 지시적인 기법으로 인해 치료자의 관점이나 가치가 내담자에게 강요될 수 있고, 치료자가 권위적으로 될 위험이 있다.

인본주의이론

05

Chapter

인본주의이론(humanistic theory)은 제3세력의 심리학이라고 불리기도 하는데 정신분석이론(제1세력)과 행동주의이론(제2세력)이 지닌 한계점을 해결하고, 새로운 시각에서 인간을 조명하고자 하는 일종의 운동 차원에서 등장한 다양한 이론들을 총칭하는 용어이다.

인본주의이론은 정신분석이론과 행동주의이론을 다음과 같은 시각에서 비판한다. 먼저 정신분석이론은 인간이 지닌 병리적인 측면만을 지나치게 강조하는 경향이 있음을 비판한다. 즉, 정신분석이론은 인간이 지닌 긍정적인 측면에 대한 관심이 결여되어 있다고 본다.

인본주의는 행동주의에 대해서도 비판적인 입장을 견지한다. 행동주의는 밖으로 드러나는 객관적인 행동의 연구에만 집중하는 경향이 있으며, 인간을 마치 사전에 프로그램화된 기계나 로봇처럼 외부 자극에 수동적으로 반응하는 존재로 인식하고 있다는 것이다.

정신분석이론과 행동주의이론을 비판하면서 등장하게 된 인본주의이론은 다음과 같은 특징을 지닌다.

첫째, 인간의 긍정적인 측면을 상대적으로 부각하고자 하는 시각을 지니고 있다. 인본주의는 인간을 본질적으로 선한 존재이며 자기완성을 추구하는 존재로 인식한다. 만약 외부로부터 주어지는 부정적인 영향이 없다면, 인간은 자신의 건강, 자족, 성숙을 자발적이고 지속적으로 추구할 수 있는 존재로 인식한다. 따라서 인본주의는 인간이 지닌 구속과 한계보다는 가능성과 잠재력에 관심을 둔다(Carver & Scheier, 2004).

둘째, 본 절에서 다룰 인본주의 학자들은 이론의 철학적 근거를 실존주의 철학(existential philosophy)에 두고 있다. 실존주의 철학에 근거한 인본주의이론은 다음 사항에 대하여 전반적으로 동의하는 입장을 취한다.

1) 인간의 창조성과 자유의지의 강조

실존주의 철학은 인간이 태어날 때, 자신에게 태어나고자 하는 의지와 자유가 주어지지 않았다고 본다. 즉, 인간은 단순히 '던져진 존재'로 세상에 태어나기 때문에 개인에게는 삶을 살아가야 하는 어떠한 동기나 목적도 사전에 주어지지 않았다고 보는 것이다. 자신에 대해 결정되어 있는 것이 아무것도 없는 세상에 '던져진 존재'로 태어난 인간은 삶을 살아가면서 자신이 세상에 존재하는 이유와 의미를 스스로 만들어 가야 한다. 삶을 스스로 만들어 가야 한다는 것은 자기 존재 이유와 의미를 스스로에게 부여하는 데 있어서 언제나 자유로운 선택의 길이 열려 있다는 것을 의미한다. '나는 자유롭다'라는 것은 '나는 나의 실존에 대해 전적으로 책임이 있다'라는 것을 동시에 의미한다. 다시 말하면, 인간은 자신의 실존을 어떤 타고난 운명이나 환경에 의존하지 않고 자신의 의지와 힘으로 창조해 가는 자유(의지)가 주어짐과 동시에 그 선택에 대한 책임이라는 무거운 자유가 놓여 있는 것이다(최순남, 2002).

2) 되어 가는 존재(becoming)

실존주의와 인본주의는 인간의 실존을 단순히 정지하여 존재하는 상태가 아니라 항상 지금과는 다른 무엇이 되어 가는(becoming) 존재로 본다. 대학교에 입학한 학생은 친구들과 같이 웃고 떠들며 어울려 다니던 고등학교 시절과는 달라져 있다. 이 학생이 대학을 졸업하여 회사에 입사할 때쯤이면, 대학 시절과는 또 달라져 있을 것이다. 이처럼 개인은 자유인으로서 자신의 잠재력을 최대한 실현하고자 노력하여야 할 책임이 있으며, 이를 실천에 옮길 때 개인은 비로소 순수하고 진정한 삶을 살 수 있다(Hjelle & Ziegler, 1981).

3) 개인적 · 주관적 경험의 강조

실존주의와 인본주의는 인간을 주관적 세계를 살아가는 존재로 인식하는 공통점이 있다. 이론이나 외현적 행동으로 현상을 설명하기보다는 개인이 인지하는 주관적 경험과 그 경험에 개인이 부여하는 의미를 이해하는 것이 더 중요하다고 본다. 동일한 상황과 경험이라 하더라도 사람들은 그 상황과 경험을 다르게 해석하고 받아들일 수 있다. 따라서 상황에 대한 객관적 사실보다 개인이 그 상황에 부여하는 주관적 의미를 이해하는 것이 더 중요하다고 본다.

이상의 논의를 바탕으로 본 절에서는 인본주의이론의 탄생을 주도적으로 이끌었던 매슬로의 욕구위계이론을 살펴보고, 인본주의이론을 상담 및 치료에 접목하여 상담 분야에 새로운 전기를 마련한 로저스의 이론을 살펴보고자 한다.

1. 매슬로의 욕구위계론(hierarchy of needs theory)

I 매슬로(Abraham Harold Maslow)의 생애(1908~1970)

1908년 미국 뉴욕 브루클린 빈민가에서 출생한 매슬로는 본 교재에서 다루고 있는 학자들 가운데 가장 외롭고 비참한 유년시절을 보낸 사람이다. 아버지는 가족과 친지가 다 모인 자리에서 "여태까지 본 아이들 중에서 이 아이가 가장 못생기지 않았니?"라고 말할 정도로 매슬로를 무시하였다. 매슬로의 어머니는 더 심각했다. 가정형편이 나쁘지 않았지만, 어머니는 항상 냉장고를 자물쇠로 채워 놓았고, 기분이 좋을 때만 냉장고를 열어 주었다고 한다. 동네 아이들 가운데 유일한 유대인이었던 그는 항상 혼자였다. 매슬로는 자신의 어린 시절을 돌아보며, '내가 미치지 않은 게 신기할 따름이다.'라고 회고하였다. 매슬로는 대학을 졸업하기 전인 1928년 20세의 나이로 당시 19세였던 사촌과 결혼하였는데, 자신의 삶은 결혼과 동시에 비로소 시작되었다고 회고하였다.

아버지의 권유로 한때 법학을 공부하였으나 적성에 맞지 않아 결국 심리학으로 전공을 변경하였으며, 미국 위스콘신 대학교에서 학부(1930년), 석사(1931년), 박사(1934년) 학위를 받았다. 박사과정의 지도교수는 원숭이의 애착 형성 실험으로 유명한 할로우(Harry Harlow) 교수였다. 1935년 뉴욕으로 돌아온 매슬로는 컬럼비아 대학교에서 행동주의이론가 손다이크(Edward Thorndike) 교수와 공동연구를 실시하였고, 1937년부터 1951년까지 뉴욕 브루클린 대학교에서 강의하였다. 이 기간에 매슬로는 당시 나치 정권을 피해 미국으로 망명 온 유럽의 여러 학자와 교류하였다. 매주 금요일 밤에 열렸던 세미나에 참석하기 위하여 아들러의 집을 자주 방문하였으며, 프롬(Erich Fromm),

호나이(Karen Horney), 골드슈타인(Kurt Goldstein) 등과 같은 저명한 학자들의 강의를 접하게 되었다. 특히, 게슈탈트 심리학자 베르트하이머(Max Wertheimer)와 인류학자 베네딕트(Ruth Benedict)의 강의에 깊은 감명을 받았는데, 이는 매슬로가 자신의 연구 주제를 인간의 잠재력과 심리적 건강으로 정하는 계기가 되었다. 1951년 매사추세츠주 브랜다이스 대학교 심리학과 학과장으로 부임하여 1969년까지 교수로 재직하는 동안, 자신의 유명한 저서인 『인간의 동기와 성격(Motivation and personality)』(1954)을 집필하였다. 1967년~1968년 미국 심리학회 회장직을 수행하였으며, 1970년 심장마비로 사망하였다(Fiest & Fiest, 2006, p. 274-277; Hergenhahn & Olson, 2007, p.470-475 참조).

Ⅱ 인간관 및 기본관점

1 심리적 건강(psychological health)의 강조

매슬로는 기존의 이론들은 건강한 사람들의 기능, 행동양식, 삶의 목표 등을 연구의 주제로 한 적이 없다고 주장하였다. 특히, 프로이트가 신경증과 정신증을 앓고 있는 환자들의 연구에 매몰되어 있었음을 강하게 비판하였다. 프로이트의 이론은 인간 본성 가운데 비정상적이거나 병적인 부분만을 지나치게 강조하고 인류가 지닌 강점과 미덕을 간과하고 있어서 균형성과 포괄성을 잃었다고 보았다. 매슬로는 자아실현에 매진하는 심리적으로 건강한 사람들을 연구의 대상으로 삼아야 함을 강하게 주장하였다. 자아실현이야말로 인간 삶에 있어서 가장 중요한 주제이며, 이는 심리적으로 건강하지 않은 사람들을 대상으로는 밝혀낼 수 없는 주제라고 보았다(Hjelle & Ziegler, 1981).

2 통합된 전체(integrated whole)로서의 인간

매슬로의 이론은 인간 행동을 부분과 조각으로 나누어 이해하고자 하는 이론(특히, 행동주의)에 대한 반발로 등장하였다. 매슬로는 인간을 통합적이고, 독특하며, 고도로 조직화된 전체로써 이해하여야 함을 강조하였다.

III 주요 개념

1 위계적 욕구(hierarchy of needs)

매슬로는 인간에게는 자신의 행동을 활성화하고 안내하는 선천적이고 위계적인 5단계의 욕구가 존재한다고 가정하였다(Schultz & Schultz, 2009). 이러한 욕구는 유전적 경향성을 지닌 본능적(instinctoid; instinct-like)인 것이지만(Feist & Feist, 2006), 욕구를 표출하는 방식은 학습, 사회적 기대와 규제 등으로부터 영향을 받는다고 주장하였다. 따라서, 인간은 태어날 때부터 본능에 기인한 선천적인 욕구를 지니고 있지만, 이를 충족시키는 행동 방식은 학습된 것이기 때문에 사람마다 다양하게 나타난다고 보았다(Schultz & Schultz, 2009).

1) 욕구의 특성

매슬로가 주장한 욕구는 다음과 같은 특징을 지니고 있다(Feist & Feist, 2006; Schultz & Schultz, 2009).

첫째, 인간의 욕구는 우선순위가 있고 가장 낮은 단계의 욕구(즉, 생리적 욕구)에서 높은 욕구 단계(즉, 자아실현의 욕구)로 순차적으로 발생한다. 즉, 하위단계의 욕구가 적어도 부분적으로나마 충족되어야만 상위단계의 욕구가 출현한다. 예를 들어, 며칠을

굶주린 사람에게 자존감에 대한 욕구가 나타나기를 기대하기는 어렵다.

둘째, 욕구의 위계가 낮을수록 욕구의 강도와 영향력이 커지며 위계가 높아질수록 그 강도와 영향력은 작아진다. 가장 하단에 있는 생리적 욕구는 충족되지 않을 시 생명에 큰 영향을 미치기 때문에 유기체는 해당 욕구를 외면할 수 없다. 반면, 자아실현의 욕구는 충족되지 않더라도 삶의 영위에 큰 영향을 미치지 않기에, 추구하고자 하는 동기가 상대적으로 강하지 않다.

셋째, 일반적으로 욕구의 출현순서는 위계적으로 나타나지만, 반드시 그렇지 않을 수도 있다. 상위 욕구를 충족하였다 하더라도 경제 불황으로 많은 사람이 실직하게 되면, 안전과 생리적 욕구의 충족이 다시 중요한 욕구로 등장할 수 있다. 창작에 심취한 예술가는 자신의 생리적 욕구와 안전을 도모하지 않고 작품 활동에 매진할 수도 있다고 본다.

넷째, 일반적으로 욕구의 위계가 높아질수록 출현 시기는 늦어진다. 생리적 욕구와 안전의 욕구는 유아기에 출현하고, 소속에 대한 욕구와 자존감에 대한 욕구는 청소년기에 나타나며, 자아실현 욕구는 중년기 이후에 나타난다.

다섯째, 상위단계의 욕구는 실질적인 생존에 영향을 상대적으로 덜 미치기 때문에, 욕구의 충족은 지연될 수 있다. 따라서 상위단계 욕구가 충족되지 않더라도 위기가 나타나지는 않는다. 한편, 상위단계 욕구의 충족은 건강의 개선과 수명의 연장으로 이어진다. 이러한 이유로 매슬로는 상위단계의 욕구를 성장 욕구(growth need) 또는 존재 욕구(being need)로 명명하였다.

여섯째, 하위단계 욕구의 미충족은 위기를 초래한다. 욕구의 미충족은 부족이나 결핍을 초래하기 때문에 하위단계의 욕구를 부족 욕구(deficit need) 또는 결핍 욕구(deficiency need)라 한다.

일곱째, 상위단계 욕구의 충족은 하위단계보다 외부 환경(사회적, 경제적, 정치적 환경 등)의 영향을 많이 받는다. 예를 들어, 자아실현의 욕구를 추구하는 것은 안전의 욕구를 추구하는 것보다 더 많은 표현의 자유와 기회의 자유를 필요로 한다.

여덟째, 특정 단계의 욕구는 다음 단계의 욕구가 중요해지기 전에 완전히 충족될 필요는 없다. 매슬로는 욕구의 단계가 높아질수록 욕구 충족의 비율이 낮아지더라도 만족도는 높아진다고 보았다. 예를 들자면, 개인은 85% 수준의 생리적 욕구 충족, 70% 수준의 안전의 욕구 충족, 50% 수준의 소속에 대한 욕구의 충족, 40% 수준의 자존감에 대한 욕구의 충족, 그리고 10% 수준의 자아실현 욕구의 충족으로도 만족할 수 있다고 본다.

아홉째, 인간의 욕구 충족을 위한 노력은 끊임없이 지속된다. 한 가지 욕구가 충족되고 나면, 동기가 사라지는 것이 아니라 다른 욕구의 충족으로 이동한다. 배가 고픈 사람은 굶주림의 욕구가 충족되지 않는 한 끊임없이 음식을 찾게 될 것이다. 그러나 먹을 것이 충분해진다고 해서 욕구가 사라지는 것이 아니라 안전, 우정, 자존과 같은 다른 욕구로 나타나게 된다.

열째, 인간이 지닌 5가지 욕구는 인종과 문화를 초월하는 일반적이고 보편적인 것으로 본다. 예를 들어, 개인이 음식을 구하고, 집을 짓고, 우정을 표현하는 방식 등은 매우 다양할 수 있지만, 음식, 안전, 우정 등에 대하여 인간이 지닌 근본적인 욕구는 공통적이라고 본다.

2) 욕구의 종류

(1) 생리적 욕구(physiological needs)

매슬로가 제시한 욕구 가운데 가장 기본적이면서도 강한 욕구이다. 인간의 생존에 필요한 가장 기본적인 요소로 음식, 물, 산소, 수면, 주거, 성 등을 포함한다. 이와 같은 욕구가 충분하게 충족되지 못하면, 다음 단계의 욕구 충족을 시도하기가 어렵다. 앞서 언급한 바와 같이, 다음 단계의 욕구가 출현하기 위하여 생리적 욕구가 완전히 충족되어야 하는 것은 아니다. 더 중요한 것은 욕구 충족의 지속성과 주관적 충분성이다 (Hergenhahn & Olson, 2007).

(2) 안전 욕구(safety needs)

개인이 만족하는 수준의 생리적 욕구가 충족되면, 그다음에는 안전에 대한 욕구가 나타난다. 이 욕구는 개인이 세상에 대해 가지는 욕구로써, 세상이 질서정연하고 안정적이며 예측 가능하기를 원하는 욕구이다. 안전에 대한 욕구는 유아들의 행동에서 전형적으로 관찰할 수 있다. 유아는 태어나서 처음으로 접하는 사물과 마주하게 되면 상당한 공포를 느끼게 되는데, 이는 사물에 대한 예측이 불가능하기 때문이다. 안전에 대한 욕구는 실직, 전쟁, 범죄, 자연재해 등이 발생할 때도 나타난다. 개인은 안전의 욕구를 충족함으로써, 자신들이 위험, 공포, 혼란 등에서 자유로운 환경에서 살고 있다는 안정감을 느끼게 된다.

(3) 소속과 사랑의 욕구(belongingness & love needs)

생리적 욕구와 안전의 욕구가 기본적으로 충족되면, 사회에 소속되고 타인과 접촉하며 사랑받고 사랑하기를 원하는 욕구를 가지게 된다. 이 단계에서, 사람들은 친구와 동료, 가족, 단체 등과 소속감을 공유하고자 하며 타인과 친밀한 관계를 유지하고자 한다. 이 단계의 욕구가 충족되지 않으면 외로움과 공허감을 느끼게 된다. 그러나 현대 사회에서는 이동성, 유동성, 개인화 등으로 이 단계의 욕구를 충족하는 것이 점점 더 어려워지고 있다.

(4) 자존감 욕구(self-esteem needs)

자존감 욕구는 타인으로부터의 존경과 자기 존중의 개념을 포함한다. 타인으로부터의 존경은 개인에게 인정, 수용, 지위, 명망 등을 느끼게 하고, 자기 존중은 유능감, 자신감, 성취감, 독립심, 숙달감 등을 느끼게 한다. 자존감의 욕구가 충족되지 않으면, 개인은 낙심, 열등감, 나약함 등의 감정을 느끼게 된다.

(5) 자아실현 욕구(self-actualization needs)

인간의 궁극적인 목표이자 최상위의 욕구이다. 자아실현 욕구는 앞서 언급한 4가지 욕구들이 적절하게 충족되어야만 나타나는데, 자신의 재능과 잠재력을 최대한 발휘하여 자신이 이루고자 하는 바를 성취하고자 하는 노력을 의미한다.

2 결핍동기(deficiency motivation)와 메타동기(meta-motivation)

사람이 살아가면서 무엇인가가 부족하게 되면 욕구를 느끼게 되고, 욕구를 채우고자 하는 동기가 유발된다. 매슬로는 인간이 지닌 동기를 크게 결핍 동기와 메타 동기로 구분하고 두 가지 사이의 차이점을 다음과 같이 설명하고 있다.

먼저 결핍 동기(deficiency motivation; D-motivation)는 개인이 부족하다고 느끼는 구체적인 무엇인가를 얻으려고 노력하는 동기이다. 예를 들어, 음식을 먹지 못하게 되면 우리는 결핍(deficiency), 즉 배고픔을 느낀다. 배고픔이 유발하는 긴장은 특정 행동을 실행에 옮기도록 동기를 유발하게 한다. 따라서 결핍 동기는 특정 대상이나 물질을 추구함으로써 긴장을 해소하고 결핍을 충족하기 위해 나타나는 동기이다.

이와는 반대로 메타 동기(meta-motivation; being motivation; growth motivation)는 긴장의 해소, 결핍의 충족 차원을 넘어서는 것으로 자아실현자가 지니고 있는 특별한 동기를 의미한다. 메타 동기는 긴장이 유발되더라도 도전적인 사건들에 자신을 스스로 직면시키고 이를 헤쳐 나가 자신의 삶을 보다 풍요롭게 만들고자 하는 목표를 갖도록 한다. 메타 동기는 이미 하위욕구들로부터 자유롭기 때문에 결핍을 충족하기 위하여 구체적인 무엇인가를 추구하는 상태를 초월한 경지에서 작동한다. 즉, 자아실현자는 자신의 전체 인간성을 자발적이고 자연스럽게 표현하는 질적으로 다른 상태의 존재(being)로 이해할 수 있다(Schultz & Schultz, 2009).

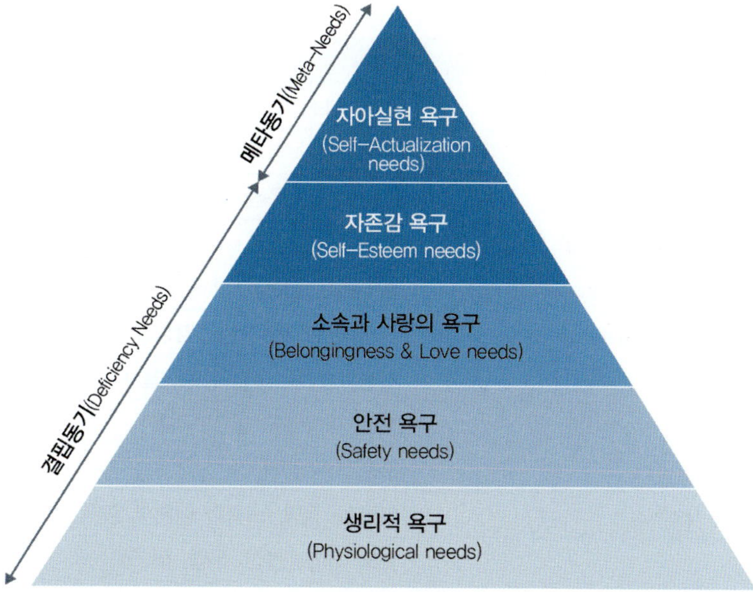

[그림 5-1] **매슬로의 욕구위계 피라미드**

3 메타 욕구(meta-needs)

하위 욕구(즉, 생리적 욕구, 안전의 욕구, 소속과 사랑의 욕구, 자존감에 대한 욕구)들이 결핍 동기를 유발하듯이, 자아실현자들로 하여금 메타 동기(성장 동기 또는 존재 동기)를 유발하는 최상의 욕구들을 메타 욕구(meta-needs)라 한다.

음식이 부족하면 영양실조를 경험하고 비위생적인 환경에 노출되게 되면 육체적 질병이 생기듯이, 메타 욕구(meta-need)를 충족시키지 못하면 부정적인 현상, 즉 메타 병리(meta-pathology)를 경험하게 된다(Feist & Feist, 2006). 메타 병리는 자아실현자가 자신의 잠재력을 충분하고 완전하게 표현하거나 실현하는 것을 방해한다.

매슬로가 제시한 메타 욕구와 메타 병리를 〈표 5-1〉에 간략하게 제시하였다.

〈표 5-1〉 메타 욕구와 메타 병리

메타 욕구(meta-needs)	메타 병리(meta-pathology)
진리(truth)	불신, 냉소, 회의
선함(goodness)	증오, 혐오, 역겨움, 자기 자신만에 대한 신뢰
아름다움(beauty)	음란, 초조, 음침, 취향의 상실
통일성(unity), 전체성(wholeness)	분열
이분법의 초월(dichotomy-transcendence)	흑백논리, 삶에 대한 단순한 관점
생동감(aliveness), 과정(process)	기계화, 완고한 결심, 감정과 열정의 상실
고유성(uniqueness)	개성의 상실, 타인이 자신을 대체할 수 있다는 느낌
완벽함(perfection)	절망, 아무것도 될 수 없음
필연성(necessity)	혼돈, 예측불가
완성(completion, finality)	미완성, 절망, 노력과 대처의 중단
정의(justice)	분노, 냉소, 불신, 무법, 이기심
질서(order)	불안정, 경계심
단순성(simplicity)	복잡, 혼란, 당황, 방향성 상실
풍부함(richness), 전체성(totality), 포괄성(comprehensiveness)	우울, 근심, 세상에 대한 흥미 상실
자연스러움(effortlessness)	피로, 긴장, 어색함, 거북함, 완고함
유희(playfulness)	엄격, 우울, 망상, 유머가 없음, 삶에 대한 열정 상실, 활기가 없음
자족(self-sufficiency)	책임을 타인에 전가
의미 있음(meaningfulness)	무의미, 절망, 무분별

4 자아실현자의 조건

자아실현자는 다음에 제시한 조건이나 기준을 충족하여야 한다(Feist & Feist, 2006).

첫째, 자아실현자는 정신적 · 심리적 장애가 없어야 한다. 자아실현자와 정신적인 문제를 지닌 사람들은 공통적으로 신비한 경험을 하기도 하며, 고조된 현실감, 창조성,

타인과의 분리 등과 같은 특징을 공유할 수도 있다. 따라서 개인은 정신병리적 문제로부터 자유로워야만 자아실현에 다가갈 수 있다.

둘째, 자아실현자는 하위단계의 욕구로부터 자유롭기 때문에 잘 발달한 자아존중감을 지니고 있다. 따라서 타인의 비난과 경멸에 좌절하지 않고 잘 견뎌 낼 수 있다.

셋째, 자아실현자는 앞서 언급한 메타욕구를 편안하게 수용할 뿐만 아니라 적극적으로 추구하고자 노력한다.

넷째, 자아실현자는 자신의 재능, 능력, 잠재력을 최대한으로 활용한다. 즉, 자아실현자는 자신의 욕구를 개발하여 자신이 될 수 있는(becoming) 최대치에 도달하고자 노력한다.

5 자아실현의 실패

매슬로는 전 세계 인구의 약 1% 정도만이 실제로 자아실현을 완성한다고 보았다. 이는 모든 사람이 자아실현의 동기를 가지고 태어남에도 불구하고 대부분의 사람은 자아실현을 성취하는 단계까지 도달하지 못한다는 것을 의미한다. 매슬로는 그 이유를 다음과 같이 설명하고 있다.

첫째, 자아실현의 욕구는 가장 높은 차원의 욕구지만, 그 강도나 영향력은 가장 약하다. 따라서 자아실현의 욕구는 쉽게 억압된다(Schultz & Schultz, 2009).

둘째, 사회문화적 영향력을 들 수 있다. 예를 들어, 특정 문화권에서는 남자아이가 자아실현자의 특성이라 할 수 있는 연민, 친절, 온화함 등의 기질을 유아기에 개발하는 것을 용인하지 않는다(Hergenhahn & Olson, 2007). 같은 맥락에서 과보호와 새로운 생각이나 기술의 습득을 허용하지 않는 가정적 분위기에서 자란 아동은 성인이 되어서도 자신을 있는 그대로 표현하는 것을 억압하게 된다. 따라서 유아기의 충분한 사랑, 허용적인 분위기, 적절한 교육은 자아실현의 전제조건이라 할 수 있다(Schultz & Schultz, 2009).

셋째, 매슬로가 언급한 '요나 콤플렉스'를 들 수 있다(글상자 참조). 요나 콤플렉스는 자신의 능력을 의심하고 신뢰하지 못하여 자신의 잠재력을 최대한으로 발휘하는 것을 기피하는 현상을 말한다. 개인이 자신의 성장을 도모하고 잠재력을 최대한 발휘하기 위해서는 현실에 안주하지 않고 새로운 도전과 역경에 직면하여야 한다. 그러나 사람들은 미지의 세계와 불확실한 미래에 대하여 두려움을 느끼고 도전과 성장보다는 쉽고 안전한 현실의 삶을 선택하게 된다. 요나 콤플렉스는 자아실현을 위하여 우리가 어떠한 삶의 방식을 채택하여야 할 것인지에 대하여 시사하는 바가 크다.

글상자

요나 콤플렉스(Jonah complex)

요나 콤플렉스는 구약성서에 나오는 요나(Jonah)의 이야기에서 유래한다. 예언자 요나는 니느웨(아시리아의 대도시)로 가서 그 도시가 죄악으로 가득 차 하나님의 심판을 받을 것임을 예언하라고 하나님에게 명령받는다. 그러나 요나는 하나님의 명령을 거역하고 도시 반대 방향으로 가는 배를 탔다가 폭풍을 만나 3일 동안 고래 배 속에 갇히게 된다. 고래 배 속에서 그가 구원을 위한 기도를 올리자 고래는 그를 땅으로 뱉어 내었고, 요나는 다시 니느웨로 가라는 하나님의 명령을 듣게 된다. 요나는 그제야 자신의 운명을 받아들이고 예언을 실행에 옮긴다(네이버 두산백과사전).

매슬로는 요나 콤플렉스에 '위대함에 대한 두려움'(fear of greatness)이라는 별칭을 붙이고 자신의 능력을 최대한 발휘하는 것을 기피하는 현상을 설명하기 위해 사용하였다. 매슬로는 요나 콤플렉스를 개인의 자아실현을 방해하는 가장 큰 장벽으로 보았다.

6 자아실현자의 특징

매슬로는 건강하고 창의적인 사람들을(링컨, 아인슈타인, 간디 등) 대상으로 연구를 실시하여 자아실현을 성취한 사람들이 지닌 공통적인 특성을 다음과 같이 제시하였다 (Maslow, 1987).

1) 현실에 대한 지각

- 자기 주변 세계 및 사람들을 명확하고 객관적으로 지각할 능력을 가진다.
- 자아실현자는 세계를 있는 그대로 보며 선입관에 치우쳐 상황을 파악하지 않는다.

2) 수용

- 자신의 강점뿐만 아니라 약점까지도 왜곡하지 않고 있는 그대로 받아들인다.
- 실패한 일에 대해서도 지나친 부끄러움이나 죄책감을 갖지 않는다.
- 타인이나 일반적인 사회의 약점에 대해서도 있는 그대로 수용한다.

3) 자발성

- 행동이 자발적이며 지극히 개방적이고 솔직하고 자연스럽고 꾸밈이 없다.
- 생각과 이상에 있어 주관이 뚜렷하며, 행동이 인습에 사로잡혀 있지 않다.

4) 문제중심적 태도

- 자기중심적이기보다는 문제중심적이다.
- 자신의 인생에 대한 사명감을 가진다.
- 열심히 일하면서, 큰 기쁨과 흥분을 경험한다.
- 자신이 하는 일이나 방향이 성장가치에 집중되어 있다.

5) 초연함

- 때로는 고독을 느끼며 그러한 고독에 압도되지 않으면서 사생활을 즐긴다.

- 독립적이고 자율적이기 때문에 때론 홀로 자신만의 시간을 가지면서 사색하며, 타인의 지지 및 애정에 매달리거나 강요하지 않는다.

6) 자율성

- 자신에게 주어진 물리적 사회적 환경으로부터 자유로운 삶을 추구한다.
- 명성, 지위, 보상보다 자기개발과 내적 성장을 중요시한다.

7) 인식의 신선함

- 주위의 세계를 늘 새로움, 놀라움, 경외심을 갖고 받아들이고, 경험하는 능력이 있다.
- 사물에 대한 감상에 있어서 늘 신선함을 유지한다.

8) 정상경험

- 강렬한 무아경, 놀라움, 경외심, 즐거움의 경험을 한다.
- 이러한 경험을 하는 동안 자아실현자는 극도로 확신에 차고, 명확하고 강력한 힘을 느끼며, 경험은 강화되어 그 강도가 절정에 달하게 된다.

9) 인류애(human kinship)

- 타인을 마치 자기 형제처럼 대한다.
- 타인을 돕고자 하는 진정성 있는 열망을 지니고 있다.

10) 겸손과 존중

- 자신의 무지함을 겸허하게 받아들이며 타인의 지식과 기술을 존중한다.
- 모든 사람을 수용하고 존중하며 인종적, 종교적, 사회적 편견을 갖지 않는다.

11) 대인관계

- 타인을 보다 열렬히 사랑하고, 깊은 우정을 나누며, 타인에 대한 이해가 깊다.
- 사랑에 대하여 두려워하지 않으며 질투하지 않는다.
- 자신의 성장만큼 타인의 성장과 발달에도 관심을 갖는다.

12) 윤리의식

- 윤리적 문제에 대하여 혼란, 불일치, 착각, 갈등 등을 경험하지 않는다.
- 확고한 도덕적 기준을 가지고 있으며 해야 할 일과 하지 말아야 하는 일을 구분한다.

13) 수단과 목적

- 수단과 목적을 구분하며 수단보다는 목적을 더 중요시한다.
- 기쁨과 만족을 주기 때문에 목적 달성 못지않게 수단을 즐긴다.

14) 유머 감각

- 적의가 있는 유머, 우월적인 유머, 권위적인 유머를 사용하지 않으며 철학적인 유머를 사용한다.
- 유머의 내용은 단지 웃음을 자아내는 수준을 넘어 재미있는 동화나 우화처럼 교육적이다.

15) 창의성

- 자기 분야에 창의성과 독창성을 갖고 있으며 실수를 두려워하지 않는다.
- 자발적이고 인간적이며 자연스럽다.

16) 문화의 내면화에 대한 저항

- 일정한 틀에 맞춰 생각하라고 강요하는 사회, 문화적인 압박에 저항한다.
- 문화의 엄격한 격식과 요구에 따르기보다 자신의 개성에 따라 행동한다.

Ⅳ 이론의 공헌과 한계

1 이론의 공헌 및 장점

1) 학문 영역의 대폭적 확장

매슬로는 심리학의 연구영역을 대폭 확장하는 데 상당한 기여를 하였다. 예외가 없었던 것은 아니지만, 매슬로의 이론이 등장하기 이전까지의 이론들은 비정상적이거나 병적인 행동의 규명에 치중하고 있었던 것은 부인할 수 없다. 매슬로가 건강한 사람들을 연구하는 방향으로 연구의 주제를 전환함으로써 심리학 연구의 영역을 크게 확장시켰다.

2) 자아실현의 통합적 관점

매슬로는 위계적인 욕구의 존재를 전제하고 있다. 자아실현은 계층화된 다양한 욕구들의 충족이 부분적이나마 해결되어야만 가능하다고 본다. 즉, 자아실현의 과정을 다양한 요소들과 연계하여 다차원적으로 이해하고 있다. 이는 인간의 신체 · 심리 · 사회적 요소들을 통합적으로 고려하고 있다는 점에서 그 의의가 있다(강상경, 2011).

2 이론의 한계 및 단점(Hergenhahn & Olson, 2007)

1) 낮은 설명력과 적용가능성

매슬로의 이론은 자신의 이론이 적용되지 않는 예외 상황이 지나치게 많다는 비판을 받는다. 예외로 치부하기에는 기본적인 욕구가 충족되지 않았음에도 불구하고 매우 생산적이고 창조적인 사람들이 지나치게 많다는 것이다. 또한, 결핍 욕구가 충분히 충족되었을 것으로 판단되는 사람들이 자아실현을 완성하지 못하는 경우도 상당수 존재한다.

2) 인간본성에 대한 지나치게 낙관적인 견해

매슬로의 이론이 지향하는 인간에 대한 긍정적 태도와 자아실현 욕구는 인간에 대한 사실적인 평가라기보다는 단지 소망에 불과하다는 비판이다. 매슬로의 이론을 적용해서 설명하기 어려운 매우 공격적이고 이기적이며 비인간적인 행동들이 여전히 존재한다.

3) 문화적 편견

매슬로가 지향하는 심리적 건강의 개념에는 성취, 자율성, 자아존중감 등 개인적 특성을 강조하는 경향이 있다. 그러나 개인에 대한 강조는 의무의 수행을 상대적으로 강조하는 비서구권의 문화에 적용하기 어렵다는 비판이 있다. 예를 들어, 동양권에서는 개인의 자율성보다는 타인과의 협력을 더 강조하고 있으며, 타인 앞에서 자신의 우월성을 드러내지 않는 것을 더 바람직한 태도로 여긴다.

2. 로저스의 인간중심치료(person-centered therapy)

I 로저스(Carl Ransom Rogers)의 생애(1902~1987)

로저스는 미국 시카고 근교에서 6남매의 넷째로 태어났다. 부모님은 엄격한 종교관을 갖고 있었고 자식들에게 윤리적인 삶, 절제된 감정표현, 성실의 미덕을 강조하였다. 또한, 부모님은 자식들이 나쁜 친구들과 어울려 다니는 것을 염려하여 로저스가 가족이 아닌 다른 친구들을 사귀는 것을 허락하지 않았다. 유년 시절의 로저스는 책을 통하여 위안을 얻을 수밖에 없는 수줍음을 많이 타고, 혼자 있기를 좋아하고 공상에 자주 잠기는 소년이었다. 로저스가 회고하기를, 부모님의 가르침은 마치 쇠를 고정시키는 공작기계처럼 자신을 옥죄었으며, 자신의 삶을 사는 것이 아니라 타인이 원하는 삶을 사는 듯한 느낌이 들었다고 한다.

로저스가 12살이 되던 해, 가족은 시카고 근교의 농장으로 이사를 하게 되었으며, 이를 계기로 1919년 농업을 전공하기 위하여 위스콘신 대학교에 진학하게 된다. 재학 당시 세계기독학생연맹대회에 미국 대표로 참여한 로저스는 여행을 통해 다양한 문화와 종교를 접하게 되면서 개인차를 이해하고 존중하게 되었다. 로저스가 주장한 이론의 핵심 내용은 이 시기에 싹트기 시작하였다. 여행에서 돌아오는 배편에서 편지로 부모님으로부터 종교적 · 정서적 독립을 선언한 로저스는 전공을 역사로 바꾸고 1924년 학부를 졸업하였다. 졸업 후 잠시 신학에 관심을 두었으나, 결국 진로를 심리학으로 바꾸고 컬럼비아 대학교에서 석사(1928년)와 박사(1931년)학위를 수여하였다. 졸업 후, 미국 뉴욕주의 아동 상담 보호소에서 상담을 실시하면서 12년에 걸쳐 임상 경력을 쌓게 되는데, 자신의 첫 저서인 『문제아동의 임상 치료(The clinical treatment of the problem child)』(1939)를 이 시기에 출간하였다. 1940년 오하이오 대학교 임상심리학과 교수로 부임한 로저스는 정신분석적 치료의 대안적 방법을 제시한 『상담과 심리치료: 치료의 새로운 개념(Counseling and psychotherapy: newer concepts in practice)』(1942)을 출판하면서 자신의 이론을 개발하고 검증하는 작업에 박차를 가하게 된다. 1945~1957년 시카고 대학교 심리학과 교수로 부임하여 『내담자 중심 치료: 실천, 함의, 및 이론(Client-centered therapy: its current practice, implications and theory)』(1951)을 출간하였다. 1957~1963년, 자신의 모교인 위스콘신 대학교에서 교수직을 역임하고, 미국 서부의 행동과학연구소의 설립에 관여하여 참만남 집단 등에 관한 연구를 계속하였다. 말년에는 세계평화를 위하여 빈 평화 프로젝트에도 관여하였다. 1946~1947년 미국 심리학회 회장직을 수행하였으며, 미국 심리학회로부터 '학술공로상'을 받았다(Hergenhahn & Olson, 2007, p. 439-442; Schultz & Schultz, 2009, p. 325-327 참조).

Ⅱ 인간관 및 기본관점

1 합리적 · 미래지향적 존재로서의 인간

로저스는 30여 년에 걸친 상담 경험을 통하여 인간은 합목적적, 미래지향적, 건설적이며 신뢰할 만한 본성을 지니고 있다고 결론 내렸다(Hjelle & Ziegler, 1981). 로저스는 사람들이 때로는 부정적이고 파괴적인 감정이나 행동을 나타낼 수 있음을 부정하지는 않았지만, 그러한 행동을 인간이 지닌 진정한 본성으로 보지는 않았다. 로저스는 인간을 자신 및 타인과 조화로운 삶을 살아가고자 노력하는 긍정적이고 합리적인 존재로 보았다.

2 현상학적 장(phenomenological field)

철학으로서의 현상학은 사람과 사물을 파악하는 데 있어서 해석이나 분석을 활용하지 않고 가능한 한 있는 그대로 편견 없이 순수하게 사물을 이해하려는 태도를 말한다. 로저스 또한 이러한 입장을 취하였는데, 개인은 같은 현상에 대해 서로 다르게 지각하고 경험하기 때문에 이 세상에는 개인적이고 주관적인 현실, 즉 '현상학적 장'만이 존재한다고 보았다. 개인은 객관적 현실에 반응하는 것이 아니라 자신의 현상학적 장에 입각하여 주관적으로 재구성한 현실에 반응한다. 따라서 동일한 사건을 경험하더라도, 사람들은 각기 다르게 판단하고 행동할 수 있으며, 그로 인해 모든 개인은 서로 다른 독특한 특성을 보일 수 있다고 본다.

현상학적 장은 상담자가 지녀야 할 태도에 관해서 새로운 시각을 제공하였다. 로저스는 사람의 행동을 충분하고 정확하게 이해하기 위한 유일한 방법은 주관적인 존재로서 개개인이 지니고 있는 자신만의 내적 참조 체계(internal frame of reference)에 대한 세심한 관찰과 이해가 선행되어야 한다고 주장하였다. 즉, 개인이 세상을 인지하고 해석하는 기준이 되는 내적 참조 체계에 대한 이해와 수용이 전제되어야만, 그 개인의 사고, 감정, 행동을 파악할 수 있다고 보는 것이다.

III 주요 개념

1 실현 경향성(actualizing tendency)

로저스는 인간을 포함한 모든 유기체(생물체)의 행위와 행동은 선천적인 동기를 지닌다고 가정하였는데, 이를 실현 경향성(actualizing tendency)이라 하였다. 실현 경향성은 유기체가 자신을 유지하거나 향상하는 방향으로 자신의 능력을 개발하고자 하는 동기를 의미한다. 즉, 인간은 유기체로서 자신에게 주어진 역량과 한계 내에서 최적 또는 최선의 상태에 이르고자 하는 동기를 지니고 있다는 것이다(Hjelle & Ziegler, 1981). 인간의 행동은 성장과 발전을 지향하고 자신의 잠재력과 능력을 최대한 실현하고자 하는 욕구에 의해 동기화되기 때문에 실현 경향성은 단순히 긴장의 해소를 목표로 하지 않으며, 상황에 따라서는 긴장을 증가시키기도 한다.

실현 경향성 동기는 긴장, 욕구, 충동, 창조성, 쾌락추구 등의 기타 동기들을 내포하고 있는 개념으로 유기체가 지닌 유일한 동기이다(Rogers, 1959). 또한, 유기체가 없어지지 않는 한, 실현 경향성은 억압될 수는 있지만 소멸하지는 않는다(Rogers, 1977).

1) 유기체적 평가 과정(organismic valuing process)

유기체적 평가 과정은 자신을 유지하거나 향상하는 데 도움이 된다고 판단되는 경험은 긍정적으로 평가하고 이를 추구하고자 하고, 도움이 되지 않을 것으로 판단되는 경험은 부정적으로 평가하고 회피하고자 하는 태도를 말한다. 유기체적 평가 과정은 개인에게 주어진 경험이 자신의 실현 경향성을 추구하는 데 있어서 긍정적인지 또는 부정적인지를 판단하고 이의 수용 여부를 결정하는 데 필요한 피드백을 제공하는 역할을 한다.

로저스는 유기체적 평가 과정은 자연발생적이며, 모든 인간은 유기체적 평가 과정을 통하여 자신에게 무엇이 좋은 것인지, 어떤 것이 자신을 성장으로 이끌 것인지를 판단하고 선택하는 것이 바람직하다고 보았다. 그러나 불행하게도 부적응을 경험하는 사람들은 자신의 유기체적 평가 과정에 충실한 선택보다는 외부 규칙, 사회적 규범, 타인의 시선이나 기대 등과 같이 외적인(사회적) 요인에 더 충실한 선택을 하게 된다.

2 자기(self)

로저스는 자기(self)와 자기개념(self-concept)을 특별한 구분 없이 사용하였다. 자기 또는 자기개념은 자기 자신에 대한 조직적이고 지속적인 인식, 즉 '자아상(self image)'을 말하며, 자기개념에는 '주체로서의 나(I)'와 '객체로서의 나(Me)'가 지닌 의식적 지각과 가치가 포함된다. 앞서 언급한 바와 같이, 유아는 유기체적 평가 과정을 통하여 자기(self)를 성장시킬 것으로 생각되는 경험에 가치를 부여하고 이를 자기개념의 일부로 통합하게 된다.

1) 실질적 자기(real self)와 이상적 자기(ideal self)

로저스는 자기를 실질적 자기(real self)와 이상적 자기(ideal self)로 구분하고 있다. 실질적 자기(real self)는 유기체적 평가 과정을 통하여 자신의 실현 경향성을 추구하고자 노력하는 진정한 자기 자신을 의미한다. 즉, 실질적 자기는 자신의 본모습이라고 느끼는 부분이라고 할 수 있다. 한편, 이상적 자기(ideal self)는 어렵고 힘들지만 지향하여야 한다고 생각하는 이상적 자기 자신을 의미하는데, 타인이나 사회가 요구하는 규범이나 태도를 마치 자신의 것인 양 내면화시킨 것이다(Cloninger, 1996).

실질적 자기는 자신의 유기체적 평가 과정에 충실히 하고자 노력하는, 있는 그대로의 진정한 자기 자신이지만, 이상적 자기는 타인의 규범이나 가치를 자신의 것으로 내면화한 것이다. 따라서 둘 사이에는 일정 부분 괴리가 존재한다. 실질적 자기와 이상적 자기 사이의 격차가 작으면 건강한 성격을 형성할 수 있지만, 그 격차가 크면 성격 형성 과정에서 과도한 불안과 갈등으로 인한 병리적 현상을 경험하게 된다.

3 건강한 성격의 발달

로저스는 유아가 건강한 성격을 형성하기 위하여 필요로 하는 다양한 욕구(need)

가운데 특히 다음의 두 가지 기본적 욕구를 중요시하였다.

1) 긍정적 존중(positive regard)에 대한 욕구

건강한 성격의 발달을 위해 인간이 필요로 하는 첫 번째 욕구는 긍정적 존중에 대한 욕구이다. 긍정적 존중에 대한 욕구는 보편적이고 지속적으로 나타나는 욕구로써 주위 사람들로부터 수용, 사랑, 인정, 관심, 돌봄 등을 받고자 하는 욕구를 말한다. 특히, 유아기에는 어머니로부터 주어지는 긍정적 존중이 건강한 성격 발달의 필수 불가결한 요소이다. 유아는 어머니로부터 주어지는 긍정적 존중(즉, 애정과 사랑 등)을 통하여 실현 경향성과 자기개념을 발전시키게 된다.

로저스는 유아가 자신의 실현 경향성을 개발할 수 있도록 도울 수 있는 유일한 방법은 조건 없는 긍정적 존중을 제공하는 것이라고 주장한다. 즉, 부모가 아이에게 무조건적 긍정적 존중(unconditional positive regard)을 제공하여야만 유아가 건강하고 바람직한 성격을 형성할 수 있다고 보았다. 유아에 대한 부모의 사랑은 자유롭고 충분하여야 하며, 부모가 아이에게 제공하는 사랑이나 애정이 특정 조건에 의하여 결정되는 것은 바람직하지 않다고 보았다.

2) 긍정적 자기존중(positive self-regard)에 대한 욕구

건강한 성격의 발달을 위해 인간이 필요로 하는 두 번째 욕구는 긍정적 자기존중에 대한 욕구이다. 긍정적 자기존중은 자기 자신을 긍정적이고 수용적으로 평가하고자 하는 욕구이며 자존감, 자기가치, 긍정적인 자아상 등을 포함한다. 긍정적 자기존중은 타인으로부터 주어지는 긍정적 존중이 선행되어야만 가능하다(Feist & Feist, 2006). 열등감과 어리석음 등의 부정적인 자기개념은 타인으로부터 충분한 긍정적 존중을 받지 못했기 때문에 나타나는 현상이다.

긍정적 자기존중은 한번 확립되면 타인으로부터 주어지는 사랑과 관계없이 자발적으로 지속되는 경향을 보인다(Feist & Feist, 2006). 또한, 긍정적 존중과 긍정적 자기존중은 상호 호혜적이다. 개인이 타인으로부터 많은 긍정적 존중을 받아서 긍정적인 자기존중을 확립하였다면, 그 개인은 타인에게도 긍정적 존중을 제공하게 된다(Schultz & Schultz, 2009).

4 심리적 건강의 장애물

무조건적인 긍정적 존중과 더불어 긍정적 자기존중을 확립한다면, 개인은 실현 경향성을 지향하며 심리적으로 건강한 성격을 개발해 나갈 수 있다. 그러나 모든 사람이 심리적으로 건강한 성격을 개발하는 것은 아니며 유아가 성장하면서 경험하게 되는 가치의 조건화, 불일치, 방어기제의 사용 등은 성격 발달에 있어서 부정적인 영향을 미치게 된다.

1) 가치의 조건화(conditions of worth)

무조건적인 긍정적 존중이 유아가 심리적으로 건강하게 성장하는 데 필수 불가결한 요소임에도 불구하고, 유아는 부모의 조건적 긍정적 존중(conditional positive regard)에 노출되는 경우도 발생한다. 조건적 긍정적 존중은 바람직하고 긍정적이라고 판단되는 행동에 국한하여 긍정적 존중을 제공하는 것을 의미한다. 유아는 부모로부터 무조건적인 긍정적인 존중을 받기를 원하지만, 부모는 자신들의 판단에 근거하여 아이에게 해도 되는 행동과 하지 말아야 할 행동(가치의 조건)을 가르친다. 아이는 부모가 원하는 행동을 할 때는 긍정적 존중을 받게 되지만, 부모가 원하지 않는 행동을 하게 되면 애정과 사랑이 주어지지 않는다는 것을 학습하게 된다. 이처럼 유아가 지속적으로 조건적 긍정적 존중에 노출되게 되면, 가치의 조건화(conditions of worth) 상황에 처하게 된다. 가치의 조건화는 특정 조건 아래에서만 자신이 가치가 있다고 생각하여, 타인이 바람직하다고 제시한 규범과 기준을 마치 자신의 것인 양 내면화하여, 자신이 아닌 타인이 규정한 조건을 바탕으로 자기 행동의 옳고 그름을 판단하게 되는 것을 말한다.

가치의 조건화 상황에 처한 아동은 자신의 유기체적 평가 과정을 통해 외부 경험을 평가할 수 없게 되고, 자신이 원하는 진실하고 순수한 경험을 바람직하지 않고 부정적인 것으로 인식하게 된다. 가치의 조건화는 개인이 자유롭게 기능하는 것을 어렵게 만들고 실현 경향성의 추구를 방해한다.

2) 불일치(incongruence)

불일치는 실질적 자기와 이상적 자기 사이의 격차가 클 때, 개인이 경험하는 부정적인 정서와 감정을 말한다. 유아기 시절에 경험한 가치의 조건화는 왜곡된 자기개념을 형성하도록 만든다. 왜곡된 자기개념(주로 타인의 가치를 자신의 것으로 내면화시킨 것)은 자신이 유기체로서 실제로 경험하고 있는 현실 세계와 조화를 이루지 못하기 때문에 개인은 불일치를 경험하게 되며 결국 위협과 불안을 느끼게 된다.

개인의 심리적 적응과 정서적 건강은 개인이 지닌 자기개념과 현실(경험) 세계 사이의 일치성(congruence)의 정도에 달려 있다(Schultz & Schultz, 2009). 아동이 무조건적인 긍정적 존중을 받으며 성장하게 되면, 아동은 가치의 조건화 상황에 처하지 않게 된다. 어떠한 상황이나 조건에서도 자신이 가치가 있다고 느끼는 아동은 긍정적이고 바람직한 자기개념을 형성하게 되고, 자유롭게 자신의 실현 경향성을 추구하게 된다. 반면, 타인의 평가나 기대에 근거하여 형성된 자기개념(이상적 자기)은 자신의 경험 세계(실질적 자기)와 충돌하기 때문에 부적응의 원인이 된다.

이상에서 로저스가 제시한 개념들을 도식화하면 [그림 5-2]와 같다(Boeree, 2006).

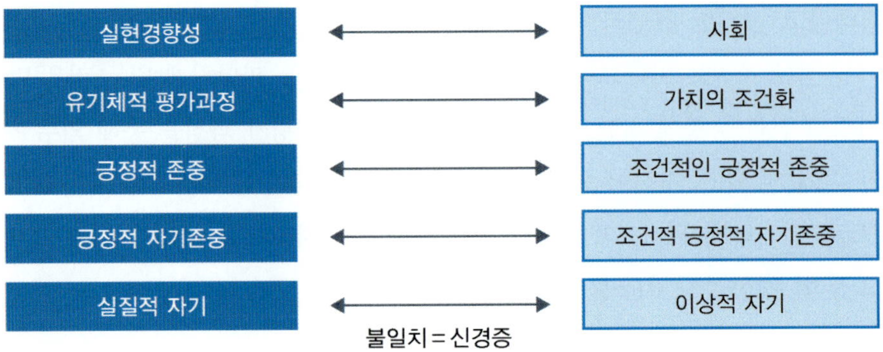

[그림 5-2] **실질적 자기와 이상적 자기의 비교**

출처: Boeree(2006)

글상자

가상의 사례를 통해 살펴보는 로저스의 개념

가상의 사례를 통하여 로저스가 제시한 일련의 개념에 대하여 구체적으로 살펴보도록 하자. 초등학교 5학년인 철수는 그림 그리기를 매우 좋아하는 아이다. 그림과 관련된 책을 읽으면 시간 가는 줄도 모를 정도로 몰입하게 되며, 주말이 되면 그림 그리기로 대부분의 시간을 보낸다. 철수의 유기체적 평가 과정에서 본다면, 그림 그리기는 자신을 성장으로 이끄는 데 긍정적인 역할을 하는 바람직하고 유익한 경험인 것이다. 따라서 철수는 그림을 통하여 자기 잠재력과 능력(실현 경향성)을 실현하고자 노력하게 될 것이다. 그러나 식당을 운영하는 철수의 부모님은 철수가 그림 그리는 것을 탐탁지 않게 여긴다. 철수가 요리사가 되어 자신들이 운영하는 식당을 물려받기를 원하기 때문이다. 시간이 지나면서 철수는 자신이 요리사의 삶을 받아들일 때만 부모로부터 사랑과 존중을 받을 수 있으며(조건적 긍정적 존중), 그림 그리기를 고집한다면 부모님의 사랑과 인정을 받을 수 없음을 느끼게 된다. 즉, 자신은 요리사가 되어야만 가치가 있는 인간이며(가치의 조건화; conditions of worth), 그렇지 않으면 가치 없는 사람이 될 것이라고 스스로를 평가하게 된다. 이 과정에서 철수는 자신의 유기체적 평가 과정(화가가 되기를 원하는 자신)을 바람직하지 않은 것으로 간주하고 포기하게 되며, 대신에 부모의 유기체적 평가 과정(요리사가 되기를 원하는 부모)을 마치 자신의 것인 양 내면화하게 된다. 화가가 되기를 원하는 실질적 자기(real self)를 포기하고, 부모님이 원하는 요리사의 길을 걷고자 하는 이상적 자기(ideal self) 사이에서 격차를 느낀 철수는 불일치(incongruence)를 경험하게 된다.

3) 방어기제(defense mechanism)의 사용

개인이 불일치를 경험하게 되면 위협과 불안을 느끼게 되기 때문에 이를 해소하기 위하여 방어기제(defense mechanism)를 사용하게 된다. 로저스는 대표적인 방어기제로 왜곡(distortion)과 부정(denial)을 언급하였다. 왜곡은 외부의 경험을 정확하지 않게 해석하는 것을 말한다. 자신을 완벽한 사람이라고 생각하는 직원이 자신이 저지른 실수로 직장 상사로부터 지적당했을 때, '나는 여전히 완벽하며 직장 상사가 하지 않아도 되는 쓸데없는 지적을 한 것'으로 치부하는 것을 말한다. 부정은 자신의 경험 자체를 인정하지 않는 것을 말한다. 시험을 치르고 난 뒤, 성적을 확인하지 않는 학생을 그 예로 들 수 있다. 이 학생은 성적이 좋지 않을 것을 직감하고 아예 결과에 대해 궁금해하지 않는 것이다. 이러한 방어기제의 사용은 자신을 효과적으로 보호할 수는 있지만 현실을 외면하기 때문에 부적응적인 결과를 초래한다.

5 성공적인 변화의 조건

로저스는 자신의 이론을 바탕으로 정신역동이론 및 행동주의이론과 대별되는 독특한 상담기법을 제안하였다. 로저스는 내담자가 지닌 감정을 반영하는 기법을 중요시하여 자신의 상담이론을 초기에는 반영치료(reflective therapy)라 명명하였다. 이 시기에는 상담자가 비지시적인 자세를 견지하며 상담을 주도적으로 이끌어 가기보다는 내담자의 내면세계를 가능한 한 정확하게 이해하고 자신이 이해한 바를 내담자에게 전달하는 것을 중요시하였다. 이후, 반영치료는 상담자가 수동적이고 내담자에게 무심하다는 인상을 줄 수 있다는 의견을 고려하는 동시에 클라이언트의 입장을 강조하고자 하는 의미를 담아 클라이언트 중심 치료(client-centered therapy)로 명칭을 변경하였다. 그 이후, '클라이언트'라는 용어가 지닌 부정적인 의미를 개선하기 위하여 자신의 치료기법을 최종적으로 인간중심 치료(person-centered therapy)로 변경하였다.

인간중심 치료는 내담자의 성공적인 변화를 위해 필요한 3가지 핵심적인 필요충분 조건을 제시하였는데 이를 살펴보면 다음과 같다. 여기서 '필요'의 의미는 상담자가 반드시 지녀야 할 3가지 필수적인 태도라는 의미이며, '충분'은 자기(self)의 현재 모습에 불편함을 느끼는 내담자는 상담자가 제공하는 3가지 태도를 충분히 지각하게 되면, 변화가 나타나게 된다는 의미이다(Engler, 1999)

1) 무조건적인 긍정적 존중(unconditional positive regard)

로저스는 상담자가 내담자를 인정하고 내담자의 감정을 수용하는 태도를 보일 때, 내담자가 변화를 경험할 가능성이 가장 크다고 보았다. 이때, 수용은 내담자의 부적응적인 행동조차 수용하여야 한다는 것은 아니다. 다만, 내담자를 하나의 독립된 인간으로 인정하고 내담자의 존재 자체를 긍정적으로 수용하며 내담자가 자신만의 신념과 감정을 가질 권리를 가지고 있음을 인정하는 것이다.

'무조건적(unconditional)'이란 내담자가 어떠한 감정과 행동을 보이더라도 아무런 제한과 거리낌 없이 내담자를 인정하고 수용하는 것을 의미한다. '긍정적(positive)'이란 상담자와 내담자의 관계가 온화함과 배려를 지향하는 것을 의미한다. '존중(regard)'이란 상담자가 내담자와 친밀한 관계를 형성하고 내담자를 중요한 사람으로 여기는 것을 의미한다(Feist & Feist, 2006). 상담자가 내담자의 행동 가운데 일부는 수용하고 일부는 거부하는 태도를 보이는 것은 바람직하지 않으며, 내담자를 평가하는 것도 지양하여야 할 방향으로 본다.

2) 일치성(congruence)

상담자가 지녀야 할 두 번째 태도는 일치성(congruence)이다. 일치성은 진실성(genuineness)으로 표현되기도 하는데, 상담자는 자신의 내적 경험과 외적인 표현이 일치하여야 하고 이를 있는 그대로 내담자에게 전달하여야 함을 의미한다. 상담자는 비록 그 내용이 내담자에 대한 부정적인 것이라 할지라도, 자신의 내면에서 일어나는 감정, 생각, 반응, 태도 등을 개방적이고 솔직하게 내담자에게 전달하는 태도를 지녀야 한다. 로저스는 내담자가 싫어하거나 불쾌하게 생각할 수 있는 감정이나 태도를 숨기거나 표현을 자제하는 것보다는 이를 있는 그대로 솔직하게 표현하는 것이 더 바람직하다고 본다. 내담자는 상담자의 솔직한 태도를 통하여 진솔한 인간관계를 경험하게 되고, 변화를 위한 힘을 얻게 된다.

3) 공감적 이해(empathic understanding)

세 번째 태도는 공감적 이해(empathic understanding)이다. 공감 또는 감정이입은 상담자가 내담자의 감정을 정확하게 이해하고 이를 내담자에게 전달하는 것이다. 상담자는 자신의 편견을 배제하고 내담자를 평가하고자 하는 의도를 지니지 않은 채, 내담자의 감정의 세계로 들어가 민감성과 진실성을 바탕으로 내담자의 내적 참조 체계(internal frame of reference)를 이해하려는 태도를 지녀야 한다.

공감적 이해를 경험한 내담자는 자신이 이해받고 있으며 있는 그대로의 자신이 가치가 있다고 느끼게 된다. 공감적 이해를 통하여 내담자는 과거 스스로에게 부여한 여러 가지 제한과 한계들을 되돌아볼 기회를 제공받게 되고, 자신에 대한 새로운 경험과 내적 참조 체계를 확보하게 되어 자기개념에 대한 변화를 경험하게 된다.

6 완전히 기능하는 인간(fully functioning person)

로저스는 외부의 평가나 기준에 연연하지 않고 자신의 유기체적 평가과정에 귀를 기울여 자신의 실현 경향성을 실현하는 사람을 완전히 기능하는 인간(fully functioning person)으로 표현하고 있다. 완전히 기능하는 인간은 자기 능력과 자질을 발휘하여 자기 잠재력을 실현하고 자신을 더욱 완벽하게 이해하고 자신의 모든 경험을 수용하는 방향을 지향한다(Hjelle & Ziegler, 1981). 로저스는 완전히 기능하는 인간이 지닌 공통적인 특징을 제시하였는데 이는 〈표 5-2〉와 같다.

〈표 5-2〉 완전히 기능하는 인간의 특징

특징	내용
경험에 대한 개방성	왜곡이나 부정 등의 방어기제를 사용하지 않고 자신이 경험하는 것을 있는 그대로 수용한다.
실존적인 삶	기존에 형성된 사고에 얽매이지 않고 순간순간 주어지는 삶에 충실하고 최선을 다하고자 노력한다.
유기체에 대한 신뢰	타인의 기대나 외부의 기준에 얽매이지 않고 유기체로서 자신이 경험하는 모든 측면을 신뢰하고 수용한다.
경험적 자유	삶을 살아가면서 자유롭게 선택하고 자신의 결정과 행동에 책임을 지는 자세를 견지한다.
창의성	창의적인 삶을 살아가고 변화에 민감하고 창조적으로 적응한다. 또한, 새로운 경험과 도전을 지속적으로 추구한다.

Ⅳ 이론의 공헌과 한계

1 이론의 공헌 및 장점(Hergenhahn & Olson, 2007)

1) 인간에 대한 대안적, 긍정적 관점의 제공

로저스의 이론은 정신역동(제1세력)과 행동주의(제2세력)를 대체할 수 있는 제3세력의 대안적 심리학을 성공적으로 개발하였다는 평가를 받는다. 제3세력의 심리학은 인본주의 심리학으로도 불리는데 이는 로저스가 인간 본성의 긍정적 측면을 강조하였으며 인간이 자신의 잠재력을 최대한으로 발휘할 수 있는 조건에 대하여 강조하였기 때문이다.

2) 새로운 형태의 상담기법 제시

로저스의 이론은 성격이론 그 자체보다는 상담 및 치료기법의 보급에 더 많은 영향을 끼쳤는데, 프로이트 이후로 로저스만큼 상담과 치료에 영향을 미친 학자는 없다고 해도 과언이 아니다. 로저스가 주장한 긍정적이고 인본주의적인 상담 치료는 전 세계의 주목을 끌었는데, 그 이유는 첫 번째 그 효과가 증명되었으며, 두 번째, 상담이 정신분석과 같이 오랜 기간과 지루한 훈련 과정을 거치지 않아도 되었으며, 세 번째는 인간 본성에 대하여 긍정적이고 낙관적인 자세를 견지하고 있기 때문이다. 로저스가 제시한 변화의 필요충분조건(즉, 무조건적인 긍정적 존중, 공감적 이해, 일치성)은 상담자가 지녀야 할 태도로서, 다른 이론적 배경을 지닌 상담가들로부터도 광범위한 공감대를 얻었다. 또한, 로저스의 이론은 심리학뿐만 아니라 사회복지, 의학, 종교, 정치, 조직문화 등 다양한 인접 학문의 발전에도 지대한 영향을 미쳤는데 학문의 전방위 영역에서 인본주의적 관점에 대한 연구가 활성화되는 데 기폭제가 되었다.

2 이론의 한계 및 단점

1) 인간 본성에 대한 지나치게 낙관적인 견해

로저스의 이론이 강조하고 있는 인간에 대한 긍정적 태도와 실현 경향성은 단지 소망에 불과하다는 비판이 있다. 예를 들어, 사람들은 살아가면서 사랑만 경험하는 것이 아니라 증오도 경험하게 된다. 그러나 로저스는 인간의 긍정적인 측면만을 지나치게 강조하고 반대의 측면(공격성, 적대감, 이기심, 성적인 동기 등)을 간과하고 있다는 점에서 비판을 받는다.

2) 과학적 검증의 어려움

로저스 이론의 두 번째 한계는 가설을 경험적으로 증명하기가 매우 어렵다는 점이다. 로저스 이론의 핵심인 실현 경향성이 실제로 존재하는지를 검증하려면 인간이 가진 실현 경향성을 관찰하고 실현 경향성이 개인의 어떠한 영역에 주로 영향을 미치는지를 파악하여야 한다. 그러나 실현 경향성은 주관적인 개념이기 때문에 개인마다 실현 경향성의 내용이 다를 뿐만 아니라 개인에게 영향을 미치는 영역도 다를 수밖에 없다. 따라서 실현 경향성의 관찰과 평가가 실제로는 불가능하다는 한계가 있다(Schultz & Schultz, 2009).

3) 이론 습득의 어려움

로저스 이론은 개념이 상대적으로 적고 단순하여 초심자가 배우기 쉽다고 생각할 수 있다. 그러나 반대로 로저스 이론은 초심자가 배우기에 가장 어려운 접근일 수 있다. 로저스 이론은 초심자가 지침으로 삼을 만한 구체적이고 체계적인 지침이 거의 없으며, 초심자가 갖추기 어려운 인격적 조건(무조건적 긍정적 존중, 일치성, 공감적 이해 등)을 요구하고 있다(권석만, 2021).

PART

Ⅱ

인간발달

인간발달의 이해

01
Chapter

1. 인간발달의 개념

인간발달 연구는 인간이 태어나서 죽음에 이르기까지의 발달과정과 발달단계에 따라 나타나는 신체, 운동, 언어, 정서, 사회성, 지성, 도덕성, 흥미, 성격 등의 발달을 주요 내용으로 다루고 있다. 인간발달은 인간이 수정에서 죽음에 이르기까지 시간의 경과에 따라 발생하는 규칙적이고 연속적인 변화를 의미한다. 또한, 인간발달은 생물학적·환경적 영향으로 인하여 인간의 구조, 사고 또는 행동이 전 생애를 통하여 지속적으로 변화하는 것이다.

이러한 인간발달과 관련된 개념으로 성장(growth), 성숙(maturation), 학습(learning) 등이 있다. 이를 살펴보면 다음과 같다.

1) 성장

세포가 증가하고 생물이 크게 되는 현상이다. 즉, 신체의 크기나 근육의 세기 등의 양적 증가를 의미한다. 예로서 키가 커진다든가 몸무게가 늘어나는 것과 같은 양적 변화를 의미한다. 성장은 환경의 영향보다는 시간의 경과에 따라 자연히 증가하는 선천적 요인이 더 크게 작용한다. 성장은 신체적 변화 중 양적 증가에만 국한하여 사용된다.

2) 성숙

성숙이란 내적 · 유전적 메커니즘에 의하여 출현되는 신체적 · 심리적 변화를 의미한다. 인간의 발달은 유전과 환경의 상호작용으로 이루어지는 데 반해 성숙은 부모로부터 받은 유전인자가 지닌 정보에 따라 일어나는 변화이다. 성장하는 동안 어느 기간에 이르면 외부의 자극이 없이도 자연적으로 그 기능을 발휘하게 되는 과정이다. 성장하는 동안 나타나는 기능의 발현이 성숙이다. 예로서, 어린이 목 가누기, 영구치의 돌출, 사춘기의 2차 성 특징의 출현 및 폐경기의 도래 등이 있다.

3) 학습

학습은 직접적 또는 간접적 경험과 훈련에 의하여 행동이 변화하는 것을 의미한다. 학습의 결과는 매우 개별적이며 특수하다. 예를 들면, 외국어나 운전 기술 습득은 특정한 훈련에 의존하는 학습된 행동이다. 학습은 성숙에 따라 좌우되며 새로운 내용을 익히는 것이다. 성숙은 행동 발달에 있어서 기본 조건이 되므로 충분한 성숙이 되지 않았을 때 학습시키는 것은 역효과를 가져온다. 그러나 어떤 실험에서는 성숙이 완료되기 전에 특정 행동을 연습시키는 것은 성숙을 촉진시키는 효과가 있을 수 있다고 하는 상반된 이론도 있다.

2. 발달의 원리

발달 과정에서 나타나는 행동의 변화에는 규칙성이 있다. 이를 구체적으로 살펴보면 다음과 같다(김경희, 2002).

① 발달은 일정한 방향을 갖는다

가) 발달은 머리 쪽에서 다리 쪽으로 또는 위에서 아래로 진행된다. 머리 부분이 팔다리보다 먼저 발달한다.

나) 발달은 중추부에서 말초의 방향으로 진행된다. 발생학적으로 내배엽이 내장 기관에서 발생하여 근육 외부로 발달하고 신체의 중심에서 가까운 팔을 움직이다가 점차 손목과 손가락을 움직일 수 있게 된다.

다) 전체 운동에서 특수 운동으로 진행된다. 발달 초기에는 앞에 놓여 있는 물건을 잡으려 할 때 몸 전체를 움직이지만, 발달이 진행되면서 운동 과정은 세분화되어 팔을 움직이고 그 이후에 손가락으로 잡을 수 있게 된다.

② 발달은 계속적이나 속도는 일정하지 않다

발달은 신체적 부분이나 점진적 기능에 따라 속도는 일정하지 않지만 정지되지 않고, 계속되는 과정이다.

③ 발달에는 개인차가 있다

인간은 모두 일반적이고 보편적인 순서에 따라 발달하지만, 같은 연령이라도 신체적 성장이나 정신 기능에서 각 개인은 차이를 나타낸다. 얼굴 모양도, 지적 능력도 개인마다 다르다.

④ 발달은 유전과 환경의 상호작용의 결과로 이루어진다

발달은 부모로부터 받은 유전적 정보와 환경의 영향에 의해 결정된다. 유전과 환경,

즉 어느 것이 발달에 더 중요한가는 아직 분명치 않으나, 잠재 능력이 유전적이라면, 이를 실현하는 것은 환경이다.

⑤ 발달에는 결정적 시기가 있다

특정한 발달이 이루어지는 데는 최적의, 곧 특정한 시기가 있는데, 이를 결정적 시기라 한다. 걸음마는 출생 때부터가 아니라, 근육, 골격이 어느 정도 성장한 후인 생후 10개월경에 가능하다든가, 사춘기의 출현 등이 그 예이다.

⑥ 발달은 분화와 통합의 과정을 거친다

유아는 처음에 자기에게 다가오는 사람이면 누구나 좋아하지만, 점차 어머니와 다른 사람에 대한 반응이 다르게 나타나며, 엄마를 여러 사람 중에 척 알아보게 된다. 모든 운동 발달은 세분화된 특수 운동이 나타나기 전에 전체 활동이 먼저 나타난다. 예를 들어, 유아는 물건을 잡으려고 할 때 먼저 몸을 기울이고 운동이 분화되면 팔을 뻗치고, 그다음 손목을 움직이고, 손가락을 사용할 수 있게 되다가 팔을 뻗치고 손목과 손가락을 사용하는 활동이 통합되어 마침내는 물건을 한 번에 잡을 수 있게 된다.

3. 연령별 발달단계

발달단계는 발달상에서 어떤 과제의 성취와 특정한 측면의 발달이 강조되는 삶의 기간을 말한다. 각 발달단계는 고유한 특징이 있으며, 그 이전 단계나 이후 단계로부터 구분이 되며, 새로운 단계는 그 이전의 단계까지 이루어진 발달을 통합한다(엄신자, 2008). 발달단계의 구분과 각 단계의 명칭은 학자마다 다양하다. 본서는 다양한 학자의 견해와 더불어 우리나라의 법과 제도 등을 고려하여 각 단계를 연령대에 따라 다음과 같이 구분하고자 한다. 정부는 2023년 6월 28일부터 일상적인 나이를 만 나이로 통일하기로 하였다. 따라서 다음에 제시하고 있는 연령대는 만 나이를 기준으로 하고 있음을 밝힌다.

우리나라 「영유아보육법」, 「유아교육법」 등에서는 보육대상을 6세 이하로 하고 있으며, 이를 2세 이하의 영아와 그 이후의 유아로 구분하고 있다. 따라서 이를 근거로 본서에서는 0~2세를 영아기로 구분하였으며, 이후 2세부터 6세까지 초등학교 입학 전까지의 시기를 유아기로 구분하였다. 아동기는 학령기라고도 하는데 초등학교에 다니는 7세에서부터 12세까지의 시기로 구분하였다. 청소년기의 연령 구분은 법이나 학자에 따라 차이를 보이고 있는데, 본서에서는 중학교와 고등학교 사이인 13세~18세까지로 구분하였다. 다음으로 청년기는 초기 성인기와 중기 성인기로 구분하였다. 통계청에서는 중장년층 행정통계의 연령기준을 40~64세로 하고 있다. 이를 근거로 하여 19세~39세까지를 초기 성인기, 40~64세를 중기성인기, 즉 중년기로 구분하고자 한다. 마지막으로 65세 이상을 노년기로 구분하였다.

태내기

02
Chapter

인간 발달과정에서 임신과 출산, 그 10개월만큼 극적인 변화가 일어나는 시기는 없다. 하지만 과거에는 눈에 보이지 않는다는 이유로 태내기 발달에 관심을 기울이지 않았다. 18세기 말 스위스의 동물학자 울프(Wolff)는 인간의 생명은 미리 형성된 것이 아닌, 수정해서 만들어지는 단세포부터 출발한다는 사실을 발견한 뒤부터 태내기 발달은 중요한 인간 성장의 기초점이 되었다(정옥분, 2021, p. 155). 생애 초기에 해당하는 태내기는 모의 뱃속이라는 제한된 환경에서 자라기 때문에, 모의 신체적 · 정신적 영향을 받는 태내 환경이 매우 중요하고 절대적인 발달의 요소일 수 있다. 이 장에서는 태내의 발달단계 및 태내 발달과 관련된 영향 요인을 살펴본 후 사회복지실천의 요소를 논의해 본다.

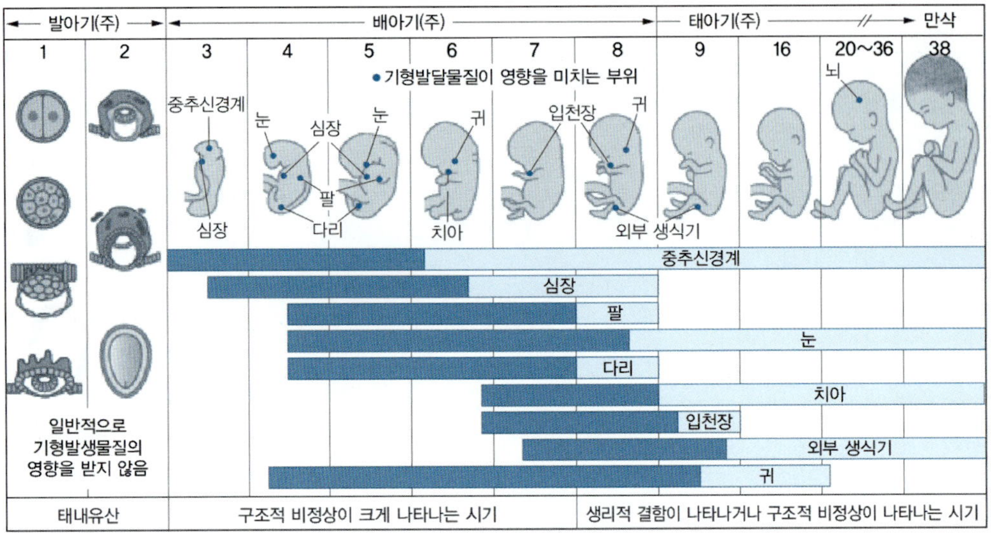

[그림 2-1] 태내발달의 결정적 시기

출처: Shaffer & Kipp(2007), p. 127; 신명희 외(2022), p. 79 발췌

1. 태내기 발달단계

태내 발달의 시작은 정자와 난자의 결합인 수정에서부터 시작된다. 수정된 세포는 약 280일 혹은 40주의 기간 동안 빠른 속도로 성장하여 하나의 생명체를 형성하게 된다. 이 기간을 태내기라고 하며, 발아기, 배아기, 태아기의 3단계로 나눌 수 있다.

1) 발아기(germinal period)

발아기는 수정란이 자궁에 착상하는 2주간의 시기이며, 전적으로 모체와 의존관계를 갖는 시기이다. 인간의 일생에서 사망률이 가장 높은 시기이지만, 신체는 이에 대한 지각을 전혀 하지 못한다. 세포 분열한 수정란이 3~4일 후 자궁벽에 착상하면, 양막과 양수가 생성되고 태반이 형성된다. 착상이 완전히 이루어지기까지 7일 정도 소요되며, 착상과 동시에 발아기는 종료된다.

2) 배아기(embryonic period)

수정란이 자궁에 착상한 후 8주까지의 시기를 배아기라고 한다. 이 시기는 어머니와 의존적인 관계를 형성하며, 태아의 발달이 매우 빠르게 진행된다. 주요한 신체 기관과 조직들이 형성되며, 성장과 분화가 계속 이루어짐으로 인간의 형태를 갖추게 되는 시기이다(김태련 외, 2004, p. 101). 신경계, 심장, 눈, 팔다리, 치아, 입천장 등의 여러 기관이 형성되므로 이 시기에 발달을 저해하는 환경에 노출되면 영구적 손상을 입을 수 있다. 따라서 태내 환경에 대해 각별한 주의가 필요한 시기이다. 특히, 모체의 질병, 영양부족, 약물의 영향은 태아 발달에 치명적일 수 있다(정옥분, 2021, p. 163).

3) 태아기(fetal period)

태아 발달의 마지막 단계로서 배아기가 끝나는 8주부터 출생까지를 말한다. 12주경에는 인간의 형체와 비슷해지며, 팔다리가 형성되고, 신체 기관이 기초적인 기능을 발휘할 수 있게 된다. 태반이 안정되는 시기인 16주부터 모체가 태동을 느끼는데, 이 시기부터는 유산의 위험이 줄어든다. 28주까지가 태아의 생존에 매우 중요한 시기이며, 28주 이후부터는 미숙아로 태어나더라도 인큐베이터에서 양육이 가능할 정도로 성장하게 된다. 7개월경부터 지방층의 발달로 태아의 체중은 급격히 증가한다(정옥분, 2018, p. 206).

2. 태내기 발달과 영향 요인

모체의 건강과 직결된 태내 환경이 적절하지 못하면, 태아에게 치명적일 수 있다. 이에 태내 환경에 영향을 줄 수 있는 요인을 살펴보고, 건강한 태내 환경 및 발달을 위해 고려하여야 할 영역을 살펴보자.

1) 영양상태

태아는 모체를 통해서만 영양분을 공급받으므로, 산모는 건강한 음식을 섭취해야 한다. 임신 초기에는 여러 신체 기관이 형성되므로, 불충분한 영양공급은 유산이나 신체적 기형을 가진 아기 출산의 원인이 될 수 있다. 특히, 임신 말기에는 뇌가 빠르게 성장하는데, 이때 적절한 영양이 공급되지 않으면, 태아의 중추신경계가 손상되고 뇌가 충분히 자라지 못하게 된다.

2) 연령

분만 당시 연령은 고위험 요인 가운데 하나로 특히, 17세 미만의 청소년 임신과 35세 이상의 고령 임신을 주의해야 한다(황종윤, 2020, p. 66). 태내 발달을 고려할 때 출산에 적절한 연령은 20~35세이다(Kail, 2008, p. 61). 10대 임신은 제대로 된 영양공급이나 산전 건강관리를 받지 못할 가능성이 높고, 계획하지 않은 임신으로 인해 높은 스트레스를 경험할 수 있기 때문에 임신 중 빈혈, 조산, 저체중아 출산 등의 가능성이 높다(손병덕 외, 2014, p. 270). 반대로 35세 이상 고령 임신의 경우는 합병증의 위험이 높으며, 임신중독증, 전치태반, 태반조기박리, 조산, 저체중 출생의 위험이 증가한다(주경성, 김혜숙, 2022). 우리나라의 2022년 평균 출산 연령은 33.5세이며, 35세 이상 고령 산모의 비중은 전체 35.7%로 전년 대비 0.7%로 증가하였다. [그림 2-2]에서 보는 바와 같이 출산 연령이 점점 고령화되고 있어, 이에 대한 관리가 요구된다.

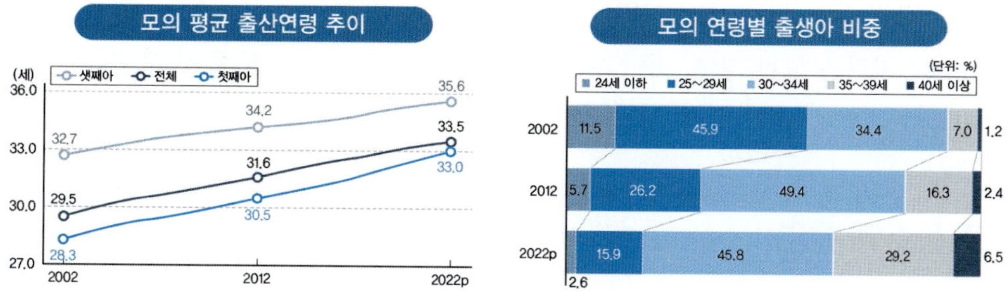

[그림 2-2] 모의 평균 출산 연령 및 모의 연령별 출생아 비율

출처: 통계청(2022), p. 5

3) 질병

산모의 질병도 태아에게 영향을 미칠 수 있는 중요한 원인이 된다. 풍진은 태내 결함을 유발하는 대표적 질환이다. 특히, 임신 3개월 이전에 감염될 경우 시각장애나 청각장애, 지능결함을 유발할 확률이 높다. 산모가 매독이나 임질과 같은 성병에 감염되는 경우, 감염된 태아는 출산 전 30%가 사망하며, 기형아나 시각장애의 위험이 높아진다. 후천성 면역결핍증(AIDS)의 바이러스도 출산 과정 접촉을 통해 태아에게 감염되며, 비정상적으로 작은 두개골과 얼굴 기형이 나타날 수 있다. 그 외에도, B형 간염과 당뇨병도 태아에게 영향을 미칠 수 있으므로, 이에 대한 관리가 요구된다(정옥분, 2021, p. 167-168).

4) 약물복용

임신 중에는 가능한 한 약물을 자제하는 것이 바람직하다. 산모의 약물복용은 태반을 통해 태아에게 직접적으로 전달될 수 있으므로 치명적일 수 있다. 특히, 세포분열 및 태아의 여러 기관이 형성되는 임신 초기의 약물복용은 태아의 인지, 운동, 언어, 사회, 정서 발달 등의 영역에 영향을 줄 수 있다. 임신 사실을 모르고 복용하는 피임약의 경우 염색체 이상을 보일 수 있으며, 유산 비율을 증가시킨다. 또한, 항생제는 청각 결함, 아스피린은 혈관 장애, 마약류인 헤로인은 청각, 신경, 관절 등에 문제를 일으킬 수 있다.

5) 음주와 흡연

알코올은 태반에 빠르게 침투하고 장시간 영향을 미친다. 태아의 알코올 분해 능력은 성인의 절반 수준이므로 알코올에 민감하게 반응하며, 태아 알코올 증후군(fatal alcohol syndrome)을 일으킬 수 있다. 태아 알코올 증후군은 지적장애나 주의력 결핍 과잉행동 장애의 원인으로 작용할 수 있으며, 성장지체, 비정상적 두개골 모양, 눈, 심장, 사지 관절 등의 결함으로 이어질 수 있다. 흡연 또한 태아의 정상적 발달을 방해할 수 있는데, 대표적으로 저체중아 출산에 영향을 미친다. 이 외에도 뇌 결함, 작은 두개골, 구개파열이나 조산아가 태어날 확률이 높으며(정옥분, 2021, p. 169), 임신 기간 중 어머니의 흡연은 출생 후 영유아의 천식과도 관계가 높은 것으로 나타났다.

6) 정서 상태

산모의 정서적 스트레스는 자율신경계에 영향을 미치며, 부신호르몬의 분비를 촉진하여 태반을 통해 태아에게 전달될 수 있다. 스트레스에 반응하는 호르몬은 혈관수축 또는 태반 내 혈액량을 감소시켜 산소나 영양의 공급 부족을 초래할 수 있다. 정서적으로 안정되지 못한 산모에서 태어난 영아는 과잉행동, 급한 성격, 소화기 장애 등을 보이는 것으로 나타났다(정옥분, 2021, p. 171). 또한 산모의 불안은 저체중이나 조산을 유발하기도 한다.

3. 태내기와 사회복지실천

1) 청소년기 부모

2022년 기준 우리나라 산모의 평균 출산 연령은 33.5세이다. 평균 출산 연령이 고령화되는 것도 출산의 고위험 요소이지만, 17세 이전 이른 나이의 출산 또한 위험 요소로 평가된다. 2021년 3월 개정된 「청소년복지지원법」에는 청소년 부모를 부모 양쪽 24세[1] 미만으로 규정하고 있다.

청소년 부모를 따로 파악한 통계는 없지만, 인구 동향 조사를 추정하여 청소년 부모 세대의 현황을 살펴본 결과(함선유, 2023), 2020년 기준, 부모 모두 24세 이하인 청소년 부모는 2,462가구로 전체 청년 가구[2](11만 1,076가구)의 4.5%에 해당한다. 이 중 92.9%가 19~24세 이하의 초기 청년 가구로 확인되었으며, 부모 모두 19세 미만인 가구는 126가구로 청년 부모 가구 중 7.1%이었다.

청소년 부모의 경우 임신과 출산을 위한 산전 및 산후 관리가 성인에 비해 소홀할 수 있다(함선유, 2023, p. 50). 특히, 청소년기 부모의 경우 임신을 인지하는 시기가 늦을 가능성이 있어(이영호, 박지윤, 2021; 이선희, 김수지, 서해인, 2021) 산전 및 산후 관리가 취약하며, 모성 건강 차원에서도 어려움을 겪을 가능성이 높다.

청소년 부모는 출산에 관한 정보나 자녀 양육과 관련된 자원을 연계할 수 있는 정보처들이 마련되어 있지 않으며, 자녀를 양육하는 경험을 또래로부터 취득할 수 없다. 이로 인해 산모의 건강관리 및 주산기 관리, 자녀 양육은 청소년기 부모에게는 어려운 일이 될 수 있다. 또한, 청소년기 부모는 부모 역할과 동시에 학업, 취업과 같은 발달과업이 있으므로 복합적인 정책의 대상이 될 수 있다(이상정 외, 2022).

1) 정부는 2023년 6월 28일부터 일상적인 나이를 만 나이로 통일하기로 하였다. 따라서 본서에서 제시하고 있는 연령대는 만 나이를 기준으로 하고 있음을 밝힌다.

2) 청년 가구는 부모 모두 34세 이하인 가구이다.

이에 정부는 2021년 11월 청소년 (한)부모 양육 및 자립 지원 강화 방안을 범부처 대책으로 발표하여 청소년 부모 아동양육비 지원 시범 사업을 실시하고 있다. 「청소년 지원법」에 청소년 부모가구를 명시함으로써 청소년 부모에게 필요한 아동 양육 및 교육서비스, 가족 관계증진을 위한 가족지원 및 교육이나 취업 관련 지원 등 청소년 부모와 자녀에게 생활, 의료, 주거 등 다양한 지원을 할 수 있게 된 것은 고무적이다.

2) 불임 및 난임

불임은 생식 정자와 난자의 수정부터 착상의 전 과정에서 이상이 발생하여, 피임하지 않은 상태에서 1년 이내 임신에 이르지 못하는 경우를 말한다. 배우자 중 한쪽이라도 임신이 불가능한 선천적 또는 후천적 요인이 있을 수 있는데, 자궁이 없는 상태와 같은 특수한 상황뿐만 아니라, 수태 기능이 저하되는 경우도 이에 해당한다. 연령, 약물복용 상태, 영양, 기능적 결함 등 불임의 원인은 다양하며, 불임으로 인한 부부의 불안이나 스트레스도 상당할 수 있다.

정부는 『저출산 고령사회 기본계획』을 수립하여 임신이나 출산을 위한 제도적 지원 체계를 마련하고 있는데(이소영, 2023), 불임 부부의 심리적 어려움에 대한 정서적 격려와 대화 방법 등을 지원하는 방안과 함께 불임치료 소요 비용에 대한 지원의 범위를 늘리고 있다. 또한, 난임 지원책으로 난임 부부 시술비 지원 및 난임 관련 시술 및 정보를 제공하는 상담창구를 마련하고 있다. 여성의 경우, 난임 치료 휴가를 3일에서 실제 소요되는 기간까지 확대하는 방안도 검토 중이다.

우리나라의 경우, 2023년 기준 합계 출산율이 0.78명으로 저출생 문제가 심각하다. 저출생의 원인은 다양하지만, 자연 임신율이 떨어지는 불임이나 난임 또한 그 이유에 해당한다. 불임과 난임 관련 경제적, 심리적 지원 정책을 확대하여 임신 및 출산과 관련된 삶의 질이 향상되도록 노력해야 할 것이다.

영아기

03
Chapter

영아기는 출생 후부터 24개월까지의 기간을 말하는데, 일생 중 신체 및 운동기능의 발달이 급속도로 이루어지는 시기이다. 전 생애 관점에서 본다면 매우 짧은 시기지만, 빠른 속도로 이루어지는 신체, 인지, 심리 사회적 발달 경험은 평생의 기초를 형성한다. 특히, 자신을 통제하지 못하는 신생아기를 거쳐 자신을 둘러싼 주변 세계를 탐색하기 시작하고, 미숙하지만 조금씩 언어를 사용하며 사회적 관계가 시작되는 시기이기도 하다(손병덕 외, 2014, p. 285). 본 장에서는 영아의 신체적, 인지적, 사회적 발달 특성을 알아보고, 이 시기와 관련된 발달단계 이론을 다시 살펴보도록 한다. 마지막으로 영아기에 필요한 사회복지 실천 요소를 탐색하여, 영아기의 건강한 발달을 지원할 수 있도록 한다.

1. 발달적 특성

1) 신체적 발달

(1) 신체 성장

영아기는 발달의 여러 측면에서 급속한 성장이 나타나는데, 그중에서도 신체적 성장은 그 속도가 가장 빨라 이 시기를 제1성장 급등기[3]로 부른다. 출생 후 첫 1년간 뇌 발달이 가장 급속도로 진행되며, 두뇌 발달의 결정적 시기이다.

출생 후부터 한 달까지의 시기를 신생아기라고 하는데 이 시기에는 호흡, 맥박, 소화, 배설이 안정되고, 젖을 빠는 습관과 수면시간이 조절되는 등 태내 모체로부터 분리되어 독립적인 개체로 활동하는 데 필요한 제반 기능이 안정화된다. 하지만, 대뇌피질의 억제 작용이 발달하지 않아, 자발적인 운동은 하지 못하고 반사운동만 가능하다. 이후 점점 뇌와 운동능력이 급속히 성장하면서, 목적적이며 구체적인 발달이 이루어진다(김태련 외, 2004, p. 108).

〈표 3-1〉 신생아 반사운동

	생존 반사	원시 반사
정의	신생아의 생존에 필요한 것	인류의 진화과정의 흔적으로 생존과는 관계없는 것
기능	유해한 자극으로부터의 보호 및 유아의 기본 욕구 충족	• 대부분 수개월 이내에 사라짐 • 대뇌피질의 발달에 따라 의식적이고 자발적 행동으로 대체되며 발달 상태를 평가하는 데 매우 유용함
종류	• 호흡 반사 • 눈 깜빡거리기 반사 • 빨기 반사 • 삼키기 반사 • 근원 반사: 뺨이나 입 자극이 있	• 모로 반사: 아기가 깜짝 놀랐을 때 팔을 안는 모양으로 들어 올리는 것 • 바빈스킨 반사: 발바닥에 자극이 있을 때 엄지발가락을 구부리거나, 발가락을 펴는 것 • 수영반사:아기가 물속에서 뜨기 위해 팔다리 운동과

3) 영아기는 제1성장 급등기, 청소년기는 제2성장 급등기로 일컬어진다.

	생존 반사	원시 반사
	을 때 자극 방향으로 얼굴 돌리기	호흡을 하는 것 • 파악 반사: 손바닥을 건드리면 주먹을 쥐는 동작 • 걸음마 반사: 평평한 곳에 아기의 발을 닫게 하여 걸음마를 하는 듯 발을 움직임

출처: 정옥분(2021), p. 187-190 요약

신장과 체중은 1년 동안 각 1.5배, 3배 정도로 증가하며, 3세가 되면 신장은 성인의 절반이 되고, 체중은 출생 시의 4배가 된다. 영아의 골격은 성인의 골격보다 크기가 작고 수도 적을 뿐만 아니라 유연하고 부드러운데, 점점 성장하면서 뼈가 단단해지는 경화 또는 골화 과정을 거치게 된다. 골격과 마찬가지로 근육조직도 작고 출생 근육의 35%가 수분으로 구성되어 있다. 이러한 근육조직은 청년기까지 꾸준히 발달하며, 두꺼워지고 단단해진다. 출생 후 한 달간 목 근육에 힘이 없어 목을 가누지 못하지만, 3~4개월이 지나면서 머리를 들 수 있을 정도로 근육이 발달한다.

1개월이 되면 턱을 들며, 2개월에는 가슴을 들고, 4~5개월이 되면 앉고 물건을 잡는다. 7개월이 되면 혼자 앉을 수 있으며, 8~9개월경 잡고 설 수 있다. 10개월이 되면 기면서 자신이 원하는 곳으로 갈 수 있으며, 11~12개월이 되면 붙잡고 일어설 수 있다. 12개월(돌 무렵)이 지나면 혼자 서고 걸을 수 있다.

(2) 감각 발달

주위 환경으로부터 오는 여러 가지 자극을 기관을 통해 받아들이는 것을 감각이라고 한다면, 이를 해석하고 의미를 부여하는 과정을 지각이라고 한다. 감각 정보의 약 80%를 차지하는 시각은 인간의 감각 능력 중 가장 늦게 성숙한다. 눈의 크기나 망막 구조가 불완전하며, 출생 시 뇌 회로가 충분히 성숙해 있지 않아 시각은 늦게 발달된다. 출생 후 1개월경 사물에 초점을 맞추고 응시하는 것이 가능하며, 2개월경에는 180도 각도에서 물체를 추적하는 수평 응시가 가능하고 점차 수직, 원형으로 물체를 추적하는 것이 가능하다. 영아는 형태를 지각할 때 전체보다 부분을, 정지된 것보다 움직이는 것을, 흑백보다 색깔이 있는 것을 선호한다. 다른 사물에 비해 인간의 얼굴을 선호하며, 사람의 얼굴 가운데 흑백의 대조를 이루는 눈을 선호한다. 출생 후 6개월경에는 낯익은 얼굴과 낯선 얼굴을 구별하며, 남녀의 얼굴도 구별할 수 있다(정옥분, 2021, p. 206-207).

청각도 매우 중요한 감각으로, 생후 2주경 사람 목소리와 다른 소리의 구분이 가능하며, 1개월경에는 바음, 파음 같은 음소 구별이 가능하다. 2개월경에는 다른 목소리에 반응하며, 4~6개월경에는 소리가 나는 방향을 정확하게 알아보며 음악 듣기를 좋아한다. 후각은 출생 초기부터 상당히 발달하지만 다른 동물에 비해서는 발달의 정도가 덜한 편이다. 생후 며칠 이내에 독특한 냄새 간의 차이 구분이 가능하며, 어머니와 다른 어머니의 젖 냄새를 구분할 수 있다. 모유 수유를 하는 영아는 어머니가 가까이 왔다는 것을 엄마의 냄새를 통해 파악할 수 있다(MacFarlane, 1977; 정옥분, 2021, p. 212 재인용).

신생아는 주로 촉각을 통해 주변 환경을 인지한다. 촉각의 발달이 잘 이루어질 때 소화 기능도 원활하며, 주변 환경에 순조롭게 적응한다. 출생 시 촉각은 입술과 혀를 제외하고는 발달되어 있지 않지만, 생후 6개월이 지나면 촉각을 이용해서 물체를 탐색한다. 촉각은 환경에 대한 지식을 습득하는 주요한 수단이 되며, 인지발달에 매우 중요한 영향을 미친다.

신생아는 단맛, 신맛, 쓴맛, 짠맛 구별이 가능하며, 2~3개월경에는 특정한 맛에 대한 기호가 발달한다.

2) 심리 · 정서발달

(1) 정서발달

인간은 기쁨이나 슬픔과 같은 기본 정서를 가지고 태어나지만, 덜 분화된 상태이다

(정옥분, 2018, p. 405). 그러나 연령이 증가함에 따라 점차 분화된 정서를 나타내며, 다른 사람의 정서를 이해할 수 있는 능력을 갖추게 된다. 또한, 자신의 정서를 표현할 때 스스로 어느 정도 규제를 할 수 있다. 특히, 영아의 정서 표현은 양육자로 하여금 영아를 보살피게 하며, 특정 자극에 대해 동기를 부여하는 기능을 한다(Dahl & Witherington, 2011, p. 149).

신생아는 몇 가지 제한된 정서만을 표현할 수 있는데, 이러한 정서를 기본 정서 또는 일차 정서라 부른다. 생애 초기에 영아의 표정만으로 알 수 있는 정서 상태로, 행복, 분노, 놀람, 공포, 혐오, 슬픔, 기쁨, 호기심과 같은 것이 있다.

기쁨은 미소나 웃음 등으로 표현되며, 건강한 영아일수록 기쁨의 표현이 명확하고 빈번하게 나타난다. 출생 직후에 보이는 미소는 선천적, 반사적인 것이다. 6~10주경에는 사람의 얼굴에 대해 사회적 미소를 보이고, 3개월경에는 친숙한 사람과 그렇지 않은 사람에 대해 다르게 미소를 지으며, 사회적 상호작용이 이루어질 때 가장 빈번하게 미소를 보인다(Kail, 2008, p. 269). 출생 초기의 영아는 배고픔이나 고통에 대한 자극으로 불쾌한 경험을 하게 되며, 이를 울음으로 표현하게 된다. 자신이 가지고 있는 것을 빼앗기거나 자신이 하고 싶은 것을 제지받을 때 분노가 일어나는데, 처음에는 좌절의 감정을 고통스러운 울음으로 표현하다가, 4~6개월경이 되면 성난 소리로 표현한다. 2세경 사랑과 수용이 제공되지 않으면, 분노의 감정은 공격성으로 발전되기도 한다.

출생 후에는 대부분의 영아가 양육자로부터 보호를 받는 환경이므로, 심리적 · 신체적 위험에 대한 반응으로 나타나는 공포는 유발되지 않지만, 6개월경부터 친숙하지 않은 대상에 대한 경계심으로 불안 정서가 유발된다. 불안 정서는 주로 애착과 낯가림과 관련이 있으며, 양육자와의 분리가 주된 원인이 된다.

앞서 언급한 일차 정서 외에 인지능력의 발달로 나타나는 이차 정서가 있다. 당황, 수치심, 죄책감, 자긍심 등은 자신을 인식하는 능력이 발전되면서 나타나는 감정으로 이차 정서에 해당한다. 12개월 정도 지나면 아동은 자신과 타인을 구분하며, 자신의 행동을 평가하기 시작한다. 해서는 안 되는 행동에 대하여 죄책감을 느끼고 어려운 것을 해낸 성취감으로 자랑스러운 감정을 느끼기도 한다.

(2) 인지발달

피아제에 의하면, 이 시기는 감각운동기에 해당하며 영아는 감각운동기관을 통해 외부의 정보를 받아들이며, 운동 활동을 통해 외부 환경을 경험하게 된다. 감각운동기의 하위 6단계의 발달 과정은 다음과 같다.

1단계는 반사 운동기로 출생 후 1개월 정도의 시기이다. 주로 젖 찾기, 빨기, 잡기 등의 반사운동을 통해 외부세계에 적응하는 과정을 경험한다.

2단계는 일차 순환반응기로 1~4개월 정도의 시기이다. 영아의 관심은 외부 세계보다는 자신의 신체에 있다. 우연히 한 행동이 만족스럽고 재미있으면 그 행동을 반복한다.

3단계는 이차 순환반응기로 4~8개월에 해당하는 시기이다. 영아는 앉고, 손을 뻗어 사물을 잡을 수 있는 능력이 생기게 되고, 자신보다는 외부 세계에 관심을 가지게 된다. 우연히 떨어뜨린 딸랑이 소리가 재미있어 같은 행동을 반복하게 되는데, 이 시기부터는 만족스러움을 얻기 위한 의도성(intentionality)이 생긴다.

4단계는 이차 순환반응 협응기로 생후 8~12개월이 이 시기에 해당한다. 영아는 자신의 신체보다 외부 환경에 관심을 가지고 이전 단계에서 획득한 도식을 새로운 상황에 사용하면서 인지를 확장해 간다. 이 시기의 영아는 목적지향적 행동을 하게 되는데, 목표성취를 위해 2개 이상의 도식을 협응시켜 간다. 베개 아래에 있는 딸랑이를 찾는 행동을 그러한 예로 볼 수 있다.

5단계는 삼차 순환반응기로 생후 12~18개월에 해당하는 시기이다. 영아는 이때부터 의도성을 가지고 자신의 행동을 시도하고 결과에 대해 알아보는 실험을 시도한다. 영아는 다양한 소리를 듣기 위해 연필, 숟가락 등 여러 물체를 두드려 보기도 하고 떨어뜨려 관찰하기도 한다. 특히, 걸을 수 있게 되면서 새로운 경험을 할 수 있는 가능성이 늘어나 적극적으로 외부 세상을 탐색한다.

6단계는 정신적 표상기로 생후 18~24개월의 시기이다. 전조작기로 전환되어 가는 시기로(신명희 외, 2022, p. 141), 인지능력이 놀라울 정도로 성장한다. 이 시기의 영아는 보이지 않더라도 사물이나 정신을 그려 내는 정신적 표상이 가능함으로 행동 전의 결과나 가능성을 생각해 보고 시행착오를 줄인다.

(3) 언어발달

언어발달의 첫 단계는 울음이다(정옥분, 정순화, 2008 p. 107). 영아는 단어를 표현하기 전 울음이나 표정, 몸짓, 비언어적인 행동을 이용하여 의사소통한다. 단어 자체가 아닌 말의 리듬, 높낮이, 강세에 따라 반응하며, 상대방의 감정을 알아차리게 된다(정옥분, 2021, p. 229).

2~3개월경 시작되는 옹알이는 언어와 유사한 최소한의 말소리다. 옹알이는 영아가 만족스러운 상태일 때 더 자주 나타난다. 생후 1년이 되면 분명하게 이해할 수 있는 단어를 사용하며, 언어가 자신의 생각을 표현할 수 있는 수단이 된다. 24개월경이 되면 문장을 만들기 위해 두 개 이상의 단어를 연결할 수 있으며, 두 단어 가운데 강조세의 위치에 따라 자신이 원하는 바를 강조하게 된다(신명희 외, 2022, p. 154). 18~24개월경 영아는 하루에 1~2개의 단어를 학습할 정도로 언어 습득 속도가 빨라지며, 24개월경 200개 정도의 단어를 사용하게 된다(손병덕 외, 2020, p. 292).

3) 사회적 발달

(1) 애착형성

영아기에 발생하는 중요한 사회적 발달은 애착이다. 애착은 아동과 주 양육자 간 형성되는 친밀한 정서적 유대감을 말하는데, 종족을 보존하고 주위 환경에 적응하는 데 필요한 요소로서 애정이나 사랑과 같은 긍정적 정서를 의미한다(Ainsworth, 1973). 영아기에 형성된 애착은 이후 인지 · 정서 · 사회성 발달에 중요한 요소가 된다. 전반적으로 안정된 애착 관계를 형성한 아동은 타인과의 관계에서 긍정적인 면을 보이며,

문제행동을 덜 보이는 것으로 나타났다.

볼비(Bowlby, 1973)는 애착 발달이 사회적 학습에 의해 촉진되는 것이 아니라 생존과 보호를 위한 본능적인 반응의 결과이며, 생래적으로 계획되어 있다고 주장하며 영아의 애착 발달을 다음과 같이 4단계로 나누어 설명하였다(Kali, 2008, p. 283-284).

첫 번째는 출생 후 6주간에 나타나는 애착 전 단계이다. 이 시기에는 붙잡기, 미소짓기, 울기, 눈 맞춤 등 다양한 신호를 이용하여 주위 사람들과 관계를 유지한다. 이 단계는 아직 애착이 형성되지 않은 단계로, 낯선 사람과 혼자 남겨져도 영아는 별로 개의치 않는다. 두 번째는 출생 후 6주에서 8개월까지의 기간으로 본격적으로 애착이 형성되기 시작하는 단계이다. 영아는 친숙한 사람과 낯선 사람에게 다르게 반응하기 시작하는데, 자신이 인지하는 사람에게 웃거나 옹알이를 더 자주 한다. 자신의 행동이 다른 사람에게 영향을 미치는 것을 알게 되며, 자신에게 필요한 사랑과 수용이 언제든 있을 것이라는 신뢰감이 발달되는 시기이다. 낯선 사람과의 구분이 가능하나, 양육자가 자리를 떠나도 분리불안은 보이지 않는다. 세 번째는 6~8개월경부터 18개월경까지로 애착 단계이다. 이 시기의 영아는 애착이 형성된 사람에게 적극적인 반응을 한다. 주요한 애착 대상과의 분리가 있을 시 불안함을 보이는데, 이러한 분리불안은 보편적인 현상으로 애착 대상이 시야에서 사라져도 계속 존재한다는 대상영속성의 개념이 획득되었다는 증거이다. 마지막 단계는 상호관계 형성 단계로 2세 말경에 나타난다. 영아는 정신적 표상과 언어의 발달로 애착을 형성하는 사람의 행동을 예측할 수 있게 되어 분리불안이 감소한다.

(2) 애착유형

에인스워스 등(Ainsworth et al., 1978)은 실험을 통하여 부모와 분리 · 재회하는 낯선 상황에 대한 영아의 반응을 관찰하고 이를 바탕으로 3가지 형태의 애착유형을 제시하였고, 이후 메인과 솔로몬(Main & Solomon, 1990)이 한 가지 애착유형을 추가로 보고하였다. 이를 살펴보면 다음과 같다(정옥분, 2018, p. 433-436).

첫 번째는 안정 애착(secure attachment) 유형이다. 영아는 양육자를 안전기지 삼아 환경을 탐색한다. 양육자와 놀 때도 밀접한 관계를 유지하며, 환경에 대한 탐색도가 높다. 양육자가 보이지 않을 때 찾기도 하지만, 대안적인 위안을 찾아 환경탐색을 시작한다. 안정애착의 양육자는 영아의 욕구에 즉각 반응하며, 안정적인 상호작용을 제공한다.

두 번째는 회피 애착(avoidant attachment)이다. 영아는 양육자에게 별 반응을 보이지 않는다. 양육자가 떠나도 불안해하거나 울지 않고, 돌아왔을 때도 무시하거나 회피하는 반응을 보인다. 회피 애착의 양육자는 영아의 반응에 민감하지 못하고 자기중심적인 경향이 있으며, 따뜻한 상호작용보다는 강압적인 양육을 하는 경우가 많다. 화를 많이 낸다거나 초조하며, 거부하듯 영아를 다루는 경향이 있다. 영아는 양육자와 있는 것을 즐거워하지 않고, 무시하거나 피하는 행동을 보인다.

세 번째로 저항 애착(resistant attachment)이다. 영아는 분리불안이 심하고 양육자와 떨어지려고 하지 않으며 외부 세상에 대한 탐색도 없다. 양육자가 안아 주거나 접촉하여도 안정감을 느끼지 못하며, 화를 내거나 밀쳐 내는 양가감정을 보이기도 한다. 한편으로 양육자를 갈망하기도 하지만 동시에 거부하는 양면성을 보이기도 한다. 저항 애착유형의 양육자는 일정한 기준 없이 기분에 따라 반응하며, 영아의 반응에 무감각하게 반응하여 영아를 불안하게 만든다. 이에 영아는 양육자에게 안정적 애정을 갈구하며 떼를 쓰고 우는 등 불안정한 애착을 보이는 것이다.

마지막으로 혼란 애착(disorganized attachment)이다. 회피와 저항 애착이 결합한 혼돈된 형태가 나타난다. 영아는 양육자와 재회하여 양육자가 안아 주어도 얼어붙은 표정으로 먼 곳을 응시하며 반응하지 않는다. 또 양육자에게 접근하다가도 양육자가 다가오면 멀리 도망가고 피한다. 영아는 양육자에게 접근해야 할지 회피해야 할지 갈피를 못 잡는 혼돈된 형태를 보인다. 학대받는 영아에게 자주 나타나는데, 양육자가 자신을 안전하게 지켜 주는 존재인지, 위협하는 존재인지에 대한 갈피를 못 잡는 경우 매우 혼란스러울 수 있다.

글상자

낯선 상황(strange situation) 실험

낯선 상황 실험은 생후 9개월에서 30개월 사이 아동들의 애착유형을 연구하기 위하여 에인스워스가 고안한 실험 절차를 말하는데, 양육자와 상호작용하는 아동의 행동 양상을 관찰하는 것을 목적으로 하고 있다. 장난감이 있는 방처럼 꾸며진 실험실에서 아동은 다음과 같은 '낯선 상황'을 경험한다.

1. 엄마와 아이만 방으로 들어간다. 이때 엄마는 아동의 탐색 활동에 관여하지 않는다.
2. 낯선 사람이 방으로 들어와 엄마와 이야기하다가, 아이에게 다가간다. 엄마는 방을 나간다.
3. 아이는 낯선 사람과 함께 방에 남아 있게 된다.
4. 엄마가 방으로 들어와 아이를 달랜다. 잠시 후 엄마는 다시 방을 나간다.
5. 이번에는 아이 혼자만 방에 남아 있도록 한다.
6. 낯선 사람이 다시 방으로 들어와 아이를 맞이한다.
7. 엄마가 들어와서 아이를 달래고 진정시킨다. 낯선 사람은 방을 떠난다.

위에서 설명한 시나리오를 바탕으로 각 아동에 대하여 21분 동안 실험을 진행하였으며, 연구자는 아이의 탐색 정도(장난감을 갖고 노는 것 등), 엄마가 방을 나가거나 들어오는 것에 대한 반응, 낯선 사람에 대한 불안 정도 등을 관찰하여 아동의 애착유형을 구분하였다. 이 실험은 애착 이론(attachment theory)의 발전에 중요한 역할을 하였다.

출처: https://en.wikipedia.org/wiki/Strange_situation, 2024. 4. 24. 인출.

2. 영아기와 관련된 발달이론

1) 프로이트의 정신분석이론: 구강기

프로이트에 의하면, 영아기는 출생 후 18개월까지, 즉 구강기에 해당한다. 생활의 원동력이 되는 성적 에너지인 리비도(libido)가 입 주위에 집중되는 시기로, 빨기와 삼키기로 만족을 추구한다. 구강 만족을 느끼게 해 주는 사람에게 애착을 느끼게 되며,

자신의 안전과 애정의 대상으로 인식하며 신뢰감을 발달시키게 된다. 이 시기에 충족되지 못한 욕구는 일생을 통해 지속되며 자신이 불안을 느낄 때마다 모습을 드러낸다. 손가락 빨기, 물어뜯기, 과음, 과잉 섭취 등의 행동은 구강기 고착된 모습일 수 있다.

2) 에릭슨의 심리사회적 발달이론: 신뢰감 vs 불신감

에릭슨의 심리사회적 발달이론은 각각의 단계에서의 발달과업을 설명하고 있다. 영아기에 해당하는 발달과제는 신뢰감과 불신감의 개발이며, 이 시기는 건강한 성격의 기본요소가 되는 신뢰감에 대한 위기를 경험하게 된다. 유아가 이 시기에 신뢰감과 불신감을 적절한 비율로 경험하며 위기를 극복하게 되면, '희망(hope)'이라는 심리적 특질을 획득하게 된다.

이 시기의 영아는 생리 발달에 필요한 충분한 영양(음식)을 공급받고, 돌보는 사람으로부터 보호와 사랑을 느끼는 심리적 안정, 신체 발달과 더불어 자신의 신체가 뜻대로 움직여 주는 신체적 만족감을 느낄 때, 신뢰감을 형성할 수 있다(정익중, 오정수, 2021, p. 105). 신뢰감은 타인과의 관계를 형성하는 데 필수적 요소이다.

3) 피아제 인지발달이론: 감각운동기

피아제는 출생 후 약 2세에 이르는 영아기를 감각운동기로 규정하였다. 이 단계의 중요한 발달과업은 대상영속성의 획득이다. 대상이 눈앞에 보이지 않더라도 지속적으로 존재하고 있음을 인식하는 대상영속성은 아동이 세상을 이해하고 수용하는 중요한 과업이 된다.

3. 영아기와 사회복지실천

1) 다중돌봄과 다중애착

보육 및 돌봄의 건강한 환경 조성은 매우 필요한 조건이며, 애착을 통한 사회 · 정서적 능력을 배워 가는 시기인 영아기에는 더욱 중요하다. 맞벌이 가정의 증가, 핵가족화로 인해 가족에 의한 양육 기능은 계속해서 약화되어 가고 있다. 양육은 전통적으로 어머니에게 맡겨진 역할이었지만(신명희 외, 2022), 여성들의 사회활동이 증가함에 따라, 어머니가 아닌 타인에 의해 양육되는 영아가 많아지고 있다. 따라서 최근 다중 애착에 관한 연구가 부각되고 있는데, 다중 애착(multiple attachment)이란 영아가 두 사람 이상에게서 동시에 애착을 형성하는 것으로, 부모 한 사람만이 아닌, 조부모, 육아도우미, 보육교사 등의 타 양육자에게도 애착을 형성하는 것을 말한다.

맞벌이 부부 증가 및 핵가족화로 영아가 타 양육자와 보내는 시간이 많아지고 있다. 부모는 보육기관보다 조부모나 친인척의 돌봄이나 육아도우미의 도움을 받고자 하나(여성가족부, 2006), 여러 여건상 다양한 보육 기관 및 돌봄 사회서비스를 이용하는 영아가 늘어나고 있다. 2021년 말 기준 영유아보육시설은 총 33,246개소이며 총 1,184,716명의 아동이 보육시설을 이용하고 있다. 10년 전과 비교해 보면, 전체 어린이집의 수는 줄었으나, 국공립 어린이집 수는 2011년 2,116개소에서 2021년 5,437개소로 크게 증가하였다. 이는 영유아 보육의 주체와 역할 책임성이 국가 및 사회정책에서 수렴해야 할 사회적 욕구임을 나타내는 현상인 것이다(보육통계, 2021).

보육기관의 양적 팽창만큼이나 보육환경의 서비스의 질은 매우 중요하게 키워 나가야 하는 부분이다. 보육환경의 일관성은 보육의 질적 수준을 알려 주는 중요한 척도이며, 영아 애착 형성에 주요한 변수가 된다(신명희 외, 2022). 다중 애착에 있어 반드시 어머니만이 영아를 돌보는 것이 좋고 타인에 의한 양육이 애착에 부정적인 영향을 미치는 것은 아니다. 어머니와 불안정 애착을 형성한 영아가 타 양육자와의 애착으로 부정적인 영향을 보상할 수 있다는 연구 결과도 있다(신지연, 2002).

타인이 돌봄을 제공하는 경우, 돌봄 환경, 양육자와 영아의 관계, 양육자의 사명감 및 전문성이 애착의 질을 결정할 수 있다. 그러므로 영아 시설이나 보육시설에서는 안정되고 애정이 담긴 양육을 제공하여 영아가 신뢰감을 구축할 수 있도록 해야 하며, 신체 및 운동, 인지, 언어, 사회성 등 전인적 발달을 지원할 수 있도록 양육 서비스의 질을 높일 수 있도록 노력해야 한다.

2) 빈곤

영아기는 신체적, 사회적, 정서적 발달에 중요한 영향을 미치는 시기이므로 전인적 발달을 도모할 수 있는 환경적 조건이 중요하다. 특히, 신체적 발달을 비롯한 전 영역의 발달 속도가 상당히 빠르므로, 이에 대한 지원은 매우 필요하다고 볼 수 있다.

부모의 보호와 양육에 전적으로 의존할 수밖에 없는 영아기는 빈곤으로부터 직접적 영향을 받을 수밖에 없는 위치에 놓여 있다. 빈곤 자체가 양육환경의 박탈이나 결함의 속성을 가지고 있으며, 빈곤의 만성화와 대물림은 성장 후에 행동 장애나 반사회적 행동을 유발하는 요인이 되기도 한다. 빈곤은 단순히 물질적 자원의 결핍뿐만 아니라, 사회적 박탈과 배제의 개념 속에서 다차원적인 불리함을 발생시킨다.

영유아 자녀 양육 실태를 조사한 연구 결과에 의하면(박은정, 유해미, 2019), 식료품비, 의료비, 문화·여가생활, 주거용 지출, 보육 교육비, 교재교구 놀잇감 등 다양한 영역에서 기초생활수급 가구나 차상위계층은 비수급 가구보다 어려움을 높게 지각하는 것으로 나타났다.

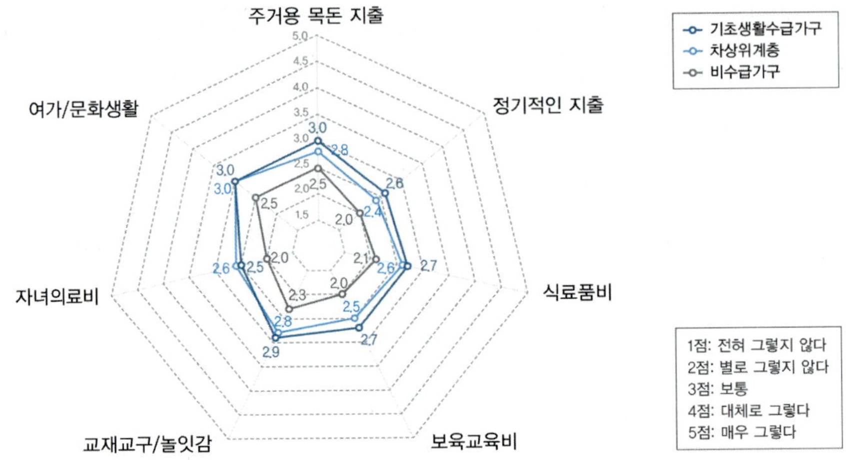

[그림 3-1] 영유아 가구의 경제적 어려움 정도

출처: 육아정책연구소(2020), p. 7

우리나라는 다양한 소득정책을 통해 빈곤 아동의 발달을 지원하고 있는데, 대표적인 것이 아동수당이다. 2000년 초반부터 논의된 아동수당의 경우, 2019년부터 지급 연령을 0~6세에서 0~7세로 확대하였고, 2022년부터 대상 연령을 만 8세 미만(0~95개월)으로 확대하여, 모든 아동에게 수당을 지급하고 있다. 또한, 돌봄 관련 정책으로 2013년부터 0~5세 영유아를 둔 전 계층에게 보편적 보육 서비스를 지원하고 있다.

빈곤은 유아의 발육부진, 발달지체, 낮은 지능, 인지발달 문제, 우울이나 불안과 같은 심리적인 문제 등 다양한 발달 영역에 부정적 영향을 미칠 수 있다. 특히, 영아기는 빈곤의 부정적 영향이 드러나지 않을 수 있으나, 점성적인 발달의 특성을 고려해 볼 때 성인기까지 영향을 줄 수 있다. 따라서 빈곤 가구 아동에 대한 사회복지 정책 및 제도 개발은 지속적으로 이루어져야 할 것이다.

유아기

04 Chapter

출생 후 2세부터 초등학교 입학 전 7세까지의 시기를 유아기로 본다. 유아기는 폭발적인 신체발달을 거듭하는 영아기와 달리, 완만하며 꾸준하게 신체적 성장이 이루어지는 시기이다. 신체가 균형을 잡아 가며 운동기술 및 인지기술이 향상되고, 언어의 발달로 의사소통 및 사회적 활동이 왕성하게 나타나는 시기이다. 유아기는 논리적이거나 이성적 사고를 위한 인지능력이 준비되는 시기라 볼 수 있다. 언어능력 또한 폭발적으로 증가하면서 활발한 의사소통이 이루어진다. 이 시기는 초등학교 입학 전 단계로, 독립적이고 주도적인 생활을 할 수 있는 기초능력을 배워야 하는 중요한 시기이다.

본 장에서는 유아의 신체적, 인지적, 사회적 발달 특성을 알아보고, 이 시기와 관련된 발달 이론을 간략하게 살펴보고자 한다. 마지막으로 유아기에 필요한 사회복지 실천 요소를 탐색하여, 유아의 건강한 발달을 지원할 수 있도록 한다.

1. 발달적 특성

1) 신체적 발달

(1) 신체 성장

유아기의 신체는 꾸준한 성장을 보인다. 영아기의 급격한 성장과는 달리 유아기의 성장 속도는 완만하나 정교함을 갖추어 간다. 신체적 변화 중 큰 특징은 하체가 길어지면서 유아기 때의 큰 머리, 둥글고 통통한 얼굴과 배 등은 찾아볼 수 없게 된다. 체지방이 꾸준히 감소하여 전체적으로 통통하던 영아의 모습에서 홀쭉하고 긴 모습으로 변하게 된다.

유아기 중요한 신체적 발달은 뇌와 신경계의 지속적 성장이다. 물론 영아기만큼은 아니지만, 뇌의 성장은 유아기에도 계속되는데, 5세 유아의 뇌 무게는 성인의 95%에 이른다. 체중도 꾸준히 증가하여 성인의 1/3의 정도에 이른다. 영아기와 같은 폭풍적인 성장은 아니더라도 유아기에도 신장과 체중이 꾸준히 증가함으로 모든 영양소가 포함된 다양한 식품을 골고루 섭취해야 한다.

(2) 운동 발달

유아기에 들면서 운동기능은 급속도로 증가한다(정옥분, 2021, p. 259). 유아기에는 신체 대비 머리 크기가 작아지면서 체중의 중심이 배꼽 아래로 내려간다. 이 때문에 유아가 할 수 있는 대근육 운동 기술이 서서히 증가한다. 2~3세 사이의 유아는 달리기를 시작한다. 3세경은 달리지만, 방향을 바꿀 때는 잠시 정지하고 달리기를 시작하나, 5세경에는 방향을 바꾸며 달릴 수 있다. 영아는 걸을 수 있게 되면 바로 계단을 오를 수 있다. 하지만, 계단을 내려오는 것은 균형을 잡을 수 있는 4세경에 가능하다. 공 던지기 및 공 받기 기술은 아동기와 청년기에도 계속 발달하지만, 기본기술은 유아기에 습득된다. 유아들에게 공을 활용한 신체활동은 기초체력과 대근육 운동기능을 증진시키는 것으로 나타났다.

유아기는 눈과 손의 협응과 소근육 운동도 급속히 발달함으로 손의 사용이 정교해진다(정옥분, 2021, p. 264). 대근육 운동보다는 소근육 운동 기술을 습득하는 것이 훨씬 어렵다.

완벽하지는 않지만, 3세 때부터 엄지손가락과 검지 손가락으로 물건을 집을 수 있다. 4세가 되면, 블록을 탑처럼 높이 쌓을 수 있고, 구두끈을 매고, 가위로 선을 따라 오릴 수 있다. 5세경에는 블록으로 탑을 쌓는 등의 단순 놀이에는 관심이 없고, 집이나 교회 등 완성된 건물을 만들려고 한다. 종이를 반으로 접을 수 있고, 글자나 숫자를 베낄 수 있으며, 크레용으로 색칠할 수 있다. 소근육을 활용하는 활동의 대표적인 예가 그림 그리기인데, 3세경에는 원, 정사각형, 직사각형 등의 모양, 4세경에는 사람을 그릴 때 눈은 큰 점으로, 다리는 막대기 모양으로 그리고, 5세 때는 그림을 제법 잘 그리게 된다. 그림 그리기는 뇌와 소근육이 성숙하였음을 반영한다(Keiiogg, 1970; 정옥분, 2021, p. 265 재인용).

2) 심리 · 정서적 발달

(1) 인지발달

이 시기의 인지발달은 피아제의 전조작기에 해당하는 시기이다. 원인과 결과의 관계에 대하여 논리적 사고를 할 수 없는 단계이며, 논리적 사고를 준비하는 인지적 특성들이 나타난다.

유아기 초기에 나타나는 인지적 특징으로 물활론적 사고가 있다. 생명이 없는 사물도 자신과 같은 감정과 생명이 있다고 믿는 것이 물활론적 사고의 특성인데, 인형을 재우고 눕히고 함께 노는 것이나 나무와 하늘과 대화를 하는 것을 예로 들 수 있다. 4~5세경이 되면 물활론적 사고는 서서히 감소한다.

외부 세계를 표상하기 위해 상징을 사용한다. 예를 들면, 이 시기의 유아는 냉동실 문을 열지 않고도 아이스크림을 생각하고 차갑고 맛있는 아이스크림의 특징을 생각할 수 있다. 이전에 관찰했거나 모방한 것을 바탕으로 인형이나 물건을 사람으로 상상하며 가상의 상황을 설정하고 놀 수 있는 가상놀이가 발달하는데, 이때 의사소통을 위한 상징체계로 언어를 사용한다(신명희, 2021, p. 195).

이 시기의 유아는 중심화로 사물을 인지한다. 즉, 사물의 다양한 특성을 보지 못하고 한 가지 특성만을 보는 것이다. 또한, 하나의 사실에만 주의를 기울이고 그 대상을 규정짓는 직관적 사고의 특징을 보인다. 직관적 사고는 보존개념이나 분류에도 영향을 미치는데, 사물의 겉모습에만 집중함으로 겉모습은 달라도 그것의 속성, 즉 길이, 부피, 양, 면적 등은 변하지 않는다는 보존개념을 이해하기 어렵다. 하지만 인지가 발달하며 유아기 후반인 6~7세경에는 수, 질량, 길이, 용액에 관한 보존개념이 형성되고 유사점과 차별점을 구별, 범주화할 수 있는 능력이 발달한다(신명희, 2021, p. 195-199).

(2) 정서 발달

유아기의 정서는 영아기와 크게 차이가 없으며, 영아기(2세 이전)에 분화되었던 정서가 유지된다(정옥분, 2021, p. 289). 유아기가 되면 정서를 표현하는 단어를 사용하거나, 이해하는 능력이 급속도로 증가하는데, 슬픔과 같은 부정 정서보다는 행복과 같은 긍정 정서를 좀 더 쉽게 이해한다. 하지만, 사람들이 진짜로 느끼는 정서와 표현되는 정서가 다를 수 있다는 것을 이해하지 못한다. 유아의 감정은 욕구와 관련이 있어, 유아 자신이 원하는 것을 가지면 다른 사람들도 행복하고, 반대로 가지지 못할 경우, 다른 사람들도 불행할 것이라고 유추한다(신명희 외, 2022, p. 216).

정서를 행동으로 표현하는 정서 규제 능력 또한 유아기에 극적으로 증가한다. 좌절에 대한 참을성은 2세경에 나타나 유아기에 극적으로 증가하는데, 부모에게 떼쓰거나 반항하는 것이 영아기 때보다는 줄어든다. 또한, 유아는 좌절에 수반되는 긴장을 감소시키는 전략을 사용하는 법을 배우게 된다.

유아기 시기에 강하게 나타나는 정서는 호기심이다(정옥분, 2021, p. 412). 이 시기는 주위 인물이나 사물에 호기심을 강하게 나타내며, '왜'라는 질문을 끊임없이 하는 시기이다. 자신의 신체나 성에 대한 호기심도 증대된다.

(3) 자기개념의 발달

유아기의 심리적 발달에서 중요한 것은 자기개념이다. 자기 자신에 대한 능력, 태도, 느낌을 포괄하는 자기개념은 유아기 이전부터 발달하지만, 사회적 관계를 수행하면서 구체적으로 형성된다. 4세 이전까지는 구체적이고, 관찰 가능한 모습을 자기개념으로 규정한다면, 5~7세경에는 내재적인 특성을 고려한 자아개념을 형성한다. 예를 들면, '나는 가나다라 한글을 쓸 수 있어', '높은 곳에서 뛸 수 있어' 등의 구체적인 자신의 모습을 묘사하는 것에서, 5~7세경의 유아는 '나는 착해', '나는 똑똑해' 등 일반화된 자아개념이 형성된다.

남성과 여성을 구분하는 인지 개념이 발달함에 따라 자신의 성에 맞는 성 역할 지식을 획득하게 된다. 사회가 규정하는 성에 적합한 행동, 태도, 가치관을 습득하는 과정을 성 역할의 사회화라 하는데, 성 역할은 인지능력과 연관되어 발달한다(정옥분, 2021, p. 299).

콜버그(Kohlberg, 1966)는 성 역할 인식 과정을 3단계로 설명하고 있다. 첫 번째 단계는 성 정체감 단계이다. 2~3세경 유아는 자신을 남자 또는 여자로 구분하는 것이 가능하고, 남아는 블록 집짓기 여아는 인형 놀이를 선호하게 된다. 두 번째 단계는 성 안정성 단계이다. 4세경의 유아는 한번 형성된 성은 시간이 지나도 변하지 않는다는 것을 이해하며, 남자는 자라서 남자 어른이 되고, 여자는 자라서 여자 어른이 된다는 것을 알게 된다. 마지막 단계는 성 일관성 단계로 의복이나 머리 모양, 행동의 외양 속성이 달라도 성은 변화되지 않는다는 것을 알게 된다. 이러한 성 역할 인지는 대략 5~6세경에 확립된다(신명희 외, 2022, p. 221).

3) 사회적 발달

유아기는 사회성을 발달시키는 최적의 시기(신명희 외, 2021, p. 229)이며, 영아기에 비해 대인관계 폭이 넓어지고 다양해지는 시기이다(정옥분, 2021, p. 289).

유아기의 언어발달은 단어의 획득 및 숙달로 의사소통이 영아기에 비해 효율적이다. 하지만 자기중심적 경향이 있어, 의사소통에서도 사회화된 언어보다 자기중심적인 특성을 보인다. 물론, 이는 점차 줄어들어 유아기 말쯤이면 사회화된 언어를 사용하게 된다(정옥분, 2021, p. 287). 2~3세경에 두 단어의 문장을 사용하게 된 후, 세 단어 이상을 이용하여 문장을 만들 수 있다. 유아는 추상적인 단어의 다양한 의미와 느낌을 이해하지 못함으로 얼굴표현이나 몸짓을 필요로 한다. 4세경이 되면 말할 때 듣는 사람이 이해하기 쉬운 형태로 바꾸어 이야기하려고 한다(정옥분, 2021, p. 284).

유아의 사회성 발달에 중요한 역할을 하는 것이 놀이이다. 가정을 벗어나 또래 집단으로 사회적 접촉의 범위가 확대되며, 놀이를 통해 사회적 관계 및 사회적 역할과 기술을 습득하게 된다. 유아는 놀이 하는 동안 신체활동을 활발히 하며, 대근육과 소근육을 발달시킨다. 또한, 놀잇감을 보고 만지는 등의 탐색 활동을 통해 감각 및 지각 능력을 발달시킨다. 인지, 언어, 정서 발달은 놀이를 통해 왕성하게 이루어진다.

옳고 그름을 구별하는 도덕성은 유아기에 형성되기 시작하는데, 유아는 처음에는 성인에 의해 도덕성이 통제되다가 자신의 내적 기준에 따라 옳고 그름을 판단할 수 있게 된다. 도덕성 또한 인지발달과 병행하여 진행되는데, 4세까지는 규칙을 이해하지 못해 도덕적 판단을 할 수가 없으나, 5~6세경에는 두드러진 특성이나 결과에 기초하여 도덕적 판단을 하게 된다.

글상자

자율성(自律性)

자율성(autonomy)은 auto '자신'과 nomy '다스리는 것'의 단어의 조합이다. 자율성은 자기 마음대로 한다는 것이 아니다. 자율성은 어원에서와 같이 스스로 다스리며, 자신의 행동에 책임을 가지는 것이다. 즉, 자신의 고집을 관철하는 것이 자율성의 존중이 아닌, 행동에 대한 책임을 지는 것까지 배우는 것이 자율성을 확립시켜 가는 것이다.

흔히 우리나라에서는 주도성과 자율성이 높아지는 유아기를 '미운 네 살'로 표현하기도 한다. 서양에서도 끔찍한 두 살(terrible twos)이라고 할 만큼 유아는 자신의 고집을 세우며, 행동의 수준도 높아진다.

에릭슨에 의하면 자율성은 내부에서 생겨난다. 자신의 괄약근을 통제하고, 자기 발로 서며, 손을 자유자재로 사용할 수 있는 생물학적 성숙이 스스로 할 수 있다는 자율성을 발달시킨다. 자신의 생각과 감정을 표현하며, 자신이 선택한 일을 수행하고 책임을 다하는 행동이 자율성이다. 유아는 부모의 요구에 '안 해', '싫어', '내가 할 거야'라는 말로 자신의 입장을 주장하고 거부하는 행동을 나타내는데, 이때 부모는 유아의 언어와 행동이 어떤 것을 의미하는지 이해하여야 하며, 제한해야 할 행동은 분명히 제한하고 허용할 것은 허용해 주는 일관성을 유지해야 한다. 유아가 자율적 발달을 시도할 때 부모는 이러한 유아의 자율적 행동을 가족의 구성원으로서 도움을 주는 행위로 인정하며, 유아의 독립성을 인정해 주어야 한다. 이를 통해 자신을 다스리는 진정한 자율성을 습득할 것이다.

2. 유아기와 관련된 발달이론

1) 프로이트의 정신분석이론: 항문기 및 생식기

프로이트에 의하면 유아기는 출생 후 3세까지인 항문기와 3~5세까지의 생식기에 해당한다.

항문기는 성적 에너지인 리비도가 항문으로 이동하는 시기이다. 이 시기가 되면 유아는 대소변의 의사를 표현할 수 있게 되고 대소변 훈련이 가능해진다. 대소변 훈련 시 유아는 즉각적으로 만족을 시킬지, 늦출지에 대하여 갈등하게 되는데, 유아는 항문의 긴장을 풀면서 생기는 쾌감을 뒤로 미루는 법을 배우게 된다. 대소변 훈련에 임하는 부모의 자세나 양육 태도는 유아의 성격발달에 영향을 미칠 수 있다. 유아가 원하지 않을 때 강제적으로 배변훈련을 시키게 되면 무질서하게 되거나 지나치게 강박적인 완벽주의 성향을 지닌 성인으로 성장할 수 있다(정익중, 오정서, 2021, p. 101). 안전한 배변훈련은 유아에게 배변 행위의 중요성을 인식시켜, 창조력과 생산력의 바탕이 될 수 있다.

생식기에 해당하는 3~5세는 리비도가 성기에 머무르는 시기이다. 프로이트는 성 역할에 대한 인식, 성 정체성의 발달을 남아는 오이디푸스 콤플렉스, 여아는 엘렉트라 콤플렉스를 극복하며 발달하는 것으로 설명하였다.

남아의 경우는 어머니에 대한 애정과 사랑을 독차지하려는 열망과 함께 아버지가 자신을 해치지 않을까 하는 두려움(거세 불안)을 극복하기 위해 동성인 아버지를 동일시하게 된다는 것이다. 여아의 경우에는 아버지에 대해 강한 소유욕과 애정을 품으며, 어머니에 대한 경쟁의식을 가진다. 그러나 시간이 지나면서 동성인 어머니의 모습을 닮으려는 기제가 일어난다는 것이다. 이성인 부모에 대한 사랑과 동성인 부모에 대한 경쟁심과 적대감이 처벌받을 줄 모른다는 두려움과 부모의 사랑을 잃을 줄 모른다는 강한 불안이 나타난다. 이를 극복하기 위해 동성의 부모를 동일시(identification)하면서 불안을 극복한다.

2) 에릭슨의 심리사회적 발달이론: 자율성 대 수치심, 주도성 대 죄의식

에릭슨의 심리사회적 발달이론은 1.5세에서 3~4세는 자율성 대 수치심, 3~4세에서 5~6세경은 주도성 대 죄의식으로 발달 과업을 설명하고 있다.

자율성 대 수치심 시기의 유아는 혼자 서고 걸으며 물건을 잡는 등의 신체 기술이 발달한다. 주위 탐색을 스스로 시도하며 자유로이 외부 세계를 탐색하고자 하는데, 이 때 부모와 유아 사이에서 통제를 둘러싼 갈등이 심화된다. 아동은 나와 너를 구분하고

'내가', '내 것'의 자기 세계를 분명히 하며, 부모의 통제에 '아니야' 반복을 시작한다. 유아 자신의 방법과 속도로 행동하는 것이 허용되고 격려받는 경험을 지속적으로 하게 되면 자율성이 발달한다. 미성숙한 상태에서 외부 통제가 너무 빨리 또는 엄격하게 이루어지거나 방임 또는 과보호에 노출되게 되면, 유아는 자신의 통제 능력을 의심하면서 외부의 환경을 스스로 통제할 수 없다는 무력감으로 수치심이 발생한다.

유아는 주도적으로 어른들의 활동을 관찰하며 이를 따라 하려고 하며 참여하고 싶어 한다. 창의성, 진취성, 상상력을 극대화하며, 호기심이 많아지고 배우고 싶어 하는 것이 많아지는 시기이다. 한편, 질투와 경쟁심도 최고조에 달해 실패도 경험하는 시기이다.

유아는 이 시기에 주도성을 가지고 활기차게 새로운 과제를 습득하려고 노력하는데, 부모가 이를 처벌하거나 무시하게 되면 자신의 주도적 행동에 대한 자신감을 잃고 죄의식을 갖게 된다. 죄의식이 강한 아동은 스스로를 무가치하다고 생각하고, 체념하거나 의존적이게 되고 목적의식이나 용기가 없어진다. 따라서 유아의 건강한 인격 발달을 위해서는 유아의 상상력이나 진취적인 활동을 격려해야 한다.

3) 피아제 인지발달이론: 전조작기

피아제는 약 2세에서 7세에 걸치는 유아기를 전조작기로 분류하였다. 이 시기의 특징은 언어의 획득, 상징사용의 증가, 제한적이지만 논리적인 사고가 출현한다. 유아기의 중요한 발달과업은 상징을 획득하고, 언어능력을 발달시키는 것이다. 유아는 2세부터 사물을 상징적으로 표상하는 단어를 사용하는데, 대부분은 한 단어로 이루어진다. 4세경이 되면, 언어능력은 점점 확대되고, 자신감을 가지게 되면서, 문법을 활용할 수 있고, 상대방의 말을 듣고 이해할 수 있다. 이 시기의 유아는 어른처럼 말하지만, 어른들과 같은 사고를 하지는 않는다(정익중, 오정수, 2021, p. 110).

전조작기는 다시 전 개념적 사고기와 직관적 사고기로 나누어진다. 전 개념적 사고기의 특징으로는 상징적 사고, 자기중심적 사고, 물활론적 사고 등이 있으며, 직관적 사고기의 특징으로는 사고의 중심화(centration) 경향을 들 수 있는데, 보존개념, 유목화, 서열화 등에 반영되어 나타난다.

3. 유아기와 사회복지실천

1) 부모 양육태도

유아기는 인간 생애에 걸쳐 신체적, 사회적, 정서적 발달에 중요한 영향을 미치는 시기이다. 이 시기의 발달에 가장 많이 영향을 주는 사람은 양육을 제공하는 부모이다. 부모와의 긍정적 정서 관계, 일관성 있고 애정이 있는 부모의 보살핌과 양육은 유아의 심리·정서적 발달에 결정적인 영향을 미친다.

바움린드(Baumrind, 1991)는 100명의 유아를 대상으로 실시한 종단연구의 결과를 바탕으로, 부모의 양육 태도를 애정(warmth)과 통제(control)의 두 가지 요소에 따라 다음과 같은 네 가지 유형으로 분류하였다.

첫째, 권위 있는 부모 유형은 일관성 있는 양육 태도를 보인다. 허용과 엄격한 통제를 적절히 사용하는데, 양육과정에서 자녀의 반발이 있을 시 이를 원칙에 따라 엄격하게 통제한다. 부모는 자녀의 인지적, 사회적 역량에 맞추어 행동과 자율성을 가질 수 있도록 독려하고 성숙한 행동을 요구한다. 강제적인 방식이 아닌 부모의 통제에 따라야 하는 이유를 충분히 자녀에게 설명하며, 자녀의 의견을 청취하고자 한다. 이러한 부모의 양육방식은 유아로 하여금 사회기술을 높이고, 인지발달을 촉진하는 것으로 나타났다. 또한, 권위 있는 부모 유형은 유아의 자율성을 발달시켰으며, 유아가 독립적이며, 성취지향적인 방향으로 행동하도록 유도하였다.

둘째, 독재적인 부모 유형은 규준보다는 통제하는 것에 역점을 둔다. 따라서 자녀는 부모의 말을 따라야 하는 이유를 모를 수 있으며, 부모에게 이의를 제기할 수 없다. 부모는 자녀가 굴복하기를 강요하며, 자녀와의 대화 등과 같은 상호작용을 거부한다. 이러한 부모의 자녀는 다소 예민하고 불친절하며 우울한 경향을 보였으며, 인지, 사회 기술 모두 잘 발달하지 못하는 문제를 보였다.

셋째, 허용적인 부모 유형은 양육의 규준보다는 자녀의 충동성을 지나치게 허용한다. 부모는 자녀에게 예의범절이나 성숙한 행동을 요구하지 않으며, 자녀 스스로가 자신의 행동을 통제하도록 허용한다. 허용적인 부모 아래에서 자란 아동의 특징은 자기 통제가 다소 부족하며 독립심이나 성취감이 낮았다. 특히, 남아의 경우는 공격적인 모습이 있고, 인지 및 사회기술에서 성취가 낮은 것으로 나타났다.

넷째, 무관심한 부모 유형은 자녀에게 반응하지 않고 방임적이다. 자녀의 기대나 욕구에 관심이 없으므로 이에 맞는 양육이나 지도 행태는 나타나지 않는다. 무관심한 부모의 자녀는 대체로 활동 동기나 목표가 없었으며, 스스로 통제하는 능력이 부족하였다.

유아 또는 아동기에 나타나는 여러 문제는 부모의 양육 태도와 연관성이 높다. 특히, 반사회적인 행동을 하는 유아의 경우, 부모의 양육방식이 대체로 거칠고, 훈육에 일관성이 없으며, 자녀와 긍정적인 상호작용을 거의 하지 않는다는 특징이 있다. 또한, 유아의 적절한 행동이나 비행 행동에 대해 일관된 보상이나 제재가 주어지지 않고, 공격적인 행동을 허용한다. 이에 아동은 강제적인 수단을 통해 타인의 행동을 통제하는 것을 배우게 되고 적절한 사회적 행동을 배우는 데 실패하게 된다(신명희 외, 2022, p. 226-228).

부모의 양육 태도는 유아의 자기개념 및 사회기술, 성인이 된 후의 삶의 태도에도 영향을 미치는 근본적인 요인이 된다. 건강한 양육 태도로 유아를 양육하고, 안정적인 애착 관계를 형성할 수 있도록 부모를 대상으로 교육과 정보를 제공해야 한다. 특히, 건전한 양육과 보호가 유아에게 제공될 수 있도록 빈곤 및 위기가정, 다문화, 이혼 가정 등을 위한 다양한 사업이 확대되어야 할 것이다.

2) 놀이와 발달

아동의 놀 권리는 국제사회에서도 강조하고 있다. UN 아동권리 협약에서는 아동의 여가, 놀이, 문화의 권리를 명시하고 있다. 하지만 이러한 국제적 기류와는 반대로 우리나라 아동은 놀 권리보다는 교육권에 대한 과중한 강조로 아동기에 누려야 할 권리를 박탈당하고 있다(김미숙 외, 2018).

그레이비(Gravy, 1977)는 놀이의 특징을 다음과 같이 정리하고 있다(이경희, 2010, p. 293-294, 재인용).

첫째, 놀이 사건은 놀이의 구조를 갖는다. 놀이의 구조 안에서는 유아의 내적 현실이 외적 현실보다 우선한다. 놀이 시, '척하는(as if)' 행동은 현실의 제한을 넘어선 새로운 가능성을 실험해 볼 수 있다.

둘째, 유아 내면의 동기에 의해서 만족을 얻게 되는 목적으로 놀이 활동을 추구한다.

셋째, 유아의 놀이는 목적 지향적 행동보다 융통성이 있고, 목적보다 놀이 과정과 놀이 수단 자체를 중요하게 여긴다.

넷째, 유아의 놀이는 자신이 스스로 선택하는 자율성을 추구하는 행위이다. 유아들이 유치원에서 블록쌓기를 스스로 선택했을 때는 이를 놀이로 생각하지만, 교사가 지시했을 때는 이를 작업으로 여긴다. 자유로운 선택인 놀이는 작업과 다르게 즐거움을 제공한다.

다섯째, 기쁨과 즐거움을 느낀다. 가파른 미끄럼길이 때로는 걱정과 공포를 수반하지만, 유아가 반복해서 미끄럼을 타는 것은 즐거움이 느껴지기 때문이다.

현대에 들어와서 아이들은 빈곤, 전쟁, 학대, 산업화, 학업적 성취 강조, 차별 등으로 세계 곳곳에서 놀이 실종 위기를 겪고 있다. 일상에서 할 수 있는 자연스러운 놀이의 실종은 여러 유형의 발달 장애, 폭력, 일탈 행위로 이어진다(이숙, 2003). 유아의 발달단계에 적합한 놀이와 게임은 불안감을 완화시켜 주며 관계 형성을 촉진하고 흥미와 에너지를 자극함으로써 참여와 집중도를 높일 수 있다(정문자, 김은영, 2005).

한편, 이 시기에는 스마트폰 등 미디어 매체에 대한 조기 접촉에 관심을 가져야 한다. 최근 유아의 스마트폰 사용과 미디어 노출 시간이 해마다 증가하고 있다. 과학기술정보통신부(2021)에 따르면 2016년에서 2021년까지 아동·청소년의 스마트폰 과의존 위험률이 모두 증가하였으며, 특히, 유치원생의 경우 2016년부터 스마트폰 과의존률이 지속적으로 증가추세를 보이고 있다.

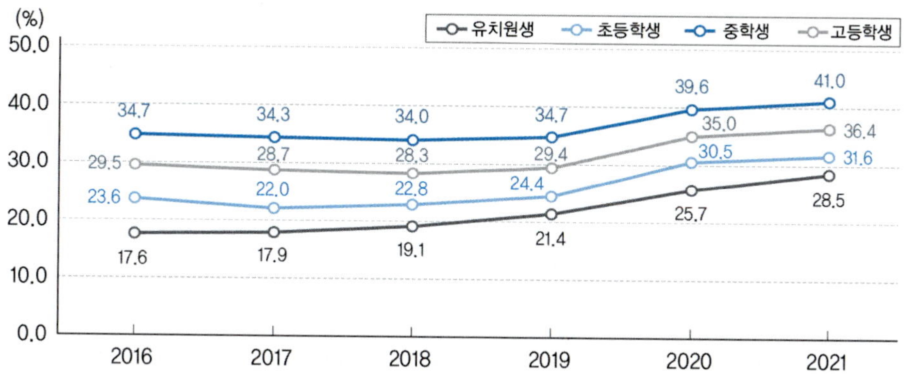

[그림 4-1] 스마트폰 과의존 위험율(2016~2021)

출처: 과학기술정보통신부(2022)

스마트폰과 같은 미디어들은 일방적으로 제공되는 자극으로, 장시간 노출될 때 유아의 감각 익히기, 행동 형성 등의 발달에 부정적인 영향을 미칠 수 있다. 이에 유아를 돌보는 가정이나 돌봄 기관에서는 미디어 사용을 최소화하고, 발달단계에 맞는 신체, 감각, 인지 등 다양한 요소를 자극할 수 있는 놀이를 제공할 수 있도록 해야 한다.

아동기

05

Chapter

학자들에 따라 아동기를 명명하는 정의는 다양하지만, 아동기는 대체로 초등학교에 다니는 7세에서부터 12세까지의 시기에 해당한다. 아동기는 아동의 생활 중심이 가정에서 학교로 옮겨지기 때문에 학령기라 칭하기도 하고, 신체적으로 2차 성징이 나타나기 이전 시기인 성적 중성기, 영유아기와 청소년기에 비해 상대적으로 조용한 발달이 이루어지는 시기이기 때문에 잠복기 등으로도 불린다.

아동기는 이전 시기에 비해 신체 발달의 속도는 점진적이고 완만하게 이루어지지만, 운동능력의 발달은 활발하다. 또한, 이 시기의 아동은 가정뿐만 아니라 학교에서의 경험이 중요하게 작용한다. 대부분의 시간을 학교에서 보내면서 지적 측면과 더불어 심리적, 사회적 측면에서도 성장한다. 이러한 성장과정 속에서 부모, 친구, 교사와의 관계가 중요한 사회적 발달의 토대가 되며, 아동이 살아가는 데 필요한 기본지식과 사회성을 배우게 된다.

본 장에서는 아동기의 신체적 발달, 심리 · 정서적 발달, 사회적 발달로 나누어 아동기 발달적 특성을 살펴보고, 아동기와 관련된 발달 이론을 통해 아동기 발달의 이해를 돕고자 한다. 또한 아동기 발달 과정에서 고려해야 할 사회복지실천 요소를 살펴보고자 한다.

1. 발달적 특성

1) 신체적 발달

(1) 신체 발달

아동기 신체 발달은 점진적이고 지속적이며 완만하게 진행된다. 영유아기와 같은 급속한 신체적 성장과 성숙은 일어나지 않지만, 꾸준한 성장이 이루어지며 전체적인 신체발달의 속도가 안정되는 시기다. 우리나라 아동의 평균적인 발달은 〈표 5-1〉과 같다.

〈표 5-1〉 7~12세 신체발육 표준치

구분	남자		여자	
	신장(cm)	체중(kg)	신장(cm)	체중(kg)
7세	122.1	24.2	120.8	23.4
8세	127.9	27.5	126.7	26.6
9세	133.4	31.3	132.6	30.2
10세	138.8	35.5	139.1	34.4
11세	144.7	40.2	145.8	39.1
12세	151.4	45.4	151.7	43.7

출처: 보건복지부, 대한소아청소년과학회(2017)

아동기 신체 발육에는 개인차가 존재하지만 대체로 신체 발육 표준치에서 보는 바와 같이 7세에서 9세까지는 남아의 신체 발육이 앞서지만, 10세에서 12세까지는 여아의 신체 발육이 앞서는 것으로 나타나고 있다. 그러나 청소년기에 들어서면서 다시 남아의 신체 발육이 여아보다 우세하게 나타난다.

신체 발육 과정에서 일부 아동들은 뼈의 성장이 신체의 성장 속도보다 빨라서 성장통(growing pain)을 겪기도 하는데, 아동의 10~20% 정도가 경험하는 것으로 알려져 있다. 성장통의 원인은 정확히 알려지지 않지만, 전문가들은 성장하면서 뼈를 싸고 있는 골막이 늘어나 주위의 신경을 자극하기 때문이라고 추측한다. 또한, 뼈가 자라는 속도에 비해 근육이 더디게 자라기 때문이라는 주장도 있고 스트레스를 원인으로 보기도 한다(정옥분, 2019, p. 475-476).

또한, 최근 신체 발달의 불균형 현상으로 2차 성징의 징후들이 여아는 8세, 남아는 9세 이전에 나타나는 성조숙증(조발사춘기)이 증가하고 있으며, 초등학교 저학년 시기에 성조숙증을 우려해 진료받는 사례가 증가하고 있다.

글상자

아동기 성조숙증

성조숙증은 사춘기가 빨리 오는 질병으로 사춘기 지연과 반대이며, 처음에는 키가 빨리 자라지만 성장판이 일찍 닫혀 최종 키는 평균 미만인 경우가 많다.

성조숙증의 정확한 원인은 밝혀진 바 없으나 유전적 요인, 식습관, 환경호르몬 등 복합적인 요인으로 알려져 있으며, 신체 전반적인 불균형을 초래할 수 있어 관리가 필요한 것으로 보고되고 있다.

한국 아동의 성조숙증 증가 경향을 살펴본 최규희와 박승찬(2022) 연구에 따르면, 2019년 이후 성조숙증 진단을 받은 환자 수가 급격히 증가하고 있으며, 특히, COVID-19 팬데믹 시기 성조숙증 진단을 받은 아동의 수가 증가한 것으로 나타났다.

19세 이하 아동 · 청소년을 5세 미만, 5세~9세, 10세~14세, 15세~19세의 연령으로 구분하였을 때, 성조숙증 진단을 받은 남아는 10세~14세의 비중이 가장 높았고, 여아의 경우 5세~9세가 가장 많은 비중을 차지하는 것으로 나타났다.

〈표 5-2〉 성조숙증으로 진단된 연간 환자 수

구분	2016	2017	2018	2019	2020	2021
전체	86,352	95,524	102,886	108,576	136,334	166,645
남자	7,957	9,447	11,099	12,676	17,163	27,254
여자	78,395	86,077	91,787	95,900	119,171	139,391

출처: 최규희, 박승찬(2022), p. 3

아동기에는 젖니가 빠지고 영구치가 나게 되면서 치아 구조에 변화가 생기고, 좋지 못한 식습관과 부적절한 치아 관리로 충치가 생기기 쉬우므로 집중적인 치아 관리가 필요한 시기이다.

아동기 구강 관리 현황을 살펴보면, 2019년 대비 2021년 건강검진 결과 충치 및 치주 질환과 같은 구강질환 비율은 다소 줄어든 것으로 나타났으나, 정기검진을 통해 지속적인 관리가 필요하다.

〈표 5-3〉 2019년 대비 2021년 충치 유병률 증감 현황

구분	초1	초4
2019	28.70%	28.87%
2021	21.24%	23.50%
증감(연평균)	△7.46%p(△3.73%p)	△5.37%p(△2.69%p)

출처: 교육부(2022), p. 6

(2) 운동기능 발달

아동기 운동기능은 이전 시기보다 정교해진다. 대근육과 소근육의 지속적인 성장으로 아동은 신체적으로 더 유연해지고 자신의 신체를 자유롭게 활용할 수 있는 수준까지 이르게 된다. 다양한 운동을 통해 신체적 균형을 시험해 보고 신체 각 부분의 조정과 통합을 추구하며 신체 유연성이 증가한다.

아동기에는 자전거 타기, 수영, 줄넘기, 야구, 농구, 술래잡기 등 대근육 운동기능의 발달과 더불어 중추신경계의 수초화(myelination)[1]가 증가하면서 소근육 운동기능도 증가하게 된다. 손과 손가락을 사용하는 소근육 운동기능의 증가로 다양한 악기연주나 수공예 등의 활동 능력이 향상된다(정옥분, 2019, p. 484).

1) 뉴런의 가지 돌기들은 지방막이 덮임으로써 신경전달 속도가 빨라지는데 이렇게 지방막이 덮이는 것을 수초화라고 한다.

〈표 5-4〉 아동기 대근육 운동기능의 발달

구분	운동 발달
7세	눈을 감고 한쪽 발로 균형을 잡을 수 있음. 5cm 정도의 평균대 위를 넘어지지 않고 걸을 수 있음. 사방치기 놀이를 할 수 있음. 거수 도약 운동을 할 수 있음
8세	발을 번갈아 가며 한 발로 뛸 수 있음. 여러 가지 놀이를 할 수 있음
9세	작은 공을 12m 정도 던질 수 있음. 25cm 정도의 높이로 뛰어오를 수 있음
10세	1초에 5m 정도를 달릴 수 있음
11세	1.5m 정도의 멀리뛰기를 할 수 있음
12세	1m 정도의 높이로 뛰어오를 수 있음

출처: Feldman(2006), p. 307: 신명희 외(2013), p. 236 재인용

2) 심리 · 정서적 발달

(1) 자기이해의 발달

아동기에는 자아개념과 자아존중감이 발달하게 되는데, 자기 자신에 대한 이해에서 출발하게 된다. 자아개념(self-concept)은 신체적 특징, 개인적 기술, 특성, 가치관, 희망, 역할, 사회적 신분 등을 포함한 '나'는 누구이며, 무엇인가를 깨닫는 것을 의미한다(정옥분, 2020, p. 366). 자아개념은 자신과 타인이 구분되는 특성으로 자신에 대한 지각과 평가를 의미하며, 어떤 행동을 하기 전에 상황을 평가하고 그 결과를 예상하는 데 영향을 미치게 된다(Cooley, 1902; 천정웅 외, 2019, p. 62-63 재인용).

아동이 적절한 자아개념을 발달시키기 위해서는 4가지 발달과제가 필요하다. 첫째, 다른 사람을 공감하기 시작해야 한다. 즉, 다른 사람이 자신에게 어떤 행동을 기대하는지 알아야 하고, 다양한 역할을 배워야 한다. 둘째, 자신을 둘러싸고 있는 사회의 복잡함과 불일치를 배워야 한다. 여기에는 관계, 역할, 규칙을 포함한다. 셋째, 자기 행동에 대해 일정한 기대를 발달시켜야 한다. 아동은 무엇이 옳고 그른지 스스로 결정해야 한다. 넷째, 자기 행동에 대해 책임감을 가져야 한다. 아동은 자신에 대해 보다 확신하면서 대안을 선택하고 자기 행동을 통제할 수 있어야 하고, 자신의 행동을 관리하는

효과적인 방법을 알아야 한다(Zastrow & Kirst-Ashman, 2002, p. 134-135).

자아개념이 나는 누구인가에 대한 인지적 측면이라면, 자아존중감은 자신에 대한 감정적 측면으로 볼 수 있다. 아동기 자아개념 및 자아존중감의 발달에는 부모, 교사, 친구의 영향과 평가가 중요한 영향을 미치게 된다. 자아존중감(self-esteem)은 자신의 존재에 대한 긍정적 또는 부정적 견해로 자기 존재에 대한 느낌이라 할 수 있다. 자아존중감은 자신이 다른 사람에게 중요하게 여겨지는 인간 상호작용으로부터 싹트고, 작은 성취나 칭찬 또는 성공을 통해서 형성된다.

아동기 자아존중감은 학업, 신체, 사회성의 3가지 측면에서 형성하게 되는데 아동의 연령이 증가함에 따라 세분화된다. 예를 들면, 학업적 자아존중감은 읽기, 셈하기, 기타 과목 등으로 세분화되고, 사회적 자아존중감은 또래 관계와 부모와의 관계로 나누어진다. 그리고 신체적 자아존중감은 신체적 능력과 외모로 세분화된다. 이렇게 분화된 자아존중감은 전반적 자아존중감으로 통합되어 위계적인 구조를 형성하게 된다(정옥분, 2020, p. 368).

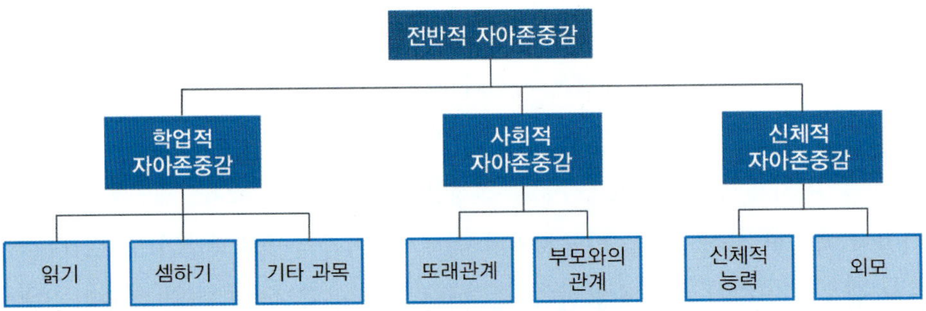

[그림 5-1] **자아존중감의 위계적 구조**

출처: 정옥분(2020), p. 369

(2) 언어, 창의성 발달

아동들은 학교생활을 하면서 문자언어, 어휘 수, 발표력, 문법력, 독해력 등 언어적으로도 급속한 발달이 나타나게 된다. 이러한 문자언어나 어휘 수의 증가는 상황을 객관적으로 인식하고 개념화할 수 있는 능력의 향상을 가져오고, 그 결과 영유아기에 비해 훨씬 조직적이고 논리적인 사고를 하는 것이 가능해진다. 또한, 환경에 적응하는 총체적 능력을 나타내는 지능도 영유아기보다 급속도로 발달하게 된다. 이러한 지능을 바탕으로 융통성 있는 사고를 통한 새로운 아이디어의 고안 능력을 나타내는 창의성도 영유아기에 비해 증가하게 된다(강상경 외, 2021, p. 255).

(3) 인지 발달

아동기 인지능력은 유아기보다 현저히 발달한다. 아동기의 사고는 유아기의 직관적 사고에서 논리적 사고로, 중심화 현상에서 탈중심화로, 비가역적 사고에서 가역적 사고로 변하게 된다. 그러나 아동기의 사고는 구체적인 것, 자신이 직접적으로 경험한 세계에 한정되며, 추상적이고 가설적 개념을 이해하는 데에는 한계가 있다(정옥분, 2020, p. 342). 즉, 아동기 인지발달은 '구체적인 경험 중심의 논리적 사고'이다. 논리적 조작이 가능해지면서 보존개념을 획득하고 분류와 서열의 기능이 가능해진다. 구체적 조작기에 도달하면서 아동은 학교생활 속에서 자신의 생각과 다른 친구의 생각을 비교할 수 있으며 그만큼 사고의 폭도 넓어진다. 전조작기의 자아중심성이나 중심화로부터 점차 벗어나게 된다(신명희 외, 2013, p. 243).

피아제는 이러한 사고의 특성을 구체적 조작기로 설명하였고, 주요 특성인 보존개념, 유목화, 서열화 개념 등을 습득하고 자기중심성을 극복할 수 있다고 보았다.

보존개념에는 가역성, 보상성, 동일성 개념의 획득이 전제되어야 한다. 가역성은 어떠한 상태 변화가 그 변화의 과정을 거꾸로 시행하면 다시 원래 상태로 돌아갈 수 있다는 것이며, 보상성은 높이의 감소가 너비의 증대로 보상된다는 것이고, 동일성은 어떤 방법으로든 더하거나 빼지 않으면 양은 동일하다는 것으로 설명할 수 있다.

구체적 조작기의 아동은 물체를 공통의 속성에 따라 분류하고 한 대상이 하나의 유목에 속하는 것으로 분류할 수 있다. 물체를 한 가지 속성에 따라 분류하는 단순 유목화와 물체를 두 개 이상의 속성에 따라 분류하는 다중유목화의 개념이나 상위유목과 하위유목 간의 관계를 이해하는 유목 포함의 개념을 습득하게 된다(정옥분, 2020, p. 344).

또한, 구체적 조작기 아동은 사물을 영역별로 차례대로 배열할 수 있는 능력을 획득하게 된다. 한 가지 속성에 따라 대상을 비교하면서 순서대로 배열하는 단순 서열화뿐만 아니라 두 가지 이상의 속성에 따라 대상을 비교해서 순서대로 배열하는 다중서열화도 가능하다. 가령, 여러 개의 자동차를 크기와 종류에 따라 동시에 배열할 수 있게 된다(신명희 외, 2013, p. 247).

3) 사회적 발달

(1) 학교와 교사

아동기의 사회적 발달이 이루어지는 대표적인 장은 학교라 할 수 있으며, 학교라는 공식적인 교육기관을 통해 사회가 요구하는 기본적 사회기술을 습득하게 된다. 아동은 학교생활을 통해 사회화 과정을 겪게 되며, 학교에서 경험하는 교사와 또래와의 관계는 아동기 발달에 매우 중요하게 작용한다.

아동기는 학교에서의 규칙적인 생활을 통해 사회적 규범을 배우게 되고, 친구들과의 상호작용을 통해 사회적 유능감을 습득하게 된다. 특히, 교사는 아동의 사회화 과정에 중요한 영향을 미치는데, 주로 저학년 아동이 고학년 아동보다 교사의 영향을 더 많이 받는 것으로 알려져 있다. 아동은 교사의 행동과 지도 방법을 바탕으로 사회적으로 바람직한 행동과 관련 규범을 학습한다.

(2) 또래 친구

초등학교에 입학하면 아동은 또래들과 접촉하고 관계를 유지해 나간다. 학교생활을 하면서 부모 및 가족의 영향력은 다소 줄어들고, 또래 관계가 중요시된다.

이 시기 아동은 또래와의 상호작용을 통해 동일한 문제에 대한 다양한 견해가 존재할 수 있다는 것을 알게 되며, 또래와 함께 놀이함으로써 사회적 규칙을 학습하게 된다. 또래와의 상호작용은 아동으로 하여금 자기중심성에서 탈피하여 융통성 있는 성인과 같은 사고에 접근하도록 도와준다(정은, 2014, p. 225).

또한, 주로 동성의 친구들과 어울리기를 좋아하고 부모와의 관계에서도 동성의 부모와 동일시하여 역할의 본보기로 삼아 동성의 부모와 특별한 관계를 맺는 경향이 있다(강상경 외, 2021, p. 257).

(3) 단체놀이의 경험

아동기에는 집단놀이(group play)보다는 단체놀이(팀 놀이, 팀 스포츠)를 선호하게 되고, 아동은 단체놀이를 통해 공동 목표를 위한 상호의존, 노동의 분화, 경쟁 등을 배우게 된다.

아동은 단체놀이를 통해 다음의 세 가지를 배우게 되며, 이러한 경험이 아동의 사회적 발달을 돕는다(Newman & Newman, 2018; 이인정, 최해경, 2020, p. 109-110 재인용).

첫째, 상호의존성을 학습하게 된다. 아동은 집단의 목표를 개인적인 목표보다 상위에 놓는 것을 배우게 된다. 아동은 팀에 대한 소속의 경험을 통해 자신의 행위가 전체 집단의 성공이나 실패에 영향을 준다는 것을 의식하고, 자신이 못했더라도 팀이 승리하면 기쁘지만, 자신이 아무리 잘했더라도 팀이 패배하면 고통스럽다는 것을 이해하게 된다. 단체놀이를 통해 자신을 내세우기보다 팀의 모든 구성원이 서로 의존하고 가장 약한 구성원을 도와주는 것이 전체의 이익이 된다는 것을 알게 된다.

둘째, 분업의 원리를 배운다. 아동은 친구들과 단체놀이에 참여함으로써 분업이 목적을 성취하기 위한 효과적인 전략임을 이해하게 된다. 사회의 공동체가 분업의 원리에 따라 움직이고 있다고 볼 수 있으므로, 팀에 대한 소속의 경험을 통해 분업의 원리를 깨우치는 것은 매우 중요하다.

셋째, 경쟁의 여러 측면을 깨우친다. 단체놀이는 승리와 패배의 구분이 명확하다.

아동은 단체놀이에 참여함으로써 패배를 경험하고 패배를 피하고자 팀에 헌신하는 경험을 하게 된다.

(4) 대중매체 영향

현대사회 아동은 다양한 대중매체(TV, 인터넷, 컴퓨터, 스마트폰 등)에 노출되어 있으며, 아동의 사회적 발달은 대중매체의 영향을 받는다.

1965년 실시된 반두라의 보보인형 실험에 따르면, 아동이 관찰하는 내용에 따라 학습 내용이 달라질 수 있으므로 전자매체로 인한 사회적 발달의 긍정적, 부정적 영향을 고려해야 한다(강상경 외, 2021, p. 257).

지식정보사회에서 아동은 다양한 전자매체를 통해 학습이나 필요한 지식들을 신속하게 획득하여 유익하게 활용하기도 한다. 반면, 무분별한 컴퓨터, 스마트폰 등의 이용을 통해 중독 수준의 게임을 하거나 폭력적이고 선정적인 내용에 노출되기도 한다.

대중매체가 아동에게 미치는 순기능도 있지만 아동의 사회적 발달에 미치는 부정적 영향들을 고려해 부정적 영향으로부터 아동을 보호하고, 대중매체를 올바르게 활용할 수 있도록 지도하는 것이 중요하다(엄태완, 2020, p. 346).

〈표 5-5〉 **아동의 대중매체 보는 습관을 기르기 위한 지침(American Academy of Pediatrics: AAP)**

- 대중매체 시청 시간을 분명하게 제한한다. 특히, TV 시청의 경우, 아동의 하루 시청 시간을 1~2시간으로 제한한다.
- 가정에서 TV나 인터넷의 영향력을 최소화한다. 반드시 필요한 경우가 아니면 사용을 제한하도록 지도한다.
- 가족과의 대화를 우선순위로 한다. 특히, 식사 중에는 항상 TV나 인터넷을 끄도록 한다. 대중매체가 가족의 중심에 있지 않도록 주의한다.
- 아동과 의논하여 미리 대중매체의 사용 시간을 계획한다.
- 아동에게 상을 주거나 벌을 주는 데 대중매체를 사용하지 않는다.
- 아동과 함께 TV나 인터넷을 본다. 아동이 보는 내용을 이해할 수 있도록 도와준다.
- 대안을 마련해 준다. 아동이 TV나 인터넷에 장시간 노출되는 것은 부모의 책임이 크다. 아동이 집 안과 밖에서 하는 활동을 격려하고 지지한다. 특히, 운동은 아동에게 매우 중요하다. 또한, 특별한 가족

활동을 고안해 보는 등 매체를 대체할 수 있는 다른 활동을 지지한다.
- 무엇보다도 부모가 지도하는 내용에 대해 솔선수범을 보인다. 부모가 종일 대중매체에 빠져 있으면서 아동에게 제한을 둘 수는 없다.

출처: 신명희 외(2013), p. 270

2. 아동기와 관련된 발달이론

1) 프로이트의 심리성적 발달단계: 잠복기(6~11세)

아동기는 구강기, 항문기, 남근기를 거치면서 성인과 거의 유사한 성격 구조를 갖추게 된다. 성격을 구성하는 3가지 요소(id, ego, superego)는 5세까지 거의 모두 형성되며, 이 요소들 간의 관계도 확고해진다.

프로이트의 심리성적 발달단계에 따르면, 아동기는 성 에너지(리비도)가 무의식 속으로 잠복하는 시기인 잠복기에 해당한다. 잠복기는 엄밀한 의미에서 심리성적 발달단계에 속하지 않는 것으로 보기도 한다. 이 시기의 아동들은 원초아는 약해지고 자아와 초자아가 강해진다. 성적 충동은 활동을 중단하게 되며, 학교생활, 취미, 운동, 우정관계 등으로 승화시킨다. 이성보다 동성과의 관계가 중심이 되며, 동성의 또래를 동일시하는 경향이 있다.

2) 에릭슨의 심리사회적 발달단계: 근면성 대 열등감(6~12세)

에릭슨의 심리사회적 발달단계에 따르면, 이 시기의 발달과업은 열등감을 과도하게 느끼지 않으면서 근면성을 개발하는 것이다.

이 시기 아동의 중심 발달과제는 개인적으로 의미 있는 목표를 세우고 달성하며 근면함을 개발하는 것이다. 아동은 인지적, 사회적 기술을 습득하거나 협동적인 활동을 위해 근면성을 발달시킨다. 사회생활 기술의 습득, 학습 후의 성취감, 또래집단에서도 자신이 잘할 수 있다는 우월감, 타인의 인정 등은 근면성 획득의 결정적 요소가 된다. 한편, 자신의 학습이나 운동능력을 또래들과 비교하며 느끼게 되는 심리사회적 위기는 열등감이다. 이 시기의 아동에게 성취의 기회를 제공하지 않거나 성취한 결과에 대해 비난하게 되면, 아동은 열등감에 빠지게 된다(엄태완, 2020, p. 101; 조흥식 외, 2010, p. 77).

3) 피아제의 인지발달단계: 구체적 조작기(concrete operational period, 7~12세)

피아제의 인지발달단계에 따르면 아동기는 구체적 조작기에 해당한다. 구체적 조작기 단계에 있는 아동의 인지구조는 전조작기에 있는 아동에 비해 현저하게 발달된 형태를 띤다.

구체적 조작기 아동은 세 가지 논리(가역성, 동일성, 보상성)를 바탕으로 보존개념을 획득한다. 또한, 이 시기 아동은 대상물이 지닌 공통된 속성에 따라 분류하고 배열하는 유목화 및 서열화의 개념도 획득한다.

구체적 조작기 아동의 인지적 특성은 현존하는 사물이나 현상에 국한하여 조작적 사고가 가능하다는 점이다. 하지만 아직 현존하는 것을 초월하여 여러 가지 상황이나 조건을 가정한 상태에서 사고를 하는 형식적 조작기 수준의 인지적 사고를 하는 것에는 한계가 있다.

4) 콜버그의 도덕발달단계: 전인습적 사고와 인습적 사고

콜버그는 피아제의 인지발달이론에 근거해 도덕발달이론을 확립하였고, 도덕성 발달단계에서는 각기 다른 인지능력이 필요하다고 보았다.

콜버그는 도덕발달이 약 4세부터 성인기까지 이어지는 것으로 보았으며, 발달단계를 3가지 수준, 6가지 하위단계로 구분하여 제시하였다. 첫 번째는 전인습적 수준이다. 이 단계의 도덕적 판단은 자기중심적이다. 두 번째 단계는 인습적 수준이다. 이 수준에 도달하여 도덕적 규범을 따르기 위해서는 다른 사람의 입장을 이해할 수 있어야 한다. 마지막 단계는 후인습적 수준이다. 이 단계의 도덕적 추론은 형식적, 조작적 사고가 필요하므로 구체적 조작기에 있는 아동이 도달하기는 어렵다(정옥분, 2020, p. 379).

아동기에 속하는 발달수준은 전인습적 수준과 인습적 수준에 해당한다. 전인습적 사고 단계의 아동은 복종에 대한 부모의 요구를 통해 추론을 배우며, 체벌을 피하고자 하는 차원에서 옳은 것과 잘못된 것을 인식하기 시작한다. 한편, 학령기 아동은 사회로부터의 인정을 추구하기 시작한다. 콜버그는 이 시기의 아동은 동료나 환경과의 상호작용 내에 존재하는 외적인 힘으로부터 영향을 받는다고 보았다(Polan & Taylor, 2021, p. 18-19).

〈표 5-6〉 **콜버그의 도덕발달 단계**

수준/연령	단계	주요 발달과제
전인습적 수준 (보통 4~10세)	1. 체벌과 복종 지향 단계 2. 도덕적 상대주의 지향 단계	• 행위는 체벌에 대한 공포로부터 동기화 • 행위는 자기중심성과 자신에 대한 염려에서부터 시작
인습적 수준 (보통 10~13세 및 성인기에 들어설 때까지)	3. 상호적 동조 지향 단계 4. 법과 질서 지향 단계	• 행위는 타인의 기대로부터 동기화 • 인정과 수용에 대한 욕구가 큼 • 행위는 권위에 대한 존경으로부터 동기화
인습 이후의 수준(청소년기부터 발생 가능)	5. 사회적 계약과 법률 지향 단계 6. 보편윤리적 원칙 단계	• 행위는 보편적인 법률과 도덕적 원칙을 따름 • 내적인 가치들에 의해 이끌어짐 • 행위는 명예, 정의, 인간 존엄에 존중 등 내재화된 원칙에 따름 • 양심에 의해 이끌어짐

출처: Polan & Taylor(2021), p. 19

3. 아동기와 사회복지실천

1) 영양결핍과 비만

아동기의 신체적 성장과 발달을 위해서는 충분하고 균형 있는 영양 섭취가 매우 중요하다. 건강한 신체발달을 해치는 요인으로는 영양결핍 문제와 아동기 비만 문제가 있다.

먼저, 아동기 영양결핍 문제는 흔히 저소득 가정, 빈곤가정 아동에게서 두드러질 수 있는데, 「아동복지법」 제35조(건강한 심신의 보존)는 결식 예방 및 영양개선에 관한 사항을 명시하고 있다. 저소득 가정 아동의 결식을 예방하고 영양을 개선하기 위해 아동 급식 지원사업을 추진하고 있으며, 2000년 아동 석식 사업을 시작으로 현재는 지방자치단체에서 조식, 석식, 토·공휴일 및 방학 중 중식을 지원하고 교육청에서는 학기 중 중식(학교급식)을 지원하고 있다.

2022년 아동급식 지원대상 아동은 283,858명으로 이 중 기초생활수급가정 아동이 58.4%, 차상위계층 5.4%, 기타 36.2%로 나타나고 있다.

〈표 5-7〉 **아동급식 지원대상 아동 현황**

연도	계	기초	차상위	기타*
2018	357,127	171,494(48.0%)	30,608(8.6%)	155,025(43.4%)
2019	330,014	162,754(49.3%)	27,080(8.2%)	140,180(42.5%)
2020	308,440	166,198(53.9%)	20,676(6.7%)	121,566(39.4%)
2021	302,231	173,008(57.2%)	17,224(5.7%)	111,999(37.1%)
2022	283,858	165,698(58.4%)	15,328(5.4%)	102,832(36.2%)

* 한부모, 긴급복지, 중위소득 52% 이하, 지역아동센터 · 복지관 이용
출처: 보건복지부(2023), p. 4

한편, 아동기 성장을 위해 단백질을 비롯한 영양소의 충분한 섭취가 필수적이나, 이 과정에서 비만이 되지 않도록 유의해야 한다. 교육부 자료(2021)에 따르면, 2019년 대비 2021년 과체중 및 비만 비율은 전체적으로 증가한 가운데, 과체중은 2019년 11.1%에서 2021년 12.7%로, 비만은 2019년 13.7%에서 2021년 18.7%로 증가한 것으로 나타났다. 아동기 비만의 원인은 유전적 요인, 잘못된 식습관, 인스턴트 음식 섭취, 운동 부족, 호르몬 대사 이상 등 다양하고 복합적이다.

〈표 5-8〉 **비만 아동 현황**

구분		체질량지수(BMI) 기준 비만도*(%)											
		저체중			정상			과체중			비만		
		남	여	전체	남	여	전체	남	여	전체	남	여	전체
2019	초1	5.9	5.3	5.6	70.1	74.8	72.4	9.0	10.3	9.6	15.0	9.6	12.4
	초2	4.2	5.9	5.1	69.7	74.5	72.0	10.2	9.6	9.9	15.9	10.0	13.0
	초3	5.0	6.6	5.8	67.2	71.6	69.4	10.8	11.4	11.1	17.0	10.4	13.8
	초4	5.2	6.1	5.6	65.7	72.8	69.1	12.7	10.9	11.8	16.5	10.2	13.4
	초5	4.8	5.7	5.2	64.6	71.9	68.1	13.0	10.9	12.0	17.7	11.4	14.7
	초6	5.3	5.4	5.4	63.6	71.5	67.4	13.3	11.1	12.2	17.8	12.0	15.0
	계	5.1	5.8	5.4	66.8	72.9	69.8	11.5	10.7	11.1	16.6	10.6	13.7
2021	초1	6.2	5.1	5.7	66.7	72.5	69.6	9.0	10.4	9.6	18.1	12.0	15.1
	초2	4.5	5.9	5.1	62.6	68.8	65.7	10.8	11.1	11.0	22.1	14.2	18.2
	초3	3.0	6.1	4.5	58.9	64.6	61.7	14.5	13.9	14.2	23.6	15.4	19.6
	초4	3.9	5.3	4.6	57.0	67.9	62.3	15.2	12.4	13.8	23.9	14.4	19.3
	초5	2.8	4.8	3.8	59.1	66.4	62.6	15.5	11.8	13.7	22.6	17.0	19.9
	초6	3.5	4.3	3.9	57.1	69.3	63.0	14.5	12.2	13.4	24.9	14.2	19.7
	계	3.9	5.2	4.6	60.2	68.2	64.0	13.3	12.0	12.7	22.6	14.6	18.7

* 체질량지수(BMI, kg/㎡) 기준 비만도: 저체중 5백분위수 미만, 정상체중 5백분위수 이상 85백분위수 미만, 과체중 85백분위수 이상 95백분위수 미만, 비만 95백분위수 이상

출처: 교육부(2022), p. 10 & 20

아동기 신체적 성장과 발달을 위해서는 건강한 신체 발달을 저해하는 영양결핍 문제와 아동기 비만 문제가 발생하지 않도록 지속적인 지원과 관리가 필요하다.

2) 주의력결핍 과잉행동장애(ADHD)

주의력결핍/과잉행동 장애(attention deficit/hyperactivity disorder, ADHD)는 아동기에 많이 나타나는 장애이다.

ADHD의 증상은 부주의, 과잉행동, 충동성의 세 가지 패턴으로 관찰된다. 부주의 패턴은 보통 5~7세경부터 나타나며, 과잉행동보다 오랜 기간 지속되지만, 일반적으로 청소년기가 되면 감소한다. 주의를 집중하지 못하고 실수를 잘하며 규칙이나 지시를 따르지 못한다. 지속적인 정신력이 필요한 작업을 싫어하고 거부하며 외부 자극으로 인하여 생각이 쉽게 흩어진다. 과잉행동 패턴은 손이나 발을 가만히 두지 못하고 항상 움직이거나 몸을 비트는 등의 행동을 보인다. 일정한 장소에서 뛰거나 기어오르며 계속해서 쉴 새 없이 움직인다. 충동성 패턴은 질문이 채 끝나기 전에 대답을 불쑥해버리고 다른 사람이 하는 일을 방해하거나 간섭한다(신명희 외, 2013, p. 274).

ADHD의 정확한 원인은 밝혀지지 않았지만, 유전적 원인이나 도파민 등의 신경전달물질, 전두엽 발달 등과 관련된 뇌의 신경생물학적 요인이 결정적인 것으로 알려져 있다.

ADHD의 치료는 약물치료와 비약물치료로 구분할 수 있으며, 약물치료는 ADHD의 약 70%~80% 정도에서 효과적이다. 단, 일반적으로 임상적으로 증상이 심하지 않은 경우에는 약물치료 없이 환경 개선, 부모 상담, 행동 수정 등을 활용한다. 약물치료와 더불어 행동치료 기법을 이용한 심리사회적 치료, 부모 상담을 병행할 때 가장 효과적이다(국가정신건강정보포털, https://www.mentalhealth.go.kr/).

국민건강보험공단(2017)에 따르면, ADHD의 경우 5~14세의 아동이 진료를 가장 많이 받는 것으로 나타났다. 주의력결핍 과잉행동장애의 경우 학습장애, 품행장애, 사회성 발달 등에 부정적인 영향을 줄 수 있지만 조기 개입할 경우 긍정적인 적응 결과를 보일 수 있다. 따라서 ADHD 아동에 대한 조기 발견과 그에 따른 체계적인 치료가 중요하며, 학교, 가정, 의료 및 사회복지기관의 협력을 통한 조기 개입이 중요하다(강상경 외, 2021, p. 260).

〈표 5-9〉 **ADHD 특징 및 개입 전략**

구분	부주의	과잉행동	충동성
유형 및 특징	• 주의집중 결여 • 실수가 잦음 • 규칙이나 지시를 따르지 못함 • 부모나 교사가 말할 때 귀 기울여 듣지 않는 것처럼 보임 • 자신이 하는 일에 조직적이지 못함 • 장시간의 정신력이 필요한 작업을 싫어하거나 거부함 • 물건을 자주 잃어버림 • 외부 자극으로 생각이 쉽게 흩어짐 • 일상적 활동을 자주 잊어버림	• 손이나 발을 항상 움직이거나 몸을 비트는 등 가만히 있지를 못함 • 일정한 장소에서 지나치게 뛰어다니거나 기어오름 • 여가 활동을 평온하게 즐기지 못함 • 계속해서 쉴 새 없이 움직임 • 자주 지나치게 말을 많이 함	• 질문이 채 끝나기 전에 불쑥 대답함 • 차례를 기다리지 못함 • 다른 사람이 하는 일을 자주 방해하거나 간섭함
교실 내 개입 전략	• 가능한 주의집중이 잘되는 곳에 앉게 함 • 주의사항을 눈에 잘 보이는 칠판에 적고 완성한 과제도 다시 확인하는 습관을 길러 줌 • 시험이나 과제를 써 내는 것을 최소화하고 어떤 변화가 있을 때는 미리 알려 주어 준비할 수 있게 함	• 꼭 움직여야 할 때는 다른 사람에게 방해되지 않고 에너지를 방출할 수 있는 방식을 사전에 의논해서 실천하도록 함 • 과제나 시험을 차분하게 수행할 수 있도록 주기적인 심부름으로 적절히 에너지를 사용하게 함	• 잘못된 행동을 했을 때 다른 사람의 주의를 끌지 않는 방식으로 지도함 • 행동 계약과 행동 기록표를 통해 아동 스스로 자신의 부적절한 행동을 점검하도록 하고, 적절한 행동에 대해서는 구체적 칭찬을 통해 긍정적으로 강화함

출처: 신명희 외(2013), p. 275; 손병덕 외(2014), p. 299-230 내용 가운데 일부 발췌하여 재정리함

3) 아동학대

아동학대는 아동의 신체적, 심리적, 사회적 발달을 심각하게 저해하는 요인이다. 아동학대란 보호자를 포함한 성인이 아동의 건강 또는 복지를 해치거나 정상적 발달을 저해할 수 있는 신체적 · 정신적 · 성적 폭력이나 가혹행위를 하는 것과 아동의 보호자가 아동을 유기하거나 방임하는 것을 말한다(「아동복지법」 제3조 제7호).

아동학대 유형으로는 신체적 학대, 정서적 학대, 성 학대, 방임으로 구분된다. 2022년 아동학대 통계 현황(보건복지부, 2023)에 따르면, 정서학대(10,632건, 38.0%)가 가장 많았고, 중복학대(9,775건, 34.9%), 신체학대(4,911건, 17.6%), 방임(2,044건, 7.3%), 성 학대(609건, 2.2%) 순으로 나타났다.

한국의 아동학대 사례가 어느 정도인지 정확히 알 수는 없으나 보고되고 있는 아동학대 현황보다는 많을 것으로 예상하고 있다.

우리나라 전체 아동 인구는 지속적으로 감소하는 반면 아동학대 사례는 증가하면서 학대 피해아동 발견율은 점차 증가하고 있다. 피해아동 발견율은 2018년 2.98%에서 2021년 5.02%로 점차 증가하다가 2022년 3.85%로 다시 감소한 것으로 나타났다. 미국의 피해아동 발견율이 8%대임을 고려할 때, 우리나라 피해아동 발견율은 낮은 편에 속한다.

〈표 5-10〉 **연도별 피해아동 발견율**

구분	2018	2019	2020	2021	2022
추계아동인구 (0~17세)	8,225,490명	7,888,218명	7,678,893명	7,487,738명	7,256,021명
아동학대 사례	24,604건	30,045건	30,905건	37,605건	27,971건
피해아동 발견율	2.98%	3.81%	4.02%	5.02%	3.85%

주: 피해아동 발견율이란 아동인구 1,000명 대비 아동학대로 판단된 아동 수를 의미함
출처: 보건복지부(2023), p. 60

아동학대는 아동의 전인적 발달에 매우 치명적인 영향을 미칠 수 있어 지속적인 사회적 인식 개선, 예방과 조기 발견이 선행되어야 하며, 아동보호전문기관을 중심으로 지역사회 연계 체계 구축 및 다각적 지원이 이루어져야 한다.

06 Chapter

청소년기

청소년기(adolescence)의 연령 구분은 법이나 학자에 따라 차이를 보이고 있다. 우리나라의 「아동복지법」에서는 아동을 18세 미만의 자로 규정하고 있고 「청소년 기본법」에서는 청소년을 9~24세로, 「청소년 보호법」에서는 19세 미만으로 규정하고 있다. 청소년기는 아동기와 성인기 사이의 시기로, 본서에서는 중학교와 고등학교 학령기인 13세~18세까지로 규정하고자 한다.

청소년기란 용어는 라틴어 'adolescere'에서 유래된 것으로 성장 또는 성숙을 의미한다. 일반적으로 청소년기란 제2차 성징이 나타나는 시기부터 성인 이전의 시기까지를 말한다. 다시 말해서, 청소년기는 부모나 성인에게 의존적이던 아동기에서 독립적 생활의 영위가 가능한 성인기로 이행되어 가는 과도기이며, 생리적, 심리적, 사회적 변화들이 복합적으로 이루어지는 시기이다(허정철, 2004, p. 243).

청소년기는 아동기에서 성인기로 넘어가는 중간 시기이자 성적 미성숙에서 성숙으로, 의존에서 독립으로 나아가는 과도기라 할 수 있다. 한편, 청소년기는 인생의 어느 시기보다도 활기차고 생기발랄하며 열정과 꿈으로 가득 차 있고 자신감과 용기를 보이는 시기로 평가할 수 있다. 그러나 정작 청소년기를 막 지난 청소년에게 청소년기에 대해 물어보면 긍정적인 단어보다는 부정적인 단어를 더 많이 떠올리면서 행복했던 시기로 느끼는 경우가 그다지 많지 않다. 청소년은 스스로 고민해야 할 것도 많고, 수행해야 할 과업도 많다 보니 이 시기가 행복하게만 느껴지지 않는 경향을 보인다(김향초, 2015, p. 13-14).

또한, 청소년기는 신체적 성숙이 급격히 이루어지며 정서적 변화가 급격히 일어나는 질풍노도의 시기 또는 제2의 반항기로 평가되며, 사회적으로는 아직도 주변인에 머물러 있는 발달적 특징을 보인다(전남련 외, 2010, p. 100). 본 장에서는 청소년기의 신체적 발달, 심리 · 정서적 발달, 사회적 발달로 나누어 청소년기의 발달특성을 살펴보고, 청소년기에 해당하는 학자들의 이론을 별도로 정리하여 청소년기의 이해를 도모하고자 하였다. 마지막으로 청소년기 사회복지실천현장에서 고려해야 할 요소들에 대해 다루어 보고자 한다.

1. 발달적 특성

1) 신체발달

(1) 신체적 성장

청소년기가 되면 신장 및 체중이 급격히 증가하는데, 이 시기를 제2의 성장급등기(second growth spurt) 혹은 청소년기 성장급등기(adolescent growth spurt)라고 지칭한다. 이러한 신체적 급등 현상은 여자가 남자보다 2~3년 정도 빠르게 나타나서 여자의 경우 11세경에, 남자의 경우는 13세경에 시작해서 4년 정도 지속되지만 개인적인 차이가 존재한다(Tanner, 1991; 엄태완, 2022, p. 358 재인용). [그림 6-1]과 같이, 우리나라 청소년의 경우에 초등생부터 중학생까지 급격한 성장이 이루어지고 있으며, 신체와 체중의 급변화는 여학생이 남학생에 비해 좀 더 빠르게 나타났다.

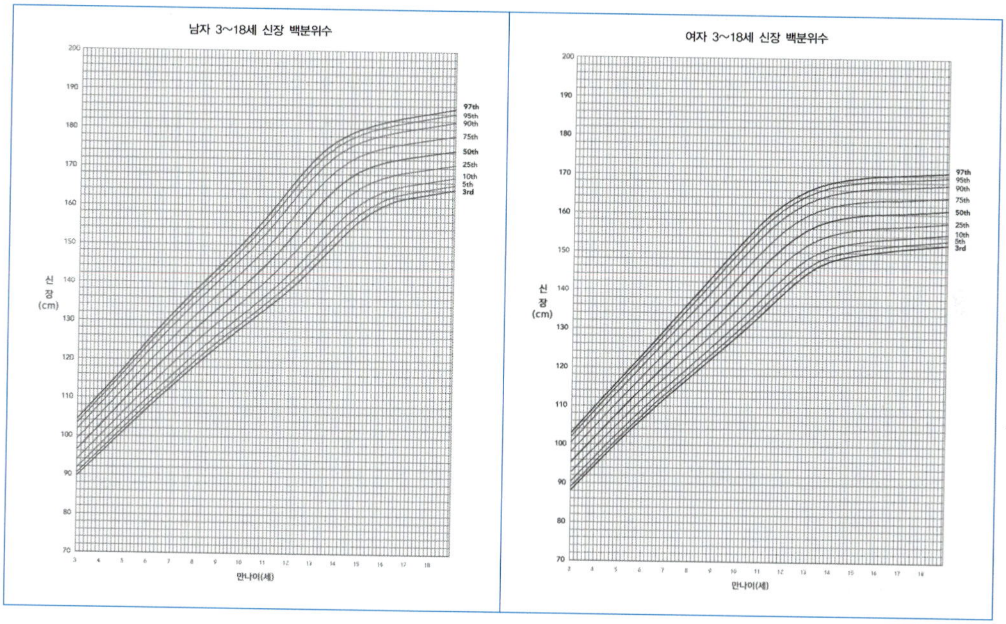

[그림 6-1] 소아청소년 성장도표

출처: 질병관리본부(2023)

또한, 청소년(중학교 3학년 남아 기준) 신장의 경우 1990년에는 평균 162.5cm에서 2021년에는 170.8cm로 8cm 이상 증가하였고, 몸무게의 경우에는 1990년 51.0kg에서 2021년 67.5kg으로 16kg 이상 증가한 것으로 나타났다. 이처럼 청소년들의 키와 몸무게는 과거에 비해 상당히 증가한 것을 알 수 있다.

〈표 6-1〉 **학교급별 평균 신장(키), 체중(몸무게) 현황(단위: cm, kg)**

구분	성별	2021년		2010년		2000년		1990년	
		키	몸무게	키	몸무게	키	몸무게	키	몸무게
초6	남	153.6	52.1	150.2	46.1	148.1	42.0	144.1	36.0
	여	153.2	47.6	151.2	44.4	149.2	41.8	145.8	37.0
중3	남	170.8	67.5	168.9	61.5	167.2	57.7	162.5	51.0
	여	160.7	55.3	159.6	53.2	158.9	52.5	156.6	49.0
고3	남	174.1	71.5	173.7	68.1	173.0	65.3	170.1	61.0
	여	161.1	58.2	160.9	55.6	160.5	54.9	158.6	53.0

출처: 교육과학기술부(2011); 교육부(2022)

이 시기에는 급격한 신체 구조적인 발달의 영향으로 신체 내부기관의 발달도 현저하게 나타난다. 그중에서도 가장 특징적인 신체 내부기관의 발달은 내분비선의 발달이다. 청소년기에 여드름이 나는 것도 내분비선의 발달로 인하여 지방이 과대해지기 때문이다. 성호르몬의 분비로 인하여 남자 청소년은 어깨가 벌어지고 각진 외모를 가지게 되며, 여자 청소년은 체지방이 증가하고 골반 부위가 발달하며, 허리가 가늘어지고 어깨 폭이 좁고 둥근 체형으로 변화된다(권중돈, 2014; 엄태완, 2022, p. 358 재인용).

청소년기의 급격한 신체적 변화는 청소년 개인의 자존감에 많은 영향(서정석 외, 1999)을 미치게 된다. 청소년기에 있어서 신체상(body image)은 자기-개념(self-concept), 자존감의 중요한 부분으로 자리 잡는다. 청소년은 성별과 상관없이 자신의 신체적 외양에 대해 많은 관심을 갖는다. 청소년은 급격히 변한 자신의 신체적 외양에 놀라움, 불안, 열등감, 혹은 자신감, 성취감 등을 느끼게 된다. 청소년은 자신의 신체 변화와 친구의 신체 변화 정도를 비교함으로써 자기 신체의 발달이 정상적인지 아닌지를 고민하게 되고 심지어는 신체적 열등감을 갖기도 한다. 또래보다 성숙이 빠르거나(조숙) 늦게 되면(만숙) 자기 스스로 또는 주변 사람으로부터 또래와는 다른 반응과 기대를 갖게 되면서 친구와 다르게 행동하려는 경향을 강하게 나타낸다. 조숙 청소년은 또래 사이에서 인기가 더 많고 리더 지위를 갖는 경향이 있는 반면, 늦게 성숙한 청소년은 덜 안정적이고 자의식이 강하며 과장된 행동이 많은 경향이 있다(김향초, 2015, p. 23).

(2) 성적 성숙

사춘기(puberty)는 라틴어 'pubertas'에서 유래하였으며 이는 '성인'을 뜻한다. 즉, 신체적 · 생리적 변화는 성인을 지향하지만, 심리적 · 정서적 혼돈은 성인일 수 없는 과도기에 처해 있음을 뜻한다. 사춘기(puberty)는 제2차 성징에서 나타나는 생식기관을 중심으로 한 생물학적인 성숙을 주로 가리키는 것이며 '새로운 성적 신체'로의 변화를 경험하는 시기이다(박아청, 2000; 고영희, 홍후조, 2012, p. 236 재인용).

성적 성숙은 일차 성징(primary sex characteristics)과 이차 성징(secondary sex characteristics)으로 나누어진다. 일차 성징은 생식을 위해 필요한 외부 기관을 말하는데, 여성의 난소, 나팔관, 자궁 및 질을 비롯하여 남성의 고환, 음경, 음낭, 정낭 및 전립선 등을 예로 들 수 있다. 사춘기 동안 이러한 기관들은 커지고 성숙해진다. 이차 성징은 성적 성숙의 생리적 징후로서 여성의 가슴 발달과 남성의 넓은 어깨를 비롯하여 변성, 근육 발달, 음모, 체모 등에 나타나는 변화를 의미한다(Papalia, Olds & Feldman, 1998).

성적 성숙의 징후로서 여성의 경우에는 초경이 나타나고, 남성의 경우에는 몽정이 나타나게 된다. 몽정은 성애와 관련된 꿈을 꾸는 과정에서 자극을 받아 자신도 모르는 사이에 사정을 하게 되는 것이다. 초경은 대개 12~13세에 시작되며, 몽정은 일반적으로 13세경에 나타난다. 성적 성숙에는 개인차가 있지만 발달의 순서는 일정하다. 여성은 초경 전에 가슴발육이 먼저 시작되며, 초경이 나타날 즈음에 음모가 나오고 이어서 겨드랑이 체모가 나타난다. 남자는 고환이 커지고 음모가 나타나며, 목소리가 굵어지고 겨드랑이 체모와 수염이 나타난다.

성적 성숙으로 사춘기의 여성과 남성은 새로운 변화에 대해 민감하게 반응하게 된다. 여성의 초경은 임신을 가능하게 하여 성인이 되고 있다는 자부심을 갖게 해 주지만, 성인이 되는 것에 대한 거부감, 불편함, 행동적 제약, 생리통 등 부정적인 경험을 하기도 한다. 그러므로 월경에 대하여 부정적인 태도를 갖지 않도록 부모나 교사가 초경에 대한 사전 지식과 태도를 준비시키고 건강하게 성숙해지는 것에 대해 이해할 수 있도록 지도해야 한다(이옥형, 2002; 강세현 외, 2021, p. 62 재인용).

2) 심리 · 정서적 발달

(1) 자아정체감 형성

자아정체감은 자신이 누군가를 알고 사회에서 자신이 차지하는 위치를 이해하는 것이다. '나는 누구인가?, '남들은 나를 어떻게 생각하는가?', '나는 남과 그들에게 어떤 의미인가?' 등에 대한 끊임없는 질문을 통해 형성되는, 타인과는 다른 개인적 독특성과 자아의 통일성을 의미한다(김영화 외, 2012). 청소년기는 이러한 질문을 통해 어느 시기보다 자아에 대해 많은 관심을 갖고 자신의 정체감을 탐색하고자 노력한다.

에릭슨에 따르면, 자아정체감은 다양한 역할에 따른 자아의 공간적 일관성이라고 할 수 있으며, 주체적 자아와 객체적 자아의 완전한 조화로서 자신의 존재감을 인식함과 동시에 타인과 원만한 관계를 발전시킬 수 있는 상태, 즉 '나와 너의 관계'를 확립하는 것이다. '정체감 형성 vs. 정체감 혼미'는 청소년기에 가장 우세한 영향력을 발휘하는 위기이다. 청소년기에 정체감 성취를 촉진시킬 수 있는 방법으로는 체험과 경험 교육이 가장 효과적인데, 다양한 체험활동, 여가활동, 대인관계의 양적 · 질적 확대 등이 필요하다. 그러나 우리나라의 경우, 학교 교육과정이 교과 중심의 지적 교육에 치중되어 있어 정체감 확립이 쉽지 않은 과제가 되고 있다.

청소년기 자아정체감 형성은 아동기의 동일시 경험에서 시작된다고 볼 수 있다. 즉, 부모나 선생님, 친구들의 감정, 태도, 가치관, 행동을 자신의 것으로 받아들여 그것을 자기만의 독특한 총체로 통합함으로써 정체감이 형성되어 간다. 그러므로 정체감 형성은 부분적으로 부모에 대한 의존으로부터 정서적인 분리를 포함한다(이인정, 최해정, 2007; 전남련 외, 2010 재인용). 청소년은 추상적 사고능력이 발달하면서 자신의 존재나 미래에 대해 상상할 수 있는 능력을 갖추게 되고 동시에 사회문화적으로 다양한 역할을 부여받음으로써 내적 혼란과 방황을 겪곤 한다. 이러한 변화는 청소년으로 하여금 자신의 위상과 역할을 재정립할 것을 요구하며, 청소년은 보다 성숙한 인격체로서의 자신의 모습을 정립해야 하는 과제에 직면하게 된다.

한편, 청소년기에는 자아정체감의 확립도 중요하지만 동시에 자아정체감 위기의 경험도 중요하다. 그 이유를 살펴보자.

첫째, 청소년기에 들어오면서 내적 충동의 질적 · 양적 변화가 일어나는데, 이 시기에는 자아 구조를 통합할 능력이 부족하기 때문에 근본적으로 자기 존재감에 대해 회의적이고 부정적이어서 정체감 위기에 부딪히게 된다. 둘째, 청소년은 아이도 성인도 아닌 이른바 주변인이라는 존재적 특징으로 인해 다양한 양가적인 상황에 처하게 된다. 한 예로, 아직은 경제적 독립이 어려워 부모에게 의존할 수밖에 없지만, 부모는 나이와 체격에 걸맞은 책임 있는 행동을 아이에게 요구하게 된다. 사회에서도 성인으로서의 책임이 유보되고 있는 이른바 유예기(moratorium)인 만큼 사회문제에 대해 어떠한 관심이나 참여도 하지 않도록 보호되고 경계되는가 하면, 다른 한편으로는 사회문제에 대해 관심과 책임을 갖도록 자극이 주어진다. 이러한 양가적인 상황적 욕구에 빈번히 부딪히면서 정체감 위기를 경험하게 된다.

청소년기는 다른 어떤 시기보다 자신의 문제를 깊이 있고 다면적으로 검토하는 시기이므로 정체감 확립 과정에 더 많은 고민과 갈등을 경험한다. 따라서 청소년들은 자신의 기본적 욕구, 재능과 자질, 자신에게 주어진 기회 등을 고려하여 통합적이고 지속가능성이 있는 자아정체감을 구축하여야 한다(한상철, 2006; 김향초, 2015, p. 29-30 재인용).

(2) 질풍노도의 시기와 자아중심성

1904년에 홀(G. Stanley Hall)은 『청소년기(Adolescence)』라는 책을 출간하면서 '청소년'이라는 개념을 사용하였다. 홀에 따르면, 청소년기는 14세에서 25세까지의 범위에 해당하며 '질풍과 노도(storm and stress)'로 특징지어진다. 질풍과 노도는 청소년기가 갈등과 정서 혼란으로 가득 찬 격변기임을 나타내기 위해 명명한 용어이다. 현대사회에서 청소년은 최상의 시기이면서 동시에 최악의 시기를 거친다. 풍요로운 사회에서 과거 그 어느 때보다 많은 것을 누리며 살아가고 있지만, 빠른 속도로 변화하는 사회에서 습득해야 할 과업이 많아짐에 따라 실제로 청소년은 활기찬 시기로 여기지 않고 있는 것이 현실이다. 청소년은 부모에게 의존하는 아동기의 특성과 부모에게서 분리되고 개별화되어 자립하는 성인기의 특징을 동시에 지니고 있어, 아동도 아니고 성인도 아닌 양 집단 사이에 존재하는 주변인으로 간주된다. 실제로 부모조차도 종종 청소년 자녀에게 아동의 역할과 성인의 역할을 동시에 기대하는 모순적인 모습을 보이곤 한다(한상철, 2008).

한편, 청소년은 자신이 특별한 존재라고 생각하는 독특성에 대한 착각에 빠져들게 되며, 자신이 우주의 중심이 된다고 믿을 만큼 강한 자의식을 보이게 된다. 엘킨드(Elkind, 1978)는 이러한 청소년기 특유의 사회 인지적 특성을 청소년기 자아중심성(egocentrism)이라고 하였다. 자아중심성은 자신의 가치와 생각을 타인의 것과 구분하지 못하고, 자신의 독특성을 객관적으로 이해하지 못하는 것에서 발생한다. 즉, 보편적인 세계와 자신의 세계를 동일선상에서 보지 못하고, 자신의 세계가 중요하고 가치있다고 생각하며, 자신을 중심으로 모든 것이 흘러간다고 믿는다(김영화, 최영진, 2012, p. 35).

청소년기 자아중심적 사고는 '상상적 청중(imaginary audience)'과 '개인적 우화(personal fable)'로 나타난다. 먼저 상상적 청중은 청소년이 스스로를 타인의 관심과 주의의 대상으로 생각하여 그들의 반응에 민감하게 반응하는 것을 의미한다. 즉, 과장된 자의식 때문에 자신이 타인의 집중적인 관심과 주의의 대상이 되고 있다고 믿는 것인데, 자신을 항상 지켜보는 타인이 있다고 생각하는 것이 바로 상상 속의 청중이다. 다시 말해서, 자신은 무대 위의 주인공이며 다른 사람은 모두 자신을 바라보고 있는 구경꾼이라고 생각하여 자신만의 상상적 관중을 만드는 것을 의미한다. 따라서 다른 사람의 시선을 의식하여 외모에 많은 관심을 두게 됨에 따라 거울을 보는 시간이 많아지고 모든 행동에 많은 신경을 쓰게 된다.

다음으로, 개인적 우화는 자신의 경험과 감정은 독특한 것이라서 다른 사람은 자신의 기분과 감정을 절대 이해하지 못할 것으로 생각하는 것을 의미한다. 즉, 자신이 특별하고 독특한 존재라고 생각하며, 자신의 감정이나 경험 세계는 다른 사람의 그것과 근본적으로 다르다고 믿는 경향을 말한다. 따라서 자신의 우정, 사랑 등은 다른 사람이 결코 경험하지 못하는 것이라고 믿을 뿐만 아니라 다른 사람이 경험하는 죽음, 위험 및 위기는 자신에게 일어나지 않으며 혹여, 일어나더라도 자신은 피해를 입지 않을 것이라고 확신한다. 생떼를 쓰는 듯한 고집, 우유부단함과 이중적인 사고 등은 대부분 이러한 자기중심적 사고에서 비롯된다. 이러한 자기중심적 사고는 어른이 되어 가면서 점차 사라지게 된다(김향초, 2015, p. 18-29).

(3) 인지발달

흔히 청소년기를 제2의 탄생기라고 한다. 이는 청소년 스스로 신체적 · 성적 · 정서적 · 인지적 · 사회적 측면에서 급격한 변화를 경험하면서 새로운 자신을 찾고 만들어 가는 시기임을 의미한다. 형식적 조작 사고가 발달하면서 청소년은 가설적 사고가 가능해지고 자아에 대한 관심이 증가하면서 미래 자신의 모습을 상상하기도 하고 구체적인 계획을 세우기도 한다. 또한, 자신의 존재에 의문을 갖기도 하며 자신이 처한 환경이나 자신의 역할을 통해 자아를 발견하기도 한다.

청소년기의 사고는 점차 성인과 유사해지면서 아동기와는 전혀 다른 유형의 사고를 시작한다. 피아제는 청소년기를 인지발달의 마지막 단계인 형식적 조작기(formal operational period)로 보았다. 아동기에 해당하는 구체적 조작기는 현존하는 사물이나 현상에 국한하여 조작적 사고가 가능한 데 비해, 형식적 조작기 단계에는 현존하는 것을 초월하여 여러 가지 가능한 경우를 가정한 상태에서 사고하는 것이 가능하다. 예를 들면, 새로운 과학 문제에 직면했을 때 단지 관찰 가능한 실험 결과에만 집착하지 않고, 그 상황이 일어날 수 있는 가능한 모든 경우를 동시에 생각하기 때문에 실제로 나타난 현상은 가능한 여러 결과 중의 하나에 불과할 수 있다는 점을 인식한다(강상경 외, 2021, p. 265).

이에 덧붙여, 청소년기에는 이전 시기보다 정보처리 능력이 더 발달한다. 정보처리 능력은 크게 정보처리 속도, 작업기억, 문제해결 능력으로 구성된다(박재홍 외, 2011; 김향초, 2015, p. 27 재인용). 첫째, 정보처리 속도는 특징적으로 청소년기 초기(12세)부터 중기(15세)까지 증가하다가 이후 안정된 상태로 유지되는데, 이러한 정보처리 속도가 증가하면 정해진 시간 내에 보다 많은 과제를 처리할 수 있게 된다. 둘째, 작업기억은 청소년기 초기부터 중기까지 가장 눈에 띄게 향상되며, 청소년기 후기(19세)까지 계속 향상된다. 이러한 작업기억의 향상으로 한 번에 여러 기억 및 개념을 처리해야 하는 과제를 원활히 수행할 수 있게 된다. 셋째, 문제해결 능력은 가장 서서히 발달하기 시작하는 인지능력이다. 정보처리 속도가 증가하면서 작업기억 내에 이전 정보가 사라지기 전에 다른 정보가 도달할 수 있게 된다. 또한, 작업기억의 향상으로 많은 양의 정보를 동시에 처리할 수 있게 되면서 여러 측면을 함께 고려하여 문제를 해결할 수 있는 능력도 향상된다.

3) 사회적 발달

(1) 가족 관계

청소년기는 부모로부터 분리되어 독립성과 자율성을 획득하려고 시도하는 시기로서, 청소년은 부모로부터 개별화되고자 하는 욕구가 커짐에 따라 부모와 정서적 유대를 지속하면서도 자신을 부모와 다른 독특한 인격체로 인식하는 과정을 경험한다. 즉, 가족 내에서 보내는 시간이 감소하고, 부모와의 대화 시간이나 활동의 공유, 역할 분담에의 참여가 감소하면서 가족 관계가 이전에 비해 소원한 특징을 보인다(김향초, 2015, p. 33).

그러나 청소년기에도 자율과 독립뿐만 아니라 부모와의 안정적인 관계를 지속하는 것이 중요하다. 이를 위해서는 부모와 청소년의 의사소통이 필요하다. 의사소통에서 중요한 것은 상호신뢰, 자유롭게 표현할 수 있는 분위기, 다른 사람의 생각을 진지하게 듣는 것 등이다. 부모와 청소년 모두가 상호 존중하는 자세 속에서 기다려 주고 인정하는 의사소통이 필요하다(엄태완, 2022, p. 370).

글상자

"내가 알아서 할게."

10대가 된 아이들이 많이 하는 말이다. 어린 시절 부모는 아이 대신 읽어 주고 제공해 주던 역할을 해 왔다면, 이제는 아이가 표현하는 필요를 인정해 주고 받아 주는 역할로 옮겨 가야 할 시기가 도래한 것이다. 일부 부모들은 '너는 공부만 해, 나머진 엄마가 다 해 줄게.'라고 말한다. 즉, 10대 사춘기 아이를 어린아이처럼 대해서 모두 다 수용해 주고, 판단도 부모가 대신해 주고, 필요한 것을 알아서 다 제공해 주는 과잉보호로 아이를 대한다면, 오히려 아이는 자신이 인정받고 있다고 생각하지 못하게 된다. 그것을 사랑으로 받아들이는 것이 아니라 갑갑하고 부담스러워서 도망치려 할 수 있다. 스스로 결정하고 독립하고 싶은 마음, 기존의 질서에 반기를 들고 싶은 마음이 사춘기 뇌 발달에 따르는 자연스러운 욕구라 할 수 있다(김붕년, 2022, p. 258).

(2) 친구 관계

청소년기는 우정이 가족 간의 애정보다 더 중요한 시기이므로, 청소년은 가족과의 대화보다는 친구를 만나거나 전화나 인터넷을 통해 친구와 연락하는 데 더 많은 시간을 보낸다. 청소년이 특정한 또래 집단을 선택하는 것은 사회적 계층, 부모로부터 물려받은 가치관, 거주지역과 학교의 성격, 특수한 능력이나 자질, 자신의 성격 등 여러 가지 요인에 의하여 결정된다(이종복 외, 2008).

친구 관계는 청소년에게 정서적 안정을 제공하며, 우정을 통하여 자신을 표현하고 타인을 이해할 수 있도록 한다. 그들은 청소년에게 흥미 있는 정보와 즐거움을 제공하며 지지, 격려, 환류 등을 통하여 청소년이 스스로 유능하고 매력적이며 가치 있는 사람이라고 느낄 수 있도록 돕는다. 또한, 친구는 청소년이 서로를 비교하여 자신이 어떤 위치에 있는가를 알 수 있는 정보를 제공하며, 청소년으로 하여금 자신을 노출하고 타인과 따뜻하고 친근하며 신뢰할 수 있는 관계를 맺을 수 있게 한다.

청소년기에는 호르몬 분비의 변화를 통하여 이성에 대한 관심을 갖게 되지만 실제로는 동성의 친구들을 더 많이 사귀며, 자신이 직면한 심각한 문제에 대해 의논하는 상대도 동성 친구인 경우가 많다. 그러나 청소년 후기로 접어들면서 이성에 대한 호기심이 생기게 되어 동성애착에서 이성애착으로 변화하게 된다(강세현 외, 2021, p. 67).

2. 청소년기와 관련된 발달이론

1) 에릭슨의 심리사회적 발달이론: 자아정체성 확립 대 역할혼란

청소년기는 에릭슨의 심리사회적 발달단계 중 다섯 번째 단계로, 대략 13세~20세가 여기에 해당한다. 에릭슨은 청소년기에 경험하게 되는 심리사회적 위기를 자아정체감 대 역할 혼란이라 규정하고, 이 시기의 위기를 원만히 극복하였을 경우 충실(fidelity)의 강점을 획득할 수 있다고 보았다. 충실은 타인과의 관계에서 기본적인 의무감, 순수함, 그리고 정직함을 유지하는 것을 의미한다.

청소년기의 많은 문제 중에서도 가장 중요한 것은 '내가 누구인가?'에 대한 구체적인 대답을 발견하는 것이다(허정철, 2004, p. 242). 에릭슨에 의하면 정체감이란 자기 자신의 특성에 대한 비교적 안정된 느낌으로 '내가 누구인가?'를 아는 것이며 이는 타인이 나를 보는 방식과 일관성이 있어야 한다(엄태완, 2022, p. 102). 정체감은 사회로부터 개인에게 저절로 주어지는 것이 아니라, 지속적인 개인의 노력에 의해 획득되는 것이다. 정체감의 탐색은 통일된 전체를 이루기 위해 과거와 현재, 미래가 한데 어우러지는 의미 있는 자아개념의 확립을 뜻한다(김경희, 2009, p. 83). 에릭슨은 청소년이 자신의 정체감을 형성하고 받아들이는 것은 매우 어렵고 불안한 과업으로 보았다. 왜냐하면 청소년은 자신에게 가장 적합한 것을 결정하기 위해 여러 가지 다른 역할이나 이데올로기를 시험해 보아야 하기 때문이다.

청소년기에 정체감 형성의 어려움을 극복한 사람은 이후의 성인기 과업을 원활히 수행할 수 있게 된다. 그러나 청소년기에 정체감을 확립하는 데 실패하고 정체감 위기를 경험하는 사람은 역할 혼란 속에 살게 된다. 정체감 혼란을 겪고 있는 사람은 스스로가 이후 발달단계의 과업인 교육, 결혼, 직업을 제대로 수행하는 데 어려움을 겪게 된다. 청소년기에 자신의 정체감에 대한 확신이 없다면 소속집단과 동일시하게 된다. 이러한 소속집단이 정체감 형성에 도움이 될 수도 있지만, 비행집단과 같이 다른 사람들에 대해 냉혹하고 배타적인 동기부여를 할 수도 있다(엄태완, 2022, p. 102-103).

2) 피아제의 인지발달이론: 형식적 조작기

12세경의 사춘기에서 성인기에 접어들기까지를 형식적 조작기라 하고, 이 시기는 아동의 인지구조가 질적인 변화를 경험하는 마지막 단계이기도 하다. 형식적 조작기의 가장 중요한 특징은 추상적 사고가 가능하다는 것이다. 추상적 사고란 융통성 있는 사고 · 효율적인 사고 · 복잡한 추리 · 가설을 세우고 체계적으로 검증하는 것, 직면한 문제 사태에서 해결가능한 모든 방안을 종합적으로 고려해 보는 것 등과 같은 것을 말한다. 따라서 새로운 상황에 직면했을 때 현재의 지각적 경험뿐만 아니라 과거와 미래의 경험을 사용하고 어떤 일을 수행하기에 앞서 문제에 대해 다양한 해결책을 고려할 수 있는 사고를 할 수 있게 된다.

형식적 조작기의 청소년은 현실적 세계를 넘어서서 추상적으로 사고할 수 있게 된다. 즉, 이 시기에 이르러서야 비로소 완전한 상징적 추론이 가능하게 되며, 가설을 세우고 그 가설을 체계적으로 검증할 수 있게 된다. 또한, 추상적 개념을 사용하여 여러 가지 사태를 일반화할 수 있게 된다. 형식적 조작기의 대표적인 사고방식은 조합적 사고와 연역적 사고이다. 조합적 사고란(combinational thinking) 하나의 문제에 직면했을 때 모든 가능한 해결책을 논리적으로 궁리해 봄으로써 종국에 가서 문제해결에 이르게 되는 사고를 말한다. 연역적 사고(deductive thinking)는 일반적 사실에서 출발하여 특정한 사실에 도달하는 사고, 즉 '만약 ~하면 ~이다'라는 사고가 가능해진다(전남련 외, 2010, p. 264). 이 시기가 되면 청소년들은 처음으로 도덕적 · 정치적 · 철학적 생각과 가치문제를 이해하기 시작한다. 타인의 사고 과정을 이해하고, 다른 사람들은 문제를 어떻게 보고 어떻게 생각하는지 등에도 관심을 갖게 된다(강세현 외, 2021, p. 169).

3) 마르샤의 자아정체감 유형

마르샤(Marcia)는 에릭슨의 이론을 바탕으로 자아정체감 유형을 4가지로 구분하여 제시하였다. 마르샤는 개인이 성숙한 정체성을 획득하기 위해서는 위기(crisis)와 전념(commitment)이 필요하다고 보았는데, 여기서 위기란 직업 선택, 신념, 가치 등 개인적 정체성을 구성하는 요소들을 확립하는 과정에서 적극적으로 의문을 제기하고 새로운 대안을 모색하고자 노력하는 것을 의미한다. 한편, 전념이란 확고한 결정을 하고, 그 활동에 능동적으로 참여하는 것을 의미한다. 마르샤가 제시한 자아정체감 형성의 4가지 유형을 구체적으로 살펴보면 다음과 같다(전남련 외, 2010, p. 106; 엄태완, 2022, p. 366-367).

첫째, 정체감 성취(identity achievement)는 자기 가치관의 위기를 경험하고 이에 대해 능동적으로 대처하여 성공적으로 위기를 극복한 경우에 해당된다. 이런 경우, 정치적 또는 개인적 이념체계를 확립하고, 자신의 의사에 따라 자율적 의사결정을 하며, 직업적 역할을 성공적으로 수행할 수 있는 상태를 의미한다. 둘째, 자아정체감 유실(identity foreclosure)은 자신의 가치관이나 정체감 형성 과정에서 위기를 경험하지 못한 경우를 말한다. 이런 경우 대부분 부모나 사회의 가치관을 마치 자신인 것인 양 그대로 받아들여, 자아정체감 위기를 경험하지 않는다. 이들은 상대적으로 쉽게 의사결정을 내리지만, 독립적인 의사결정을 하지 못하는 상태라 할 수 있다. 셋째, 자아정체감 유예(identity moratorium)는 정체감 위기 상태에 처하여 정체감을 확립하기 위하여 다양한 역할실험을 수행하고 있는 상태로서, 정체감 성취 또는 정체감 혼란 중 어느 방향으로도 나아갈 수 있는 가능성을 가진 상태를 말한다. 학교는 청소년들이 유예상태에 머물면서 역할에 대한 다양한 실험을 하면서 그 결과로 정체감을 형성하도록 인도하는 기관이라 할 수 있다. 학창시절은 정체감 형성을 위해 다양한 실험을 할 수 있는 시기이기 때문에 이 시기를 심리사회적 유예기간(psychosocial moratorium)이라 할 수 있다. 넷째, 자아정체감 혼란(identity diffusion)은 정체감을 확립하기 위한 노력도 없고, 기존의 가치관에 대한 의문도 제기하지 않은 상태이다. 이런 경우, 개인적 신념 체계를 확립하지 못하여 자기 자신의 능력에 대해 회의를 품고 있으며, 직업역할을 수행하지도 못하는 사람들이 여기에 속한다.

〈표 6-2〉 마르샤의 자아정체감 4범주

구분		위기	
		예	아니오
전념	예	자아정체감 성취 (위기해결)	자아정체감 유실 (위기경험 없음)
	아니오	자아정체감 유예 (위기가 현재 진행 중)	자아정체감 혼란 (위기경험 없음)

3. 청소년기와 사회복지실천

청소년기는 성인으로 성장하기 위한 전 단계로서 급격한 신체 변화와 호르몬 변화가 일어남으로 인해 혼란을 경험하기도 한다. 그러므로 이 시기 건강한 신체 발달과 인지 발달, 자아 발달을 위한 지원체계의 구축은, 이후 청소년들이 성인으로서 주체적이고 주도적으로 자신의 인생을 설계하고 꾸려 나갈 수 있는 힘을 가지는데 긍정적인 영향을 줄 수 있을 것이다. 이에 사회복지현장에서 청소년기에 자주 만나게 되는 사회적 이슈와 이를 위한 지원방안에 대해 살펴보면 다음과 같다.

1) 청소년 비만

청소년들의 비만 현황을 살펴보면, 2014년도 11.5%인 데 비해 2021년도 19.0%로 비만집단의 비율이 지속적으로 증가하는 추세를 보이고 있다. 생활습관 질환의 하나인 비만은 이제 전 세계적으로 심각한 문제로 대두되고 있다. 비만한 청소년은 비만하지 않은 청소년에 비해 성인기에 이르렀을 때 만성질환 발생이나 조기사망 위험이 월등히 높다는 점에서 성인 비만보다 더욱 심각하게 예방 및 관리대책이 마련되어야 할 필요가 있다.

〈표 6-3〉 **체질량지수(BMI)기준 비만율 현황(단위: %)**

연도	저체중군	정상군	비만군		
			과체중	비만	계
2022	5.7	63.8	11.8	18.7	30.5
2021	5.3	63.9	11.8	19.0	30.8
2019	5.4	68.8	10.7	15.1	25.8
2018	5.5	69.5	10.6	14.4	25.0
2017	5.8	70.3	10.3	13.6	23.9
2016	5.9	71.2	10.0	12.9	22.9
2015	5.8	72.3	9.9	11.9	21.9
2014	5.9	72.9	9.7	11.5	21.2

출처: 교육부 보도자료(2018, 2022) 재구성.

또한, 청소년기는 급격한 신체구조의 변화로 인해 일시적 신체 불균형 현상을 경험하며 이로 인해 부정적인 신체적 이미지를 형성할 가능성이 크다. 사회복지기관에서는 의료기관 등과 연계하여 청소년기의 신체적 변화에 대한 이해를 돕는 교육프로그램,

식이요법 지도, 비만관리 프로그램 등의 지원이 필요하다(강세현, 2021, p. 79-80). 한편, 많은 청소년이 학교 교육, 학원 교육 등으로 신체 건강에 필요한 활동 시간이 절대적으로 부족하며, 패스트푸드, 간편식 등으로 끼니를 해결하는 경우도 많아 이에 대한 근본적 대안 제시도 필요한 실정이다.

2) 불안, 스트레스, 중독 등 정신건강 문제

과도한 입시경쟁에 시달리는 우리나라 청소년들은 '고3 증후군'인 시험 불안이나 우울증에 시달리는 경우가 많다. 이러한 경쟁은 청소년들에게 심각한 스트레스를 주고 정신질환을 유발하기도 한다. 또한, IT 산업발달로 인한 인터넷중독, 게임중독 등의 문제는 날로 심각해져 가고 있다. 이러한 중독 현상이 있는 청소년들은 상대적으로 자존감이 낮고 외부의 평가에 민감하고 외부자극을 주관적으로 인지하고 해석하는 과정에서 왜곡을 경험할 가능성이 높기 때문에 위축되고 소외감을 더 많이 경험한다. 사회복지기관에서는 불안이나 스트레스 관리 프로그램, 중독관리 및 예방 프로그램 등을 지원함으로써 청소년들의 심리·정서적 건강을 도모할 필요가 있다. 또한, 사후관리 프로그램뿐 아니라 자아정체감 형성 및 자기효능감 증진 프로그램을 강화하여 미래의 삶을 생산적으로 살아가면서 제 역량을 발휘할 수 있도록 준비시키는 것도 중요하다. 이를 위해 집단상담프로그램, 진로지도, 자원봉사활동, 자아발달프로그램 등을 지원하여 청소년들이 다양한 사회경험을 통하여 자신의 개성과 자질을 발견할 수 있도록 원조할 필요가 있다(전남련 외, 2010, p. 109).

3) 청소년 비행

청소년 비행은 미성년 시기의 일탈행동으로 음주, 흡연, 가출, 무단결석, 집단폭력 등 도덕적, 사회적으로 옳지 못한 행동들을 가리킨다. 또한, 절도, 강도, 강간 등 특정 행동에 대해서는 범죄행위로 분류하고 있다. 범죄행위는 소년법의 적용을 받으며, 연령에 따라 다시 범법 소년, 촉법소년, 범죄소년으로 구분하여 법적 처벌 수위를 다르게 적용하고 있다. 대체적으로 청소년들은 일탈행동이 주로 많으나, 최근에는 일탈행동을 넘어 범죄 행동으로까지 확장되고 있다.

청소년기에 경험하는 비행은 주로 음주와 흡연이 가장 많다. 음주와 흡연은 대부분 친구들과 어울리면서 시작하는 경우가 많고 음주와 흡연의 원인으로 가정환경, 허용적인 사회문화, 대중매체에 의한 영향 등을 들 수 있다.

학교폭력 또한 중요한 문제 중 하나이다. 학교폭력은 자신보다 약한 처지에 있는 상대에게 의도적으로 폭력을 행사하는 것으로 개인과 집단적 폭력 행위 모두를 포함한다. 최근에는 다양한 인터넷 활동과 연결되면서 사이버 폭력의 심각성이 더해 가고 있다. 온라인에서는 직접 대면하지 않고 관계할 수 있기 때문에 폭력 수위는 더 높아지고 피해자는 더 어려운 상황에 놓이게 된다. 청소년 비행을 예방하기 위해서는 통합적인 관점에서 개입해야 효과적이다. 학교에서는 친구들과 친밀하게 소통하는 시간을 마련해 주는 것이 필요하며, 가정에서는 부모의 애정과 통제가 중요하다. 또한, 정부 차원에서는 지역사회에서 청소년들이 건전한 여가문화를 가질 수 있도록 지원을 보완할 필요가 있다(김경은 외, 2020, p. 110-114).

4) 진로탐색

청소년기는 직업선택을 비롯한 앞으로의 삶을 계획하고 수행하기 위하여 자신과 환경을 탐색하고 이해하면서 스스로 진로에 대한 의미를 형성해 가는 중요한 시기이다. 과거 진로교육은 주로 대학진학과 직업선택을 하는 고등학교와 대학교 시기에 강조되었으나, 현재는 「진로교육법」 제정 및 초·중등학교 교육과정 개정 등으로 초등학교와 중학교에서의 진로교육이 강조되고 있다. 같은 맥락에서 교육부(2016)는 자유학기제와 진로교육 집중학년·학기제, 진로수업 운영 등에 관한 제2차 진로교육 5개년 기본계획을 발표한 바 있다. 중학교의 경우, 적성이해와 진로탐색을 목표로 하고, 고등학교는 진로설계 및 실천을 목표로 하는 학교급별 진로교육체계를 구축하는 것을 목표로 하고 있다. 즉, 중학생은 자신의 흥미와 적성, 직업 세계를 이해하고 탐색하기 위해, 고등학생은 진학, 취업 등과 같은 구체적인 진로설계를 위한 합리적 의사결정이 요청되고 있다.

한편, 중학교와 고등학교 시기에 따라 진로정체감의 발달은 다르게 나타날 수 있다. 즉, 중·고등학생의 진로정체감 수준은 다를 수 있으며, 고등학생에게 보다 성숙한 진로정체감의 확립이 필요하다(노자은·정미나, 2017, p. 52). 그러나 우리나라는 중·고등학교 시절 과도한 입시경쟁으로 인하여, 직업정체성에 대해 고민할 틈도 없이 대학에 진학하게 되어 진로성숙도를 제대로 발달시켜 왔는지에 대한 의문이 제기되기도 한다(정지애, 2020, p. 684).

5) 노동의 준비

청소년 4명 중 1명이 아르바이트를 하고 있을 정도로 노동 현장으로 나가는 청소년들이 매년 증가하고 있다. 이는 청소년을 더 이상 학교에서 공부만 하는 존재로 바라보는 것이 아니라 노동자의 범주에서도 바라봐야 한다는 것을 의미한다. 그러나 이러한 사회적 현실에 비해 청소년에 대한 노동인권교육은 제대로 이루어지고 있지 못하는 실정이다. 청소년들은 실제 노동시장에서 부당한 일을 겪고도 적극적인 문제 제기나 해결 과정을 밟지 못한 채 그냥 참고 일하거나 그만두는 경우가 허다하다. 청소년들에게 노동자로서 자신의 권리가 무엇이며 어떻게 지킬 수 있는지를 제대로 알려서, 노동현장에서 청소년에 대한 부당한 인권침해가 일어나지 않도록 조치할 필요가 있다.

노동인권교육의 목표는 단순히 노동과 관련된 지식을 전달하는 것이 아니라 차별과 부당한 대우에 맞설 수 있는 용기와 문제를 해결할 수 있는 역량을 함께 길러 주는 데에 있다. 그러기 위해서 가장 먼저 전제가 되어야 하는 것은 인간을 존중하는 인권감수성을 키우는 교육이다. 프랑스의 경우, 초등학교부터 시민교육을 통해 평등, 연대, 사회적 안정과 같은 기본적인 가치관을 형성하게 하고, 고등학교에서는 노동문제를 노동의 권리, 노동조합과 사회운동, 분배적 정의의 주요 개념과 같이 사회구조를 이해하는 틀 속에서 바라보게 교육을 진행한다. 이처럼 노동인권교육의 전제가 되는 내용을 이미 초등학교에서부터 체계적으로 배우기 때문에 고등학교 과정에서는 기본 개념을 습득하는 것을 넘어 노사 갈등의 요인을 파악하고, 자신의 입장을 정리하며, 해결방안을 찾는 등 수준 높고 능동적인 수업을 전개할 수 있게 된다. 그러나 이러한 교과 체계는 사회적 인식과 국가의 교육 철학 자체가 변화해야 가능하기 때문에 사회구성원들의 지속적인 관심과 노력이 필요하다(조현실, 2017, p. 58-60).

청년기(초기성인기)

07
Chapter

청년기는 대체로 20대 초반에서 40세 이전의 시기를 말한다. 즉, 노년기 이전의 시기인 64세까지의 전체 성인기 중 초기성인기에 해당한다. 성인기로 접어드는 시기가 과도기적 특성이 있기 때문에, 연령대의 구분은 학자들마다 견해가 다양하다. 뷜러(Bühler, 1933)는 청년기를 15~24세로 보았으며, 자스트로와 커스트-애쉬먼(Zastrow & Kirst-Ashman, 2002)은 18~30세에 이르는 시기를 청년기로 간주하였다. 레빈슨 등(Levinson et al., 1978)은 집을 떠나 독립적으로 되어 가면서 성인의 세계로 들어서는 시기를 22~28세까지, 30세경에는 자신의 나머지 인생을 계획 · 결정하고, 40세까지는 안정과 정착을 이루는 시기로 정의하고 있다. 본서에서는 청년기, 즉 초기성인기를 20대 초반부터 40세 이전까지의 연령대로 보고자 한다.

본 장에서는 청년기의 발달적 특성을 신체적 발달, 심리 · 정서적 발달, 사회적 발달로 나누어 살펴보고, 청년기와 관련된 발달 이론을 고찰하여 청년기 발달의 이해를 돕고자 한다. 또한 청년기 발달 과정에서 고려해야 할 사회복지실천 요소를 살펴본다.

1. 발달적 특성

청년기는 청소년기까지의 신체적 기능이나 인지적 능력과 같은 새로운 발달을 기준으로 하지 않는다. 연령, 신체적 · 생리적 · 심리적 · 사회적 성숙도 등과 같은 사회 · 문화적 요소를 적용한다. 성숙도는 안정된 직업이나 결혼에 대한 태도 및 준비 정도, 자아정체감의 정착 정도 등이 포함된다. 청년기는 아직도 이상을 추구하고 현실 사회나 기존 질서에 대해 정서적으로 저항하기도 한다. 사회적 책임에 있어서도 기존 질서에 적응하기보다는 계속해서 새로운 것을 추구하고자 하는 의지가 크고, 정서적으로나 사회 · 경제적으로 불안정하기 때문에 완벽한 발달이 이루어졌다고 보기 어렵다.

1) 신체적 발달

청년기는 신체적 건강 상태와 힘, 생식기관, 운동능력, 근육과 내부 기관의 기능이 최고조의 상태에 있는 시기이다. 신체기능을 사용하는 과제 수행 능력도 30세경에 정점에 달하며, 최고의 수작업 능력을 보인다. 시력과 청력은 20세경에 가장 좋으나 그 이후부터는 점차 약화된다. 촉각, 후각, 미각 등의 다른 감각기관은 45~50세까지 안정적인 능력을 유지한다. 그러나 이 시기에 흡연이나 음주, 스트레스, 정크푸드 섭취 등은 신체 건강에 영향을 주기도 한다. 규칙적인 운동과 체계적인 건강 관리, 적절한 영양공급이 성장기 못지않게 요구되는 시기이다.

청년기 이후의 인지적 기능은 특정 영역에서는 감소하기도 하나, 많은 부분이 유지된다는 연구 결과가 있다(Turner & Helms, 1983; 구혜영, 2022, p. 366 재인용). 청년기에는 창의성이 절정에 이르게 되며, 새로운 문제해결 방안을 발견하는 특징이 있다. 이를 문제 발견적 사고라고 하는데, 이원론적 사고에서 벗어나 다원론적 사고를 하는 형태와 같이 발달한다.

2) 심리 · 정서적 발달

(1) 친밀감 대 고립

에릭슨은 청년기의 중요한 발달과업으로 친밀감 또는 고립감을 주장하였다. 친밀감이란 상대방과 가까워지는 과정에서 자신의 정체감을 잃지 않고서도 상대와 개방적이고 지지적이며 다정한 관계를 맺는 능력이다. 즉, 서로의 욕구에 대한 인식뿐 아니라 공감할 수 있는 능력이다. 종종 결혼 초기 얼마 동안은 친밀감 발달에 어려움을 경험한다(Newman & Newman, 1975; 최옥채 외, 2015, p. 321 재인용). 이 기간 동안 두 사람의 관계는 초기의 적응 과정을 거치고 첫 아이의 출생과 확대가족 구성원들로부터의 기대에 영향을 받기도 한다. 가정은 서로의 약점과 의존성을 표현할 수 있는 장소인 동시에 확신감과 사랑을 공유하는 적절한 공간이다. 그러나 다른 환경에서 성장한 두 사람이 결혼하여 가정을 이루면 처음부터 친밀감을 형성하기란 쉽지 않다. 성인기에 한 가정을 이루어 사랑하는 관계로 발전하기 위해서는 상호 간의 지속적인 노력이 있어야 하고, 때로는 엄청난 도전을 감내해야 한다(최옥채 외, 2015. p. 321).

친밀감과 반대되는 개념은 고립감이다. 고립감을 경험하는 사람은 타인과의 관계에 벽을 침으로써 안정감을 얻으려 한다. 이들은 아동기에 누적된 부정적 경험으로 인하여 연약한 자아개념을 발달시켜 완고하고 경직된 자아정체감을 형성한다. 특히, 의존성이 심한 사람은 성인기에 필요한 독립성을 스스로 얻지 못한다. 정체감 혼돈뿐 아니라 배우자를 선택함에 있어서도 자신이 의존할 수 있는 대상을 찾으려는 경향을 보이기도 한다.

(2) 자율성

초기성인기에 이르면 직장을 선택하고 준비하는 것 이외에도 사회적으로 책임 있는 행동을 수행해야 한다. 자신의 삶에 있어서 도덕적 · 윤리적 · 사회적 · 경제적 · 정치적 측면에서 자율적인 선택을 해야 하는 과업을 갖는다. 성인 초기에는 의사소통기술과 바람직한 인격적 특성을 키워야 한다. 결혼생활을 위한 건강한 준비와 태도 또한 갖추어야 한다. 궁극적으로는 사회에 적응하기 위한 건강한 가치를 스스로 내재화해야 하는 과제를 안고 있다.

청년기에는 대학 진학, 군 입대, 취업 등을 이유로 부모로부터 독립하게 된다. 부모로부터 독립하여 생활하기 위해서는 일상생활능력, 신체적 성숙, 자아정체감 형성을 통한 자율적 판단을 내릴 수 있어야 한다. 이와 동시에 독립적인 생활을 할 수 있는 행동능력, 부모와 분리되는 것에 대한 불안의 극복, 경제적 확실성 등 신체적 · 심리적 · 사회적 영역에서의 분리가 필요한 시기이다(이소희 외, 2005; 엄태완, 2021, p. 378 재인용).

자율성은 독립과 의존에 대한 양가감정과도 관련이 있다. 부모로부터의 독립에 대한 갈망과 동시에 미래에 대한 불안으로 지속적인 밀착 관계를 유지하고 싶은 감정도 존재한다. 부모와 지나치게 밀착 혹은 격리 관계를 유지했던 경우에는 부모와의 정서적 관계를 단절하기도 한다(Nichols & Schwartz, 2004; 엄태완, 2021, p. 381 재인용). 그러나 대부분의 청년들은 이러한 불안을 극복하고, 자기 삶의 진정한 주체로서 심리적 · 사회적 독립을 추구하기 시작한다.

(3) 성역할 정체감의 완성

성인이 된 이후에 사회적 역할을 적절히 수행하기 위해서는 성역할 정체감을 형성해야 한다. 성역할 정체감이란 어떠한 성(gender)으로 특정 지어질 수 있는 특성, 태도, 가치관, 흥미 등을 동일시하는 과정으로 그 성에 따른 사회의 역할기대를 내면화하는 과정이다. 성역할 정체감은 아동기부터 형성되기 시작해서 청년기에 완성된다. 성역할 정체감은 시대에 따라 변화를 가져오는데, 남성은 남성다워야 하고, 여성은 여성스러워야 한다는 전통적 성역할은 현대사회로 오면서 변화하고 있다(구혜영, 2022, p. 372).

3) 사회적 발달

청년기에는 개인적 가치와 목적을 설정하고 진학, 군 입대, 취업과 배우자를 선택하며 자신의 도덕적 가치관과 정치적 이념을 선택해야 한다. 특히, 성역할 정체성이 완성됨에 따라 이성 또는 성적 매력을 느끼는 대상과 친밀한 사회적 관계를 맺고 나아가 결혼을 하게 되는 시기이기도 하다.

청년기에는 자신이 선택한 직업 분야의 기술과 과제에 숙달되어야 한다. 청년기에는 다른 어떤 시기보다 계획과 선택을 자주 하지만 동시에 자신의 선택을 바꾸는 결정도 많이 하게 된다. 자신의 결정이 자신과 잘 맞고 또 사회적·문화적으로 잘 맞을 때 새로운 역량을 가지게 되며 인생을 충만하고 보람된 것으로 느끼게 된다(박희숙, 강민희, 2021, p. 208).

(1) 결혼

결혼은 청년기에 친밀감과 성숙한 사회적 관계를 성취하는 데 중심이 되는 배경이다. 결혼을 결정하는 요소로는 자신의 정체감이 충분히 확립되어서 결혼 후 장기간에 걸친 삶을 조망할 수 있어야 한다. 결혼 적령기에 대한 기준이 시대에 따라 변화하고 있기는 하지만, 결혼은 직업 선택과 함께 청년기의 가장 큰 과업으로 제시되고 있다. 결혼은 자녀에 대한 욕구, 경제적 안정, 사회적 지위, 사랑, 부모의 바람, 도피, 임신, 공통의 관심사 등 다양한 동기가 작용한다. 결혼의 대표적 이점으로는 가족의 형성, 합법적 성적 욕구의 충족, 정서적 안정감 획득 등이 있다. 실제로 기혼자의 인생 만족도가 독신자, 이혼자, 사별자보다 약간 높게 나타나는 조사 결과가 있다.

배우자의 선택에는 상호작용의 가능성과 관계망이 영향을 미친다. 우선 상대방에게 자신에 관한 정보를 드러내기 시작하며, 상대방의 사회적 배경, 가치관, 성격 등에 있어서 자신과의 유사함을 자각한다. 상대방에 대해 긍정적인 평가를 하고 호감과 친밀감을 느끼며 서로 자유롭고 솔직한 자기표현을 통해 관계의 신뢰가 높아진다. 이 과정에서 공감과 역할에 대한 동의가 이루어지면 서로의 역할을 수용하며 결혼을 확정하게 된다.

(2) 자녀 출산과 양육

결혼한 부부는 자녀 출산이라는 과업을 인생의 과제로 생각한다. 초혼의 연령이 높아지고, 자녀 출산을 하지 않겠다고 결정하는 부부도 점차 늘어나고 있는 추세지만, 그럼에도 불구하고 자녀 출산과 양육은 청년기 이후의 삶의 형태와 방식을 좌우하는 매우 중요한 과업이다.

결혼을 한 후 첫아이가 태어나면서 부부는 부모 역할을 시작하게 되고, 이로 인해 삶의 형태와 사회적 관계의 변화도 나타난다. 부모가 된다는 것은 삶에 있어서 새로운 경험과 발전의 기회인 동시에 양육에 따르는 부담감 때문에 위기가 초래될 수도 있다. 부모는 자녀가 발달단계에 따른 발달과업을 잘 수행할 수 있도록 다양한 욕구를 채워주는 등 부모로서의 역할을 충실히 수행해야 한다.

청년기에 겪게 되는 위기로 자녀 양육과 관련된 문제가 적지 않다. 자녀의 양육 과정에서 위기가 발생할 수 있는데, 이 위기가 해결되지 않으면 역기능적인 가족 관계가 발생하기도 한다. 대부분의 가족은 자녀 양육과 관련하여 일종의 가족 위기(family crisis)를 경험한다. 가족 위기는 첫아이를 키울 때뿐 아니라 성인 자녀가 결혼을 하거나 집을 떠날 때도 일어나는데, 이 위기에 잘 대처하면 성숙한 발달을 위한 기회가 된다(최옥채 외, 2015, p. 325). 부모 역할에서 초기 적응이 어려운 이유는 아이의 출생으로 부부의 생활양식이 변해야 하기 때문이다. 부부의 자유가 제한되는 것이다. 아이가 태어나면 부부는 서로에게 적응하려는 새로운 행동유형을 배워야 하는 새로운 과업이 발생한다.

(3) 취업

청년기에 달성해야 하는 중요한 과업으로 직업선택을 들 수 있다. 직업 선택은 청년기 이후의 전반적인 삶의 형태를 결정하는 요인이기도 하다. 직업을 준비하고 선택하는 과정에서부터 사회적 관계망에 차이가 발생하고, 대인관계 또한 달라진다. 직업에 대한 태도는 사회적 계층, 연령, 성격 등에 따라 달라지지만, 대부분의 사람들은 직업을 생존을 위해 필수적인 것으로 간주한다. 남녀 간 또는 세대 간 다소의 차이는 있지만, 직업선택과정에 영향을 미치는 요인으로 가족적 요인, 사회 관습적 요인, 상황적 요인, 사회경제적 요인, 개인적 요인, 심리사회적 요인, 직업에 대한 정확한 정보 등을 들 수 있다.

직업의 선택에 있어서 처음부터 직업적 정보를 알고, 완벽한 선택을 하기는 쉬운 일이 아니다. 직장생활의 주기는 직장선택과 입사, 적응, 유지, 은퇴로 이루어지지만, 청년기에는 직장선택부터 적응 단계까지를 여러 차례 반복하기도 한다.

직업에 대한 선호도는 시대적 변화와 인식, 산업구조에 따라 달라진다. 그 사회의 문화적 추세와 가치에 따라 변화하기도 한다. 자신에게 맞는 직업을 선택하기 위해서는 자신의 흥미나 적성, 지능과 신체적 조건, 지식과 능력, 성격과 가치관 등 다양한 요소를 고려해야 한다.

2. 청년기(초기성인기)와 관련된 발달이론

청년기는 아동기, 청소년기를 거치면서 준비해 온 것을 실현하고 구체화하는 시기이다. 심리사회적 측면에서는 청소년기의 연장선상에서 친밀감과 자아정체감의 형성, 이를 통한 타인과의 상호관계가 주요 발달과업이다. 부모로부터 심리적 · 경제적 독립을 시작하며, 직업 선택, 결혼, 군 복무 등 환경변화에 따라 다양한 역할을 탐색하고 선택하는 시기이다.

우리나라의 경우 고등학교 교육이 대학 진학을 위한 준비 차원에서 이루어지는 경향이 크다는 점을 고려한다면, 대학생 시기에 이르러서야 비로소 인간관계 및 사회적응 기능의 습득을 위한 시간적, 심리적 여유를 누리게 된다(설기문, 1998; 구혜영, 2022, p. 364 재인용).

이 시기는 에릭슨의 친밀감 대 고립감에 해당하는 시기이다. 즉, 사회적 고립에서 벗어나 친밀감을 확보하는 것이 중요한 발달과업이다. 친밀감은 연인으로서, 친구로서, 또는 사회활동의 참여자로서 타인들에게 가까이 다가가는 능력을 말한다. 이 시기를 잘 극복하게 되면, 개인은 '사랑(love)'의 미덕을 획득하게 된다. 에릭슨이 제시한 사랑의 개념은 상호 헌신을 통하여 차이와 적대감을 극복할 수 있는 능력을 말한다. 또한 건강한 부부의 사랑뿐만 아니라 친구들과의 우정, 이웃주민과 동료 및 동포에 대한 애정을 포함하는 개념이다.

그 외 청년기의 발달과 관련된 이론들을 살펴보면 〈표 7-1〉과 같다.

〈표 7-1〉 청년기 발달에 관한 연구들

학자명	기준내용	기타
Grant(1965)	• 직업의 선택, 가족의 부양, 직장에서의 인정, 전문가가 되기 위한 활동 • 훌륭한 멘토와 역할모델 존재의 영향이 중요	성인발달의 종단적 연구
Havighurst(1972)	• 9개의 청년기 발달과업 제안 • 성격척도, 자아존중감척도, 행복척도 등 설명	발달과업 질문지에 영향
Levinson(1978)	• 꿈과 희망에 대한 명확한 정의 획득 • 멘토의 발견 • 직업의 선택과 경력 및 발전 • 친밀한 관계 형성	청년기의 발달과제
Gould(1978)	• 자기신뢰와 자기수용, 삶에 대한 전적인 책임 수용 • 생활기술의 발달 • 분석적·비판적·논리적 목표지향적 사고 • 삶에 대한 신중함과 자신의 한계 인식 • 노력에 입각한 능력의 개발과 성장추구	변형의 과정으로서의 성인기

출처: 구혜영(2022), p. 365의 표를 수정 및 재정리

3. 청년기(초기성인기)와 사회복지실천

1) 비혼과 저출생

사회는 청년기에 속한 사람에게 직업 활동을 통한 사회·경제적 기여, 결혼·출산을 통한 인구·사회적 기여를 기대한다. 그러나 최근 세계적으로 화두가 되는 문제 중의 하나는 '비혼'과 '저출생'이다. 최근 우리나라의 합계출산율이 0.78명(통계청, 2022)이라는 발표가 있었다. 이는 OECD 가입 국가 중 유일하게 1명 미만으로 떨어진 기록이기도 하다. 아예 결혼을 생각하지도 않고 있다는 보도도 있다. 2019년 23만 9,159건이던 혼인 건수는 2020년 21만 3,502건으로 약 10% 감소하였다. 코로나19 때문이라고 생각하는 매체들도 있었지만, 2022년 혼인 건수가 19만 1,697건까지 줄어든 자료(시사인, 2023.3.28.)를 보면 '비혼'을 결정하는 청년층의 증가는 기정사실이다.

사회복지현장에서 오랜 기간 청년기의 발달과업으로 여겨져 왔던 것은 결혼, 부모역할, 직업, 사회적 가치 등이었다. 그러나 적어도 한국 사회에서는 전통적인 생애모델이 달라졌다고 해도 과언이 아니다. 따라서 사회복지실천현장에서도 '비혼주의' 청년기, '무자녀' 청년기 현상을 고려할 필요성이 증가하고 있다. 즉, 인구정책이나 정치적인 대책과는 별개로 이들을 지원하기 위한 사회복지적 개입이 필요하다. 대표적으로 1인 가구의 MZ세대[1]를 위한 공동밥상, 공동주거, 반려견(묘)이나 반려식물과 관련된 활동 등을 예로 들 수 있다.

2) 청년정신건강

조현병이나 조울증 같은 만성정신질환이 가장 많이 발병하는 시기가 바로 초기성인

1) 밀레니얼 세대는 X세대와 Z세대 사이의 인구통계학적 집단이다. 일반적으로 1981년부터 1996년까지 출생한 사람으로 정의한다. 전기 밀레니얼(1981년~1988년)과 후기 밀레니얼(1989년~1996년)로 구분하기도 한다. 대부분의 밀레니얼 세대는 베이비붐 세대와 초기 세대의 자녀들이다(위키백과).

기이고, 공황장애나 우울증을 호소하는 경우도 증가하고 있다. 국립정신건강센터의「대국민 정신건강 지식 및 태도 조사」에 따르면 20~39세까지의 청년기에 해당하는 연령대에서 정신건강 상태가 '나쁘다'라고 응답한 경우가 2016년 23.0%, 2021년 30.8%로 7.8%가 상승하였다. 이는 15~69세까지의 다른 연령대에서 응답한 증가율의 약 2배에 해당한다.

사회복지현장에서는 이러한 정신건강 문제와 관련하여 다양한 개입을 시도해야 한다는 목소리가 높아지고 있다. 국가나 민간복지재단 등의 특화프로그램을 통해 정신건강에 어려움을 겪고 있는 지역주민을 위한 지원이 필요하다는 인식도 확산되고 있다. 정신건강복지센터, 정신재활시설, 종합사회복지관, 가족센터 등에서 정신건강이나 심리 · 정서지원을 위한 프로그램들이 활성화되고 있는 추세이다.

3) 심리적 · 경제적 독립

청년기의 발달과업 중 하나는 주거 및 경제적 독립과 함께 경험하게 되는 심리적 독립일 것이다. 이와 관련하여 최근 사회적인 문제로 인식되고 있는 것이 NEET[2)]이다.

문제는 사회적 활동 없이 집에서만 지내는 청년의 정신건강과 삶의 질에 대한 우려이다. 보호자와 함께 거주하는 경우는 노년층 보호자와의 갈등이 야기되어 심각한 가정불화나 가정폭력 문제가 야기되기도 하고, 혼자서 고립된 생활을 하는 경우는 존재 확인이 어려워 사회적 지원의 사각지대에 놓이기도 한다.

사회복지현장은 NEET 청년에 대한 개입을 어떻게 시도할 수 있을지에 대한 활발한 논의를 진행해야 한다. 동기 강화, 각종 사회기술 역량 강화, 직업역량지원 등과 같은 프로그램을 통한 개입이 필요하다. 사회적인 차원에서도 다양한 정책 제안과 사회보장제도, 취업지도 등에 대한 폭넓은 지원 대책을 마련해야 한다.

2) 'Not in Education, Employment or Training'의 약어로 진학이나 취직을 하지 않으면서 직업훈련도 받지 않는 사람들이다. 주로 부모에 기생해 생활하며, 돈이 필요한 경우 1~2일간 아르바이트를 하기도 한다. 일할 의사가 있는데도 일하지 못하고 있는 실업자와 구분해 무업자(無業者)라고도 칭한다(인적자원관리용어사전).

글상자

부정적인 성장 과정 대물림 현상

에릭슨은 청년기의 발달과업으로 친밀감을 강조하였다. 고립감은 타인과 지나치게 밀착된 관계로 표출되기도 하여, 심한 의존성으로 독립성을 얻지 못하는 형태로 나타나기도 한다. 청년기 부부의 가정에서 일어나고 있는 사회문제를 이러한 측면에서 살펴볼 필요가 있다. 가스라이팅, 스토킹, 영유아 학대와 같은 형태로 표출되는 반인권 · 반윤리적인 이슈들은 성장기 보호자와의 관계로부터의 영향이 존재한다.

중년기(중기성인기)

08
Chapter

중년기를 나이로 구분하는 것은 학자마다 차이가 있지만 대부분의 연구자는 40~50세를 중년으로 규정하고 있다(최재숙, 2011; 지미선, 2021, p. 9 재인용). 레빈슨(Levinson, 1978)은 40~60세 시기를 중년기로 보았고, 하비거스트(Havighurst, 1972)는 35~60세에 해당하는 시기를 중년기로 보았다(지미선, 2021, p. 9). 최근 서구에서는 65세까지를 중년에 포함하는 추세이다.

뉴가튼과 다탄(Neugarten & Datan)은 건강하게 일할 수 있는 75세까지 활동하는 고령자를 지칭해 새로운 중년의 의미인 신(新)중년이라는 용어를 제안하였다(윤영걸, 2008; 지미선, 2022, p. 9 재인용). 우리나라의 경우, 평균 수명의 증가에 따른 중년기의 나이를 남성은 40~60세, 여성은 35~60세로 보는 것이 보편적이라고 보는 경우도 있다(임경수, 2005; 지미선, 2022, p. 9 재인용). 35세에 시작하던 중년이 이제는 40세나 45세를 전후로 65세까지를 중년이라 말하는 것이 학계의 정설로 굳어지고 있다고 주장하는 학자도 있다(정석환, 2007; 지미선, 2022, p. 9 재인용). 사회적 연령으로는 자녀의 사춘기 시작부터 자녀의 결혼(빈 둥지 시기) 또는 은퇴까지를 중년기(김종서 외, 1982; 지미선, 2022, p. 9 재인용)로 보는 학자도 있다.

본 장에서는 통계청의 중장년층행정통계(2019)에서 취하고 있는 40~64세까지를 중기성인기, 즉 중년기로 보고자 한다. 본 장에서는 중년기(중기성인기)가 갖는 발달특징과 발달이론 그리고 사회복지실천요소를 살펴보고자 한다.

1. 발달적 특성

1) 신체적 발달

중년기의 생물학적 변화의 특성으로 신진대사 활동의 둔화, 신체적 기능 약화, 감각기관 능력의 쇠퇴 등을 들 수 있다. 여성의 경우는 폐경을 경험하게 되고 다양한 생리적 변화를 겪으며, 갱년기라는 특수한 시기를 경험한다. 자녀 세대의 가치관이나 사회적 환경, 부모 세대의 가치관이나 사회적 환경의 차이 속에서 인식의 전환을 요구받기도 한다.

(1) 신체 발달

중년기에는 키가 줄어들고 허리둘레와 체중이 증가하기도 한다. 경우에 따라 배가 나오기 시작한다. 머리카락이 빠지거나 멜라닌 세포 수가 감소하고, 머리카락이 희어지기도 한다. 피부는 탄력이 줄고, 주름이 생기며, 수분 부족으로 갈라지기도 한다. 신진대사활동이 둔화되어 활기를 잃고, 육체적인 힘이 약화되는 것을 느낀다. 밤샘을 하거나 격렬한 운동 후 회복도 더디며, 위 효소 분비가 저하되기도 한다. 심장과 신장 기능이 저하되고, 질병에 대한 저항력과 회복력이 낮아진다. 관절염, 당뇨병, 심장병, 고혈압, 암, 전립선 비대, 담석증, 신장결석, 척추 통증과 같은 성인병에 노출될 가능성도 높아진다.

(2) 감각기관 발달

감각기관의 변화도 오게 되는데, 시력의 변화로 돋보기를 착용하게 되고, 청각 신경세포가 둔화된다. 미각, 촉각, 후각 등도 서서히 둔화되기 시작한다. 반면, 사냥, 낚시, 골프 등과 같이 육체적 에너지가 적고, 경험이 중요한 활동의 경우는 더 잘 수행하는 경우도 있다. 성생활과 관련하여 신체적인 상황이 달라지는 것을 경험하기도 한다.

(3) 갱년기 증후군

중년기의 대표적인 관심사 중 하나는 남녀 모두에게 해당하는 갱년기 경험이다. 여성의 경우 근육의 탄력이 줄어들고 골다공증을 경험하기도 한다. 안면홍조, 두통, 메스꺼움, 현기증, 골반통, 유방통증, 호흡장애 등 다양한 신체적 증상과 심리적 증상을 경험한다. 남성의 경우는 호르몬의 생산이 감소되면서 관절통, 피부노화, 피곤, 두통, 불면, 작열감, 가려움증, 발한, 식욕저하, 발기불능 등의 신체적 변화를 경험한다. 중년기의 신체적 변화는 심리 · 정서적 위기감도 병행하게 되는 경우가 많아 신체 건강에 대한 관심이 매우 큰 시기이다.

2) 심리 · 정서적 발달

(1) 인지발달

중년기에는 인지적 기능에 있어서 다양한 변화 양상을 보인다. 어떤 영역에서는 쇠퇴가 일어나는 반면, 어떤 경우는 이전 시기에 비해 훨씬 뛰어난 성취를 이루기도 한다. 새로운 학습능력은 저하되기도 하지만, 오랜 경험을 통해 획득한 지혜는 오히려 문제해결능력을 높여 주기도 한다. 결정성 지능[1]은 중년기를 거치며 꾸준히 상승하는 반면, 유동성 지능[2]은 20대부터 감소하기 시작한다. 성인 중기에는 처리 속도가 느려

---

1) 학습, 경험, 문화적 영향 등에 의해 발달하는 지능으로 언어이해능력, 문제해결능력 등을 예로 들 수 있다.

2) 유전적, 선천적으로 주어지는 지능으로, 경험이나 학습의 영향을 거의 받지 않는다. 지적 능력, 기억력 등을

지면서 주의와 기억능력의 일부는 감퇴한다. 그러나 매일 부딪치는 세상에서의 문제를 해결하기 위해 거대한 지식과 삶의 경험을 적용하기 때문에 인지적 역량이 가장 확장되는 시기이기도 하다(박희숙, 강민희, 2021, p. 225).

(2) 정서발달

펙(Peck, 1968)은 중년기 적응과 관련된 네 가지 심리적 발달을 지혜의 중시 대 육체적 힘의 중시, 대인관계의 사회화 대 성적 대상화, 정서적 융통성 대 정서적 고갈, 지적 융통성 대 지적 경직으로 제시하였다(엄태완, 2021, p. 401). 그는 중년기에 성공적으로 적응한 사람들은 젊음의 매력이나 육체적인 힘이 쇠퇴하더라도 그들이 획득하고 축적한 지혜가 이를 충분히 보상한다고 보았다. 대인관계에 있어서도 이성을 성적 대상으로 보기보다는 개인적인 인격에 가치를 두기 때문에 훨씬 깊게 상호 이해에 도달할 수 있다고 보았다. 중년기에는 부모의 사망, 자녀의 독립, 친지의 사망 등 정서적으로 초점이 되었던 대상들이 사라지게 되면서 정서적 고갈을 경험한다. 이러한 위기는 새로운 정서적 투자의 대상을 발견하게 되면서 극복할 수 있다. 또한, 중년기에 지적 융통성을 유지하는 사람은 어떤 상황에 부딪힐 때 자신이 이미 찾아낸 해답만 고수하는 것이 아니라 새로운 견해나 사상에도 수용적이게 된다.

성인기 말이 되면 지나간 안타까운 일들에 대한 해석이 안녕감에 중요한 역할을 한다. 비록 자신의 실망을 해소하지 못했지만, 그것을 수용하였거나 좋은 면을 보려고 노력했던 사람들은 더 나은 신체적 건강과 더 높은 인생 만족감을 보이기도 한다(Torges, Stewart & Minter-Rubino, 2005; 박희숙, 강민희, 2021, p. 227 재인용).

3) 사회적 발달

중년기는 자녀 세대와 부모 세대의 가치관이나 사회적 환경이 자신과 크게 다르다는

예로 들 수 있다.

사실을 인지하게 되는 시기이다. 이러한 인식의 전환을 통해 가족관계를 재정립하게 된다. 중년기는 다른 시기보다 개인이 선택해야 하는 다양한 상황들에 대한 책임이 가장 큰 시기이다. 자신과 가족뿐만 아니라 인류 전체가 보다 풍요롭고 인간답게 살기 위해서 바람직한 사회현상이나 삶의 방향에 대한 가치관을 가지고 사회적인 활동에 참여해야 한다. 또한 자신의 직업이나 자녀 양육, 부부관계를 새롭게 정립하고 다 함께 잘 살 수 있는 방안에 대해 고민해야 하는 시기이다(엄태완, 2021, p. 403).

(1) 가족

중년기에는 사춘기의 10대 자녀들을 돌보는 경우가 많으며, 함께 거주하지 않더라도 노부모를 돌보는 경우도 있다. 가족 내의 여러 역할이 중첩되어 안정된 가족환경을 유지하기 위한 노력이 필요하다. 성장한 자녀와 부모의 긍정적인 관계는 아동기에 시작하여, 사춘기를 거쳐 자녀가 독립할 때가 되어 절정에 이르게 된다. 중기 아동기와 사춘기에 온정적이고 지지적이었던 부모는 성인 전기의 자녀와 친밀감을 형성하기가 더 쉽다(Belsky et al., 2001). 자녀를 세상으로 내보내는 시기에 자녀들과 멀어졌다는 느낌이 아닌, 부모로서 성공적이라는 느낌을 가지면 부부만의 생활에 더 잘 적응하게 된다.

중년기에는 자녀가 성장하여 집을 떠나 독립하면서 부부만 남는 시기가 된다. 자녀가 집을 떠난 후 부부만 남는 상태를 '빈 둥지'라 하고, 남성에 비해 상대적으로 사회생활을 덜 하는 여성이 갱년기 우울증과 함께 소위 '빈둥지증후군'이라는 현상을 겪기도 한다. 성인 자녀의 출가 이후에 부부간의 정서적 유대감을 발전시키고 관심을 유지하는 것이 그 어느 시기보다 중요하다. 부부간의 정서적 유대감을 유지하기 위해서는 기본적으로 건강한 의사소통이 전제되어야 한다(엄신자, 2008, p. 153-159).

(2) 직업

청년기의 직업이 실험적 단계라면, 중년기에는 보다 안정적이면서 자신의 자아실현의 도구가 될 수 있을 것인가를 탐색하는 단계이다. 중년기에는 자신의 직업에 대해 설정한 목표를 평가하며 앞으로 달성할 목표를 새롭게 세우기도 한다(엄태완, 2021, p. 407).

직업에 대한 적응 정도는 중년기 삶에 있어서 대인관계, 가족관계, 그리고 노년기에 대한 준비라는 차원에서도 매우 중요한 요인이다. 중년기에는 직업 경력이 축적됨에 따라 직장의 권력구조 내에서 지위가 상승하며, 책임과 결정권도 증가하게 된다. 따라서 이 시기에 직장 내의 권위 관계의 본질을 잘 이해하는 것이 중요하다(이인정, 최해경, 2007; 엄태완, 2021, p. 408 재인용).

중년기는 직업적 안정감과 동시에 직업의 종결, 또는 새로운 도전 등의 과업이 발생하는 시기이기도 하다. 따라서 이 시기에는 실직에 대한 위기를 경험하기도 하고, 재취업을 위한 새로운 학습이 시작되기도 한다.

(3) 여가

청소년기의 발달과업을 통해서는 성인기의 삶에 대한 다양한 심리·사회적 역량을 함양하게 된다면, 중년기에는 노년기의 시간을 건강하고, 지루하지 않게 보낼 수 있는 여가를 준비하는 시기이다. 인간의 평균 수명이 증가하고 있고, 가족구조도 확대가족에서 핵가족으로, 핵가족에서 1인 가구로 급격히 변화하고 있다. 노년기의 삶을 대비하는 중년기 시기에는 여가(recreation)에 대한 사회교육 프로그램이나 여가를 잘 보낼 수 있는 프로그램에 참여하면서 학습하는 것이 필요하다. 만일 자녀가 있다면, 자녀와의 관계를 긍정적으로 유지하고 유대관계를 이어 갈 수 있는 노력이 요구된다. 이는 노년기의 삶의 질과도 매우 밀접한 관련이 있다.

〈표 8-1〉 중년기의 발달과업

학자 발달영역	Jung	Erikson	Peck	Havighurst	Levinson	Colarusso	Gould	Calvin & Colarusso	김종서 외
생물학적 측면			○	○		○		○	○
경제적 측면				○					○
심리내적 · 자아 측면	○	○	○	○	○		○		○
직업적 측면		○		○					○
가족관계			○	○				○	○
사회관계와 책임		○		○					○
사회적 여가활동 및 기여				○					○

출처: 지미선(2022), p. 15

2. 중년기(중기성인기)와 관련된 발달이론

에릭슨은 이 시기의 인생과제를 생산성 대 침체라고 하였다. 생산성이란 한 세대가 다음 세대에 물려줄 문화와 사회질서를 발전시키며 살아갈 기초를 구축하는 것을 의미한다. 자녀를 보호하고 직업생활에 능동적으로 대처하며 가정과 사회의 발전을 위해서 노력한다. 중년기에는 자녀 양육뿐 아니라 자신의 부모를 돌보는 책임을 동시에 지며, 다양한 사회적 책임을 감당한다. 침체란 심리적 성장이 결핍되고 자신의 에너지와 능력을 자기만족을 위해서만 사용한다는 의미이다. 자신의 무능력이나 열악한 환경조건으로 자기가 생각하는 인생의 목표 달성에 실패하고 사회를 위해서도 의미 있는 기여를 하지 못했다고 느낄 때, 개인은 침체를 경험한다.

중년기에 대한 견해 중 하나는 사춘기와 같이 격동과 혼돈, 위기의 시기로 보는 견해이다. 중년기는 젊은 시절에 꿈꾸던 인생의 목표와 성취의 절정이 한계가 있음을 인식하고, 자신이 늙어 가고 있다는 사실과 죽음의 필연성에 대한 인식으로 삶의 무의미함과 공허감이 찾아 드는 시기라고 본다. 또 다른 견해로는 중년기를 안정되고 성숙한 시기로 보는 견해이다. 일시적인 적응이 필요한 전환기로 지금까지 외부 세계에 가졌던 관심이 내면의 세계로 향하고, 육체적 · 물질적 관심에서 종교적 · 철학적 · 직관적 관심으로 변화하면서 그동안 소홀했던 자신의 일부분을 수용하여 조화로운 성격을 발달시켜 나간다는 것이다(최옥채 외, 2015, p. 327-328).

1) 융의 분석심리학

융(1954)은 유아기의 경험이 성격발달에 어느 정도 영향력을 지니고 있다는 프로이트의 주장에는 동의하였지만, 결정적인 역할을 한다고 보지는 않았다. 융에 의하면, 성격발달은 유아기보다는 중년기의 경험, 과거보다는 미래에 대한 희망과 기대에 더 많은 영향을 받는다고 보았다.

융은 발달단계를 강조하지는 않았지만, 발달단계를 크게 유아기, 청년기, 중년기, 노년기의 4단계로 나누어 설명하였다. 특히, 유아기를 포함한 인생의 전반기보다는 중년기부터 시작되는 인생의 후반기를 상대적으로 더 강조했다. 이는 프로이트의 이론과는 대조적인 부분이다.

융은 35세부터 40세 전후를 중년기로 보았는데, 이 시기를 인생에서 가장 중요한 시기로 보았다. 융은 의식과 무의식을 잘 통합하여, 자기실현을 위해 노력해야 하는 시기가 중년기이며, 육체적, 물질적인 것에서부터 영적이고 철학적인 것으로 자신의 관심을 옮겨 가야 하는 시기임을 역설하였다. 융이 활동하던 당시에는 다소 엘리트주의적이라는 비판을 받기도 했지만, 노동환경, 인권, 복지, 삶의 질 등이 주요 화두가 되는 현대에서는 '자기실현(self realization)' 개념이 제법 설득력이 있는 주장이기도 하다.

2) 에릭슨의 자아심리학

에릭슨은 25~59세에 해당하는 성인기를 생산성과 침체성 사이의 조화로운 균형을 개발하는 시기라고 보았다. 이 시기의 사람들이 자녀를 낳고 기르며 생산성을 익히지만, 에릭슨이 제시한 생산성에는 교육, 저술, 창작, 예술, 과학, 사회운동 등 훨씬 더 폭넓은 개념이 포함되어 있다. 이 시기의 병리적인 현상은 '거부(rejectivity)'이며, 지나치게 많은 침체성을 경험하고, 단지 일부의 생산성만을 경험하게 되면 일어날 수 있는 현상이라고 보았다.

3) 중년기에 대한 다른 학자들의 이론

하비거스트(1972)는 발달단계를 6단계로 구분하였다. 사회적 의무와 책임의 수행, 경제적 안정의 확립, 신뢰할 수 있는 부모로서 자녀들과의 협력, 배우자와의 동등한 인격적 관계와 타인과의 친밀감 강화하기, 생리적 변화를 인정하고 적응하기, 직업적 경력에 대한 만족과 성과 유지하기, 여가생활에 적극적으로 참여하기, 노년기 부모 공경하기 등을 중년기의 발달과업으로 보았다.

레빈슨(1978)은 중년기의 발달과업을 자신의 정체성과 과거 자신의 꿈에 대한 재평가, 기존 생의 부정적 요소 수정, 가치 있는 목표의 발견을 통한 개별화 과정으로 제시하였다. 개별화 과정은 양극성이 통합되는 과정을 말하는데, 젊거나 늙음, 창조성과 파괴성, 여성성과 남성성, 애착과 분리와 같은 상반된 극이 서로 통해 하나가 되는 것으로 이해할 수 있다. 자아 내부의 양극성을 통합하고 생애 구조를 재조정하면 보다 성숙해지고 외부환경에 더 잘 적응할 수 있다는 것이다.

콜라루소와 네미로프(Colarusso & Nemiroff, 1981)는 노화와 함께 발생하는 신체적 변화를 받아들이고, 신체건강을 위해 노력할 필요성이 있는 시기라 하였으며, 굴드(Gould, 1978)는 생의 목표를 재조정해야 하는 시기를 중년기라고 보았다. 남은 생애에 의미를 부여하고 내적으로 성장시키므로 변화를 통해 자아를 발달시켜야 함을 강조하였다.

국내 학자로 김종서 등(1982)은 한국인의 중년 발달단계를 중년의 재점검(35~43세), 중년 안정화(44~55세), 은퇴준비(56~64세)로 나누어 설명하였다. 이러한 내용들은 다음 〈표 8-2〉와 같이 요약할 수 있다.

〈표 8-2〉 중년기 발달과업에 대한 학자들의 이론

학자명	기준내용	기타
Peck1968)	• 인생의 경험에서 오는 지혜를 통한 정신력 강화 • 개인, 친구, 동료로서의 상호관계 재정의로 깊은 이해 • 정서적 단절의 경험을 개방적 대인관계로 위기극복 • 정신적 유연성을 통한 융통성과 개방성으로 변화 수용	에릭슨의 7~8단계를 통합하여 7단계 제시
Havighurst(1972)	• 사회적 의무와 책임의 수행 • 생활의 경제적 수준의 안정 확립 • 신뢰할 수 있는 부모로서 자녀들과의 협력 • 배우자와의 동등한 인격적 관계와 타인과의 친밀감 강화 • 생리적 변화 인정 · 적응하기 • 직업적 경력에 만족과 성과 유지하기 • 여가생활에 적극적 참여하기 • 노년기 부모 공경하기	발달단계를 6단계로 구분
Levinson(1978)	• 자신이 이루어 놓은 일에 대한 가치에 대한 질문 • 자신의 정체성과 과거 꿈에 대한 재평가 • 새로운 구조 형성 • 개별화 과정을 이루는 것	전 생애를 4단계로 구분 4단계를 중년기로 설명
Colarusso & Nemiroff(1981)	• 신체적 약화를 수용하고 인식하는 것 • 삶의 유한성을 수용하는 것 • 삶과 죽음에 대한 수용성을 높이는 것 • 배우자와의 성숙한 친밀감 유지 • 자녀에 대한 분리 및 손자녀와의 관계 재형성 • 부모에 대한 돌봄 • 직장에서의 권위행사 • 주변 친구들과의 우정 수립	신체보존 노력 필요성 제기
Gould(1978)	• 남은 생애에 의미 부여 • 자기변형을 통한 자아발달 • 배우자 없이도 살 수 있는 자립심	생의 목표 재조정 시기

학자명	기준내용	기타
김종서 외(1982)	• 목적적인 일 탐색 • 결혼생활 재평가 • 직업의 재검토 및 직장생활과 사회생활에 대한 적극성 발휘 • 지역사회 참여 • 자녀와 관계 재설정 및 텅 빈 가정에 적응 • 부모와의 관계 정립 및 부양 • 개인적 가치 재평가 • 독신생활의 적응 • 문제해결하기 • 변화 스트레스 관리 • 건강문제 적응 • 여가시간 관리 및 경제준비 • 인간관계 재정립 • 은퇴준비 • 배우자 상실 준비	중년의 재점검 (35~43세) 중년 안정화 (4~55세) 은퇴준비 (56~64세)

출처: 엄신자(2008), p. 143-149; 구혜영(2022), p. 382-392; 지미선(2022), p. 6-13의 내용을 발췌하여 표로 작성함

3. 중년기(중기성인기)와 사회복지실천

1) 중년기 정신건강과 삶의 질

에릭슨(1963)은 성인기 발달과정에서의 병리적인 현상은 '거부(rejectivity)'이며, 지나치게 많은 침체성을 경험하고, 단지 일부의 생산성만을 경험하게 되면 일어날 수 있는 현상이라고 보았다. 신체적 기능의 저하와 더불어 중년기에 발생하는 갱년기증후군, 빈둥지증후군 등의 경험은 개인으로 하여금 우울증이나 알코올 남용에 빠지게 하기도 한다. 초기성인기까지의 발달과업에 실패하였거나 자녀와의 관계에서 오는 갈등, 노부모 부양과 관련된 문제, 직업적 실패나 경제적인 빈곤 등의 문제는 스스로 해결하기

어려운 경우가 많다.

사회복지현장에서는 이러한 중년기 위기를 경험하고 있는 계층을 위한 프로그램들을 개발하고 아웃리치 등 보다 적극적인 방법으로 개입하기 위해 노력하고 있다. 중년을 위한 재취업역량 강화 프로그램, 여가활용프로그램, 신체 및 정신건강 강화를 위한 프로그램 등 지역사회를 중심으로 다양한 프로그램들이 운영되고 있다. 또한, 중년기가 가지고 있는 수용성, 자아실현의 욕구, 경험에서 오는 지혜와 노하우 등을 활용한 자원봉사활동도 활발하다.

2019년부터 정부는 1인 가구 지원, 사회적 고립 가구 지원 등을 시도하고 있다. 1인 가구 중 중년의 비율은 37.1%(김다은, 2019)로 2015년 이후 한국의 주된 가구 형태 중 하나가 되었다. 청년기의 비혼과 무자녀 추이는 중년기가 되면서 자연스럽게 1인 가구로 연결된다. 1인 가구는 사회복지 실천영역에서 주목해야 하는 부분인데, 30%가 넘는 1인 가구의 중년은 자연스럽게 홀몸노인으로 연결될 것이기 때문이다. 1인 가구 구성원을 지역사회 구성원과 연결하고, 그 연결을 통해 공동체에서의 삶이 자연스러워질 수 있도록 지지 기반을 제공하여야 할 것이다.

2) 노부모 부양

중년기는 자녀세대와 부모세대 사이에 끼인 세대라고도 한다. 독립하지 못한 자녀를 돌보는 동시에 노부모를 부양해야 하는 돌봄의 중첩된 과제가 대표적이다. 성인기의 부모가 신체적인 질환 상태에 있는 경우에는 재정적인 부담뿐 아니라 돌봄 노동으로 인해 사회적 활동에도 제약을 받는다. 아울러 지나친 정서적 부담으로 인해 우울, 불안, 좌절과 무력감을 느끼며 부모를 보호하는 데 많은 시간을 소비해야 하기 때문에 자신을 위한 여가 활동이나 사회활동을 위한 시간이 줄어든다. 이는 노년기로 이어지는 성인 중기의 삶의 질에도 매우 부정적인 영향을 준다.

사회복지현장에서는 이러한 문제에 개입하기 위한 돌봄서비스를 개발하여 제공하고 있다. 주간보호서비스, 간병서비스, 기억학교 등과 같은 프로그램은 노부모를 둔 중년기 보호자의 삶의 질에 긍정적인 영향을 주고 있다. 그러나 장기적으로 노부모를 부양하고 있는 보호자들이 경험하고 있는 정서적 부담(우울, 불안, 무력감)과 신체적 부담(신체적 질환, 각종 신체통증 등)을 지원하기 위한 프로그램들은 아직 부족하다. 국민건강보험공단에서 장기요양가족 상담지원프로그램 등을 개발하여 운영하는 지역이 일부 있지만, 전국적으로 실시되고 있지는 않고 있다. 특히, 직장생활을 병행해야 하는 보호자의 경우에는 이중삼중의 고충이 있지만, 이를 지원하는 서비스가 불충분한 현실이다.

글상자

이중자아의 삶을 살아가는 중년기

융이 제시한 개념 가운데 가장 독특한 개념은 원형(archetype)이다. 원형은 집단무의식을 구성하는 구체적인 내용들로서 다양한 심상 또는 이미지의 형태로 존재한다고 하였다. 특히, 페르소나(persona)라는 개념을 소개하면서 자아가 활용하는 일종의 가면으로 설명하였다. 중년기에는 집단사회의 행동 규범 또는 역할을 수행하도록 하는 페르소나가 가장 활성화되는 시기일 가능성이 크다. 중년기의 평범함 직장인이지만, 퇴근시간 이후에는 락밴드에 참여하기도 하고, 주말에는 스포츠클럽에서 비중 있는 선수로 뛰기도 하는 등 소위 "부캐"라는 신조어로 대변되는 현상은 건강하고 긍정적인 페르소나에 해당할 것이다.

노년기

09
Chapter

노년기는 인간 발달단계 중 마지막 단계로서, 중년기를 지나 노화가 급속하게 이루어지는 시기이다. 노인을 규정하는 연령대는 관련 법률에 따라 다양하다. 55세부터 노인으로 규정하는 법률이 있는가 하면, 60세부터 노인으로 규정하고 있는 법률도 있다. 하지만 노인의 기준은 이러한 역연령뿐만 아니라 신체 · 생리적 특성, 생활 특성에 따라 노화 정도가 다르며, 주관적인 노년 진입 시기도 다양하게 정의될 수 있다. 본서에서는 「노인복지법」의 기준을 준용하여 65세 이상을 노인으로 구분하고자 한다.

일반적으로 생애주기 특성상 노년기는 은퇴, 배우자 또는 지인 등의 사망 등 개인적인 상실을 많이 경험하고, 노화로 인해 신체적, 정신적 기능이 저하됨에 따라 삶의 질에 있어서 취약성이 나타나는 시기이다. 따라서 노년기는 일반적으로 신체적, 심리적, 사회적으로 다양한 변화와 상실을 경험하며 자신이 인생이라는 무대의 중심에서 물러나면서 죽음이 다가오고 있음을 강하게 인식하는 시기적 특성을 갖는다(전경숙, 장민희, 정태연, 2013, p. 276).

그러나 노화가 곧 쇠퇴를 의미하지는 않으며, 피할 수 없는 과정이지만 노화의 정도는 개개인에 따라 다르게 나타난다. 또한, 나이가 들면서 겪게 되는 여러 부정적 사건으로 부정적인 정서를 많이 경험하게 되지만(이홍수, 조주연, 2011, p. 2), 이러한 사건들을 삶의 과정에서 겪는 자연스러운 일로 받아들이면 노년기 적응이 수월해진다(유경, 강연욱, 2009, p. 906). 고령사회 진입에 따라 노년 인구 비중이 크게 증가하면서 노년기를 건강하게 보내는 노인들뿐만 아니라 자립하려는 노인들이 많아짐에 따라 이들의 건강과 사회참여, 독립생활, 사회 · 경제적 기회 향상을 위한 정책적 관심이 높아지고 있다(이은진, 2022, p. 3414).

이에 노년기 노화 특성에 대한 객관적 이해와 더불어 건강한 노화 지원을 통한 삶의 질 향상을 돕는 사회복지실천이 요구된다.

1. 발달적 특성

1) 신체적 발달

노년기의 신체적 발달은 주로 신체적 노화 현상과 관련되어 있다. 노화에 대한 일치된 정의는 없지만 많은 노화 관련 학자들은 노화를 외부의 스트레스에 대한 반응력의 저하로 이해하고 있다(이윤환, 1999, p. 254). 노화 현상은 다양하게 나타나지만, 연령의 증가에 따라 신체 적응 능력의 감소를 경험한다. 즉, 신체적 노화는 생물학적 노화이론에 따른 세포, 조직, 체액의 감소 또는 축소의 변화를 초래하는 것과 환경과의 상호작용에 의한 구조상의 퇴행적 변화를 포함한다(박석돈 외, 2022, p. 39). 생물학적 노화이론에는 해로운 유전자가 유기체를 생존할 수 없게 만든다는 유전자 이론, 비정상적인 세포나 돌연변이를 일으키는 세포가 노화를 유발한다는 유전자 오류이론을 비롯해 프로그램 이론, 산화기 이론, 마모이론, 단일기관계 이론, 면역학 이론 등이 있다. 신체적 노화는 다양한 형태로 나타나며, 개인차가 크지만, 일반적으로 제시되는 신체적 발달 특성을 살펴보면 다음과 같다.

(1) 외형 변화

노년기 신체 발달은 외형상의 변화에서부터 시작한다. 노인을 연상케 하는 대표적인 외형 변화의 예로는 피부 및 체모의 변화를 들 수 있다. 노화에 따른 구조적 변화로 피부는 건조해지고, 주름이 지며, 거칠어지거나 늘어진다. 기능적으로 세포의 재생, 보호벽의 기능, 상처 치유, 면역반응 및 체온조절 능력이 저하된다. 피부노화는 궁극적으로 나이가 들면서 찾아오는 외모와 기능적 차이의 결과로 오는 점진적인 과정이다(노인전문간호사 교육과정협의회, 2019, p. 206). 또한, 노인의 피부는 전체적으로 색소침착을 가져와 노인성 기미가 나타나기 쉽다. 피부가 위축하여 엷어지므로 모근이 엷어지고 혈액순환도 쇠퇴하므로 모근부의 멜라닌 세포로부터 멜라닌 생성이 저하되어 백발이 많아지게 된다. 모발의 대사도 저하하여 털이 빠져나가는 속도를 생기는 속도가 따라가지 못하기 때문에 모발은 엷어지게 된다(이홍수, 조주연, 2011, p. 9).

연령이 증가함에 따라 신장도 감소하는데, 신장이 감소하는 시기와 속도는 개인에 따라 차이가 크다. 일반적으로 40대 후반까지는 신장이 증가하다가 80세가 되면 약 5㎝가량 감소한다. 자세의 변화, 척추 성장의 변화, 척추의 전면 만곡, 척추 디스크의 압박 등이 척추의 길이를 짧아지게 한다. 흉부와 사지 관절 간의 위축과 함께 고관절 및 슬관절의 경사도가 증가하여 신장의 길이를 줄어들게 한다. 남성의 체중은 50대 중반까지 증가하다가 이후부터 감소하는데, 특히, 60~70대에서 현저하게 감소한다. 여성의 체중은 60대까지 증가하다가 이후부터는 남성보다 느린 속도로 감소한다. 이와 같은 체중의 변화는 신체적 활동의 정도와 영양 상태에 따라 다르다(이홍수, 조주연, 2011, p. 9).

(2) 인체구성의 변화

75세 노인에서 체지방이 차지하는 비율은 25세 성인의 두 배 정도가 된다. 지속적으로 운동을 하는 노인은 근육량의 감소와 체지방의 증가를 예방할 수 있다. 노화에 따라 피하지방은 감소되므로 지방의 축적은 근육이나 인체 장기에서 나타나게 된다.

체지방 감소는 상지와 하지의 근육의 감소에서 오게 되며, 일부분은 골격과 인체 장기 부위에서의 손실로 온다(이홍수, 조주연, 2011, p. 9).

(3) 근육 및 골격의 변화

노화에 따른 근력의 변화는 비교적 미미한 반면, 노화에 따른 근육의 활동성은 현저히 떨어진다. 이는 근섬유의 퇴행성 변화로 근육 덩어리가 감소하고 근육의 위축이 초래되기 때문이다. 그러나 근육의 변화는 노화 현상보다 비활동, 영양결핍, 질병, 다른 만성질환 등으로부터 더 많은 영향을 받는다. 노화에 따라 근육의 혈류 공급이 줄어든다. 관절연골이 얇아지고 탄력성을 소실하며, 관절을 이루는 뼈와의 연결상태가 느슨해지면서 관절운동의 범위가 감소한다.

골량 감소는 보편적으로 나타나는 변화이다. 노화는 뼈를 흡수하는 세포보다는 뼈를 형성하는 세포에 더 큰 영향을 미친다. 여성의 경우, 70세가 되면 총 골조직의 약 30%가 감소하는 반면, 남성의 경우는 약 15%가 감소한다(이홍수, 조주연, 2011, p. 10).

(4) 신체 내부 기관의 변화

소화기관계의 경우 상대적으로 여유 기능이 풍부해서 다른 장기에 비해 노화에 의한 영향을 적게 받는다. 노화에 따른 위와 소장의 운동기능 저하는 대부분 심하지는 않으나, 중추신경계 기저 질환이나 소염진통제의 복용 등에 의한 심각한 궤양이나 출혈 등은 합병증 및 흡수 장애 등을 일으킬 수 있다. 노인이 되면 간의 크기나 혈류가 감소하고 대사 기능이 감소하여 젊은 사람에 비해 약물 독성이 증가하고, 알코올성 간 질환이 증가한다(강창돈, 2011, p. 304).

심혈관계의 변화와 관련해 혈관의 탄력성이 감소하여 수축기 혈압은 연령이 증가함에 따라 계속 증가한다. 이완기 혈압은 35세에서 60세 사이에는 계속 증가하다가 그 이후로는 유지되거나 오히려 감소하게 된다. 심근의 섬유화와 경동맥의 동맥경화로 인해 반사기능에 변화를 주어 심장의 박동수와 리듬에 변화가 올 수 있다(이홍수, 조주연, 2011, p. 11). 나이가 들어감에 따라 심장 근육이 두꺼워지면서 교감 신경에 대한 반응성이 감소하고, 운동에 따른 심장 박동의 증가와 수축력 저하가 초래된다. 대동맥을 비롯한 주요 동맥들은 늘어나고 딱딱해지며, 동시에 맥박속도는 증가하고 내피세포의 기능부전이 발생한다(박성하, 2011, p. 214).

호흡기계의 경우는 건강한 노인도 연령의 증가에 따라 폐기능이 점차 약화되므로 폐의 노화는 매우 중요한 문제이다. 나이가 들면서 다양한 외부 유해 인자들에 노출되면서 폐기능 감소와 손상을 피할 수 없게 되고 실제로 폐질환의 빈도가 높아지게 된다. 노인은 운동 중에 평상 호흡량을 늘리는 것보다 호흡수를 증가시킴으로써 운동을 유지하게 되며, 따라서 호흡에 많은 에너지를 소모하게 된다. 폐쇄용적(closing volume)이 증가하여 분비물이 폐에 고이기 쉽고 기침반사 작용이 약하다. 그러나 이러한 변화는 만성 폐쇄성 폐질환과 같은 심각한 폐기능 저하만 없다면 운동능력에는 큰 장애를 주지는 않는다(정태훈, 2011, p. 424).

생식계 기능의 변화를 살펴보면, 여성 노인은 폐경기에 에스트로겐 생산이 점점 감소하면서 난소가 작아지고 기능이 점차적으로 감퇴한다. 이로 인해 에스트로겐과 프로게스테론 분비가 감소되며, 이러한 감소가 질의 구조와 기능에 전반적인 변화를 초래한다. 자궁의 내막은 얇아지고 교원질은 감소한다. 질 상피세포의 위축과 분비물의 감소는 성교통을 일으키고 요실금을 가져오기도 한다. 호르몬의 변화에 따라 유방조직의 변화가 오고 낭종이 생기기도 한다.

남성의 경우 정자세포가 지속적으로 형성되므로 생식 능력은 서서히 감소한다. 전립선 조직은 교원조직[1])으로 대체되며 테스토스테론 농도의 변화 등으로 전립선은 비대

1) 피부, 연골 및 결합 조직의 지지 역할을 하는 단백질인 콜라겐을 주성분으로 하는 섬유 조직

해진다.

성교 횟수에도 변화가 나타나는데, 그 변화가 노화에 따른 것인지 아니면 환경적 영향에 따른 것인지를 구분하기는 어렵다. 가장 중요한 요소는 본인의 욕구와 성적 상대자 여부에 달려 있다. 한편, 사회적, 문화적 환경은 여성으로 하여금 성적 욕구를 억제하도록 요구하는 경향이 있다(이홍수, 조주연, 2011, p. 12).

이상에서 살펴본 노화에 따른 신체 변화는 사회적으로 노화를 두려운 변화로 느끼게 하며 신체 변화에 대해 부정적으로 인식하는 결과를 가져올 수 있다(임인숙, 2015). 노인의 신체에 대한 불만족은 삶의 질 저하, 활동수준의 감소, 사회적 상황의 회피 등을 초래하기도 한다(Sklar, 2015). 노년기의 신체적 변화에 따라 질병에 대한 감수성은 증가하나 대다수의 만성퇴행성질환은 특정 병리현상에 의해 발생하며, 노화가 직접적인 원인으로 작용하지는 않는 것으로 알려지고 있다(이윤환, 1999).

글상자 **노화와 관련된 사실**

노화와 질병은 미묘하고 복잡한 방식으로 연관되어 있는 것이 사실이지만 노화가 곧 질병의 축적을 의미하지는 않는다. 염두에 두어야 할 근본 원리는 생물학적 나이와 숫자상의 나이가 같지 않다는 점이다. 사람들은 저마다 다른 속도로 늙어 가고 노화는 개개인 안에서 서로 다른 시스템에서 서로 다른 방식으로 영향을 미친다. 노화는 개인에 따라 너무도 다양한 모습으로 일어나기 때문에 우리는 각자 자신에게 맞는 노화 계획을 개발하고 실천에 옮겨야 한다. 각자의 개성을 무시한 천편일률적인 전략으로는 효과를 보기 어렵다.

출처: Williams(2017), p. 126-127

2) 심리 · 정서적 발달

(1) 감각기관의 변화

감각은 사람들이 세상을 인식하는 창과 같은데 시각, 청각, 촉각, 미각, 후각 등을 통해 주변 환경과 접촉하며 세상을 알게 된다. 노년기에는 이러한 감각 역시 노화가 진행되면서 퇴화한다(나항진, 2004). 우선 시각 변화와 관련해 노화에 따라 시세포의 기능이 감소하여 망막이 변성되고 시력장애가 온다. 노인성 황반부변성은 망막의 황반부에 색소상피의 변성과 박리를 일으키고 맥락막에서 신생혈관이 생기게 되어 출혈이 일어나면서 망막변성을 일으키는 상태를 말한다. 동공의 크기는 연령이 증가함에 따라 감소하며 수정체의 변성이 동반되어 수정체의 혼탁으로 백내장이 생긴다. 60세가 되면 20세에 비해 30% 정도의 빛만이 망막에 도달한다. 따라서 노인들이 독서를 할 때는 더 많은 양의 빛이 필요하다. 노화현상으로 수정체는 점차 황색으로 변하며, 이로 인해 노인들은 청색, 녹색, 보라색보다는 적색과 황색을 더 잘 구별할 수 있다. 수정체의 탄력성 감소와 모양체근의 위축으로 눈의 조절능력이 감소하는 노안이 오는데 노안은 30대부터 서서히 시작된다(노인전문간호사 교육과정협의회, 2019, p. 236).

노인의 청력장애 중 가장 흔한 것은 생리적인 변화인 '노인성 난청'이다. 노인성 난청은 40대부터 시작하여 양측성으로 오고 고음력부터 저하되기 시작하는 특징이 있으며, 감각신경성 난청의 형태를 보인다. 노인성 난청의 원인은 여러 가지로 보고되고 있으나 연령 증가에 의한 내이나 중추신경의 전도로 등의 신경세포가 탈락, 감소하기 때문이라는 의견이 우세하다(이홍수, 조주연, 2011, p. 11).

노인이 되면 흔히 미각이 감소된다고 알려져 있다. 하지만 정확히는 미각이 둔화되는 것이다. 즉, 미각으로 음식물을 구분하는 능력이 떨어지는 것이지 맛을 느끼는 감각 자체는 큰 변화가 없다는 것이다. 대부분의 미각 감소는 특정한 약물 복용, 영양 상태, 구강 위생 상태, 중추신경계 질환 등이 더 많은 영향을 미친다. 노인이 되면 구강 건조가 현저히 증가하는데, 나이가 들면 침샘의 선방 세포가 감소하여 타액분비가 감소하여, 구강 건조가 생길 수 있다.

후각 기능을 살펴보면, 나이가 들어 감에 따라 비점막은 얇아진다. 이 때문에 호흡기의 습도, 온도의 유지 및 먼지 등의 여과작용이 둔화하여 기도로서의 기능이 저하된다. 후각은 50세가 되면 급격히 감소되기 시작하며, 뇌의 후각 인지 부분도 퇴화가 오게 된다. 80세가 되면 후각의 기능은 최대 정점의 시기에 비해 50% 수준으로 감소한다.

후각의 감소는 후세포나 뇌의 후각중추에 있는 신경세포의 탈락에 의해 오게 되며 노인이 되면 후각의 미묘한 차이를 알기 어렵게 된다.

촉각의 경우 대개 통증에 대한 감각은 노화에 따라 감소한다. 가벼운 자극에 대한 눈 각막의 반응은 50세 이후에 감소한다. 압각에 대한 반응은 여성보다 남성이 더욱 많이 저하된다(이홍수, 조주연, 2011, p. 11).

(2) 인지기능의 변화

인지기능이란 사고, 기억, 인지, 의사소통, 인식, 계산, 문제해결 등의 지적인 일의 수행능력을 말한다. 노화가 진행되면서 새로운 사건이나 사실을 부호화하는 능력, 정보를 단기로 유지하면서 조작하는 작업기능의 능력, 정보처리의 속도 등이 감소한다. 반면, 작업기억의 구성 과정인 단기기억과 자전적 기억, 의미, 지식 및 감정 처리 등은 상대적으로 안정적으로 유지된다(Hedden & Gabrieli, 2004). 노화가 진행될수록 노인의 인지기능은 점차 감소하는 경향을 보이나, 시간의 흐름에 따른 인지기능의 변화에는 개인차가 있다(백옥미, 2015; 이정은, 2022, p. 482).

노인의 인지기능에 영향을 미치는 요인들은 다양한데, 일차적으로는 노인의 연령과 교육수준이다. 연령이 높을수록 노인의 인지기능은 저하되며, 교육수준이 높을수록 인지기능이 높다. 다음으로 우울 수준이 높을수록 노인의 인지기능은 저하되며, 성별에서는 남성이 여성보다 인지기능이 높게 나타난다. 신체적 건강요인도 노인의 인지기능에 영향을 미치는 요인이다. 신체적 건강요인은 심리적 요인인 우울과 유의한 관계가 있으며, 적극적인 사회참여는 노인의 인지기능에 직·간접적으로 영향을 미친다(이정은, 2022, p. 482).

정상적인 노화로 인해 가장 영향을 많이 받는 인지기능은 이차 기억력(secondary momory)이라고 불리는 지연 회상력(delayed recall)과 새로운 것에 대한 학습능력이다. 그에 비해 즉각 회상력(immediate recall), 먼 과거 기억력(remote memory) 및 인식력 등은 보존되어 있다. 또한, 정상적인 노화 과정에서는 기억능력 이외에 다른 인지 영역의 능력은 비교적 잘 유지된다. 그러나 노화에 따른 인지기능의 감퇴 정도는 개인마다 많은 차이를 나타낸다. 노년기 대표적인 인지기능장애로 치매를 들 수 있다. 인지기능 장애는 과거의 기능 수행 수준과 비교하여 기억이나 문제해결능력 등에 있어서 심각한 인지능력 감퇴가 나타난다. 노인에게 나타날 수 있는 인지기능장애에서 중요한 것은 연령에 의한 정상적인 인지기능 저하와 병적인 질환에 의한 인지기능장애를 구분하는 것이다(노인전문간호사 교육과정협의회, 2019, p. 180-181).

한편, 치매는 단일 질병이 아닌 증후군으로 다음과 같이 정의할 수 있다.

첫째, 이전 기능에 비해 '저하' 혹은 '변화된 것'을 의미한다. 진단 시, 이전 기능의 개인차를 고려해야 하며 지적장애와는 다르다.

둘째, 치매란 인지기능의 저하가 단일 영역에 국한되지 않는다. 기억력 장애는 필수 증상이며, 주의력, 언어능력, 시·공간 능력, 수행능력, 판단 및 추상적인 사고력 등 기타 인지영역에서 하나 이상의 장애를 나타낸다. 뇌졸중 후 실어증이나 심인성 기억 상실과는 다르다.

셋째, 치매는 일상생활을 수행하는 데 지장을 초래한다. 인지 기능 저하 정도에 대한 기준이 진단기준에 따라 다소 차이가 있다.

넷째, 치매는 의식장애에서 기인하지 않는다는 것이 섬망과의 차이이다. 그러나 치매가 진행되는 동안 섬망이 동반되기도 한다.

치매는 정상 노화의 기억장애, 섬망, 우울 등과 혼동되기 쉽다. 하지만 치매는 정상 노화와는 다르다(노인전문간호사 교육과정협의회, 2019, p. 180-181).

〈표 9-1〉 **정상 노화와 치매의 비교**

건망증	치매
• 기억력에 국한된 이상 • 독립적 일상생활 가능 • 일시적 • 힌트에 의한 회상 흔함	• 기억력와 기타 인지영역 손상 • 독립적 일상생활에 지장 • 지속적 • 힌트에 의한 회상의 어려움

출처: 김귀분 외(2006); 노인전문간호사 교육과정협의회(2019), p. 182 재인용

> **글상자** 「치매」 용어 개정을 통한 인식개선 논의 시작
>
> '치매'라는 용어는 'dementia(정신이상)'라는 라틴어 의학용어의 어원을 반영하여 '癡呆(어리석다라는 의미)'라는 한자로 옮긴 것이다. 일본에서 건너온 해당 한자어를 우리 발음으로 표현하면서 사용하게 되었다. 이러한 치매라는 용어가 질병에 대한 편견을 유발하고 환자 및 가족에게 불필요한 모멸감을 주기도 한다는 지적에 따라 치매 용어를 개정하고 치매에 대한 인식 개선 방안을 논의하기 위하여 보건복지부는 2023년 1월 16일「치매용어 개정 협의체」회의를 개최하였다.
>
> 대만은 2001년 실지증(失智症), 일본은 2004년 인지증(認知症), 홍콩과 중국은 2010년 및 2012년 뇌퇴화증(腦退化症)으로 병명을 개정한 바 있으며, 미국은 2013년에 정신질환 분류기준인 DSM-5에서 치매라는 용어를 'dementia'에서 '주요신경인지장애(major vascular neurocognitive disorders)'로 변경한 바 있다.
>
> 출처: 보건복지부 보도자료(2023. 1. 16.).

(3) 심리적 변화

노화에 의한 심리적 변화는 개인의 살아온 습관과 다양한 경험, 성격 그리고 사회문화적 상황 등이 반영되므로 다양한 개인차를 보인다(장경은, 2010, p. 282). 그러나 노년기 노화로 인해 겪는 신체적, 정신적, 사회적 변화는 스트레스의 원인이 되어 여러 가지 다양한 심리적 변화를 일으킨다. 구체적인 심리적 변화 가운데 성격의 변화로는 내향성과 수동성이 증가하고, 조심성과 경직성의 증가, 우울 성향의 증가, 생에 대한 회상의 증가, 친근한 사물에 대한 애착 증가, 성 역할 지각변화, 유산을 남기려는 성향이 증가한다(권중돈 외, 2002).

노년기의 발달과업 중 죽음에 대한 불안과 우울 등은 노년기에 나타나는 대표적인 정신건강의 위험 요인으로서, 노년기의 삶의 질을 결정하는 중요한 요인으로 알려져 있다(김기태, 송진영, 정종화, 2018, p. 126).

우울은 노년기 전반에 걸쳐 경험될 수 있는 부정적 정서 중 하나이다. 노년기는 신체적 · 정신적 기능 저하, 배우자 상실, 은퇴, 자녀와의 분리 등 노인이 경험하는 부정적 생애 사건 경험 위험과 맞물리면서, 타 연령대에 비해 더욱 우울에 취약하기 쉬우며,

극복하기 어렵다는 특징을 보인다(김동배, 손의성, 2005, p. 168-169). 또한, 노인의 우울은 노년기 삶 전반에 영향을 미칠 뿐만 아니라, 심할 경우 자살에 이르게 하는 원인이 되기도 한다(오현옥, 2014, p. 536). 노인이 사회와 맺는 관계, 그리고 노인을 둘러싼 사회환경적 요인도 노인의 우울에 영향을 미칠 수 있다. 노인의 관계적 자원은 물론이고, 물질적 · 경제적 자원도 이와 무관하지 않다. 비록 소득은 많지 않더라도 사회 안전망을 통해 물질적 · 경제적 자원을 획득할 수 있다면, 우울에 대처하기 위한 자원을 확보할 수 있다. 이와 같이 사회와 맺는 관계, 사회로부터 받는 지원 등을 포함하는 사회자원은 노인 우울에 있어 핵심적인 자원이다(김명일, 어유경, 김순은, 2019, p. 213).

생의 마지막 시기에 접어든 노인들은 다른 발달단계에 놓인 사람들보다 죽음에 대한 불안도가 높다. 노인이 죽음에 대하여 어떻게 인식하고 받아들이는가에 따라 자신의 지나온 인생을 의미 있고 가치 있는 것으로 평가하여 현재 삶을 보다 적극적이고 활력 있게 보내고자 한다(박선애, 허준수, 2012, p. 63). 이에 에릭슨(1997)은 노년기에 해결해야 할 발달과업을 '자아통합 대 절망'으로 제시하고 노년기의 성공적인 발달과업을 자아통합의 달성이라고 하였다. 자아통합은 노년기의 심리적 안녕 상태를 반영하는 포괄적이고 일반적인 개념으로, 노인 자신이 살아온 인생에 대하여 내리는 주관적 평가이다. 자아통합은 자신의 삶과 환경적 변화에 대한 수용, 자신의 욕구를 만족시키는 심리적 안녕감, 과거를 포함한 삶에 대한 수용, 그리고 죽음을 긍정적으로 수용하는 것까지 모두 포함한다(김동배, 신수민, 정규형, 2012, p. 11).

3) 사회적 발달

노년기로의 진입은 단순히 물질적 결핍뿐만 아니라 사회적 관계망의 축소를 초래한다. 이러한 사회적 관계망의 축소는 노인들의 물질적 · 정신적 자원의 축소를 의미하는 것으로 노년기 정신건강에 부정적 영향을 미친다(김진현, 2016, p. 10). 따라서 노인의 사회참여는 노인의 생활만족도, 정신건강 및 신체적 건강에 긍정적으로 작용하며, 지속적인 사회참여는 심리사회적 건강 유지와 향상에 유의미한 변화를 가져온다(김수영, 이민홍, 장수지, 2014, p. 5).

(1) 은퇴

은퇴는 경제활동으로부터 완전히 물러나는 것을 의미하는 것으로 단순히 직장을 그만두는 것을 의미하는 '퇴직'과 달리(Atchley & Barusch, 2004), 그동안 유지하던 사회적 역할에서 새로운 역할로 이동하는 것을 의미한다(성영모, 오제은, 박승민, 2013). 하지만 우리나라의 많은 노인들이 자신을 위한 재무적 노후 준비는 거의 하지 못한 채, 비자발적으로 행하여진 예상치 못한 은퇴나 강요된 은퇴의 상황을 맞이하고 있다. 이렇게 고령자가 은퇴 준비가 없이 비자발적으로 은퇴를 하여 노후를 맞게 되면, 은퇴 후 고령자의 삶의 질이나 만족도는 더욱 떨어지게 된다(박창제, 2013, p. 116).

노동시장에서의 은퇴는 고용상태에 있는 사람이 그 직위에 관련된 역할수행을 중단하고 새로운 역할에 적응하도록 하는 전환점이다. 전통적으로 은퇴는 노동력의 상실, 그로 인한 경제적 · 사회적 자원 상실의 계기가 되기 때문에 은퇴자에게 커다란 스트레스가 될 수 있으며, 나아가 삶의 만족도를 떨어뜨리는 주요한 요인이라고 할 수 있다. 따라서 노동시장에서의 은퇴는 삶의 만족도에 매우 큰 영향을 준다고 할 수 있다(신현구, 2007, p. 91-92).

은퇴와 관련한 이론은 활동이론, 지속성이론, 분리이론 등을 들 수 있다. 먼저 활동이론은 노인들이 은퇴 이후에도 은퇴 이전의 활동수준을 유지하고자 하는 욕구가 있으며, 은퇴로 인한 역할상실을 대체할 수 있는 활동 또는 새로운 역할을 수행함으로써 은퇴만족을 높일 수 있다고 본다. 지속성 이론은 개인의 성향과 성장발달의 연속성에 초점을 둔 이론으로서 개인이 은퇴 전과 비슷한 역할을 유지하도록 하는 것이 은퇴 후의 삶의 적응에 긍정적 영향을 미친다고 본다. 반면, 분리이론에서는 은퇴는 기존의 역할로부터 분리되는 자연스러운 과정으로서 노화 과정을 통해 사회로부터 자연스럽게 분리되어 나가며 이를 준비하는 것이 심리적 안정감을 준다고 본다(Atchley, 1989;

백은영, 2009, p. 350 재인용).

(2) 사회참여

노인의 사회참여는 일반적으로 자신의 삶의 만족도 향상이나 이웃을 위한 사회봉사활동에 참여하는 것을 의미하지만, 더 나아가 노인들이 조직화를 통해 자신들의 사회적 · 정치적 권익을 추구하기 위해 전개하는 집단적 활동까지 포괄한다(Dahan-Oliel et al., 2008; 이승주, 2021, p. 230 재인용). 사회참여는 노인들이 청 · 장년 때처럼 노동시장에 활발하게 참여하는 것을 의미하는 것은 아니다. 그보다는 비록 신체적 · 인지적 능력의 감소로 노동시장에서 생산활동에 참여하지 못하더라도 가족, 이웃, 지역사회, 더 나아가 국가를 위해 은퇴 후 다양한 사회적 활동에 참여하는 것을 의미한다(이승주, 2021, p. 228). 이러한 노인의 사회참여는 노인의 삶의 만족도를 증진시키며 건강한 삶을 영위할 수 있도록 하는 원동력이 되고, 적극적 사회활동을 통해 노인의 삶의 질 또한 높아질 수 있다(주경희, 2011, p. 6).

(3) 노년기 조부모 역할

핵가족화로 대표되는 현대사회의 특징으로 1세대 조부모와 2, 3세대 자녀와 손자녀 간의 교류와 친밀감이 이전보다 감소하고 있다. 그럼에도 불구하고 조부모 역할은 다양한 유형으로 나타난다. 조부모라는 새로운 사회적 역할을 부여받는 노년기는 단지 사회의 보호를 받으면서 죽음을 기다리는 상실의 시기가 아니라 새로 태어난 손자녀를 가족의 일원으로 받아들임으로써 삶의 의미와 기쁨을 되찾는 시기이다(홍승우, 2012, p. 20). 평균 수명의 연장과 저출생으로 전체 인구에서 조부모가 차지하는 비율이 빠른 속도로 증가하고 있고, 이러한 인구구조의 변화로 인해 손자녀와 보내는 기간이 과거에 비해 상대적으로 길어지면서 결과적으로 조부모의 역할이 주목받고 있다고 할 수 있다(홍승우, 2012, p. 100).

뉴거튼과 와인스타인(Neugarten & Weinstein, 1968)의 연구는 조부모의 역할 유형을 주어진 조부모 역할만 수행하는 형식적인 조부모형, 여가시간에 손자녀와 함께 놀아주기를 즐기는 기쁨추구형, 부모를 대신하여 양육을 제공하는 대리부모 유형, 가족 내 최고 권위와 지혜를 가진 지혜의 원천형, 공식적인 가족 모임 외에는 자주 참여하지 않는 원거리형으로 구분하였다(신용주, 2015, p. 38). 이후, 조부모 역할 유형에 관한 다양한 연구가 진행되었으며, 그 결과를 아래 표에 제시하였다.

〈표 9-2〉 **조부모 역할 유형**

연구자	유 형
Robertson(1977)	• 원거리형(손자녀에 크게 친근감을 손자녀에 크게 친근감을 느끼지 않음) • 조화형(사회적인 규범을 따르며 손자녀와 긴밀하게 상호작용) • 상징형(조부모역할 규범을 중시하나 손자녀에게 애착을 보이지 않음) • 개인적 유형(사회적인 규범을 크게 인식하지 않으나 개인적으로 손자녀와 만족스러운 관계를 가짐)
Cherlin과 Furstenberg (1985)	분리된(detached) 유형, 소극적(passive) 유형, 지원적(supportive) 유형, 권위적(authoritative) 유형, 영향력 있는(influential) 유형
Benokraitis(1999)	원거리형, 친구형, 참여형, 조언형, 대리부모형
양진희(2014)	유능한 조부모, 건강한 조부모, 친구 같은 조부모, 덕망 높은 조부
이영숙과 박영란(2013)	전통가족 가치 의미 부여형, 웃어른 역할 의미 부여형, 전통가족 가치와 개인적 가치의 갈등형

출처: 신용주(2015), p. 38-39 발췌

표에 제시한 다양한 연구 결과를 종합하면, 조부모의 역할 유형을 크게 아래의 5가지 유형으로 재분류할 수 있다. 첫째, 가까이에서 손자녀와 친근하게 지내며 재미를 얻고 행복을 추구하는 조화형, 기쁨추구형, 친구형이 있다. 둘째, 멀리 살며 친밀한 상호작용을 하지 않는 원거리형, 분리형, 소극적 유형이 있으며, 셋째, 직접 양육하며 지원하는 지원형, 대리부모형이 있다. 넷째, 주어진 조부모 역할 규범을 중시하며 애착을 보이지 않는 공식형, 상징형, 권위적 유형이 있으며, 다섯째, 규범과 상관없이 개인적으로 손자녀와 만족스러운 관계를 유지하는 개인적 유형, 친구형 등 크게 5가지 유형으로 나눌 수 있다(신용주, 2015, p. 38~39).

이러한 다양한 조부모 역할 유형은 손자녀와의 지리적 접근성이나 접근 빈도, 친밀감, 성인 자녀의 양육상황이나 가치관, 나아가 조부모의 경제상황이나 노후 생활에 대한 기대나 가치관 등에 따라 영향을 받기도 한다.

젊은 세대와 노년층이 조화롭게 공존하기 위해 유아기나 아동 · 청소년기에 노인에 대한 이해를 넓히고 공감대를 형성하여 세대 간 이해를 도모하는 것이 중요한 사회적 과제가 되었다(신용주, 2015, p. 43). 성인 자녀들과 더욱 강한 유대관계를 형성하고 손자녀와의 관계 또한 친밀하게 유지하기 위해 조부모 역할에 대한 전문적인 교육도 필요하다(김종숙, 2002, p. 9).

2. 노년기와 관련된 발달이론

노년기는 수십 년 동안 머물렀던 직장에서 퇴직을 하는 시기이며, 자녀가 부모에게서 독립하여 부모만 남는 빈 둥지 시기이다. 에릭슨(1963)의 심리사회적 발달단계에 따르면, 이 시기의 주된 발달과업은 자아통합을 이루어 내는 것이다. 은퇴 후에 맞이하게 되는 절망감에서 벗어나기 위해 자아 통합감을 발달시키고 성취하여야 노년기의 긍정적이고 바람직한 삶을 영위할 수 있게 된다. 노년기에 자아통합이 이루어지지 않으면 죽음에 대한 두려움과 지나온 삶에 대한 후회 등으로 절망에 빠지기 쉽다. 하지만 자신의 지나온 삶과 죽음의 문제 그리고 미래에 대한 확실한 소망이 있으면 자아통합을 이룰 수 있게 되는 것이다.

한편, 에릭슨과 에릭슨(Erikson & Erikson, 1998)은 기존의 8단계에 걸친 심리사회적 발달 이후, 80대나 90대를 9번째 단계로 노년-초월성(gero-transcendence)을 새로이 제시하였다. 초월이란 물질적 가치관이나 이성적 견해를 넘어서 보다 더 우주적이고 초월적인 다차원적 시각(meta-perspective)을 가지는 것을 말한다. 에릭슨과 에릭슨

(1998)은 개인이 80대나 90대가 되면 일상에서 절망을 경험할 수 있으나 이러한 요소들이 오히려 초월을 향해 나가도록 할 수 있음을 강조하였다.

에릭슨 이론과 더불어 노년기 심리사회적 발달 특성에 대하여 언급한 이론들을 살펴보면 다음과 같다.

1) 분리이론(disengagement theory)

분리이론은 커밍과 헨리(Cumming & Henry, 1961)가 구조기능론적 관점에서 노인의 사회심리적 반응을 설명하는 이론으로, 노인들은 완전히 사회화된 구성원으로서 사회 욕구충족 차원에서 언제든지 분리 또는 이탈할 준비가 되어 있고, 이러한 이탈이 사회와 개인 모두에게 순기능적이라고 주장한다. 즉, 노인들이 노화로 인해 신체적 · 정신적 건강 및 기능이 약화되고, 가정 및 사회에서의 역할이 줄어들므로써 노인과 사회가 상호분리되는 것은 당연하고 불가피한 현상이라고 보는 이론이다.

2) 활동이론(activity theory)

하비거스트(Havighurst, 1961)는 노년기 발달과업과 관련하여 활동이론을 제시하였다. 활동이론에서는 분리이론과는 반대로 노인은 불가피한 건강상의 변화를 제외하고는 중년기와 다름없는 사회적 욕구가 있기 때문에 노후 삶의 만족을 얻기 위해서 무엇보다 사회활동이 필요함을 강조한다. 노인들이 사회활동 참여를 통해 생산적인 활동을 유지하거나 일자리에 종사할 때 새로운 사회적 관계망을 창조하게 되고, 활동에 참여하는 노인은 은퇴 이후 사회적 역할로부터 분리된 노인보다 신체적, 정신적으로 더 건강해진다(최순남, 2002). 한편, 하비거스트(1972)는 발달과업의 개념을 처음 도입하였는데, 노년기의 발달과업을 다음과 같이 제시하였다. 첫째, 약화되는 신체적 힘과 건강에 따른 적응, 둘째, 퇴직과 경제적 수입 감소에 따른 적응, 셋째, 배우자의 죽음에 대한 적응, 넷째, 동년배 집단과의 유대관계 강화, 다섯째, 융통성 있는 사회적 역할 수행, 여섯째, 생활에 적합한 물리적 생활환경의 조성 등이다.

3) 사회교환이론(exchange theory)

사회교환이론은 호만스(Homans, 1961)에 의해 공식적으로 제기된 이론으로, 사회적 상호작용은 행위자 간에 가치 있는 물질적, 비물질적 보상을 주고받는 교환과정이라고 주장한다. 즉, 사회적 행동과 대인관계에 있어서 '호혜성(reciprocity)의 원리'가 사회질서를 유지하는 기반이 되며, 따라서 행위자는 최소한의 비용으로 최대한의 이득을 추구하려고 한다는 것이다. 교환이론을 노화 및 노인 문제에 적용한 다우드(Dowd, 1975)는 노년기의 사회적 상호작용의 감소를 노년층과 사회 간의 교환과정의 산물로 파악한다. 즉, 노인들은 제한된 자원(낮은 소득과 건강, 지식과 기술, 생산능력, 재산 소유 및 통제권 등)만을 소유하고 있기 때문에, 젊은 층이 지속적으로 노인과 상호작용을 하는 것은 젊은 층에게 비용으로 작용하며, 교환자원의 가치 저하는 노인들의 의존성을 증가시키고, 권력의 약화를 초래한다고 보는 것이다. 이는 의도하든 의도하지 않든 교환조건의 열세를 가져오며, 결국 노인은 개인 및 사회와의 관계에서 어려움을 겪게 되고, 전반적인 노인들의 사회참여 횟수는 줄어들게 되는 것이다.

4) 활동적 노화(active aging)

활동적 노화는 노년기 사회적 활동이 노년기 삶의 질을 높인다는 활동이론(activity theory)을 기반으로 하는데, 경제적 생산을 넘어서 사회관계의 지속과 적극적인 사회참여에 초점을 둔다(김교성, 김수연, 2014; 변금선, 2018 재인용). 즉, 노인의 사회적 역할과 참여 등 광범위한 사회적 의미를 강조하는 특징을 지니고 있다(최희경, 2010).

WHO(2002)는 활동적 노화를 "노년기의 삶의 질 강화를 위하여 건강(health), 참여(participation), 안전(security)의 기회를 최대화하는 과정"으로 포괄적으로 정의하였다.

건강영역은 만성질환의 위험 요인 줄이기, 의료비 및 요양 비용의 감소, 건강의 유지 등과 관련이 있다. 참여영역은 경제활동에의 참여, 고용·교육·사회 정책·보건 프로그램 등에 대한 개인의 참여와 관련이 있다. 안전영역은 지역사회와 가족이 보호하지 못하는 노인을 대상으로 권리와 욕구를 충족시킬 수 있는 정책 및 프로그램을 제공하는 것과 관련이 있다(박하은, 장은하, 홍석호, 2021).

〈표 9-3〉 **활동적 노화 요소**

요인	내용	요소
건강요인	만성질환의 행동적·환경적 위험요인을 줄여 주며, 의료비 및 요양 비용을 감소시키고 건강을 유지하도록 도움	• 만성질환의 치료와 예방 • 조기 사망의 감소 • 장애물이 없는 주거환경 • 안전한 환경
참여요인	경제활동과 고용, 교육·사회 정책·보건 프로그램에서 개인의 기본권, 선호도 및 욕구, 능력에 따라 사회경제적·정신적·문화적 활동의 참여를 지지	• 교육과 학습 기회의 제공 • 비공식 직업 활동 • 자원봉사활동 • 사회참여의 증진
안전요인	신체적·사회적·재정적 보장 권리와 욕구를 충족시킬 수 있는 정책 및 프로그램을 통해 지역사회와 가족에게서 개인을 보호하지 못하는 노인의 보호, 요양, 존엄을 제공	• 사회보장 • 학대 예방 • 위험 상황의 긴급 보호

출처: 박하은, 장은하, 홍석호(2021), p. 762의 내용 가운데 일부 발췌함

5) 성공적 노화(successful aging) 관련 이론

성공적 노화 이론은 노화에 대한 부정적 시각에서 벗어나 노화를 긍정적으로 볼 수 있는 현상들을 찾고자 하는 노력에서 탄생하였다. 대표적 연구자인 로우와 칸(Rowe & Kahn, 1998)은 성공적 노화는 세 가지 영역에서 기능을 잘 유지할 수 있는 능력이라고 보았다. 이를 살펴보면, 첫째, 질병과 장애의 위험이 적은 상태, 둘째, 높은 신체적·인지적 기능의 유지, 셋째, 삶에 대한 적극적 참여를 포함한다. 이 세 요소는 위계적인 순서를 지니고 있으며, 특히, 마지막 요소가 가장 핵심적이라고 보았다.

한편, 발테스와 발테스(Baltes & Baltes, 1990)는 SOC모델을 제시하였는데, 이 모델은

획득의 최대화와 상실의 최소화를 적응적 발달로 가정하고 이를 위해 선택(selection), 최적화(optimization), 그리고 보상(compensation)의 발달적 조절이 이루어져야 한다고 강조한다. 발달적 조절이란 발달을 이루려고 하는 개인의 노력과 발달에 영향을 주는 다양한 맥락 사이의 역동적 상호작용을 의미한다(장휘숙, 2007, p. 132). 즉, 노인들이 노화에 따른 상실에도 불구하고 주어진 능력에 적합한 활동을 선택하고 보유한 기술을 최적화하며 상실한 것을 보완함으로써 성공적 노화에 이를 수 있다고 설명한다. SOC 모델은 성공적인 노화가 개인과 환경의 상호작용의 결과로 이루어지는 것으로 상황이나 맥락에 따라 달라질 수 있다고 본다.

활동적 노화와 성공적 노화는 상호교환적으로 사용되기도 하고 어떤 개념이 다른 개념의 한 측면으로 간주되기도 하지만, 등장시기와 강조점의 측면에서 차이가 존재한다. 개념상으로 볼 때 활동적 노화는 개인적 차원과 사회적 차원을 포괄하는 광범위한 개념으로서, 시기상으로 가장 먼저 나타났다. 활동적 노화 개념은 1980년대에 약간의 시차를 두고 등장한 성공적 노화 개념의 기본적인 지향, 즉 노년기를 긍정적인 시기로 보는 시각의 바탕이 되었다. 성공적 노화는 신체적, 인지적, 사회적 차원을 포함하는 개념으로서, 성공적인 노년을 위한 생활방식의 기준을 제시함으로써 활동적 노화 개념을 사회적 규범으로 구체화하였다고 볼 수 있다(최희경, 2010, p. 47).

3. 노년기와 사회복지실천

1) 노인부양의 사회화와 지역사회 보호체계 강화

저출생 고령사회로의 진전은 노인 인구의 급격한 증가로 이어지고, 노인 인구 중에서도 후기 고령 노인이 지속적으로 증가하게 되었다. 노인은 불가피하게 노화로 인해 만성질환이 발병하게 되고, 일상생활 수행 기능 약화로 타인의 도움을 필요로 하게 된다. 더불어 가구 구조의 변화 및 부양의식 약화로 노인부양은 이제 더 이상 가족의 역할이 아닌 사회적 역할로 변화하고 있다.

노인부양의 사회화는 2008년 노인장기요양보험제도 시행부터 본격화되었고, 2020년부터는 예방적 노인돌봄사업으로서 통합적 노인맞춤돌봄서비스를 제공하고 있다.

한편, 최근 노년기 지역사회 계속 거주(aging in place, 이하 AIP) 관점은 성공적 노화(successful aging), 활동적 노화(active aging)와 함께 노인복지의 지향점으로 제시되고 있다(이윤경 외, 2017). AIP 관점은 노인이 자신이 생활하던 지역에서 노년기를 보내는 것이 바람직하다고 보며 이를 정책적 방향에 반영하고자 시도한다. AIP 담론에서는 노인을 자기 자신을 돌보는 주체이자, 상호 돌봄적인 지역사회를 만들어 가는 데 일조하는 존재로 보며 노인의 능동적인 역할을 부각시키고 있다(Bookman, 2008; Thomas & Blanchard, 2009). 이에 노인의 지역사회 계속 거주 욕구 충족을 위해 지역 단위의 다양한 주거-요양-생활 지원이 통합적으로 이루어질 수 있는 체계 마련이 요구된다. 또한, 지역에서의 노인의 이동권 보장 확대와 낙상 방지와 같은 지역 환경의 안전 확보를 위한 도보환경 조성 등이 필요하다. 고령자의 안전 운전을 위한 교통환경 개선과 함께 운전하지 않아도 자유로운 이동이 보장될 수 있도록 하는 정책이 확대되어야 할 것이다(이윤경 외, 2020, p. 676).

2) 노인의 사회참여 지원

생애발달과정상 노년기로 접어들수록 가족 및 주변 이웃·친구들과의 관계가 점차 줄어들고, 직장에서의 은퇴와 역할상실을 경험하게 되면서 소외와 고립감을 경험하게 된다. 하지만 활동이론에 따르면 노년기에는 사회적 활동을 통해 자신의 정체성을 확인하고, 지역사회의 다양한 사회적 관계망을 통해 노년기의 역할상실에 대한 만족을 얻을 수 있다. 따라서 노인의 사회참여 지원은 노인복지실천에서 매우 중요하다. 즉,

노인의 사회적 기여를 높일 수 있는 지역 단위 다양한 사회활동과 사회 기여의 기회제공을 위한 인프라 확대가 필요하다(이윤경 외, 2020, p. 675). 노인의 사회참여를 위한 가장 대표적인 활동으로 일자리 지원 및 자원봉사활동을 들 수 있다. 이를 간략하게 살펴보면 다음과 같다.

노인일자리 지원은 노인일자리 및 사회활동 지원사업으로 대표되는데, 2004년부터 노인에게 사회참여와 자활, 자립의 기회를 제공하기 위해 실시되고 있는 노인고용지원 정책이다. 노인의 일자리 참여는 소득 증가와 빈곤율 감소 등 경제적 효과뿐만 아니라 우울감의 감소, 대인관계, 자아존중감과 삶의 만족도 증가 등 심리·사회적 효과, 건강상태, 가족관계만족도 및 공식적 사회관계에서의 의미 있는 변화 등 유의미한 성과가 있다. 이에 노인의 특성에 따른 다양한 일자리 개발 및 운영, 노인에게 맞는 일자리 환경 개선 등이 필요하며, 전문적 역량을 갖춘 인력 배치가 필요하다. 정부 차원에서도 기업의 고령 인력 활용 및 정년 연장, 근로시간 조절 등의 계속 고용 제도 지원이 필요하다.

노인의 자원봉사활동은 노인 개인적 차원에서는 상실된 사회적 역할 회복과 보람된 삶을 영위하게 하는 계기를 마련하는 노년기 여가활동의 효과적인 대안이자 성공적 노화를 이루는 방안이다. 자원봉사활동은 노인의 삶의 질을 높이고 긍지와 보람을 가지고 살아갈 기회를 제공하며, 이는 자신과 사회발전에 크게 기여할 수 있다(문인숙, 2010). 이러한 노인의 자원봉사활동은 노년기 주요 발달과업인 자아통합에 매우 중요한 요소이다(한정란, 2015, p. 129).

3) 죽음준비교육 및 존엄 있는 죽음

에릭슨은 죽음 불안을 마지막 발달단계인 노년기에서 해결해야 하는 발달적 위기로 보았다(김명희, 2018, p. 6). 퀴블러-로스(Kübler-Ross, 1981)는 죽음을 앞둔 사람들의 심리적 변화를 부인-분노-타협-우울-수용의 5단계로 구분하면서, 누구나 죽음에 대한 불안감을 지니고 있다고 주장하였다. 퀴블러-로스(1981)는 죽음 불안을 인간 존재의 유한성에 대한 인식으로부터 경험되어지는 삶의 필연적인 종말에 대한 불안이라 정의하였는데, 죽음에 대한 인식이나 이해에 따라서 삶에 대한 이해와 태도가 달라질 수 있기 때문에 인간의 성장과 발달에서 죽음에 대한 인식은 삶만큼 중요하다고 주장하였다(배강대, 2006, p. 28).

인간의 삶이 존엄하다면 당연히 죽음도 존엄한 것이고, 삶의 연속적인 과정 위에서 존재하기 때문에 죽음의 문제 또한 노인복지의 핵심으로 다루어져야 한다(문남숙, 남기민, 2008, p. 1228). 죽음준비란 죽음을 받아들이는 태도에서 비롯되며, 죽음에 대한 태도에 따라 죽음 불안 정도에 차이를 보일 수 있다. 따라서 죽음준비는 현재 삶의 태도나 가치관에 영향을 미치게 되고, 이는 다른 의미로 곧 좋은 삶의 준비이기도 하다(문남숙, 2009, p. 16).

죽음불안이 낮을수록 노인의 자아통합감이 높아지는 만큼 사회복지실천현장에서 긍정적 자아상을 확립하고 죽음 불안을 해소하기 위한 다양한 프로그램 개발이 필요하다. 또한, 죽음에 대한 올바른 인식 개선을 위한 단계적인 평생교육이 필요하다. 보다 실질적이고 구체적인 죽음준비 교육이 요구되는데, 죽음준비를 통하여 아름다운 마무리를 할 수 있도록 제도적 교육과 전문상담이 필요할 것이며 인적자원도 투자되어야 한다(김명희, 2018, p. 39).

글상자 **죽음준비교육**

"죽음 체험은 전해 줄 수 없어서 항상 미지의 영역으로 남아 그에 대해서는 수동적인 상태가 된다. 이것이 죽음에 대한 공포를 느끼는 커다란 원인 중 하나이다. 죽음준비교육은 이러한 과제에 적극적으로 개입한다. '죽음'이라는 주제에 대해 다양한 교육 방법을 적용하고, 이 현상을 보다 가까운 일로 생각하게 한다. 그럼으로써 죽음의 의미, 인생의 의미까지도 보다 깊게 통찰할 수 있게 되고, 무의식 속에 억압해 온 수동적인 죽음에 대한 공포를 의식화해 다양한 고뇌의 원인에 대해서 보다 적절하게 대응할 수 있게 해 준다"

출처: Deeken(2017), p. 145

■ **디켄(Deeken)의 죽음준비교육 4단계**

1) **지식 단계:** 죽음과 관련된 다양한 주제를 학습한다. 구체적인 예로는, 죽음, 슬픔, 선언, 안락사, 존엄성을 지닌 죽음, 자살 및 삶과 죽음에 대한 견해가 포함된다.
2) **가치 단계:** 각 개인은 자신의 가치를 검토하고 재평가해야 하며 삶과 죽음에 관련된 보다 확고한 가치관을 습득해야 한다.
3) **감정 단계:** 두려움과 불안과 같은 감정, 죽음에 대한 생각이나 죽음을 직시하는 것을 회피하려는 부정적인 감정을 자각하고, 삶과 죽음의 문제에 대한 우리 자신의 감정을 인식해야 한다.
4) **기술 단계:** 죽음을 앞둔 환자와 어떻게 관계할 것인지에 대한 방법을 배우는 것이 중요하다.

출처: 신현정(2022), p. 121

4) 세대 간 통합 지원

현대의 핵가족화, 도시화로 인해 노인 세대는 많은 경우 자녀 세대와 동거하지 않으며, 교류 또한 부정기적으로 이루어지는 비율이 높다. 노년기 가구 형태는 2020년 기준 독거 노인 또는 노인부부형태(노인독거가구 19.8%, 노인부부가구 58.4%)가 78.2%로 노인만으로 구성되는 형태가 일반화되고 있다. 사회와 가족의 구조적 변화로 인해 2, 3세대가 노인 세대를 긍정적으로 인식할 수 있는 소통의 기회가 줄어들고 있으며, 노인 인구의 증가는 노인부양의 부담으로 이어져 세대 간 부정적인 인식이 증가할 수 있다. 따라서 세대 간 긍정적인 소통을 통하여 상호작용을 촉진함으로써 서로를 이해하고 긍정적인 정서를 함양할 수 있는 세대통합 프로그램이 필요하다(이남, 이용환, 김용탁, 2020, p. 6).

세대통합 프로그램은 세대 간의 공통의 관심을 부각시켜 다른 세대에 대한 관계를 새롭게 구축할 수 있다. 노인들에게는 현 사회에 대한 적응력 향상을 기대할 수 있으며, 경제적 활동을 지속하며, 자아통합성과 행복 등 노인의 삶의 질 향상을 기대할 수 있다. 젊은 세대들은 노년에 대한 불안감을 해소할 수 있고, 노년기에 대한 이해와 더불어 노인의 삶의 경험에서 나오는 지혜를 배울 수 있다(김재현, 2017, p. 78).

글상자

세대통합 프로그램 예시

■ **세대통합 교육프로그램 예시**

① 교육부 주관(2007) '3세대 하모니 교육정책 사업'
중·고령 여성에게 일자리 창출을 통해 사회참여 기회 제공 및 핵가족화로 할머니 정을 느낄 기회가 적은 유아들의 정서순화와 세대 간 교감의 폭을 넓힐 수 있도록 하려는 목적으로 추진된 사업

② 문화체육관광부 주관(2009) '아름다운 이야기 할머니'
노인으로 하여금 아이들에게 이웃의 선행과 전통문화에 대한 긍정적 관심을 유도하는 인성교육 지도자로서의 역할을 수행하게 함

③ 세대 통합 공동체 봉사학습 프로그램

④ 세대통합적 노인유사체험교육 프로그램

⑤ 외국 사례

- 미국 The Intergenerational School – 다양한 연령대의 세대가 어울려 함께 학습하는 학습공동체
- 캐나다의 The Meadows School Project(MSP) – 일종의 공간 공유 프로그램으로 아동 혹은 청소년들이 나이 든 성인들과 같은 공간(혹은 지리적으로 접한 공간)에서 지속적으로 상호 교류할 기회를 제공
- 이탈리아 Orto in Condotta의 세대통합 프로그램 – 초등학교 교육과정 중 농작물 재배 활동을 통해 세대 간 연계를 도모하는 프로그램. 노인 원예전문가들과 3년 동안 함께 프로그램에 참여
- 독일의 세대통합교육 프로그램 Young and Old in School – 중등학교 이하 학력을 보유한 학생들을 위한 직업훈련 및 교육을 제공하는 데 은퇴한 노인 인력을 활용

■ **노인복지기관 내 세대교류(통합) 프로그램 예시**

① 1·2·3세대 통합 가족사랑 나눔 프로그램(고양시 덕양노인종합복지관/세대 간 의사소통훈련, 노인 가상체험, 임종체험, 결연가정의 가훈 만들기, 재가노인 가정 방문하기, 생신상 차려드리기, 가족 나들이 등)

② 우리들의 아름다운 동행(성남시 중원노인복지관/노인 역량 강화 교육, 노인인식개선 캠페인, 자원봉사, 노인과 청소년의 활동 매칭 등)

③ 1·3 세대 친화력 강화 프로그램(남양주 노인복지관/체험 활동, 배움 활동, 짝꿍 맺기, 전통놀이 등)

④ 노인 스마트 폰 교육(파주시 노인복지관/청소년 자원봉사자와 노인을 1:1 매칭하여 교육 진행)

출처: 박혜선, 안태윤(2012), p. 67의 표를 수정하여 정리함
이지혜(2020), p. 212 내용 중 일부 발췌

5) 가족 내 역할 부여

사회정서선택이론(theory of socioemotional selectivity)에 따르면 노년기는 개인의 사회적 관계가 제한됨과 동시에 강화되는 시기로서 새로운 사회적 관계를 발전시키기보다는 유의미한 관계에 초점을 맞춤으로써 긍정적 정서를 추구하고 부정적 정서를 피하고자 한다(Carstensen, Isaacowitz & Charles, 1999). 그리고 개인과 가족들의 생애가 연결되어 상호 밀접한 영향을 주고받는다는 생애과정관점(life course perspective)을 고려할 때, 노년기를 경험하는 사람들에게 있어서 가족과의 친밀한 관계는 무엇보다 중요한 자원이 된다(유창민, 2014, p. 29).

특히, 우리나라 노인들에게 중요한 삶의 의미의 원천 영역은 배우자, 자녀, 정신건강, 손자녀, 신체 건강, 심리적 안정감 등으로, 가족 간의 친밀한 관계가 성공적 노화에 중요한 영향을 미친다. 따라서 가족 내, 지역사회 내 노인에게 의미 있는 역할부여 및 역할수행을 통해 노인의 행복과 성공적 노화를 촉진할 필요가 있다(정영숙 외, 2012, p. 35).

PART

III

사회환경

사회환경의 이해

01
Chapter

인간은 사회적 동물이라는 말이 있다. 겉으로 보면 인간은 하나의 개인으로 존재하는 것처럼 보이지만, 실은 혼자서는 존재할 수 없다. 타인과 함께 사회를 이루고 그 사회의 테두리 내에서 끊임없이 타인과 상호작용하지 않고서는 성장과 발전이 불가능하다. 사회복지학에서 '환경 속의 인간(person in environment)' 또는 '상황 속의 인간(person in situation)'이라는 개념을 중요시하는 이유도 바로 여기에 있다. 즉, '환경 속의 인간'은 인간을 올바르게 이해하기 위해서는 개인에 대한 이해와 더불어 개인을 둘러싸고 있는 환경과 상황에 대한 이해가 동시에 이루어져야 함을 강조하고 있다.

사회복지학문과 실천 현장에서 강조하는 '환경 속의 인간'의 개념을 가장 잘 설명해 줄 수 있는 대표적인 접근법으로 생태체계관점(ecosystems perspective)을 들 수 있다. 생태체계관점은 다양한 용어와 호환되어 사용되고 있는데, 그 예로 생태체계론(ecosystems), 생태적 체계론(ecological systems), 생태학적 관점(ecological perspective), 체계적 관점(systems perspective), 체계/생태적 관점(systems/ecological perspective) 등을 들 수 있다. 생태체계관점은 인간과 환경 간의 상호교류(transaction)에 대한 이해를 강조한다. 즉, 개인의 내적 특성뿐만 아니라 개인을 둘러싸고 있는 다양한 환경적 요소 및 개인과 환경 간의 호혜적 상호작용을 모두 아우르는 통합적 이해를 바탕으로 사회복지적 개입이 이루어져야 한다는 것이다.

생태체계관점은 인간의 행동을 설명하는 여러 이론 가운데 개인과 사회에 관한 일반체계이론(general system theory)과 인간과 환경 사이의 교류 및 적합성 등을 강조하는 생태학 이론(ecological theory)으로부터 주요 개념을 차용하였다. 따라서 생태체계관점을 이해하기 위해서는 먼저 일반체계이론과 생태학이론의 주요 개념들을 살펴볼 필요성이 있다.

글상자 **이론(theory), 모델(model), 관점(perspective)의 개념**

이론, 모델, 관점에 대한 정의는 매우 다양할 뿐만 아니라 개념들 사이의 경계도 모호한 측면이 있어서 이를 구분하여 살펴볼 필요가 있다.

먼저 이론은 인간의 행동을 설명하기 위한 가설이나 개념의 집합체를 의미한다. 반면, 모델은 인간 행동의 변화를 촉진하기 위한 구체적인 지침을 제시하는 데 초점을 둔다. 예를 들어, '애착 이론(attachment theory)'은 애착 형성과 관련된 인간의 행동을 설명하는 데 초점을 맞추고 있다는 측면에서 '이론'의 성격이 강하다. 이에 비하여, '과제중심모델(task-centered model)'은 인간 행동에 대한 설명보다는 구체적인 변화를 끌어내기 위한 지침(치료)을 제시하는 데 초점을 두고 있다는 측면에서 '모델'의 성격이 강하다. 그러나 이론과 모델의 경계가 모호하며 혼용되어 사용되는 경우도 자주 발생한다. 예를 들어, 정신역동이론은 인간 행동에 대한 설명을 제공하고 있다는 측면에서는 '이론'으로 분류할 수 있지만, 이와 동시에 문제를 해결하기 위한 구체적인 방법을 제공하고 있다는 측면에서는 '모델'로 분류할 수도 있다. 따라서 무엇을 상대적으로 더 강조하느냐에 따라 같은 내용을 이론으로 분류할 수도 있고 모델로 분류할 수 있는 경우도 있다. 많은 문헌에서 이론과 모델이라는 용어가 혼재되어 나타나는 이유가 바로 여기에 있다(Coady, 2008, p. 42-45 참조).

한편, 관점은 인간이나 사물을 바라보는 개인의 사고방식이나 태도 등을 의미한다. 어떤 학생은 학교를 친구들과 재미있게 놀 수 있는 곳으로 생각하는 반면, 다른 학생은 학교를 규제로 가득 찬 불편한 장소로 바라볼 수도 있다. 이는 학교를 바라보는 개개인의 시각(관점)이 다르기 때문이다. 관점은 이론 및 모델과는 달리 인간 행동을 설명하거나 변화를 촉진하는 구체적인 지침을 제공하지는 않는다. 그러나 개인이 지닌 관점은 이론과 모델의 선택에 영향을 미친다는 측면에서 그 중요성이 있다. 예를 들어, 강점 관점(strength perspective)을 지닌 사회복지사는 클라이언트가 지닌 강점을 확인하고 이를 강화하는 데 필요한 이론과 모델을 적용하여 개입을 진행할 것이다. 반면, 여성주의적 관점(feminist perspective)을 지닌 사회복지사는 여성에 대한 차별과 억압을 설명하는 이론과 모델을 채택하여 개입을 진행할 것이다. 이처럼 사회복지사가 견지하는 관점에 따라 클라이언트에게 제공되는 개입 프로그램의 유형과 내용은 크게 영향을 받는다. 그렇다면 사회복지사는 전문가로서 어떠한 관점을 지녀야 하는가? 본 장에서는 사회복지사가 지니고 있어야 할 가장 근간이 되는 관점으로 생태체계관점(ecosystems perspective)을 소개하고자 한다.

일반체계이론

02 Chapter

1) 개요

일반체계이론(general system theory)은 18세기 자연과학에서 다루어지고 있던 체계(system)의 개념을 생물학자인 버틀란피(Ludwig von Bertalanffy, 1901~1972)가 인간과 환경을 중심으로 적용하게 되면서 등장하게 된 이론이다. 일반체계이론에서 가장 중요한 것은 체계(system)의 개념을 이해하는 것이라고 할 수 있는데, 체계는 상호 의존적이고 상호작용하는 부분들 간에 관계를 맺고 있는 일련의 단위로 정의할 수 있다(Bertalanffy, 1968). 체계는 외부 환경과 지속적으로 에너지를 상호교환함으로써 생존한다. 또한, 체계는 동시에 체계를 구성하는 내부 요소 간의 상호작용을 통하여 서로 영향을 미치는 존재로 이해할 수 있다. 이러한 체계의 상호작용과 교환은 체계 자체의 변화뿐 아니라 상호작용하는 환경체계에도 변화를 일으킨다.

체계이론에서는 세상에 존재하는 모든 것 즉, 인간의 뇌세포에서부터 가족, 사회, 문화, 우주 등 모든 요소를 체계의 개념을 적용하여 이해할 수 있다고 본다. 체계의 개념을 인간의 정신에 적용하면 정신체계, 가족에게 적용하면 가족체계, 사회에 적용하면 사회체계, 문화에 적용하면 문화체계 등과 같이 이해될 수 있다는 것이다(엄태완, 2020, p. 244). 예를 들어, 가족체계에서 가족의 구성원 개개인은 하나의 개체로서 가족 내에서 상호작용하게 되는데, 각 개인으로서의 성격적 특성뿐 아니라 아버지와 어머니, 형제, 자매 등의 지위와 역할 등을 통해 상호작용하게 된다. 이러한 가족 구성원 전체의 상호작용은 가족이라는 독특한 체계를 만들어 내게 되고, 외부 환경체계와도 이러한 특성을 바탕으로 상호작용하게 된다는 것이다.

체계의 개념은 가족체계 및 사회체계와 같이 구체적일 수도 있으나, 신념체계, 문화체계, 종교체계 등과 같이 추상적인 경우도 있을 수 있다. 체계의 개념은 인간을 하나의 통합된 체계로 보고, 인간이 상호작용하고 있는 다양한 체계들과의 관계를 종합적으로 이해하고자 시도하고 있다는 측면에서 사회복지실천 현장에서 유용하게 활용될 수 있다.

2) 체계의 구조적 특성

(1) 경계

체계는 조직화된 전체이자 전체를 구성하고 있는 부분이라고 할 수 있으며, 이러한 전체와 부분, 부분과 부분은 끊임없이 상호작용하게 된다. 이러한 모든 체계는 경계(boundary)를 가지는데, 경계는 체계를 외부와 구분 지어 주는 테두리를 의미한다. 경계는 눈으로 볼 수 있는 경우와 그렇지 않은 경우가 있다. 예를 들어, 가족이 생활하는 집은 물리적으로 경계를 명확하게 구분할 수 있지만, 가족 규칙, 역할, 정서 등은 눈으로 확인하기 어려운 경계를 가진다. 경계는 체계와 체계 사이에 이루어지는 상호작용 및 상호교류의 특성을 구분해 주기 때문에 체계의 독특성과 정체성을 유지하도록 하는 기능을 한다(엄태완, 2020, p. 245).

(2) 개방체계와 폐쇄체계, 상위체계와 하위체계

체계가 가진 경계의 개방성 정도에 따라 외부와 자원, 에너지, 정보 등의 교환 범위와 정도가 다르게 나타나는데, 이는 체계와 외부체계 사이의 상호작용을 관찰함으로써 확인할 수 있다. 이때 외부체계와의 자원, 에너지, 정보 등의 상호 교환이 상대적으로 자유롭게 이루어지는 체계를 개방체계(open system)라고 한다. 반면, 외부체계와의 상호작용이 이루어지지 않는 체계를 폐쇄체계(closed system)라고 한다. 개방체계는 체계 내에서 자유로운 정보 및 자원의 교환을 허용하고 외부로부터의 자유로운 에너지 흐름을 인정하는 반면, 폐쇄체계는 외부 환경과 고립되어 있어 자원, 에너지, 정보 등이 그 체계 안에서만 상호작용하고 외부와 상호교류가 이루어지지 못하게 된다. 하지만, 실존하는 대부분의 체계는 완전히 개방적이거나 완전히 폐쇄적으로 구분할 수 없는 경우가 많다. 따라서 모든 체계는 개방체계와 폐쇄체계의 연속선상 어느 곳에 있게 되는 경우가 많으므로 상대적인 차원에서 이해하는 것이 필요하다(강상경 외, 2021, p. 212).

또한, 모든 체계는 다른 체계의 한 부분이 되면서 동시에 하나의 더 큰 전체가 되는데, 이를 홀론(holon)이라고 한다(Compton & Galaway, 1984). 즉, 하나의 체계는 더 큰 체계의 하위체계이며 더 작은 체계의 상위체계가 됨을 의미한다. 예를 들어, A 대학교의 사회과학대학이라는 체계는 A 대학교 체계의 하위체계(부분)이며, 동시에 사회복지학과라는 체계의 상위체계(더 큰 전체)가 되고 있음을 말하는 것이다. 이처럼 체계는 부분과 전체 간의 지속적인 상호교환 활동으로 유지되는데, 상위체계에 의존함과 동시에 하위체계에는 방향을 제시해 주는 등의 역할을 통해 체계 내 구성 요소 간의 위계질서가 형성되면서 체계가 기능하게 된다(엄태완, 2020, p. 247).

3) 체계의 안정 및 변화적 특성

체계는 완전한 변화나 완전한 현상 유지의 상태로 존재하지 않고, 안정을 유지하려는 속성과 변화하려는 속성을 동시에 가지게 되는데, 이와 관련된 개념으로 균형, 항상성, 안정상태 등을 들 수 있다.

(1) 균형

균형(equilibrium)은 주로 폐쇄체계의 구조에서 흔히 나타나는 것으로 외부 환경과의 상호교류가 거의 나타나지 않으며, 체계의 구조에서도 변화가 거의 나타나지 않은 고정된 평형상태를 보이는 것을 말한다.

(2) 항상성

항상성(homeostasis)은 체계가 비교적 지속적이고 안정적인 균형을 유지하는 것을 의미하는 것으로 체계가 위협받았을 때 이를 회복하려는 경향을 말한다. 즉, 체계에 일시적으로 혼란과 무질서로 인해 균형이 무너지는 상황이 발생할 경우, 체계는 무질서한 그 상황을 벗어나 이전의 상태를 되찾거나 새로운 균형의 상태로 돌아가기 위해 노력하는 것을 의미한다(Miley et al., 2004). 이러한 노력은 체계 자체를 완전히 변화시키는 것보다는 체계를 유지하려는 속성을 바탕으로 일정한 범위 안에서만 변화하게 되는데, 이 범위를 항상성의 범위라고 한다. 항상성의 범위는 체계가 자신의 모습을 일정하게 유지하기 위해서 필요한 체계 자체의 변화 폭을 말한다(최옥채 외, 2020, p. 234). 예를 들어, 무더운 여름에 실내 냉방기의 온도를 섭씨 20도에서 24도로 맞춰 두었다면, 이 냉방기는 20도에서 24도의 범위에서 자율적으로 변하게 되는데 이러한 변화의 범위를 바로 항상성의 범위로 볼 수 있다. 이처럼 항상성은 체계를 일관성 있게 유지하여 혼란과 무질서로부터 보호하려는 속성을 띠지만, 기존 체계의 모습을 유지하는 범위 안에서의 변화를 모색한다.

(3) 안정상태

안정상태(steady state)는 개방체계의 구조에서 주로 나타나는 것으로 체계 전체가 균형을 이루고 부분들 간의 관계를 유지하면서 환경과의 교류뿐만 아니라 환경에 적응하기 위하여 체계의 구조를 융통성 있게 변화시키는 상태를 의미한다. 예를 들어, 한 가족 체계가 외부와 교류를 활성화하기 위하여 외부의 자극을 적극적으로 받아들이거나 혹은 가족의 내부 규칙을 변화시켜 외부와의 소통을 높이려는 노력을 보이는 경우와 유사하다. 항상성이 체계의 일관성을 유지하기 위해 일정한 범위 안에서만 변화하려고 하는 것에만 국한되는 것에 비해, 안정상태는 외부의 자극을 적극적으로 받아들여 체계 자체의 변화를 도모한다는 측면에서 차이가 있다(오창순 외, 2015, p. 353).

(4) 엔트로피, 넥엔트로피

엔트로피(entrophy)란 체계가 외부와의 교류가 차단되어 체계가 무질서한 혼돈의 상태로 되거나 체계의 구성 요소 간의 상호작용이 감소함에 따라 유용한 에너지가 감소하는 상태를 의미한다. 이는 폐쇄체계에서 발생할 수 있는 체계 내 질서, 형태, 분화가 없는 무질서한 상태를 의미하지만, 완전한 폐쇄체계가 존재하지 않듯이 완전한 엔트로피 상태도 존재하지 않는다. 예를 들어, 가족 내에서 부부 갈등이 높아지게 되면, 부모-자녀의 관계도 불안정해지게 되면서 자녀가 일탈에 빠질 수 있다. 이러한 부부간 상호작용의 감소는 가족 체계의 질서를 불안정하게 만들게 되는데 이러한 역기능의 상태가 바로 엔트로피 상태인 것이다(최옥채 외, 2020, p. 237).

넥엔트로피(negentrophy)란 엔트로피와 반대로 체계 내 질서, 형태, 분화가 존재하는 상태이며, 체계 외부로부터의 에너지를 유입함으로써 체계 내부의 유용하지 않은 에너지가 감소하는 것을 의미한다. 즉, 넥엔트로피가 증가하게 되면 외부의 자원을 수용하여 체계 내의 질서와 법칙을 유지하게 되는 것이다. 예를 들어, 부부관계가 좋지 않고 갈등이 많은 부부의 경우에 엔트로피가 높아진 것으로 볼 수 있는데, 이때 외부의 자원인 상담센터를 통한 상담 서비스를 받은 후 관계가 회복되고 문제가 해결되는 경우를 넥엔트로피 상태라고 할 수 있다.

4) 체계의 과정적 특성

(1) 투입-전환-산출

체계가 생존하고 유지되면서 성장 · 변화하기 위해서는 체계 내부 및 외부에서 지속적으로 자원, 정보 등이 투입(input)-전환(through-put)-산출(output)이라는 과정을 거치면서 환경과 교류하게 된다(Norlin & Chess, 1997).

투입(input)은 체계가 환경으로부터 에너지, 자원, 정보 등을 받아들이는 것을 의미하는데, 체계의 생존과 성장을 위해서는 외부로부터의 투입이 필수적이다. 이러한 투입은 과업 관련 투입과 유지 관련 투입으로 구분할 수 있다. 사회복지 실천의 측면에서 과업 관련 투입은 클라이언트 혹은 클라이언트의 욕구, 문제로 볼 수 있으며, 유지 관련 투입은 클라이언트의 욕구를 충족하거나 문제를 해결하기 위해 필요한 자원 및 프로그램 등을 의미한다.

전환(through-put)은 투입된 에너지, 자원, 정보 등을 체계 내에서 적절한 형태로 변형시켜 재조직화하는 것을 의미한다. 사회복지 실천에서의 전환과정은 역할 및 목표 설정, 서비스 계획, 행정적 준비, 개입 등을 통해 클라이언트의 욕구와 문제의 해결을 시도하거나 외부 환경(외부 체계)과의 연계, 의뢰, 유대 등의 노력을 통해 문제해결을 시도하는 과정으로 이해할 수 있다.

산출(output)은 투입된 에너지, 자원, 정보 등이 전환과정을 통해 나타난 결과물을 의미한다. 산출과 관련하여 동등종결성(equifinality)과 다중종결성(multifinality)의 개념이 있다. 동등종결성은 처음의 조건과 수단과 상관없이 그 결과는 동일하다는 의미로 투입이나 전환과 관계없이 산출이 동일한 것을 말하며, 다중종결성은 처음의 조건과 수단이 비슷하다고 하더라도 다른 결과가 나타나게 된다는 것을 말한다(권중돈, 2021, p. 284). 예를 들어, 사회복지사가 클라이언트 체계에 인지행동치료, 해결중심치료, 과제중심모델 등 어떠한 개입 방법을 사용하든 문제가 해결될 수 있지만(동등종결성), 인지행동치료라는 동일한 개입 방법을 사용하더라도 그 효과는 클라이언트에 따라 달라질 수 있다는 것이다(다중종결성).

(2) 환류(feedback)

환류(feedback)란 체계의 투입-전환-산출의 과정에서 만들어진 결과가 다시 체계 내부로 투입되는 것을 의미한다. 이러한 환류에는 정적 환류와 부적 환류가 있다. 정적 환류(positive feedback)는 체계가 스스로의 목표를 달성하기 위하여 올바른 방향으로 가고 있다고 판단하여 그 과정을 계속하도록 유지하는 방식의 환류를 의미하고, 부적 환류(negative feedback)는 체계의 에너지 전환 과정이 목표에서 벗어나 잘못된 방식으로 진행되고 있다는 정보를 제공하여 체계 전체의 변화를 일으키는 환류를 말한다. 이러한 환류는 체계의 평형을 유지하거나 변화를 촉진함으로써 체계를 유지하게 만들 수 있지만 혼란스럽게 만들어 바람직하지 못한 방향으로 이끌 수도 있다(엄태완, 2020, p. 252).

생태학이론(ecological theory)

03
Chapter

1) 개요

생태학은 자연과학 영역에서 생물집단과 환경과의 상호관계를 고찰하는 자연 생태학에서 발달한 학문으로, 이를 인간과 환경과의 관계에 초점을 맞춰 이해하고자 접근하는 이론이다(장수한 외, 2008, p. 280). 따라서 사회과학에서 의미하는 생태학은 '인간이라는 유기체와 환경, 그리고 그들의 상호작용으로 이루어지는 생태체계(ecosystem)에 관해 연구하는 것'으로 이해할 수 있다(김영호 외, 2010, p. 311).

일반체계이론과 생태학은 모두 체계(system)를 중심 개념으로 한다는 점에서 공통점이 있다. 또한, 생태학과 일반체계이론은 모두 전체 환경에서 생물의 존재 양식에 관한 생물학의 연구에서 발전하였다는 점에서 서로 일치한다고 할 수 있다. 일반체계이론은 체계의 특성을 응용한 체계적 사고 방법이고, 생태학은 인간이라는 유기체와 환경으로 구성되는 생태체계의 상호작용을 체계적으로 연구하는 것으로 체계론과 인간생태학은 내용적인 면에서는 차이가 있지만 구조적으로는 동질적이라고 할 수 있다(김영호 외, 2010, p. 311-312).

체계이론과 생태학이론은 다음과 같은 차이점이 있다(Kirst-Ashman & Hull, 2009, p. 13). 첫째, 생태학은 살아 있는 유기체의 역동적 상호작용에 관심을 가진다. 반면, 체계이론은 보다 넓은 관점을 가지고 있어서 인간체계에도 적용할 수 있지만, 통조림 공장 조립 라인과 같이 무생물적이고 기계적인 체계에도 적용할 수 있다고 본다. 둘째, 강조하는 용어가 서로 다르다. 예를 들어, 생태학은 개인과 환경이 만나는 공유영역(interface)에서 개인과 환경의 상호교류에 초점을 둔다. 반면, 체계이론은 하위체계와의 경계, 항상성과 균형의 유지 등에 보다 관심이 있다.

2) 주요 개념

생태학은 일반체계이론뿐만 아니라 인류학, 스트레스 이론, 자아심리학, 문화인류학, 인본주의심리학 등을 포함한 다양한 이론의 영향을 받으며 발전하였다. 생태학 이론에서 중요하게 다루고 있는 개념들을 살펴보면 다음과 같다(Greene, 1997, p. 199-236).

(1) 상호교류(transaction)

생태학 이론에서는 개인과 개인을 둘러싸고 있는 환경은 서로가 서로에게 영향을 미치는 단일체계를 형성한다고 본다. 즉, 개인과 환경은 서로 분리할 수 없으며, 동시에 고려되어야 한다는 것이다. 따라서 생태학적 접근법에서는 환경이 사람에게 미치는 영향 또는 사람이 환경에 미치는 영향보다는 유기체와 환경 간의 호혜적 상호작용에 초점을 둔다.

주어진 상황(환경)이 같더라도 이에 대한 반응은 사람마다 다르다. 또한, 동일인이라 하더라도 특정 환경과 상호작용하는 방식은 상황과 시간에 따라 다르게 나타난다. 생태학에서는 그 이유를 개인과 환경이 서로에게 영향을 미치기 때문이라고 가정하고, 이러한 상호 간의 영향력을 상호교류(transaction)라 정의한다. 상호교류는 상호작용(interaction)과 구분되는데, 상호작용은 개인과 환경이 서로에게 영향을 미치기는 하지만 개인과 환경이 독자적인 정체성을 유지하고 있는 상태를 일컫는다. 이에 비하여 상호교류는 상호 간의 영향력으로 인하여 개인과 환경이 하나의 새로운 단위, 관계, 체계로 융합되는 것을 의미한다(Lazarus, 1980; Greene, 1997 재인용).

상호교류는 과정(process)을 중요시한다. 따라서 하나의 반응, 행동, 경험을 각각 검토하기보다는 시간에 따른 사건의 전반적인 흐름에 관심을 기울인다. 상호작용을 한 장의 사진에 비유한다면, 상호교류는 실생활 다큐멘터리에 비유할 수 있을 것이다(Lazarus, 1980; Greene, 1997 재인용).

(2) 적합성(goodness of fit), 스트레스(stress), 대처(coping)

적합성(goodness of fit)은 인간의 적응적 욕구와 환경자원 간의 부합 정도를 말한다. 적합성은 타인, 사회조직, 정치 경제적 구조와 정책, 물리적 환경 등이 개인의 성장과 발달 그리고 물리적 · 정서적 안녕을 지지할 때 달성된다고 할 수 있다(이윤정, 2020, p. 131). 적합성은 개인과 환경 사이의 상호교류를 통해 나타나는데, 이때 진행되는 상호교류는 적응적일 수도 있고 부적응적일 수도 있다.

개인과 환경 사이의 상호교류는 종종 개인으로 하여금 스트레스(stress)를 유발하게 한다. 스트레스가 모든 사람에게 부정적인 것만은 아니며 도전 혹은 성장을 위한 새로운 기회나 동기로 인식될 수도 있다(이윤정, 2020, p. 132). 그러나 일반적으로 스트레스는 개인에게 불안이나 분노, 우울, 무기력, 절망감 등을 유발하거나 사회적 관계에서도 자율성 혹은 자신감 등의 저하 및 소극성이 높아지기도 한다. 생태학적 관점에서 볼 때, 사회복지사의 역할은 적합성이 충분히 달성되지 않았거나 적합성의 부족으로 인해 과도한 스트레스를 경험하는 클라이언트의 적합성 수준이 개선될 수 있도록 일련의 전문적인 서비스를 제공하는 것이라 할 수 있다.

그렇다면 스트레스를 줄이고 적합성을 달성하는 방법에는 어떠한 것들이 있는가? 생태학적 접근에서는 대처(coping)기제의 개발을 강조한다. 성공적인 대처기제의 활용은 스트레스를 통제할 수 있도록 돕고 스트레스를 낮출 수 있다. 이러한 대처기제에는 동기, 인지, 계획과 판단, 문제해결기술, 자존감과 자신감 등이 포함된다(손광훈 외, 2008).

(3) 유능성(competence)

생태학에서는 유능성의 개발이 인간발달에 필수적인 요소라고 본다. 유능성은 개인이 환경과 효과적으로 상호작용할 수 있는 능력을 의미하는데, 환경과의 성공적인 상호교류를 통해 형성된다.

유능성의 개념 속에는 자신감 있는 결정을 내리고, 자신의 판단을 신뢰하고, 자기확신을 갖고, 환경에 바람직한 영향을 미치는 능력 등이 포함되어 있다. 또한, 환경적 자원과 사회적 지지를 확보하고 이를 유목적적으로 활용하는 능력도 유능성의 개념에 포함된다.

생태학적 측면에서 본다면, 사회복지사의 주요 역할 중의 하나는 클라이언트가 유능성을 확보할 수 있도록 지원하는 것이라 할 수 있다.

(4) 환경

생태학 이론에서는 환경을 매우 광범위하게 규정하고 있는데, 크게 사회적 환경, 물리적 환경, 그리고 공간과 시간적 리듬의 세 가지 형태로 구분할 수 있다.

① 사회적 환경

사회적 환경은 사회적 관계망인 가족, 친적, 친구, 이웃 등을 포함하며 개인의 성장과 적응에 중요한 영향을 미친다.

② 물리적 환경

물리적 환경은 자연환경과 인위적 환경으로 구분된다. 자연환경에는 기후, 지리적 조건, 습도, 온도, 계절적 변화 등의 특성들이 인간의 감정과 행동에 영향을 미치며,

밤과 낮, 하루, 계절, 1년이라는 리듬의 변화는 인간의 모든 생활 속에 반영되어 영향을 준다.

인위적 환경으로는 건축물, 대중매체, 교통체계 등과 같이 자연환경 내에 인간이 배치한 구조나 대상이 모두 포함된다. 이러한 인위적 환경은 이웃 주민과의 상호작용, 생활양식의 변화 등과 깊이 관련되며, 인위적 환경의 변화는 개인의 사회적 관계망, 정체성 등에 직접적으로 영향을 미치게 된다.

이상에서 설명한 사회적 환경과 물리적 환경은 복잡한 방식으로 상호작용할 뿐만 아니라 문화적 환경으로 확대되어 가는 특징을 지닌다(권중돈, 2021, p. 296).

③ 공간과 시간적 리듬(이은희, 2016, p. 234)

생태학적 이론에서는 거주 공간의 공간적 넓이와 구조 그리고 시간적 리듬도 적응에 중요한 영향을 미치는 환경적 요인으로 본다.

먼저 공간(space)은 개인의 안녕에 중요한 영향을 미치는 환경적 측면이다. 예를 들면, 좁은 주거 공간 안에 너무 많은 사람이 같이 생활하거나, 혹은 교통 체증이 심각한 도로와 같은 환경은 인간의 안녕 상태에 부정적 영향을 미칠 수 있다. 따라서 공간의 개념은 건물 및 도로의 설계와 같은 건축과 토목에도 적용될 수 있고, 거리감이나 정서적 공간 같은 개인적 지각에도 적용될 수 있다. 생태학적 이론에서는 공간과 관련된 변인이 개인-환경 단위의 적응에 중요한 영향을 미친다고 본다.

생태학적 이론에서는 속도, 기간과 같은 시간적 리듬(temporal rhythms) 또한 적응과 밀접한 관련성이 있다고 본다(Germain, 1978). 개인의 시간적 리듬이 일반 사회적 시간 리듬과 갈등을 일으킬 경우, 인간은 생리적 · 심리적 · 사회적 긴장과 부적응을 경험할 수 있다. 예를 들면, 저녁형 인간이 새벽 일찍 출근해야 하는 직장에 근무한다면 심한 어려움을 느끼며, 심각할 경우에는 직장을 그만두어야 할 경우까지 발생할 수 있을 것이다.

생태체계관점

04
Chapter

1) 생태체계관점(ecosystems perspective) 특징

생태체계관점에 대한 본격적인 논의를 진행하기 전에 관점(perspective)이 왜 필요하고 중요한가에 대하여 예시를 들어 설명하고자 한다. 사회복지실천현장에서 클라이언트와의 첫 만남을 준비하고 있는 사회복지사를 상상해 보자. 만약 사회복지사가 강점관점의 시각을 지니고 있다면 사정 과정을 거친 후에 클라이언트가 지닌 강점을 최대로 활용할 수 있는 이론과 모델을 선택하여 서비스를 제공하고자 할 것이다. 한편, 병리적 관점에서 클라이언트를 사정한 사회복지사는 강점의 강화보다는 클라이언트가 지닌 문제에 초점을 맞춘 이론과 모델을 선택하고자 할 것이다. 여기서 중요한 것은 우리가 이론과 모델에 근거하여 관점을 선택하는 것이 아니라, 개인이 지닌 관점에 입각하여 이론과 모델이 선택되어진다는 것이다. 즉, 관점의 채택이 이론과 모델의 선택보다 선행한다는 것이다. 따라서 사회복지사가 어떠한 관점(시각)으로 클라이언트를 바라보고 이해하고 있는가에 따라 클라이언트에게 제공되는 서비스의 내용과 방향은 크게 달라질 수 있다. 이러한 측면에서 볼 때, 사회복지사는 사회복지학이 지향하는 가치와 일치하는 관점을 숙지하고 이를 자신의 것으로 내면화하려는 노력을 기울일 필요가 있다. 본 장에서는 사회복지사가 지니고 있어야 할 가장 근간이 되는 핵심적 관점으로 생태체계관점을 소개하고자 한다.

앞서 언급한 바와 같이, 생태체계관점은 일반체계이론과 생태학 이론의 주요 개념 가운데 핵심적인 내용을 차용하여 사회복지실천에 적용하고자 하는 일련의 노력 과정에서 등장하게 된 시각, 즉 사물을 바라보는 태도를 말한다. 생태체계관점에서 특히 중요하게 다루고 있는 내용을 간략하게 소개하면 다음과 같다.

① 생태체계관점은 인간과 환경을 단일체계로 간주한다.

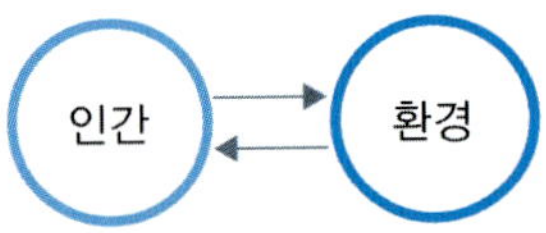

[그림 4-1] **이원체계**

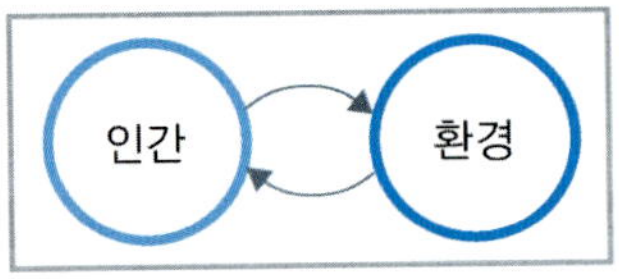

[그림 4-2] **단일체계**

위 그림은 이원체계와 단일체계를 도식화한 것이다. [그림 4-1]은 인간과 환경을 서로 분리된 두 개의 체계로 인식한다. 이에 비하여 [그림 4-2]는 인간과 환경을 에워싸고 있는 사각형 자체를 하나의 체계로 간주한다. 인간과 환경은 사각형 내에 함께 존재하고 있으며 서로 분리된 것이 아니라 하나의 단일체계 내에서 서로 영향을 주고받는 개체로 인식한다. 생태체계관점은 인간과 환경 사이의 관계를 [그림 4-2]와 같이 단일체계로 바라볼 것을 강조한다.

[그림 4-2]가 시사하는 바는 인간과 환경은 지속적인 상호교환을 통하여 서로에게 영향을 미치고 서로를 형성하며, 서로에게 적응하는 호혜적 관계에 있다는 것이다. 여기서 핵심은 인간과 환경이 '상호' 간에 영향을 미치고 서로를 변화시킨다는 점이다(Germain, 1991). 즉, 생태체계관점은 개인과 환경 사이의 관계에서 개인만을 중요시하거나 환경만을 중요시하지 않으며, 인간과 환경을 동시에 고려하고자 하는 통합적 시각을 강조한다.

② 생태체계관점은 인간과 환경의 공유영역에서 일어나는 상호교류에 관심을 가진다.

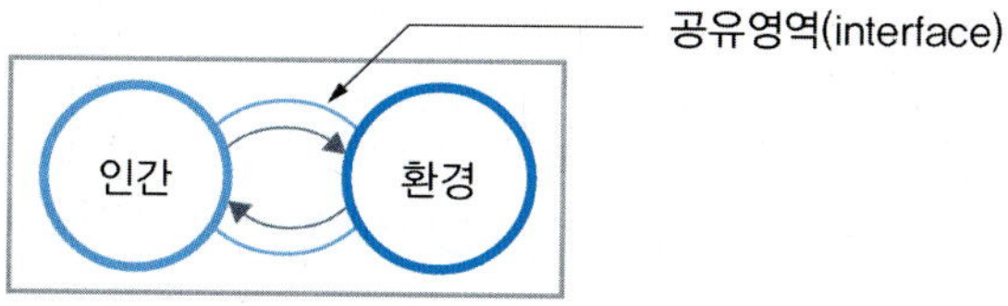

[그림 4-3] **공유영역**

생태체계관점은 인간에 대한 이해에 환경에 대한 이해를 단순히 추가하는 정도로는 인간과 환경을 제대로 이해할 수 없다고 본다. 대신에 공유영역(개인과 환경의 상호교류가 일어나는 지점)에서 나타나는 호혜적 상호작용 또는 상호교류를 검토해야만 한다고 본다(Miley et al., 2004, p. 32). 따라서 생태체계관점에서는 클라이언트의 부적응을 개인의 욕구와 대처 능력 그리고 환경적 자원과 지지 사이의 적절한 적합성(goodness of fit)이 이루어지지 못한 상태로 이해한다(Germain, 2010). 즉, 부적응이란 개인과 환경 사이의 상호교류가 원만하게 이루어지지 않고 있는 상태를 말한다.

생태체계관점에서 클라이언트의 문제를 개인과 환경 사이의 적합성 여부로 이해하고자 시도하는 것은 다음과 같은 의의가 있다. 첫째, 생태체계관점은 문제가 나타나는 이유를 단순히 개인의 부적응 또는 환경적 결핍에서 찾으려고 시도하지 않는다. 대신에 문제를 개인과 환경 사이의 공유영역에서 일어나는 상호교류에서 찾고자 한다. 즉, 인간과 환경의 상호교류가 원활하지 못하고 서로에게 적응적이지 않을 때, 양자 간에 갈등과 힘의 불균형이 나타나게 되어 부적응(문제)이 발생한다고 본다. 둘째, 과거에는 클라이언트의 문제나 부적응의 원인을 개인에서 찾으려고 하는 시각이 강하였다. 즉, 클라이언트를 '정상이 아니거나, 정서적 장애가 있거나, 행동적 어려움을 가진 사람'으로 낙인을 찍는(Pardeck, 1988) 결과로 이어졌다. 그러나 생태체계관점은 관심의 초점을 개인도 아니고 환경도 아닌 개인과 환경 간의 상호교류가 일어나는 공유영역으로 전환하였으며, 이는 곧 클라이언트와 환경을 낙인과 비난으로부터 보호하는 역할을 하였다.

생태체계관점은 특정 문제에 대한 책임을 개인이나 환경 어느 한쪽으로 전가하지 않으며, 클라이언트가 본질적으로 결함이 있다고 가정하기보다는 클라이언트와 주어진 환경 사이의 적합성에 관심을 가지고(최혜지 외, 2014) 문제해결을 시도한다. 이때, 개인과 환경 간의 적합성을 개선하기 위하여 사회복지사가 개입을 시도하는 영역을 크게, 1) 클라이언트에 대한 개입, 2) 클라이언트의 환경에 대한 개입, 3) 클라이언트와 환경 간의 상호교류에 대한 개입(Germain, 1979, p. 18; Gitterman, 2009, p. 232)으로 구분할 수 있다.[1] 먼저 클라이언트에 대한 개입의 예로는 문제에 대한 대처 기술 가르치기, 자존감 향상 또는 증상 완화를 위한 상담 서비스의 제공, 구체적인 정보의 제공 등을 들 수 있다. 환경에 초점을 두는 개입의 예로는 부모 교육 및 가족 교육, 클라이언트의 욕구에 부응할 수 있는 지역사회의 물적 · 인적 자원의 동원, 민간 및 공공 기관이 기존의 정책을 변경하거나 새로운 정책을 입안하도록 압력을 가하는 옹호 활동 등을 들 수 있다. 클라이언트와 환경 간의 상호교류에 대한 개입의 예로는 사회적으로 고립되어 있는 클라이언트를 사회적 관계망과 연결하기 위해 제공하는 일련의 서비스, 가족이나 집단의 구성원이 지닌 부적응적인 대인관계나 의사소통의 패턴을 수정하도록 지원하는 활동 등을 들 수 있다.

③ 생태체계관점은 순환적 원인론을 강조한다.

생태체계관점은 유전이나 정신결정론 및 환경결정론과 같은 직선적 또는 단선적 인과론을 인정하지 않는다. 생태체계관점은 상호교류를 통해, 인간은 환경에 결정적 영향을 끼치며, 환경은 다시 인간에게 결정적인 역할을 하는 순환을 지속한다고 본다. 이와 같은 상호 간의 적응을 통해 인간은 진화하며 발달해 간다고 본다(김윤정, 2011, p. 41). 따라서 사회복지사는 사정 및 개입 과정에서 클라이언트 개인의 특성(성격,

1) 개입 영역의 구분은 독자들의 이해를 높이기 위하여 클라이언트에게 제공되어야 할 서비스의 영역을 개념적으로 구분하기 위한 틀로 제시한 것이다. 그러나 실제 개입과정에서 특정 영역에 대한 서비스만을 고려하는 것은 바람직하지 않다. 예를 들어, 사정의 결과, 환경에 대한 개입보다는 클라이언트 개인에 대한 개입이 요청된다고 하더라도 클라이언트와 상호작용하는 환경에 대한 개입을 여전히 염두에 두어야 한다. 마찬가지로 클라이언트의 환경에 대한 개입이 요청되는 상황이라 하더라도 환경과 상호작용하는 개인에 대한 개입이 필요한지를 살펴야 한다.

신체 및 심리적 상황, 경제적 상황 등)뿐만 아니라 클라이언트의 가족(가족 구성원 간의 관계, 가족 내 역할, 가족의 지지 등), 학교(또래관계, 교사관계 등), 직장(직무 환경, 직장 내 관계 등), 지역사회(종교 활동, 여가 활동, 주변 사람들과의 관계 등) 등 개인을 둘러싸고 있는 다양한 환경적 요소를 동시에 고려할 필요가 있다.

생태체계관점은 A는 B에 영향을 주고, B는 C에 영향을 주고, 이것이 다시 A'로 되돌아오는 형태의 순환을 중요시한다(장수한 외, 2008). 성적이 오르지 않는 고3 아들을 둔 가족의 경우를 예로 들어 보자. 어머니는 아들의 성적을 걱정하며, 전혀 신경을 쓰지 않는 남편에게 불만을 토로한다(사건 A) → 아버지는 공부를 열심히 하지 않는다고 아들에게 화를 낸다(사건 B) → 스트레스를 받은 아들의 성적은 점점 더 떨어진다(사건 C) → 어머니의 걱정과 불만이 더 커진다(사건 A'). 이런 과정이 반복적으로 이루어지게 되면, 나중에는 어떤 것이 원인이 되고 어떤 것이 결과가 되는지를 알 수 없게 되며, 악순환적 순환 관계가 생기게 될 가능성이 높다(송성자 외, 1998). 즉, 개입과정에서 중점을 두어야 하는 것은 체계 내의 한 개체, 두 사람 간의 관계도 아닌, 체계 전체라고 보는 것이 적절하다(장수한 외 2008).

〈표 4-1〉 **생태체계관점의 기본가정**

- 환경과 상호작용하고 타인과 관계를 맺는 인간의 능력은 선천적인 것이다.
- 유전적 생물학적 요인은 환경과 상호교류하는 과정에서 다양한 형태로 표현된다.
- 인간-환경은 상호 영향을 미치는 단일체계를 형성한다.
- 적합성이란 적응적인 개인과 지지적 환경 사이의 상호교류를 통해 이루어지는 개인과 환경 사이의 호혜적 과정이다.
- 인간은 목적지향적이며 유목적적이다. 인간은 유능성을 추구한다. 개인이 환경에 부여하는 주관적 의미가 발달의 핵심이다.
- 자연스러운 생활환경과 상황 속에서 인간을 이해할 필요가 있다.
- 성격이란 인간과 환경 사이에서 시간적으로 진행된 상호교류의 역사적 산물이다.
- 생활경험에 따라 긍정적 변화가 나타난다.
- 생활상의 문제는 전체 생활공간 내에서 이해하여야 한다.
- 사회복지사는 클라이언트의 생활공간 어느 곳이든 개입할 준비가 되어 있어야 한다.

출처: Greene(1997), p. 208

2) 사회복지실천과 생태체계관점

사회복지실천 과정에서 생태체계관점을 활용하는 것은 구체적으로 다음과 같은 유용성을 지닌다(최경원, 1987, p. 47-49).

첫째, 생태체계관점은 기존의 실천 모델을 적용하기 전에 어떤 모델이 가장 적합할 것인가를 판단, 선택할 수 있게 해 준다는 점이다. 즉, 생태체계관점에서는 기존의 실천 모델이나 이론이 배척되는 것이 아니라 더욱 효과적으로 활용될 수 있다. 둘째, 생태체계관점은 매우 폭넓은 관점을 제시하고 있어서 문제에 대한 총체적인 이해와 접근이 가능하도록 해 준다. 문제를 사정하는 과정에서 문제와 관련된 거의 모든 체계들과 접촉하여 정보를 획득하므로, 개인 한 사람으로부터의 정보에만 의존했던 과거의 방식보다 훨씬 풍부하고 객관적인 정보의 획득이 용이하다. 따라서 보다 정확하고 깊이 있는 사정과 평가를 가능하게 해 준다. 예를 들어, 경제적 어려움으로 인해 우울과 자살 생각을 경험하고 있는 클라이언트가 있다면, 클라이언트의 상황을 파악하기 위해 클라이언트는 물론이고 가족, 주변인 등 주위 환경체계를 대상으로 한 사정(assessment)도 동시에 진행되어야 함을 일깨워 주었다. 또한, 개입의 과정에서 클라이언트가 경험하는 우울과 자살 생각에 대한 개입뿐만 아니라 경제적 어려움을 해결하기 위한 외부 자원 연계 등의 환경적 요소에 대한 개입도 함께 이루어져야 함에 대한 논리적 근거를 제시하였다. 셋째, 생태체계관점은 개인, 가족, 집단, 공동체를 포함한 다양한 수준의 사회체계에 적용될 수 있으며 적용 대상이 특정 영역에 국한되지 않는다는 장점이 있다. 특히, 개입을 위한 실천 모델을 활용하는데 어느 한 가지 모델에 치우치지 않고 다양한 모델을 절충적(eclectic)으로 선택, 활용할 수 있도록 해 준다. 넷째, 사회복지실천에 실질적으로 활용될 수 있는 생태도(ecomap), 가계도(genogram), 사회적 관계망(social network) 등의 개념과 도구들을 활용할 수 있는(엄태완, 2020, p. 259) 준거틀을 제시하고 있다. 이 도구들을 활용하여 사회복지사는 클라이언트가 다양한 환경체계와 상호작용하는 정도와 개입이 필요한 영역 등을 보다 간단하게 파악할 수 있다.

이처럼 생태체계관점은 인간과 환경의 다양한 대상과 방법론 등을 통합하는 데 이바지하였지만, 다음과 같은 한계가 존재하고 있다. 첫째, 생태체계관점은 실천 모델이나 이론이 아니라 관점이기 때문에(관점, 모델, 이론에 대한 보다 자세한 내용은 아래 글상자 참조), 사정 단계에서는 유용한 준거틀이지만 실제 개입과정에서 필요한 특정 개입 방법이나 기술을 제시해 주는 것은 아니다(최경원, 1987; Wakefield, 1996). 따라서 생태체계관점을 사회복지실천 과정에 활용할 때는 개별 클라이언트에게 적용이 가능한 구체적인 개입모델이나 이론에 대한 별도의 고민이 병행되어야 한다. 둘째, 생태체계관점은 개인, 가족, 집단, 조직, 지역사회, 제도와 같은 단위 체계들이 어떠한 이유로 그리고 어떠한 방식으로 어떤 내용을 상호작용하고 있는지를 충분히 설명해 주지 못한다는 한계를 가지고 있다(Wakefield, 1996). 셋째, 생태체계관점은 모든 것을 포용하고자 시도하기 때문에 너무 복잡하고 방대하여 클라이언트의 중요한 상황이나 영역을 간과하기 쉽다는 단점이 있다(Ambrosino et al., 2008).

글상자

생태체계 관련 관점, 모델, 이론의 비교

생태체계관점(ecosystems perspective)과 생태체계이론(ecosystems theory), 생태체계모델(ecosystems model)은 무엇이 같고 어떤 점이 다른가? 사회복지학 문헌에서 자주 등장하는 세 가지 개념에 대하여 살펴보도록 하자.

생태체계관점, 생태체계이론, 생태체계모델은 모두 이론적 근거를 생태학이론(ecological theory)과 체계이론(systems theory)에 두고 있어서, 체계로서의 인간 그리고 체계로서의 환경 사이의 상호교류와 적합성을 중요하게 다룬다는 공통점이 있다. 이러한 공통점을 공유하고 있으므로 관련 문헌에서는 관점, 모델, 이론의 개념을 엄격하게 구분하지 않고 서로 혼용하여 사용하는 경우가 허다하다. 그럼에도 불구하고 각각의 개념이 지닌 의미가 서로 다르므로 이를 구분하여 살펴보고자 한다.

먼저 (생태체계)관점은 말 그대로 인간이나 상황을 바라보는 시각이나 태도를 의미한다. 사회복지사는 어떠한 자세와 태도(즉, 관점)로 클라이언트를 이해하려고 노력하여야 하는가? 문제를 가진 나약한 인간으로 바라볼 것인가? 아니면 어려움을 겪고는 있지만 여전히 잠재력과 강점을 지닌 존재로 바라볼 것인가? 사회복지학의 학문적 가치체계와 부합하는 관점은 당연히 후자이다. 즉, 강점 관점을 견지하여야 할 것이다. 그렇다면, 생태체계관점은 사회복지사가 어떠한 시각을 견지할 것을 요청하는가? 바로 인간과 환경을 상호 영향을 미치는 단일체계로 인식하여야 한다는 것이다. 인간과 환경을 분리해서 바라보는 시각에서 벗어나서 인간과 환경이 서로에게 영향을 주고 서로를 형성해 가는 관계로 인식하는 태도와 자세를 요청하는 것이다(보다 자세한 내용은 본문 참조). 그러나 (생태체계)관점은 어떤 구체적인 이론을 지칭하는 용어는 아니며, 사고방식이나 태도 자체를 지칭하거나 언급할 때 주로 사용되는 용어이다. (생태체계)관점은 말 그대로 시각이기 때문에 인간과 환경을 바라보는 준거틀은 제시하지만, 인간 행동이 왜 나타나는지 그 이유를 설명하고자 시도하지는 않는다.

이에 비하여 (생태체계)이론은 사고의 준거틀 제공의 수준을 넘어 원칙이나 가설을 구체적이고 정교하게 제시하고, 이를 바탕으로 인간 행동이 나타나는 이유를 설명하고자 시도한다. 예를 들어, 브론펜브레너(Bronfenbrenner)가 주장한 내용은 문헌에서 생태체계이론(ecosystems theory), 생태학적체계이론(Ecological systems theory), 생물생태학이론(bioecological theory) 등으로 언급되고 있다. 브론펜브레너는 인간 발달에 영향을 미치는 인간과 환경 사이의 상호작용이 진행되는 과정을 설명하고자(이론은 설명을 목적으로 함) 시도하였다는 측면에서 관점보다는 이론으로 이해하는 것이 더 바람직하다.

한편, 저메인과 기터만(Germain & Gitterman, 1980)은 생태체계관점에 입각한 사회복지실천의 구체적 방법을 제안하였는데, 이를 생활모델(life model)이라 명명하였다. 자신들의 주장을 담은 내용을 '이론'이 아닌 '모델'로 명명한 것은 그 내용이 인간 행동에 대한 설명(이론)보다는 실천을 위한 구체적인 방법의 제시(모델)에 초점을 두고 있기 때문이다.

이상에서 설명한 생태체계와 관련된 관점, 모델, 이론의 관계를 표로 정리하면 아래와 같다.

〈표 4-2〉 생태체계 관련 관점, 모델, 이론의 관계

구성수준	(생태체계)관점	(생태체계)모델	(생태체계)이론
특징	인간과 환경을 바라보는 사고방식과 태도에 관심	인간과 환경의 변화를 촉진하기 위한 구체적 지침에 관심	인간과 환경의 호혜적 관계를 설명하거나 예측하는 데 관심
예시	- 구체적 모델이나 이론을 제시하지는 않음 - 구체적 이론이나 모델 선택의 방향 제공	생활모델(Germain & Gitterman, 1980)	생태체계이론 (Bronfenbrenner, 1979) 생물생태학 이론 (Bronfenbrenner, 2005)

생태체계이론

05
Chapter

1) 개요

앞장에서 설명한 생태체계관점에 이어서 이번 장에서는 생태체계이론에 대하여 소개하고자 한다. 생태체계관점과 생태체계이론은 생태학이론(ecological theory)과 체계이론(systems theory)에 이론적 기반을 두고 있으며, 한 개인을 총체적으로 이해하기 위해서는 개인과 더불어 그를 둘러싼 환경을 동시에 고려하여야 함을 강조하고 있다는 공통점이 있다. 그러나 두 개념 사이에는 차이점도 존재한다. 생태체계관점은 사물을 바라보는 사고방식이나 태도 자체를 강조하는 용어로서 인간의 행동이나 사회현상이 왜 나타나는가에 대한 설명을 시도하지는 않는다. 이에 비하여 생태체계이론은 사고의 준거틀 제공의 수준을 넘어 원칙이나 가설을 제시하고 이를 바탕으로 인간의 행동에 대한 설명을 시도한다는 측면에서 생태체계관점과는 차이가 있다.

본 장에서는 생태체계이론을 대표하는 학자로 알려진 브론펜브레너의 이론을 소개하고자 한다. 브론펜브레너는 러시아에서 태어나 미국에서 활동한 발달심리학자로서, 초기에는 자신의 이론을 생태학 이론(ecological theory), 생태학적 체계이론(ecological system theory), 생태체계이론(ecosystems theory) 등으로 소개하였으나(Bronfenbrenner, 2005; Rosa & Tudge, 2013; Tong & An, 2024) 후기에는 생물생태학 이론(bioecological theory)으로 명칭을 수정하였다(Bronfenbrenner, 2005; Tudge et al., 2009). 생물생태학 이론은 초기의 생태체계이론을 확장하여 재구성한 것으로, 인간 발달의 주요 구성요소로 과정(process), 개인(person), 맥락(context), 시간(time)의 네 가지를 제안하였기 때문에 PPCT 모형으로 불리기도 한다. 이를 간단하게 살펴보면 다음과 같다.

2) 과정(process)

브론펜브레너는 PPCT 모형의 핵심 요소로 '과정'을 꼽았다. 여기서 과정이란 발달이 일어나는 개인과 환경 간의 역동적인 상호작용을 의미한다(Bronfenbrenner, 2005). 특히, 브론펜브레너는 근접 과정(proximal processes)을 중요시하였는데, 근접 과정이란 개인과 개인이 인접하고 있는 환경 사이에서 나타나는 호혜적인 상호작용을 의미한다(Bronfenbrenner & Morris, 1998). 예를 들면, 부모와 자식 간의 활동, 친구와의 활동, 혼자 또는 친구와 함께하는 여러 가지 놀이, 독서, 새로운 기술 학습 등이다.

근접 과정을 통한 발달이 효과적으로 이루어지기 위해서는 우선 개인이 특정 활동에 참여하여야 하며, 그 활동이 상당한 기간에 걸쳐 지속적으로 발생하여야 한다. 또한 이러한 활동들은 단순한 반복에서 벗어나 점진적으로 복잡해져야 하며, 근접 과정은 쌍방향이어야 한다. 이러한 근접 과정은 사람 간의 상호작용에 한정되지 않고 사물(objects) 및 상징(symbols)과의 상호작용까지도 포함한다(Bronfenbrenner & Morris, 2006). 브론펜브레너는 이러한 근접 과정을 통한 활동이 인간 발달의 원동력(engine)이라고 주장하였다.

3) 개인(person)

개인(person) 요인은 사회적 상황에서 나타나는 개인의 생물학적 · 유전적 특성을 지칭하는 것으로, 개인이 지닌 특징이나 특성이 근접 과정이 진행되는 행태와 양상에 영향을 미친다는 것을 의미한다. 브론펜브레너는 근접 과정에 영향을 미치는 개인적 특성을 힘(force), 자원(resources), 요구(demand)의 세 가지 하위 요소로 구분하여 제시하였다(Tudge et al., 2009).

- **요구(demand)**: 다른 사람에게 즉각적인 자극으로 작용하는 개인적 특성을 의미하는 것으로 나이, 성별, 피부색, 외모 등을 그 예로 들 수 있다. 요구 특성은 타인과의 상호작용에서 형성되는 기대치로 인해 특히 근접 과정이 시작되는 초기방식에 영향을 미친다.
- **자원(resource)**: 개인이 지닌 정신적, 정서적 자원과 관련된 특성을 말하는데 그 예로 기술, 지능, 지식, 경험, 학력, 가족의 사회적 지위 등을 들 수 있다. 자원 특성은 개인이 근접 과정에 효과적으로 참여할 수 있는 능력과 관련된 특성으로 겉으로 잘 드러나지 않는다.
- **힘(force)**: 근접 과정을 실행에 옮기고 이를 지속하도록 하는 데 필요한 행동적 특성을 의미한다. 개인이 지닌 기질, 동기, 끈기 등을 예로 들 수 있는데, 개인의 발달적 성과에 가장 영향력이 높은 개인적 특성이다.

4) 맥락(context)

브론펜브레너의 이론에서 '맥락'은 개인을 둘러싸고 있는 다양한 환경적 요인을 의미한다. 브론펜브레너는 겹겹이 쌓여 있는 러시아의 전통 인형과 같이 인간을 둘러싸고 있는 환경도 여러 층의 겹구조물로 구성되어 있다고 주장하였다. 브론펜브레너는 인간에게 영향을 미치는 환경체계를 미시체계, 중간체계, 외체계, 거시체계의 네 가지 수준으로 구분하였다(Bronfenbrenner & Morris, 2006; Tudge et al., 2009).

① 미시체계

미시체계(micro system)는 개인이 인접하고 있는 가장 가까운 물리적 · 사회적 환경체계로 가장 밀접한 상호작용이 일어나는 체계이다. 구체적으로 가족, 학교, 친구, 직장, 이웃, 종교단체, 사회모임 등을 포함하여 개인의 성장과 발달에 가장 밀접한 영향을 미치는 체계로 볼 수 있다.

② 중간체계

중간체계(meso system)는 두 개 이상의 미시체계와 미시체계 사이의 관계 혹은 상호작용을 의미하는데, 가족과 학교 간의 관계, 학교와 직장 간의 관계와 같이 각 개인에게 직접 관여하지는 않지만, 그 개인이 속한 미시체계에 영향을 주는 체계를 말한다. 예를 들어, 부모의 출퇴근 시간과 같이 근무 환경은 자녀의 돌봄 상황에 영향을 주게 되는데, 이때 부모의 근무 환경이 자녀의 중간체계가 되는 것이다. 이러한 중간체계는 개인의 발달에 표면적으로는 영향을 미치지 않는 것으로 보이지만, 미시체계에 영향을 미치게 되면서 개인의 성정과 발달에 영향을 줄 수 있게 된다(엄태완, 2020, p. 255).

③ 외체계

외체계(exo system)는 개인과의 직접적인 상호작용은 없지만 여기서 발생하는 일들이 개인에게 직·간접적으로 영향을 미치는 여러 환경체계를 말한다. 부모의 직장과 근무조건, 대중매체, 교통시설, 교육환경, 의료기관, 문화시설 등이 포함된다. 예를 들어, 거주 지역에 문화·체육시설이 설치되면서 과거보다 더 자주 문화·체육활동에 참여하게 되어 미시체계가 변화된다면 이는 외체계에 의한 변화라고 할 수 있다.

④ 거시체계

거시체계(macro system)는 일반적인 법, 정치, 제도, 사회, 문화, 경제, 교육 등과 같은 광범위한 사회·문화적 요소들을 의미한다. 이러한 거시체계는 개인의 삶에 직접적으로 개입하지는 않지만, 사회구조적인 맥락에서 개인에게 영향을 미칠 수도 있다. 사회복지사가 장애인의 이동권 보장을 위해 관련 법령을 개정 혹은 입안하도록 하는 것이나 정책적 변화를 이끌어 내는 개입 등이 이에 해당된다고 할 수 있다.

5) 시간(time)

PPCT 모델의 마지막 요소는 시간이다. 앞에서 설명한 과정 요소, 개인 요소, 맥락 요소 모두 지속과 변화라는 시간의 개념을 포함하고 있다는 점에서 시간은 인간 발달을 이해하기 위해서 고려되어야 할 요소이다. 브론펜브레너는 시간이 발달에 미치는 영향을 미시 시간(micro-time), 중간 시간(meso-time), 거시 시간(macro-time)으로 구분하여 설명하였다.

① 미시 시간(micro-time)

미시 시간은 현재 진행 중에 있는 근접 과정의 시간적 지속성(continuity)을 의미한다. 독서하는 아동을 예로 든다면, 이 아동이 한번 독서를 시작하면 독서에 매진하는 시간이 수 분에 그치는가? 아니면 수십 분 또는 수 시간 동안 진행되는가를 관찰하는 것은 미시 시간과 관련이 있다.

② 중간 시간(meso-time)

중간 시간은 주기성(periodicity)과 관련이 있는데, 특정 활동이나 사건 또는 근접 과정이 일정한 간격을 두고 얼마나 자주 발생하는가를 의미한다. 아동이 매일 독서를 하는가? 아니면 주 1회 또는 월 1회의 주기로 독서하는가를 관찰하는 것은 중간 시간과 관련이 있다.

③ 거시 시간(macro-time)

거시 시간은 전 생애 기간 동안 나타나는 삶의 전환점이 될 수 있는 중대한 사회·역사적 사건의 발생을 의미한다. 대공황의 발생, 코로나 팬데믹 등을 거시 시간의 예로 들 수 있다.

이상에서 브론펜브레너의 생물생태학 이론을 간략하게 살펴보았다. 브론펜브레너의 PPCT 모형은 인간 발달을 네 가지 요소로 설명하고자 시도하고 있음을 알 수 있는데 이를 다음과 같이 간략하게 요약할 수 있다. 첫째, 브론펜브레너의 이론은 과정

(process)을 가장 중요한 요소라고 주장하였다. 특히, 근접 과정(proximal processes)이라 불리는 유기체와 환경 간의 지속적인 상호작용을 인간 발달의 핵심 메커니즘으로 보았다. 둘째, 이러한 인간 발달의 과정은 개인이 지닌 특징(person)에 따라 다르게 나타난다고 가정한다. 셋째, 인간 발달은 개인이 지닌 특성뿐만 아니라 그 개인을 둘러싸고 있는 다양한 환경적 맥락(context)으로부터 영향을 받게 된다. 넷째, 앞서 언급한 과정-개인-맥락 요소는 모두 시간(time)의 흐름에 노출되어 있다는 것이다.

글상자

브론펜브레너 이론의 변천사

브론펜브레너는 1970년대부터 시작하여 2000년대까지 수십 년에 걸쳐 자신의 이론을 가다듬기 위한 수정 및 보완 작업을 지속적으로 진행하였다. 브론펜브레너 이론의 변천 과정은 크게 초기, 중기, 후기의 3단계로 나누어서 살펴볼 수 있는데 시기별 주요 특징을 간략하게 살펴보면 다음과 같다(El Zaatari & Maalouf, 2022; Hayes et al., 2017; Rosa & Tudge, 2013).

초기(1973~1979): 이 시기는 자신의 이론을 주로 생태학적 체계이론(ecological system theory)으로 소개한 시기이다. 이 시기의 브론펜브레너는 인간의 성장과 발달에 영향을 미치는 환경을 체계적으로 구분하여 소개하는 작업에 치중하였는데, 인간과 호혜적 상호작용을 주고받는 환경체계를 미시체계(micro system), 중간체계(meso system), 외체계(exo system), 거시체계(macro system)의 네 가지 형태로 구분하여 설명하고자 시도하였다.

중기(1980~1993): 초기 연구의 주제가 인간과 상호작용하는 환경을 다양한 체계로 분류하는 데 관심을 가졌다면, 중기의 연구는 발달 과정 자체에 관심을 가지고 발달 과정에서 개인이 수행하는 역할을 구체적으로 규명하고자 시도한 시기이다. 이 시기를 거치면서 개인의 생물학적/유전적 특성이 발달에 미치는 영향도 고려하기 시작하였으며, 이를 반영하여 이론의 명칭도 생물생태학적 이론(bioecological theory)으로 변경하였다. 한편, 초기에 제시하였던 네 가지 환경체계(미시, 중간, 외, 거시체계)에 시간체계(chrono system)를 추가한 것도 이 시기이다.

후기(1993~2006): 브론펜브레너가 주장한 생물생태학 이론의 최종본이라 할 수 있는데, 개인과 환경의 호혜적 상호작용이 일어나는 근접 과정(proximal process)을 인간 발달의 핵심요소로 이해하고자 시도하였다. 또한, 인간 발달에 대한 포괄적 연구모형으로 과정–사람–맥락–시간(process–person–context–time, PPCT)을 제시하였다. 즉, 근접 과정을 통해 나타나는 인간 발달을 총체적으로 이해하기 위해서는 개인적 특성, 환경적 맥락, 그리고 시간적 요인을 함께 고려하여야 함을 강조한 것이라 할 수 있다.

참고문헌

강상경(2011). **인간행동과 사회환경.** 경기: 나남.

강상경, 유창민, 전해숙(2021). **인간행동과 사회환경.** 서울: 학지사.

강세현, 서혜전, 오정영, 임원선, 전영록(2021). **인간행동과 사회환경.** 경기: 양성원.

고영희, 홍후조(2012). 사춘기 초기 적응 교육과정 개발을 위한 요구 분석. **한국교육학연구, 18**(2), 233-262.

과학기술정보통신부(2022). 스마트폰 과의존 실태조사.

교육과학기술부(2011). 10년도 학교건강검사 표본조사결과. 교육과학기술부 보도자료(2011.06.08.).

교육부(2019). 2018년 학생 건강검사 표본통계 결과 발표. 교육부 보도자료(2019.03.26.).

교육부(2022). 2021년 학생 건강검사 표본통계 결과 발표. 교육부 보도자료(2022.11.15.).

교육부(2023). 2022년 학생 건강검사 및 청소년건강행태조사 결과 발표. 교육부 보도자료(2023.04.13.).

구혜영(2022). **인간행동과 사회환경.** 서울: 신정.

국립정신건강복지센터(2021). 국가정신건강현황보고서. 보건복지부.

국가정신건강정보포털(https://www.mentalhealth.go.kr). 주의력결핍, 과잉행동장애.

권석만(2017). **인간 이해를 위한 성격심리학.** 서울: 학지사.

권석만(2021). **현대심리치료와 상담이론.** 서울: 학지사.

권중돈(2021). **인간행동과 사회환경.** 서울: 학지사.

김경은, 이화정, 최은희, 황명구, 송영선(2020). **인간행동과 사회환경.** 경기: 양성원.

김경희(2002). **생애발달 발달심리학.** 경기: 한국학술정보(주).

김경희(2009). 에릭슨과 프로이드의 성격발달 이론의 비교 분석. **대한산업경영학회지, 7**(2), 73-88.

김기태, 송진영, 정종화(2018). 독거노인의 죽음불안이 생활만족도에 미치는 영향: 우울의 매개효과를 중심으로. **보건사회연구, 38**(1), 125-153.

김다은(2019). **혼밥생활자의 책장**. 서울: 나무의 철학.

김동배, 권중돈(2001). **인간행동이론과 사회복지실천**. 서울: 학지사.

김동배, 손의성(2005). 한국노인의 우울 관련변인에 관한 메타분석. **한국노년학**, 25(4), 167-187.

김동배, 신수민, 정규형(2012). 노년기 자원봉사참여유형이 우울에 미치는 영향. **노인복지연구**, 57, 7-28.

김명일, 어유경, 김순은(2019). 노년기 우울에 관한 연구: 다층모형 적용을 통한 개인 및 지역자원 효과 검증. **보건사회연구**, 39(2), 192-221.

김명회(2018). 노인의 죽음불안 및 죽음준비도가 자아통합감에 미치는 영향. 한서대학교 석사학위논문.

김미숙, 김효진, 김안나(2018). 아동의 삶의 질 수준 국제비교와 놀이와 여가활동의 영향 연구. **유라시아연구**, 15(3), 29-59.

김붕년(2022). **10대 놀라운 뇌 불안한 뇌 아픈 뇌**. 서울: 코리아닷컴.

김수영, 이민홍, 장수지(2014). 노인일자리사업 참여노인의 심리사회적 건강 변화에 관한 연구. **노인복지연구**, 64, 371-393.

김영호, 양은심, 이순영, 주수길(2010). **인간행동과 사회환경**. 경기: 양서원.

김영화, 최영진(2012). **오늘의 청소년 그들은 누구인가?**. 경기: 정민사.

김윤정(2011) **알기 쉬운 인간행동과 사회환경**. 서울: 학지사.

김재현(2017). 상징적 상호작용주의에 근거한 요양시설 거주노인과 청소년의 세대통합 프로그램 개발 및 적용. 경희대학교 박사학위논문.

김종서, 남정걸, 정지웅, 이종환(1982). **평생교육의 체제와 사회교육의 실태**. 경기: 한국정신문화연구원.

김종숙(2002). 현대사회의 가족변화와 조부모역할. **수원대학교 논문집**, 20, 1-11.

김진현(2016). 사회자본과 건강행태가노년기 주관적 건강상태의 변화에 미치는 영향: 저소득가구 노인과 일반가구 노인의주관적 건강상태 궤적에 대한 비교. **노인복지연구**, 71, 9-32.

김태련, 조혜자, 이선자, 방희정, 조숙자, 조성원, 김현정, 홍주연, 이계원, 설인자, 손원숙, 홍순정, 박영신, 손영숙, 김명소, 성문현(2004). **발달심리학**. 서울: 학지사.

김향초(2015). **청소년복지론**. 서울: 학지사.

김현숙(2013). 노인 자원봉사활동 참여가 성공적 노화에 미치는 영향. **한국자치행정학보**, 27(2), 419-442.

나항진(2004). 삶의 질 향상을 위한 노인 여가의 역할에 관한 연구. **한국노년학**, 24(1), 53-70.

네이버 두산백과사전(https://terms.naver.com). 요나 콤플렉스.

노인전문간호사 교육과정협의회(2019). **노인성 질환관리 II**. 서울: 현문사.

노자은, 정미나(2017). 청소년의 진로정체감 변화 양상과 영향요인에 관한 연구. **미래청소년학회지, 14**(3), 51-68.

대한임상노인의학회(강창돈)(2011). **최신 노인의학**. 서울: 한국의학.

대한임상노인의학회(박성하)(2011). **최신 노인의학**. 서울: 한국의학.

대한임상노인의학회(이홍수, 조주연)(2011). **최신 노인의학**. 서울: 한국의학.

대한임상노인의학회(정태훈)(2011). **최신 노인의학**. 서울: 한국의학.

문남숙(2009). 노인의 죽음준비 및 용서가 성공적 노화에 미치는 영향: 우울 및 죽음불안의 매개효과를 중심으로. 청주대학교 대학원 석사학위논문.

문남숙, 남기민(2008). 노인의 죽음준비도와 성공적 노화의 관계. **한국노년학, 28**(3), 1227-1247.

박석돈, 박순미, 이기원, 이용환, 이재모, 최병태(2022). **노인복지론**. 경기: 양성원.

박선애, 허준수(2012). 노인의 죽음불안 영향요인에 관한 연구. **정신건강과 사회복지**, 40, 59-88.

박은정, 유해미(2020). 영유아를 둔 빈곤가구의 양육실태 및 지원 방안. **육아정책포럼**, 63, 6-15.

박창제(2013). 은퇴결정 형태와 노후준비가 은퇴 고령자의 생활만족도에 미치는 효과. **노인복지연구**, 59, 115-138.

박하은, 장은하, 홍석호(2021). 노인의 대인관계 만족도와 사회적 지지가 활동적 노화에 미치는 영향: 노후 연령 인식의 조절 효과. **한국노년학, 41**(5), 759-781.

박형규(2009). 노인의 죽음에 대한 태도 결정요인에 관한 연구: 임종교육서비스 · 사회적 지지 · 자아통합감에 따른 태도 분석. 강남대학교 대학원 박사학위논문.

박혜선, 안태윤(2012). 세대교류 활성화를 위한 세대통합 프로그램 및 세대교류 공간에 관한 연구 -경기도 복지관을 중심으로. **의료 · 복지 건축, 18**(2), 65-76.

박희숙, 강민희(2017). **인간행동과 사회환경**. 서울: 창지사.

박희숙, 강민희(2021). **인간행동과 사회환경**. 서울: 창지사.

배강대(2006). 회상을 활용한 지지적 집단상담이 노인의 자아통합감, 무력감, 죽음불안, 우울 및 자아존중감에 미치는 효과. 영남대학교 박사학위논문.

백은영(2009). 은퇴 만족도 결정요인 분석. 가정과 삶의 질 학회 학술발표대회 자료집. 107-115.

변금선(2018). 활동적 노화 수준의 변화: 1931~1951년생 출생 코호트 비교. **비판사회정책**, 61, 95-135.

보건복지부(2023). 2022년 아동학대 주요 통계.

보건복지부(2023). 2023년도 결식 아동 급식(지방이양) 업무 표준매뉴얼.

보건복지부(2023). 「치매」 용어 개정을 통한 인식개선 논의 시작 보도자료.

보건복지부 질병관리본부, 대한소아청소년과학회(2017). 2017 소아청소년 성장도표 해설집.

설기문(1998). **인간관계와 정신건강.** 서울: 학지사.

손광훈(2008). **인간행동과 사회환경.** 경기: 공동체.

송성자(2002). **가족과 가족치료**(2판). 서울: 법문사.

성영모, 오제은, 박승민(2013). 은퇴에 관한 국내 연구경향분석. **가족과 상담, 3**(2), 39-56.

최순남(2002). **인간행동과 사회환경.** 서울: 법문사.

손병덕, 성문주, 백은령, 이은미, 최인화, 정정호, 송현아(2014). **인간행동과 사회환경**(2판). 서울: 학지사.

시사인(2023.3.14.). https://www.sisain.co.kr/news/808호

시사인(2023.3.28.). https://www.sisain.co.kr/news/810호

시사인(2023.3.31.). https://www.sisain.co.kr/news/812호

신명희, 서은희, 송수지, 김은경, 원영실, 노원경, 김정민, 강소연, 임호용(2013). **발달심리학.** 서울: 학지사.

신명희, 서은희, 송수지, 김은경, 원영실, 노원경, 김정민, 강소연, 임호용(2022). **발달심리학**(2판). 서울: 학지사

신용주(2015). 조부모됨과 조부모역할 다시 보기. *Andragogy today, 18*(4), 29-47.

신지연(2004). 2세 영아의 어머니와 보육교사에 대한 복합 애착과 사회 · 정서적 행동. 서울여자대학교 대학원 박사학위논문.

신현구(2007). 노동시장 은퇴자의 은퇴 만족도 및 삶의 만족도. **노동리뷰,** 27, 81-93.

신현정(2022). 일본의 죽음준비교육에 관한 연구: 알폰스 데켄(Alfons Deeken)의 죽음준비교육을 중심으로. **비교일본학, 55**, 109-126.

엄신자(2008). **인간행동과 사회환경.** 서울: 인간과복지.

엄태완(2020). **인간행동과 사회환경.** 경기: 공동체.

오창순, 신선인, 장수미, 김수정(2015). **인간행동과 사회환경.** 서울: 학지사.

오현옥(2014). 신체활동 참여노인들의 사회자본과 우울 및 삶의 질. **한국체육학회지, 53**(3), 535-547.

유경, 강연욱(2009). 노년기 정서 경험과 대처 양식의 특성: 우울 집단과 정상 집단 비교. **한국심리학회지: 임상, 28**(3), 893-910.

유창민(2014). 발달장애자녀를 돌보는 노년기 부모의 돌봄스트레스 과정모델 검증. 서울대학교 대학원 석사학위논문.

윤영걸(2008). **30대가 아버지에게 길을 묻다**. 서울: 원앤원북스.

이경희(2012). **아동발달과 부모교육**(개정판). 서울: 교문사.

이근홍(2015). **인간행동과 사회환경**. 경기: 공동체.

이난(2009). 교양강좌를 이용한 리더십 교육이 리더십과 자아정체감에 미치는 효과. **신라 리더십 연구**, 2. 43-57.

이남, 이용환, 김용탁(2020). 대학생들의 노인에 대한 인식과 행동이 노후준비에 미치는 영향. **노년교육연구**, 6(2), 1-23.

이부영(1998). **분석심리학: C. G. Jung의 인간심성론**. 서울: 일조각.

이상정(2023). 청소년부모 현황과 정책 과제. **보건복지포럼**, 2023(5), 47-58.

이상정, 류정희, 변수정, 하태정(2022). 청소년부모의 정책소외 실태 및 정책개발. 한국청소년정책연구원 연구보고서, 1-187.

이선희, 김수지, 서해인(2021). 청소년 미혼모의 부모 역할 경험에 관한 질적 연구. **한국가족복지학**, 26(2), 1-23.

이소영(2023). 임신 · 출산 지원 정책 모니터링: 제 4 차 저출산고령사회기본계획을 중심으로. **보건복지포럼**, 2023(3), 7-20.

이숙, 이현정(2006). 반응성 애착장애유아에 대한 부모놀이치료 효과. **놀이치료연구**, 10(1), 35-48.

이승주(2021). 노인의 사회적 참여 여부와 참여수준에 관련된 환경적 요인 연구. **가족과 문화**, 33(4), 227-267.

이영호, 박지윤(2021). 청소년부모의 지원정책 개발을 위한 조사연구-10 대에 첫 자녀를 임신한 미혼 한부모를 대상으로. **가족자원경영과 정책**, 25(1), 113-132.

이윤경, 강은나, 김세진, 변재관(2017). **노인의 지역사회 계속 거주(Aging in place)를 위한 장기요양제도 개편 방안**. 세종: 한국보건사회연구원.

이윤경, 김세진, 황남희, 임정미, 주보혜, 남궁은하, 이선희, 정경희, 강은나, 김령래(2020). 2020년도 노인실태조사. 보건복지부, 한국보건사회연구원.

이윤정(2020). **인간행동과 사회환경**. 서울: 동문사.

이윤환(1999). 노년기의 생리적 특성. **대한지역사회영양학회지**, 4(2), 254-259.

이은진(2022). 활동적 노화 유형과 예측 요인 연구: 노인1인가구를 중심으로. **인문사회21**, 13(5), 3403-3418.

이인정, 최해경(2020). **인간행동과 사회환경.** 서울: 나남출판.

이정은(2022). 노인의 인지기능과 신체적 건강요인의 관계. **한국노년학, 42**(3), 481-497.

이종복, 전남련(2008). **인간행동과 사회환경.** 경기: 학현사.

이지혜(2020). 청소년의 세대통합 프로그램 참여 경험이 세대통합성에 미치는 영향. **한국자치행정학보, 34**(3), 209-225.

임경수(2005). **인생의 봄과 가을: 중년의 심리이해와 분석.** 서울: 학지사.

임인숙(2015). 외모차별 사회의 외모불안감과 노화불안감. **한국사회학, 49**(4), 199-233.

장경은(2010). 노인의 죽음불안에 영향을 미치는 생태체계적 요인에 관한 연구. **노인복지연구,** 49, 267-286.

장수한, 김현주, 임혁(2008). **인간행동과 사회환경.** 경기: 공동체.

장휘숙(2007). 중년성인과 노인의 SOC 전략과 생활만족-농촌지역 주민을 대상으로-. **한국심리학회지: 발달, 20**(2), 131-144.

전경숙, 장민희, 정태연(2013). 한국사회 노년 후기 여성의 삶의 재평가와 자아통합. **한국노년학, 33**(2), 275-292.

전남련, 강상길, 강영훈, 김정애, 김제남, 오영식, 유인애, 유희선, 이형진, 최홍성, 홍은미, 황성식(2010). **인간행동과 사회환경.** 서울: 형설출판사.

정문자, 김은영(2005). 이혼 부모와 자녀의 건강한 사회적응을 위한 통합적 집단치료 모형 개발. **대한가정학회지, 43**(3), 161-183.

정석환(2007). **아름다운 중년을 위한 외침!: 크리스천 중년기 부부를 위한 상담워크북.** 서울: 주는나무.

정영숙, 조설애, 안정신, 정여진(2012). 한국 노인의 삶의 의미 원천으로서 가족관계와 자기초월가치가 성공적 노화에 미치는 영향. **한국심리학회지: 발달**, 25, 19-41.

정옥분(2018). **영유아 발달의 이해**(3판). 서울: 학지사.

정옥분(2019). **아동발달의 이해.** 서울: 학지사.

정옥분(2020). **발달심리학: 전 생애 인간발달.** 서울: 학지사.

정옥분(2021). **발달심리학: 전 생애 인간발달**(3판). 서울: 학지사.

정옥분, 정순화(2016). **부모교육**(2판). 서울: 학지사.

정은(2014). **인간행동과 사회환경.** 서울: 학지사.

정익중, 오정수(2021). **아동복지론.** 서울: 학지사.

정지애(2020). 중 · 고등학생의 진로교육 및 진로체험이 진로계획에 미치는 영향. **인문사회 21,**

40, 683-696.

조현실(2017). 청소년 노동인권교육에 관한 연구: 고등학교 사회과 노동인권교육을 중심으로. 국민대학교 석사학위논문.

조흥식, 김혜래, 신은주, 우국희, 오승환, 성정현, 이지수(2010). **인간행동과 사회환경.** 서울: 학지사.

주경성, 김혜숙(2022). 초산모에서 산모 연령과 임신합병증과의 관련성 연구. **보건정보통계학회지, 47**(4), 349-356.

주경희(2011). 사회참여노인의 활동수준과 삶의 질-성별과 연령 차이를 중심으로-. **사회복지연구, 42**(2), 5-39.

지미선(2022). 에니어그램 학습경험자의 중년기 발달과업 달성과정에 대한 근거이론 연구. 성신여자대학교 박사학위논문.

천정웅, 오정아, 박선희, 이승민, 박주현(2019). **인간행동과 사회환경.** 경기: 양성원.

최경원(1987). 사회사업이론에 있어서 체계론적 관점에 관한 연구. 서울대학교 석사학위논문.

최규희, 박승찬(2022). 코로나19 팬데믹 영향의 관점에서 본 한국 아동의 성조숙증 증가 경향. Frontiers in pediatrics, 10.

최옥채, 박미은, 서미경 전석균(2015). **인간행동과 사회환경.** 경기: 양서원.

최옥채, 박미은, 서미경, 전석균(2020). **인간행동과 사회환경.** 경기: 양서원.

최원희, 이홍직(2014). 이삼십대가 인식하는 노인 이미지에 대한 연구. **생명연구**, 33, 75-116.

최정윤(2002). **심리검사의 이해.** 서울: 시그마프레스.

최희경(2010). "신노년" 정책 담론에 대한 비판적 재검토: 활동적 노화, 성공적 노화, 생산적 노화를 중심으로. **한국사회정책, 17**(3), 41-65.

최혜지, 김경미, 정순둘, 박선영, 장수미, 박형원, 배진형, 박화옥, 안준희(2014) **사회복지실천론.** 서울: 학지사.

통계청(2019). 중장년층행정통계 결과.

통계청(2021). 보육통계.

통계청(2022). 2022년 인구동향조사출생, 사망통계(잠정) 보도자료.

통계청(2023). 2023년 8월 경제활동인구조사 비임금근로 및 비경제활동인구 부가조사 결과 보도자료.

하은솔(2018). 청소년기 가구 사회경제적 배경이 청년기 NEET 위험 및 기간에 미치는 영향. 서울대학교 박사학위논문.

한상철(2008). **청소년학: 이해와 지도.** 서울: 학지사.

한정란(2015). 전문 노인자원봉사 활동 참여의 효과: 복지부 "전문 노인자원봉사 지원사업"을 중심으로. **한국사회복지조사연구**, 43, 127-148.

함선유(2023). 가족돌봄 청(소)년 현황과 정책 과제. **보건복지포럼**, 319, 34-46.

허정철(2004). 청소년 정책수립을 위한 전인교육 프로그램이 자아정체감 형성에 미치는 영향에 관한 실증적 연구. **사회복지정책**, 20, 33-62.

홍승우(2012). 한국 노인소비자의 조부모역할 유형과 손자녀를 위한 소비행동. 이화여자대학교 대학원 박사학위논문.

황종윤(2020). 모자 보건의료서비스 종사자를 위한 고위험 임신 및 합병증 임신 분류. **한국모자보건학회지**, **24**(2), 65-74.

Ainsworth, M. D. S., (1973). The development of infant-mother attachment. In B. M. Caldwell & H. N. Ricciuti (Eds.), *Review of child development research* (Vol. 3). Chicago: University of Chicago Press.

Ainsworth, M. D. S., Blehar, M. C., Waters, E., & Wall, S. (1978). *Patterns of attachment: A study of the strange situation.* Hillsdale, N.J.: Lawrence Erlbaum.

Ambrosino, R., Heffernan, J., Shuttlesworth, G., & Ambrosino, R. (2008). *Social work and social welfare: An introduction* (6th ed.). Belmont: Brooks/Cole Publishing Co.

Ambrús, Z. (2011). Alfred Adler's individual psychology-Towards an integrative psychosocial foundation of the education in the 21st century. *Reconect, 3*(1), 4-19.

Atchley, R. C., & Barusch, A. S. (2004). *Social forces and aging* (10th ed). Belmont, CA: Wadsworth/Thmson Leaning.

Baltes, P. B., & Baltes, M. M. (1990). Psychological perspectives on successful aging: The model of selective optimization with compensation. In P. B. Baltes., & M .M. Baltes(Eds.), *Successful aging: Perspectives from the behavioral sciences* (pp.1-34) New York: Cambridge University Press.

Bandura, A. (1971). Social learning theory.

https://ia803002.us.archive.org/15/items/BanduraSocialLearningTheory/Bandura_SocialLearningTheory_text.pdf.

Bandura, A. (1977). Self-efficacy: toward a unifying theory of behavioral change. *Psychological Review, 84*(2), 191-215.

Bandura, A. (1986). *Social foundations of thought and action: A social cognitive theory.* Englewood Cliffs, NJ: Prentice Hall.

Bandura, A. (1994). Regulative function of perceived self-efficacy. In M. G. Rumsey, C. B. Walker, & J. H. Harris (Eds.), *Personnel selection and classification* (pp. 261–271). Lawrence Erlbaum Associates, Inc.

Bandura, A. (1994). Social cognitive theory of mass communication. In J. Bryant & D. Zillmann (Eds.), *Media effects: Advances in theory and research* (pp. 61–90). Lawrence Erlbaum Associates, Inc.

Bandura, A. (2003). Social cognitive theory for personal and social change by enabling media. In A. Singhal, M. J., Cody, E. M. Rogers, & M. Sabido (Eds.). *Entertainment-education and social change: History, research, and practice* (pp. 97-118). Routledge.

Beck, A. T. (1967). *Depression: Clinical, experimental and theoretical aspects.* New York: Harper and Row.

Beck, J. S. (1964). *Cognitive therapy: Basics and beyond.* New York: Guildford Press.

Beck, J. S. (2011). *Cognitive therapy for challenging problems: What to do when the basics don't work.* New York: Guilford Publications.

Belsky, J., Jaffee, S., Hsieh, K. H., & Silva, P. A. (2001). Child-rearing antecedents of intergenerational relations in young adulthood: A prospective study. *Developmental Psychology, 37*(6), 801-813.

Bertalanffy, L. V. (1968). *General system theory: Foundations, development, applications.* New York: Braziller.

Boeree, C. G. (2006). B. F. Skinner. Personality theories. https://bempsiunisba.com/wp-content/uploads/2016/10/pt_skinner.pdf.

Bookman, A. (2008). Innovative models of aging in place: Transforming our communities for an aging population. *Community, Work & Family, 11*(4), 419-438.

Bronfenbrenner, U. (1979). *The ecology of human development: Experiments by n ature and design.* Cambridge, MA: Harvard University Press.

Carstensen, L. L., Isaacowitz, D. M., & Charles, S. T. (1999). Taking time seriously: A theory of socioemotional selectivity. *American Psychologist, 54*(3), 165–181.

Carver, C. S., & Scheier, M. (2004). *Perspectives on personality* (5th ed.). Boston: Pearson

Education.

Cloninger, S. C. (1996). *Theories of personality: understanding persons* (2nd ed.). Englewood Cliffs, NJ: Prentice-Hall.

Coady, N. (2016). The science and art of direct practice: An overview of theory and an intuitive-inductive approach to practice. In N. Coady & P. Lehmann (3rd Eds.), *Theoretical perspectives for direct social work practice: A generalist-eclectic approach* (pp. 41-64). New York: Springer Publishing Company.

Colarusso, C. A., & Nemiroff, R. A. (1981). *Adult development: A new dimension in psychodynamic theory and practice.* New York: Plenum Press.

Compton, B. R. & Galaway, B. (1984). *Social work processes* (3rd Ed.). New York: The Dorsey Press.

Crain, W. C. (2005). **발달의 이론.** [Theories of development: concepts and applications (4th)] (송길연, 유봉현 역). 서울: 시그마프레스(원저출간: 1993).

Cumming, E. & Henry, W. (1961). *Growing old: The process of disengagement.* New York: Basic Books.

Dahl, A., Campos, J. J., & Witherington, D. C. (2011). Emotional action and communication in early moral development. *Emotion Review, 3*(2), 147-157.

Deeken, A. (2002). **죽음을 어떻게 맞이할 것인가.** [死とどう向き合うか] (오진탁 역). 서울: 궁리출판(원저출간: 2002).

Deeken, A. (2017). **잘 살고 잘 웃고 좋은 죽음과 만나다: 지혜롭게 죽음을 준비하는 철학적 깨달음.** (길태영 역). 서울: 예감(원저출간: 2017).

DeRubeis, R. J., Webb, C. A., Tang, T. Z. & Beck, A. T. (2010). Cognitive therapy. In K. S. Dobson (3rd ed.), *Handbook of cognitive-behavioral therapies* (pp. 277-316). New York: The Guilford Press.

Dowd, J. J. (1980). *Stratification among the aged.* New York: Brooks/Cole Co.

Dryden, W., David, D, & Ellis, A. (2010). Rational emotive behavior therapy. In K. S. Dobson (3rd Ed.), *Handbook of cognitive-behavioral therapies* (pp. 226-276). New York: The Guilford Press.

Elkind, D. (1978). Understanding the young adolescent. *Adolescence,* 13, 127-134.

Ellis, A. (2003). Similarities and differences between rational emotive behavior therapy and cognitive therapy. *Journal of Cognitive Psychotherapy, 17*(3), 225-240.

Ellis, A. (2011). *Rational emotive behavior therapy* (9th ed.). Belmont, CA: Brooks/Cole.

El Zaatari, W., & Maalouf, I. (2022). How the Bronfenbrenner bio-ecological system theory explains the development of students' sense of belonging to school? *Sage Open, 12*(4), https://doi.org/10.1177/21582440221134089.

Engler, B. (1999). *Personality theories: An introduction* (5th ed.). Boston: Houghton Mifflin.

Erikson, E. H. (1959). *Identity and the life cycle: Selected papers.* New York: International Universities Press.

Erikson, E. H. (1963). *Childhood and Society* (2nd ed.). New York: Norton.

Erikson, E. H. (1966). Eight ages of man. *International Journal of Psychiatry, 2*(3), 281-300.

Feist, J. & Feist, G. J. (2006). *Theories of Personality* (6th ed.). New York: McGraw-Hill.

Fenn, K., & Byrne, M. (2013). The key principles of cognitive behavioural therapy. *InnovAiT, 6*(9), 579-585.

Flavell, J. H. (1996). Piaget's legacy. *Psychological Science, 7*(4), 200-203.

Flavell, J. H., Miller, P. H., & Miller, S. A. (2002). *Cognitive development* (4th ed.). Upper Saddle River, NJ: Prentice Hall.

Freud, S. (1940). An outline of psycho-analysis. *The International Journal of Psychoanalysis,* 21, 27-84.

Galotti, K. M. (2017). *Cognitive psychology in and out of the laboratory* (6th Ed.). Thousand Oaks, CA: Sage Publications.

Germain, C. B. (2010). *Social work practice.* New York: Columbia University Press.

Gould, S. J. (1978). *Transformations, growth and change in adult life.* New York: Sinon & Schuster.

Greene, R. R. (2017). *Human behavior theory and social work practice* (3rd ed.). New York: Routledge.

Hall, C. S., & Lindzey, G. (1957). *Theories of personality.* New York: Wiley.

Hall, C. S., Lindzey, G., & Campbell, J. B. (1997). *Theories of personality* (4th ed.). New York: Wiley.

Havighurst, R. J. (1961). Successful aging. *The Gerontologist, 1*(1), 8-13.

Havighurst, R. J. (1972). *Developmental tasks and education.* New York: David McKay.

Hayes, H., O'Toole, L., & Halpenny, A. N. (2017). *Introducing Bronfenbrenner: A guide for practitioner and students in early years education.* New York: Routledge, Taylor & Francis Group.

Hedden, T., & Gabrieli, J. D. E. (2004). Insights into the ageing mind: A view from cognitive neuroscience. *Nature Reviews Neuroscience, 5*(2), 87-96. doi.org/10.1038/nrn1323

Hergenhahn, B. R., & Olson, M. H. (2007). *An introduction to theories of personality* (7th ed.). New York: Pearson Prentice Hall.

Hjelle, L. A., & Ziegler, D. J. (1981). *Personality theories: basic assumptions, research, and applications* (2nd ed.). New York: McGraw-Hill.

Homans, G. C. (1961). The Humanities and the Social Sciences. *American behavioral scientist, 4*(8), 3-7.

Jung, C. G. (1954). *The development of personality.* New York: Pantheon Books.

Jung, C. G. (1999). **元型論**(林道義 역). 紀伊國屋書店.

Kail, R. V. (2008). **아동과 발달.** [Children and their development (4th ed.)] (권민균, 김정민, 최형성 역). 서울: 시그마프레스(원저출간: 2007).

Kennerley, H., Kirk, J., & Westbrook, D. (2017). *An introduction to cognitive behaviour therapy: Skills and applications* (3rd ed.). London: SAGE Publications.

Kirst-Ashman, K. K., & Hull Jr, G. H. (2002). *Understanding generalist practice* (3rd ed.). Belmont, CA: Brooks/Cole Thomson Learning.

Levinson, D. J., & Levinson, D. J. (1978). *The seasons of a man's life.* New York: Knopf.

Levinson, D. J., Darrow, C. M., Klein, E. B., Levinson, M. H., & McKee, B. (1974). The psychosocial development of men in early adulthood and the mid-life transition. *Life History research in psychopathology,* 3, 243-248.

Maddi, S. R. (1996). *Personality theories: A comparative analysis* (6th ed.). Pacific Grove, CA: Thomson Brooks/Cole Publishing Co.

Main, M., & Solomon, J. (1990). *Procedures for identifying infants as disorganized/disoriented during the Ainsworth Strange Situation.* Chicago: University of Chicago Press.

Maslow, A. H. (1987). *Motivation and personality* (3rd ed.). New York: Harper & Row Publishers.

Miley, K., O'Melia, M., & DuBois, B. (2004). *Generalist social work practice: An empowering approach* (4th ed.). Boston: Allyn and Bacon.

Newman, B. M., & Newman, P. R. (1975). *Development through life*. Homewood, Ill.: The Dorsey Press.

Nichols, M., & Schwartz, R. (2004). *Family therapy: Concepts and methods* (6th ed.). New York: Pearson Education, Inc.

Norlin, J. M., & Chess, W. A. (1997). *Human behavior and the social environment: Social systems theory*. Boston: Allyn and Bacon.

Papalia, D. E., Olds, S. W., & Felman, R. D. (1998). *Human development* (7th ed.). New York: McGraw-Hill Co., Inc.

Pardeck, J. T. (1988). An ecological approach for social work practice. *Journal of Sociology & Social Welfare,* 15, 133-142.

Peck, R. C. (1968). *Psychological developments in the second half of life*. Chicago: University of Chicago Press.

Pervin, L. A., Cervone, D., & John, O. P. (2005). *Personality: theory and research* (9th ed.). Hoboken, NJ: Wiley.

Polan, E. U., & Taylor, D. R. (2021). **인간성장과 발달**. [Journey across the life span: human development and health promotion (6th ed.)] (정연, 정선영 외 공역). 서울: 현문사(원저출간: 2019).

Robbins, S. P., Chatterjee, P., & Canda, E. R. (2006). *Contemporary human behavior theory: A critical perspective for social work* (2nd ed.). New York: Pearson Education.

Rogers, C. R. (1959). *A Theory of therapy, personality, and interpersonal relationships: As developed in the client-centered framework*. New York: McGraw-Hill.

Rogers, C. R. (1977). *Carl Rogers on personal power*. New York: Delacorte.

Rosa, E. M., & Tudge, J. (2013). Urie Bronfenbrenner's theory of human development: Its evolution from ecology to bioecology. *Journal of family theory & review, 5*(4), 243-258.

Rowe, J. W., & Kahn, R. L. (1998). *Successful aging*. New York: Pantheon.

Ryckman, R. M. (2004). *Theories of personality*. Belmont, CA: Thomson/Wadsworth.

Schultz, D. P., & Schultz, S. E. (2009). *Theories of personality* (9th ed.). Belmont, CA: Wadsworth Cengage Learning.

Shaffer, D. R. (2005). **발달심리학**. [Development psychology: childhood and adolescence (6th ed.)] (송길연, 장유경, 이지연, 정윤경 역). 서울: 시그마프레스(원저출간: 2001).

Sharf, R. S. (2011). *Theories of psychotherapy & counseling: Concepts and cases* (5th ed.). Belmont: Brooks Cole.

Singer, J. L. (1984). *The Human Personality.* Orlando, FL: Harcourt Brace Jovanovich.

Skinner, B. F. (1972). *Beyond freedom and dignity.* New York: Bantam.

Sklar, E. M. (2015). Body Image, Weight, and Self-Concept in Men. *American Journal of Lifestyle Medicine, 11*(3), 252-258. DOI: 10.1177/1559827615594351.

Stein, H. T., & Edwards, M. E. (1998). *Classical Adlerian theory and practice.* New York: New York University Press.

Suzuki, Y. (2002). Psychoanalytic schools in historical perspective. *Human Science Sociology and Anthropology,* 2, 133-162.

Tchkonia, T., & Kirkland, J. L. (2018). Aging, cell senescence, and chronic disease: emerging therapeutic strategies. *The Journal of the American Medical Association, 320*(13), 1319-1320.

Thomas, W., & Blanchard, J. (2009). Moving beyond place: Aging in community. *Generations, 33*(2), 12-17.

Torges, C. M., Stewart, A. J., & Minter-Rubino, K. (2005). Personality after the prime of life: Men and women coming to terms with regrets. *Journal of Research in Personality,* 39, 148-165.

Tudge, J. R. H., Mokrova, I., Hatfield, B., & Karnik, R. B. (2009). Uses and misuses of Bronfenbrenner's bioecological theory of human development. *Journal of Family Theory & Review,* 1, 198-210.

Turner, J. (1993). **인지발달과 교육.** [Cognitive development and education] (유승구 역). 서울: 학문사(원저출간: 1984).

Turner, J. S., & Helms, D. B. (1983). *Lifespan development* (2nd ed.). New York: Holt, Rinehart, & Winston.

Von Bertalanffy, L. (1973). The meaning of general system theory. *General System Theory: Foundations, Development, Applications, 30*(53), 125.

Wakefield, J. C. (1996). Does social work need the eco-systems perspective? Part 1. Is the perspective clinically useful?. *Social Service Review, 70*(1), 1-32.

Wallace, W. (1993). *Personality theories*. Boston: Allyn & Bacon.

Williams, M. E. (2017). **늙어감의 기술: 과학이 알려주는 나이 드는 것의 비밀**. [Art and science of aging well: a physician's guide to a healthy body, mind, and spirit](김성훈 역). 서울: 현암사(원저출간: 2016).

World Health Organization(2002). Active ageing: a policy framework. World Health Organization. https://iris.who.int/handle/10665/67215.

Zastrow, C. & Kirst-Ashman, K. K. (2002). **인간행동과 사회환경**. [Understanding human behavior and the social environment (5th ed.)] (김규수, 김인숙, 박미은, 박정위, 설진화, 우국희, 홍선미 역). 서울: 나눔의집(원저출간: 2000).

찾아보기

인명

내용

저자 소개

- **배성우** 경북대학교 사회복지학부 교수
- **박순미** 진주보건대학교 사회복지과 조교수
- **이경희** 영진전문대학교 사회복지과 부교수
- **박병선** 강릉원주대학교 사회복지학과 교수
- **진혜민** 대구광역시행복진흥사회서비스원 정책연구실 연구위원
- **정희정** 경북도립대학교 사회복지과 초빙교수
- **강미화** 대구정신장애인종합재활센터 미래엔미소클럽 시설장
- **김성령** 대구대학교 아동가정복지학과 겸임교수

인간행동과 사회환경

1판 1쇄 인쇄 ― 2024년 8월 5일
1판 1쇄 발행 ― 2024년 8월 9일

저　　자 - 배성우 박순미 이경희 박병선
진혜민 정희정 강미화 김성령
발 행 인 - 강철원
발 행 처 - 양성원
주　　소 - 경기도 파주시 검산로 173번길 29-12
전　　화 - 031-946-3861(代)
팩　　스 - 031-946-3864
이 메 일 - tnwpub@naver.com
홈페이지 - tnwpub.co.kr
출판등록 - 2015년 8월 31일 제 2015-000211 호

ISBN 979-11-6126-590-2

정가 23,000원